双创之行

——大学生创新创业基础

主　编　严海涛　杨瑞茜
副主编　马冬梅　王振宇

重庆大学出版社

图书在版编目（CIP）数据

双创之行：大学生创新创业基础 / 严海涛，杨瑞茜

主编. -- 重庆：重庆大学出版社，2024.4

ISBN 978-7-5689-4393-2

Ⅰ.①双…　Ⅱ.①严…②杨…　Ⅲ.①大学生—创业

Ⅳ.①G647.38

中国国家版本馆CIP数据核字（2024）第084612号

双创之行——大学生创新创业基础

SHUANGCHUANG ZHI XING——DAXUESHENG CHUANGXIN CHUANGYE JICHU

主　编　严海涛　杨瑞茜

副主编　马冬梅　王振宇

策划编辑　鲁　黎

责任编辑：杨育彪　　版式设计：鲁　黎

责任校对：王　倩　　责任印制：张　策

*

重庆大学出版社出版发行

出版人：陈晓阳

社址：重庆市沙坪坝区大学城西路21号

邮编：401331

电话：（023）88617190　88617185（中小学）

传真：（023）88617186　88617166

网址：http://www.cqup.com.cn

邮箱：fxk@cqup.com.cn（营销中心）

全国新华书店经销

重庆市国丰印务有限责任公司印刷

*

开本：787mm×1092mm　1/16　印张：20　字数：439千

2024年4月第1版　2024年4月第1次印刷

ISBN 978-7-5689-4393-2　定价：48.00元

2015年5月，自《国务院办公厅关于深化高等学校创新创业教育改革的实施意见》出台以来，全国各高校创新创业教育工作持续推进并取得了新的进展。高等教育将培养大批创新创业型人才作为教育改革的重要目标和任务。各高校致力于完善和创新人才质量标准和培养机制，面向全体学生开设创新创业基础的必修课程，推出系列创新创业专题讲座，改革教学模式和考核方式，健全创新创业教育课程体系和强化创新创业实践等。

2017年7月，《国务院关于强化实施创新驱动发展战略　进一步推进大众创业万众创新深入发展的意见》更加有力地激发了各级政府及各高校研究创新创业教育、开展创新创业教育活动等的热情。

2018年9月10日，习近平总书记在全国教育大会上发表重要讲话，指出教育的根本目标之一是增强中华民族的创新创造活力。缺乏创新创业人才，创新创业就成无源之水；没有创新创业教育，人才就是无本之木。创新创业能否成为国家兴旺发达、社会经济发展的不竭动力，能否持续并内化为民族特质及性格，创新创业人才的教育和培养是关键。

党的十九届五中全会提出了到2035年基本实现社会主义现代化远景目标：我国经济实力、科技实力、综合国力将大幅跃升，经济总量和城乡居民人均收入将再迈上新的大台阶，关键核心技术实现重大突破，进入创新型国家前列。

在国家层面，创新创业成为新时代国家经济发展的重要战略之一；在教育层面，落实创新创业基础教育，培养创新创业人才，是实施创新驱动发展战略的重要支撑，以创业带动就业，是解决当前我国大学生就业问题的重要举措。显然，大学生创业是我国第四次创业浪潮的中坚力量，而高校也成为培养创新创业人才的重要阵地。高等职业教育作为我国高等教育的重要组成部分，在高等职业教育阶段的学生中落实创新创业教育，以创新为驱动力带动学生优质就业、提高学生的创业成功率，具有重要的现实意义。但当前针对高职学生学习的创新创业基础教材较少，而且对高职学生的特点分析不足，以致创新创业教材对高职学生的指导性不足，可操作性不强。因此，编写一本针对高职学生学习特点、环境特点和创新创业特点的理论与实践相结合的创新创业教材势在必行。

为了更好地培养高职学生创新创业能力，我们组织编写了面向高职院校的"双创之行"创新创业系列教材。本书结合高职院校教学实际，以项目导向、任务驱动模式为编写主线，以理论为基础、以技能为抓手、以实践为目标。本书在学习任务、案例、拓展阅读、拓展训练等环节上力求紧密结合高职学生的特点，有较强的实用性，有助于提高高职学生的创新创业实践能力。

本书的编者长期工作在高职教育第一线，有着丰富的创新创业教育和实践经验。编者结合我国创新创业教育的实际情况和发展要求，借鉴和吸收国外创新创业教育的最新理念和成果，以"认识创新创业—创业者与创业团队—创办企业—初创企业的管理—青年红色筑梦之旅"为项目单元，五个项目下细分为13个学习任务，有机融入思政元素，采取递进关系排列，学习任务环环相扣，逐层展开学习内容。本书由酒泉职业技术学院严海涛、杨瑞茜主编，马冬梅、王振宇副主编。

本书在编写中参考了相关文献资料，在此一并向相关作者表示感谢。

编　者

2024年1月

项目一　认识创新创业

创新创业是当今时代的热点，社会的进步需要创新，国家的发展需要创新。对社会未来发展中坚力量的大学生来说，认识创新、学习创业、提高创新创业技能迫在眉睫。特别是适应于国家发展的高素质技术技能人才的培养，越来越注重创新创业能力的培养，诸多高职院校通过各种途径、调动各类资源，为学生创造充分的条件以激发他们的创新意识，培养他们的创业能力。

学习任务 1　创新与创新意识

【任务目标】

1.知识目标：理解创新的含义、创新的原则及创新的类型。

2.技能目标：能够合理地运用创新理念理解创业，开展创业活动。

3.思政目标：树立大学生正确的创新观念，培养学生在日常生活中能主动发现创新、学习创新的习惯。

【任务导入】

在全球科技革命快速推进的时代背景下，由目前的产业竞争正逐步上升到科技创新能力竞争、国家创新能力和国际竞争力阶段。习近平总书记在首届进出口博览会开幕式上的致辞中指出，"经济全球化是不可逆转的历史大势，为世界经济发展提供了强劲动力"。他同时强调，各国要坚持创新引领，共同推动科技创新、培育新的增长点，努力突破世界经济发展瓶颈，包容普惠，互利共赢。

党的十九大提出，创新是引领发展的第一动力，是建设现代化经济体系的战略支撑。这不仅发展了马克思主义唯物史观，也揭示出时代发展的必然趋势。在人类历史发展的长河中，科技革命的影响越来越重要，尤其是颠覆性技术不断涌现，正在重塑世界竞争格局，改变国家力量对比。

可见，创新已成为推动经济社会发展的主旋律。在这样的时代背景下，创业者只有在创业过程中不断创新，才能找到新市场、新方向、新模式，最终获得创业的成功。

思考：

1.根据自己掌握的知识，想一想为什么说"创新是引领发展的第一动力？"

2.用自己的体会说一说什么是国家力量？

"大众创业、万众创新"已成为今天我国经济社会发展的主旋律。在这样的时代背景下，创业者只有在创业过程中不断创新，才能找到新市场、新方向、新模式，最终获得创业的成功。因此，培养学生成为创新创业人才，是为我国创新驱动发展转型提供人才支撑的最重要的基础，具有十分重要的战略意义。

一、什么是创新

【阅读材料1-1】

大疆科技的成长历程

大疆科技的创始人汪滔，1980年出生于杭州，父母都是知识分子。汪滔对飞行器的兴趣始于小学，一本红色直升机探险漫画书让他迷上了飞机，并将大部分课余时间花在阅读航模读物上面，还梦想着拥有一架飞行器能跟在身后保驾护航。中学期间，他仍然兴趣不减、"痴心不改"，并且亲自动手摆弄一架坏了的父母奖励的遥控直升机。高中毕业后，汪滔申请美国一所名校的电子专业被拒，最终考取了香港科技大学的电子工程专业。

毕业前，他开发了一套直升机飞行控制系统，人生轨迹就此转变。汪滔为了开发飞行控制系统，付出了全部精力，甚至不惜逃课和熬夜。虽然他开发的直升机悬停功能在展示前出了问题，但心血没有白费。研究机器人的李泽湘教授发现了汪滔，对他执着于兴趣的精神、技术理解力以及领导力大为赞赏。在李泽湘教授的引荐下，汪滔进修了研究生课程。

大疆科技创业的艰辛之路：勇于探索

2006年，汪滔和几位同学来到深圳，依靠他们仅有的奖学金在居民楼里开始了创业之旅。由于创业早期愿景不明，再加上汪滔完美主义的个性，公司内部纷争不断，员工大量流失，最初每个月只能销售约20台飞行控制系统。2006年下半年，大疆科技资金吃紧，在接受了天使投资人大约9万美元的投资后，大疆科技最终渡过了难关。

在接受天使投资之后，汪滔一方面继续研发产品，另一方面将产品向国外无人机发烧友销售，或者提供产品给国外资深发烧友免费试用，然后根据反馈建议，不断改进飞行控制器的功能和性能,从而保证了大疆产品良好的用户体验。另外,汪滔还将产品放到国外一些小型贸易展上推销。借助这些平台,汪滔不仅扩宽了销售渠道,提高了知名度,还了解了国外专业航拍公司对航拍无人机的技术需求,从而确定了大疆科技的研发方向。比如,汪滔发现航拍公司急需获得拍摄稳定视频的方法,这正好是汪滔正在研究的新型平衡环:通过机载加速计来调整方向,保证视频画面稳定。汪滔在开发三款原型产品的基础上,最终得到了一款可行的平衡环产品:将无人机的电机连接到平衡环,减少平衡环的电机配置,从而减少零部件数量和产品重量。

世上本无路,所有的路都是勇敢者探索出来的。大疆科技于2013年1月推出第一款畅销产品"幻影(Phantom)"。该飞行器预装四旋翼,简洁易用,坠落不易解体。作为一款入门级产品,"幻影"无人机的零售价只有679美元,在几乎没有任何市场投入的情况下,"幻影"撬动了非专业无人机市场,成为一款全世界畅销的产品,也使大疆科技的收入迅速增长。在"大众创业、万众创新"的新时代,大疆科技不仅是我国企业创新最亮的名片,还是全球科技创新的引领者,被评为2015年"消费电子行业全球十大创新企业",与谷歌、特斯拉一起位列前三甲。

大疆无人机"杀入"国际市场:独占鳌头

长久以来,性价比被视为"中国制造"赢得市场的标签,而通过技术创新打动世界的中国产品则相对较少。而大疆无人机的横空出世,不仅圆了汪滔的"中国梦",也为"中国制造"贴上高品位、高质量的标签。与国内一些科技企业从低端市场"走出去"不同,大疆科技选择从欧美等高端市场"杀入"国际市场,从大疆科技的营收数据来看,欧美和亚太地区各占30%,拉美和非洲地区只占10%。

目前,大疆科技已经发展为年营业收入5亿美元(2015年的销售收入突破10亿美元)、净利润1.4亿美元的创新科技公司。大疆无人机在全球小型无人机市场独占鳌头,占据了大约70%的份额,成为我国科技与创新的骄傲。风险投资公司对大疆科技的最新估值达100亿美元,汪滔的身价也达到了279亿元人民币,位列福布斯2015年全球科技富豪榜第54名,福布斯2015中国年轻富豪榜第二名。

(资料来源:《对外经贸实务》,2016年,有改动)

点评:一家公司的目标受众从业余爱好者变成主流用户,而且它在这一过程中还能占据市场的主导地位,这种成功的案例在科技行业发展史上实属罕见。

大疆科技的成功源于其创始人汪滔的创新和永不放弃的精神。汪滔的今天也可以是千万在校大学生的明天,只要一直走在创新路上,排除前行中的障碍,就可能取得成功。

(一)创新的含义

在中国,创新一词出现很早。《魏书》有"革弊创新";《周书》有"创新改旧";《南史·后妃传上·宋世祖殷淑仪》有"今贵妃盖天秩之崇班,理应创新"。同时,创新亦作"刱新"。《元典章·兵部三·铺马》有:"有今后刱新归附的百姓有呵,有铺马里上来者,他每的拜见马匹沿路上依在先体例,与草料者。"因此,创新,顾名思义,创造新的事物。百科词典《广雅》中对创的解释有:"创,始也。"创新在《现代汉语词典》中的解释为"抛开旧的,创造新的"。

在西方,创新(innovation)一词,最早源于拉丁语,主要有三层含义:一是指更新之意;二是指创造新的东西;三是表示改变。直到20世纪初,美籍奥地利经济学家约瑟夫·熊彼特在1912年出版的德文版《经济发展理论》一书中提出"创新"一词。按照熊彼特的观点,所谓"创新"就是"建立一种新的生产函数",也就是说,把一种从来没有过的关于生产要素和生产条件的"新组合"引入生产体系。这种函数组合包括以下内容:生产新产品,利用新生产方法,开拓新市场,开辟和利用原材料新的供应来源,实现工业新组织。

此后,许多研究者对创新又进行了深入的研究,核心是开发一种新事物的过程。这一过程从发现潜在的需要开始,经历新事物的技术可行性研究阶段的检验,到新事物的广泛应用为止。创新之所以被描述为一个创造性过程,是因为它产生了某种新事物。为此,直到20世纪前半叶,创新思维还被认为是天才专有的神秘天赋。到20世纪60年代以后,人们才逐渐形成一种较为实际的观点,才认识到创新思维是每个正常人都有的思维形式,一个人只要会选择不同寻常的行走路线,就已经会创新了。

对创新含义的理解也有很多,比如,创新是运用知识或相关信息创造和引进某种有用的新事物的过程;创新是对一个组织或相关环境的新变化的接受;创新是指新事物本身,具体来说就是指被相关使用部门认定的任何一种新思想、新实践或新的制造物等。

由此可见,创新概念包含的范围很广,可以说各种能提高资源配置效率的新活动都是创新。其中,有涉及技术性变化的技术创新、产品创新、过程创新等,例如大家都在使用的手机,手机的不断发展演变,不仅是产品外观、功能的不断创新,也是移动互联网技术的创新迭代,还是人们通信交流过程的创新变化;除了涉及技术性变化,也有涉及非技术性变化的创新,如制度创新、理论创新、组织管理创新、商业模式创新等。

综上所述,我们认为:创新是指以现有的思维模式提出有别于常规或常人思路的见解为导向,利用现有的知识和物质,在特定的环境中,本着理想化需要或为满足社会需求而改进或创造的事物、方法、元素、路径、环境,并能获得一定有益效果的行为。

(二)创新的原则

【案例 1-1】

蒸汽机的发明

人们都知道瓦特发明了蒸汽机,但实际上他并不是蒸汽机的真正发明者。有人认为1712年托马斯·纽科门建造了第一台蒸汽机,而且进行了一些有用的工作——英国一个煤矿采用它来抽水,而研究科技史的学者们根据蒸汽机出现的时间先后,厘清了脉络,蒸汽机真正的"发明者"既不是纽科门,也不是瓦特,而是英裔爱尔兰化学家玻意耳,他发明这种发动机纯属"灵光乍现"。只是玻意尔的发明没有成功,也不可能成功。因为他利用火药的爆炸来推动活塞,这种方法会把汽缸弄脏,每一个冲程都要将汽缸取出清洗一次。可是人们一提到蒸汽机,就会想到瓦特,是因为瓦特的蒸汽机符合创新的模式。它将新兴的知识(如何扩展一个平滑的汽缸体)和"缺损环节"的设计(冷凝器结合到一个基于程序需要的创新中),得以大规模的推广和使用,改变了整个人类文明的发展史,所以人们记住的是瓦特开发出的可行的蒸汽机。天才玻意耳所拥有的只有聪明的点子,不属于真正的"发明"。

蒸汽机的案例说明,真正意义上的创新是通过大量的研究分析、系统化的勤奋工作所产生的有目的的创新,要有一定社会价值。总体来讲,创新应该遵循以下原则。

1. 目的性、系统性原则

任何一种创新都要以解决现实中存在的问题为依托,以实际处理现实问题为依据,不同的领域、不同的来源在不同的时间有不同的目的性。所有创新的来源必须系统地加以分析,系统地研究,仅是多看、多问、多听,产生一些好想法是不够的,还需要很多系统的、有目的的研究工作。

2. 开拓与求实相结合的原则

创新就是要不断地向新的领域、新的高度进取,随着组织内外部环境的变化,组织的创新能力也要不断积累、提高,决定创新能力的创新要素也都要进行动态调整。从企业之间的竞争来看,比如新的产品和技术在一段时间之后就会失去其竞争优势,只有不断地开拓和创新才能保证企业的竞争优势;组织的创新总要符合客观实际的需要,任何成功的创新都应该是科学的。因此,开拓精神必须与求实态度相结合,这是创新成功和稳步发展的重要保证。脱离实际的创新,必然出现盲目性、随意性和反复性,其结果注定失败。

3. 统一和灵活相补充的原则

创新必须有统一明确的目标、相互协调的行动、局部服从整体的观念,只有这样才能实现资源的优化配置和创新成效的最大化。但是,创新是对新的领域、新的问题的探索,其本身必然具有偶然性和机遇性,不能完全用计划来组织和规划。因此,在创新的过程中必须坚持统一和灵活相补充的原则,在实现资源合理配置的基础上给予更大的灵活性和弹性空间。

4. 奖励和鼓励并重的原则

创新是具有高风险和高回报的,组织对创新的成果必须给予公正的评价和合适的奖励,对所有创新的建议,组织都要实施正向的鼓励政策。同时,创新是不断失败和探索的过程,必须给予创新更多的鼓励和支持。只有这样,才能形成良好的氛围和环境,为创新提供一个有利的平台。

（三）创新的类型

从不同的角度出发，创新有不同的分类方式。比如：按创新的概念可分为广义的创新和狭义的创新；按创新的领域创新可分为体制创新、制度创新、技术创新、国家创新、管理创新、市场创新、金融创新、教育创新等；按创新的主体和形式创新可分为自主创新、模仿创新和合作创新等；按创新的客体可分为组织创新、产品创新、工艺创新、平台创新、消费者形态创新等；按创新的程度可分为颠覆性创新、渐进性创新等。

本任务为大家介绍常见的十种创新类型。

熊彼特把创新定义为："把一种新的生产要素和生产条件的新结合引入生产体系中，以实现对生产要素或生产条件的新组合。"熊彼特根据这一定义将创新划分成5种类型（图1-1）。一是新产品，采用一种新产品或产品的新特征，也就是消费者还不熟悉的产品；二是用一种新生产方法，即还没有通过检验的方法；三是开辟一个新市场，即没有开发过的市场，无论这个市场以前是否存在；四是获得新的供应来源，通过掠取或控制原材料或半成品来实现，无论这种来源以前是否存在；五是构建新组织。

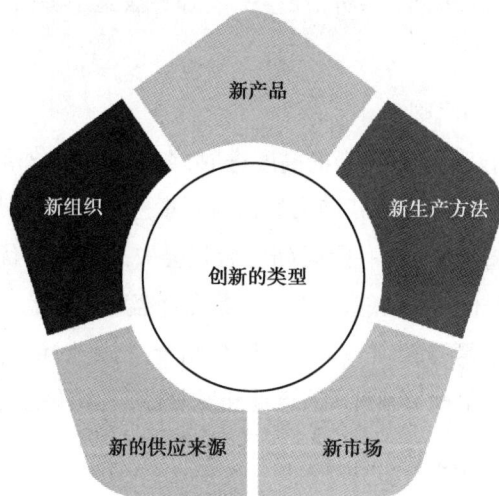

图1-1　熊彼特对创新类型的划分

在熊彼特对创新类型划分的基础上，德布林咨询公司研究了近两千个创新案例后，总结出：以往所有伟大的创新都是源于十种基本创新类型或其组合，由此提出"创新的十种类型"框架（图1-2）。通常，只包括一两种创新类型的简单创新是不足以让企业获得长远的成功的。比如，单纯的产品性能创新是很容易被模仿甚至被超越的。所以，企业只有综合应用以下多种类型的创新，才能保持一定的竞争优势。

1. 盈利模式创新

盈利模式创新是指将产品和服务通过创新的方式转变为利润。这种创新常常会挑战一个行业关于生产什么产品、确定怎样的价格、如何实现收入等问题的传统观念。

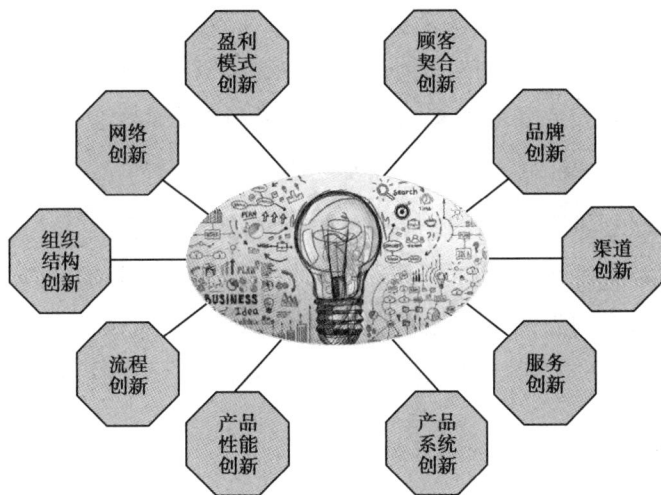

图1-2 "创新的十种类型"框架

例如,星巴克创始人霍华德·舒尔茨开创了将咖啡店打造成人们的"第三空间"的理念,这是咖啡店盈利模式上的一种创新。星巴克通过把独特的文化、精神和环境的体验提供给消费者,让他们在这种非家、非办公的中间状态时有个好去处。这就使得许多人把咖啡厅作为家和工作以外的最佳休闲或交流的据点,消费者能在这里愉快地完成自己的事情。这种创新的盈利模式很快占据了市场,成为咖啡界的龙头老大。

2. 网络创新

网络创新是指通过网络实现产品、服务方式的创新。在当今高度互联的世界里,没有哪家公司能够独自完成所有事情。网络创新让公司可以充分利用其他公司的流程、技术、产品、渠道和品牌。比如,通过网络推出悬赏计划,即企业提供奖励金让网络公共群体帮忙寻找其想要寻找的东西。例如,华为通过网络发布的"漏洞悬赏计划",找到鸿蒙OS漏洞者获得重赏。另外,流行的网络众包模式,即企业将需要执行的任务分配给网络公共群体完成,这也属于网络创新。

3. 组织结构创新

组织结构创新是指通过采用独特的、创新的组织设计让组织更好地创造价值。它可能涉及从人才管理系统到重型固定设备配置等方方面面。比如拓宽公司的管理幅度,使组织扁平化或机构更少;从直线职能型向事业部制结构转变,或者形成一种矩阵制结构或虚拟结构。例如小米的管理创新,小米的组织架构没有过多的层级,纯粹的扁平化管理,基本上是三级:七个核心创始人—部门领导—员工,而且不会让团队太大,稍微大一点,就拆分成小团队。从小米的办公布局就能看出这种组织结构:一层产品,一层营销,一层硬件,一层电商,每层由一名创始人坐镇,能一竿子插到底执行。大家互不干涉,都希望能在各自分管的领域给力,共同把事情做好。除七个创始人有职位,其他人都没有职位,都是工程师,晋升的唯一奖励就是加薪。不需要考虑太多杂事，一心扑在工作上。这样的管理制度减少了层级之间互相汇报浪费的时间。小米公司除每周一的1小时公司级例会外，很少开会，也没季度总结会、半年总结会。小米公司成立多年来，七个合伙人开过的集体大会也只是个位数。

4. 流程创新

流程创新是指公司主要产品或服务在操作过程中的操作程序、方式方法和规则体系的创新。这类创新需要彻底改变以往的业务经营方式，使公司具备独特的能力，高效运转，迅速适应新环境，并获得领先市场的利润率。流程创新常常构成一个企业的核心竞争力。例如，金融服务公司在服务载体上的创新，网上银行、手机银行都属于金融服务公司在服务流程上的创新。

5. 产品性能创新

产品性能创新是指企业在产品或服务的特征、价值和功能方面进行的创新。例如，iPhone将移动电话、宽屏iPod和互联网结合在一起；智能手机的虚拟键盘、指纹识别功能等；还有现在流行的智能扫地机将传统吸尘器、扫地机、拖布合而为一，与互联网结合在一起。

6. 产品系统创新

产品系统创新是指将公司产品和服务联系起来的系统进行创新。例如，Apple Store提供与苹果系统配套的软件下载、提供用户反馈意见的渠道、提供相关产品的用户使用手册等。

7. 服务创新

服务创新是指提高产品相对应的服务。服务创新保证并提高了产品的功用、性能和价值。它能使一个产品更容易被试用和享用；它展现了顾客可能会忽视的产品特性和功用；它能够解决顾客遇到的问题并消除产品体验中的不愉快。比如，厦门航空"美人鱼"班组结合厦门机场T4航站楼，"东情西韵""海洋风情"人文机场主题定位，率先提出打造国内第一个海洋主题安检现场，提升了旅客对安检服务的满意度。

8. 渠道创新

渠道创新是指在如何联系产品与顾客中进行创新。这类创新包含了将产品与顾客联系在一起的所有手段。

【案例 1-2】

无人汽车超市

汽车销售传统的模式是通过4S店进行销售。但是，继无人超市之后，天猫又推出了"无人汽车超市"这一新型的销售模式。2017年底，天猫汽车在上海举办"汽车自动贩卖机"落地发布会，宣布其正式在上海、南京落地，这也就意味着，"像在自动贩卖机上买可乐一样买汽车"的梦想成真，开启了汽车新零售时代！

这条消息一经传出，便引起了广大车迷和车友的兴趣。无人零售带来的便利，吸引了一大批消费者前去尝鲜。很多车主应该都有过一段记忆犹新的买车经历，对线下买车的各种烦琐程序也是感同身受。比如，为了看车比价，奔波于各大4S店，和工作人员打"口水仗"，验车、领牌照、缴纳各种材料费用、办理车辆行驶证等。而如今，汽车自动贩卖机的横空出世，将为买车一族带来更大的便利。

现在只要在天猫汽车平台下单，就可以在线选择各种品牌的各种车型，只要通过支付宝付款，你就能在就近的无人汽车店将爱车提走，全程时间不超过20分钟，就能晋升为"有车一族"。

无人汽车的售卖步骤：

第一步，手机天猫线上预约。消费者线上挑选心仪的车型并进行预约。

第二步，到店自助提车。预约成功后就可以到指定门店体验无人售卖的快感了。

第三步，开车走人。买家确认购买后，自动贩卖机会将汽车从楼上下降到一楼，等到提车口的提示灯亮起时，一辆崭新的车就出现在买家眼前。买家可自行将车开走，体验长达三天的深度试驾。

由此可见，无人汽车超市实现了选车、购车、提车各个环节的简化，使汽车零售更加透明便捷，与传统的4S店购车的方式相比，这种新型零售渠道创新确实加分不少。

9. 品牌创新

品牌创新有助于保证顾客和用户能够识别、记住你的产品，并在面对你和竞争对手的产品或替代品时选择你的产品。好的品牌创新能够提炼一种"承诺"，吸引买主并传递一种与众不同的身份感。比如，王老吉洞察到了年轻人对养生的渴望，将该品牌传统的产品进行重新包装，强调"养生""保健"，以更年轻化的方式与年轻人接触。

10. 顾客契合创新

顾客契合创新是指要将公司产品性能和顾客的深层愿望联系在一起。例如，中通快递"优鲜送"，提供的不只有物流服务，一方面，中通快递根据生鲜水果品类众多的地区特性，推出"优鲜送"快递专用单，满足了云南本地商户、农民以及购买客户的双向需求；另一方面，中通快递主动承担产品前后期的宣传推广工作，做到了实力助农、为民分忧，比如其力推松茸，目的是将"物以稀为贵"的松茸销往各地，帮助当地农民摆脱没有销路的困境。

总之，创新是多层面的、多样化的，也是要遵循一定客观规律的。创新无处不在，但如何把多种创新融为一体，形成高效、有价值的产业链体系，需要我们在应用过程中仔细地验证，才能使之成为真正意义上的创新。

二、如何培育大学生的创新意识

【阅读材料1-2】

港珠澳大桥通车运营

2018年10月24日，港珠澳大桥正式通车运营，一桥飞架粤港澳，天堑变通途。港珠澳大桥的开通，将珠海、澳门到香港的陆路交通时间从3小时缩短至45分钟，这对提升珠江三角洲地区的综合竞争力、保持港澳长期繁荣稳定、推动粤港澳大湾区成为一个世界瞩目的最具创新活力的经济区具有重要的战略意义。

港珠澳大桥从筹建、开工到通车历经15年，总长55千米，是中国第一例集桥、人工岛和隧道为一体的跨海通道，也是公路建设历史上技术最复杂、施工难度最大、工程规模最大的桥梁。其所涉及的新材料、新工艺、新技术和新设备等不胜枚举。港珠澳大桥仅专利就达400多项，创造了6项世界之最，在多个领域填补了世界空白，是一个令中国人无比自豪的超级创新工程。港珠澳大桥被英国《卫报》誉为现代世界七大奇迹之一，是中国从桥梁大国走向桥梁强国的里程碑之作！

近年来，我国的创新能力稳步提升，涌现了许多创新成果。在基础研究、应用研发和战略前沿领域取得了重大突破，科技进步对经济增长的贡献率不断增长，正在逐步迈进创新型国家和人才强国行列。

（一）创新成功的三要素

根据专家、学者的观点和总结，创新成功可以归纳为三个要素共同作用，这三个要素包括创新意识、创新思维和创新能力。

1. 创新意识

创新意识是指人们根据社会和个体生活发展的需要，引起创造前所未有的事物或观念的动机，并在创造活动中表现出的意向、愿望和设想。它是人类意识活动中的一种积极的、富有成果性的表现形式，是人们进行创造活动的出发点和内在动力，是创造性思维和创造力的前提。

创新意识是创新的前提，是人们认识创新的价值性、重要性的程度，由此形成创新的倾向和准备状态，表现为积极开放的心态和乐于创新的意愿，是人们进行创造活动的内在动力。创新意识首先是具有积极开放的心态，具有好奇心和探究欲，并且总能得出与众不同的解决方案。其次是敢于否定，不迷信权威，发现与寻找符合客观实际的规律性行为与现象。

创新意识根据其来源有主动与被动之分。创新行为的产生，是源于长期的思考、积累、酝酿，突然灵光一现产生的创新意识。有一部分创新意识是被动的、是长期重复工作所累积经验后偶然出现的。另一部分是主动的创新意识，是强调主体的创新行为，强调发挥主观能动性，是长期思考、酝酿的结果。

同时，创新意识是创新能力的基础，是增加自主创新能力的前提。增强创新意识是实现理论创新、制度创新和科技创新的重要条件。

【案例 1-3】

华为的创新实践

华为的创新实践之一：技术创新

从1992年起，华为就坚持至少将每年销售额的10%用于研发。2013年，华为在研发上的投入达到53亿美元，过去10年的研发投入累计超过200亿美元。华为在全球有16个研发中心，2011年又成立了以面向基础科学研究为主的实验室，这可以说是华为的秘密武器。

华为在欧洲等发达国家市场的成功，得益于两大架构式的颠覆性产品创新，华为的竞争对手们也企图对其进行模仿创新，但至今未有实质性突破，因为这种多制式的技术融合，背后有着复杂无比的数学运算，并非简单的积木拼装。

华为的创新实践之二："工者有其股"的制度创新

这应该是华为最大的颠覆性创新，是华为创造奇迹的根本所在，也是任正非对当代管理学研究带有填补空白性质的重大贡献——如何在互联网、全球化的时代对知识劳动者进行管理，在过去一百年一直是管理学研究的薄弱环节。从常理上讲，任正非完全可以拥有华为的控股权，但创新一定是反常理的。从华为创立的第一天起，任正非就给知识劳动者的智慧——这些非货币、非实物的无形资产进行定价，让"知本家"作为核心资产，成为华为的股东和大大小小的老板。

到2016年，华为有将近8万名股东。最新的股权创新方案是，外籍员工也将大批量地成为公司股东，从而实现完全意义上的"工者有其股"。这无疑是人类有商业史以来未上市公司中员工持股人数最多的企业，也无疑是一种创举，既体现着创始领袖的奉献精神，也考验着管理者的把控能力。如何在如此分散的股权结构下，实现企业的长期使命和中长期战略，满足股东阶层、劳动者阶层、管理阶层的不同利益，从而达成多种不同诉求的内外部平衡，其实是极富有挑战的。从这一意义上看，这种颠覆性创新具有独特的标本性质。

华为的创新实践之三：市场与研发的组织创新

市场组织创新，即所谓的"一点两面三三制"。什么叫"一点两面"呢？尖刀队先在"华尔街的城墙"（任正非语）撕开口子，两翼的部队蜂拥而上，把这个口子从两边快速拉开，然后"华尔街就是你的了"。"三三制"指的是组织形态。"一点两面三三制"作为华为公司的一种市场作战方式、一线组织的组织建设原则在全公司广泛推开，这是受中国军队的启示，华为在市场组织建设上的一种模仿式创新，对其20多年的市场成功助益甚多，至今仍然被市场一线的指挥官们奉为经典。

研发体制创新。比如固定网络部门用工业的流程搞研发，创造了一种模块式组织——把一个研发产品分解成不同的功能模块，在此基础上成立不同的模块组织，每个组织由四五个精干的专家组成，分头进行技术攻关，各自实现突破后再进行模块集成。这种研发体制的优势在于：第一，大大加快了研发速度；第二，每一模块的人员都由精英构成，所以每个功能模块的错误率很低，集成时相对来说失误率也低。华为的400 G路由器的研发就是以这样的组织方式进行的,领先思科公司12个月以上,已在全球多个国家布局并进入成熟应用。

华为的创新实践之四:决策体制的创新

轮值首席运营官(COO)是华为独特的决策体制创新,即7位常务副总裁轮流担任COO,每半年轮值一次。轮值COO制度进行了8年,结果是什么呢?

首先,任正非远离经营甚至远离管理,变成一个头脑越来越发达、"四肢越来越萎缩"的领袖。真正的大企业领袖在企业进入相对成熟阶段时一定是"畸形"的人,头脑极其发达,聚焦于思想和文化,以及企业观念层面的建设;"四肢要萎缩",四肢不萎缩,就会时常指手画脚,下面的人就会无所适从。

其次,避免了山头问题。华为的轮值COO制度及由它促成的轮值CEO制度,从体制上制约了山头文化的做大,为公司包容、积淀了很多来自五湖四海的杰出人才。同时,这种创新体制也使整个公司的决策过程越来越科学化和民主化。华为已经从早年的高度集权演变到今天的适度民主加适度集权这一个组织决策体制。

(资料来源:网络)

2. 创新思维

创新思维也称为创造性思维,是一种具有开创意义的思维活动,即开拓人类认识新领域,开创人类认识新成果的思维活动,往往表现为发明新技术、形成新观念、提出新方案和决策,创建新理论。

创新思维是一种创造性的思维活动,可以开拓新的领域,创造新的成果,它是创新成功的关键因素。这种思维可以突破传统思维的界限,以超常规或反常规的方法和视角思考问题,从而提出独特的解决方案,甚至形成新颖、独到和有价值的成果。因此,创新思维不仅体现在新发现和新发明的思维过程中,也体现在思考的方法和技巧上,体现在某些局部的结论和见解上,是具有新颖独到特点的思维活动。具有创新思维的人在解决问题时可以想别人所未想,敢于突破原有的框架,或是反向思考问题,从而取得创新成果。

创新思维需要艰苦的脑力劳动,创新思维成果的实现往往需要长期的探索、刻苦的钻研,甚至反复、多次的挫折才能实现,并且创新思维离不开推理、想象、联想、直觉等思维活动。与创新思维相对立的是定式思维,定式思维是通过重复或重复使用而巩固形成的思维方式,是机械的、封闭的和单一的思维。因此,可以说创新思维是打破常规和习惯,以独特、新颖、灵活的方式思考问题的思维方式。

通常来说,具有创新思维功能的思维模式有发散思维,即思维从一个点出发,没有预先设定目标,而是任意向四面八方发散;逆向思维,指敢于打破常规,从不同角度思考问题,甚至逆其道而行之;批判性思维,是一种基于充分的理性和客观性进行理论评估与客观评价,它不为感性和无事实根据的传闻所左右。具有批判性思维的人能在辩论中发现漏洞,并能抵制毫无根据的想法。在现代社会,批判性思维被普遍确立为教育尤其是高等教育的目标之一。形象思维,指根据生活中的各种现象加以选择、分析、整合,然后加以艺术塑造而成的思维方式。

3.创新能力

创新能力是指将创新想法变成现实的能力,能够通过创新的想法解决前人未解决的问题,能够通过创新的途径取得前所未有的成功。

对企业而言,凡是能改变以后资源财富的行为,就是创新能力。因此,企业的创新能力是企业的要素资源在市场中进行有效的转化,从而提高企业的内部质量、促进企业获得与其他竞争对手更多差异的能力,这种差异性最终转化为企业在市场上获得的竞争优势。企业创新能力的提高意味着企业竞争力的提高,创新能力的高低直接影响企业竞争力的强弱。

对社会而言,创新能力是人类进步的灵魂。如果人类没有创新能力,便不会有今日人类的文明,我们可能还过着钻木取火的原始生活。爱因斯坦、爱迪生等人之所以能对人类发展做出如此大的贡献,就是因为他们具有很强的创新能力。当今社会的竞争,与其说是人才的竞争,不如说是人的创造力的竞争。

总之,创新意识、创新思维和创新能力之间是相辅相成、相互促进的关系。创新意识促进创新思维,从而促进创新能力,反过来,创新能力也会激发创新意识和创新思维。创新三要素的关系如图1-3所示。

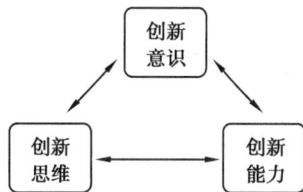

图1-3 创新三要素的关系

(二)大学生培育创新意识的三个渠道

【小测试】你有创新意识吗?

1.在周末的晚上,不用做家务,你会:

A.叫几个朋友,租几盒录影带

B.独自在家看电视

C.独自到林荫路散步,或到商店购买些物品

2.上次你改变发型是在什么时候?

A.五年前

B.你从未连续两天梳同样的发型

C.六个月前

3.在餐馆进食时,你会:

A.常要同样的喜欢的菜,也尝试其他菜

B.如果有一人说好吃,会尝新的菜

C.常要不同的菜

4.你和家人刚旅行回来,旅途中经常下雨,朋友问你旅行的情况,你会:

A.说那虽不是理想旅行，但还是过得去

B.抱怨天气，抱怨和家人旅行的不快

C.描述可怕的旅途时，你也提到景色的美丽

5.你的学校为学生提供义务工作的机会，你会：

A.立即登记，因为这可获得社会经验和认识新人

B.知道这个意义，但是因为个人活动多，去不了

C.根本不考虑登记，因为你听说这样的工作太多

6.你和约会者吃完午餐，对方问你做什么，你会：

A.说"随便"

B.说"如果你喜欢，我们看电影吧"

C.提议到新开的俱乐部去，你听说那里很好

7.在舞会上，给你介绍一位聪明的小伙子或姑娘，你会：

A.谨慎地和他或她交谈，话题一直限于天气、电影

B.将你的生平故事告诉他或她

C.将你上周听到的笑话讲给他或她听，然后问他或她是否想跳舞

8.给你提供一个机会，作为交换学生到国外学习一个学期，由于时间紧迫，你会：

A.要求一周的时间考虑

B.立即准备行装

C.根本不考虑，因为你已制订了学习计划

9.你的朋友将他写的关于自由的文章给你看，你不同意他的观点，你会：

A.假装同意，因为担心说真话会伤害他的感情

B.将你的感觉告诉他

C.改变话题闲谈，避开问题

10.你到鞋店打算买双简朴实用的鞋，结果你会：

A.买一双鞋，正好是你想买的

B.买了一双红色的牛仔靴，既不简朴，也不实用

C.买了一双很流行的鞋，你只能明年穿

评估标准：

题号	1	2	3	4	5	6	7	8	9	10
A	1	3	3	2	1	3	2	2	3	3
B	3	1	2	3	2	2	3	1	1	1
C	2	2	1	1	3	1	1	3	2	2

评估结果

得分24~30分。令人厌倦。你的被动的、预知的、消极的行为使他人厌倦。你应该走出你的房

子,开展一些活动。被动的活动,例如看电视,使你的头脑变得迟钝。而当某些事不适合你时,不要发牢骚,以免令朋友讨厌;相反,你要做出一些有创造性的行动,人们会被做出创造性行动的人吸引。你如果能做到心胸开朗、敢于尝试,就不会令人生厌,并使自己和他人获得快乐。

得分17~23分。还算快乐。尽管你不令人厌倦,但是,你可以令自己更快乐。你应该走出你的房子,做些平时没有做的事情,例如参观画廊、参加健美操学习班。

得分10~16分。非常快乐。你是个生龙活虎的人,其他人认为你值得羡慕。对于有趣的事,你不但希望别人做,还要自己做。你不以消极的态度使朋友厌烦,你采取的是乐观、开朗的态度。虽然你的不可预知的特点有不利之处,但是和你在一起不会沉闷。

1. 激发创新意识

创新与人的创造性思维相联系。创造性思维是一种开拓人类知识新领域、开创人类认识新成果的思维活动,表现为发明新技术、形成新观念、提出新方案、创建新理论等。一项创造性思维成果的取得,往往需要经过长期的探索、刻苦的钻研,甚至多次挫折之后才能取得,而创造性思维能力也要经过长期的知识积累、智能训练、素质磨砺才能具备。具有创造性思维的人往往敢于突破原有的框架,可以想别人所未想、见别人所未见、做别人所未做的事,从而取得创造性和突破性的成就。

马斯洛说:"创造性首先强调的是人格,而不是成就……自我实现的创造性强调的格上的品质,如大胆、勇敢、自由、自主性、明晰、整合、自我认可,即一切能够造成化的自我实现的东西,或者说强调的是创造性的态度、创造性的人。"这就是说,要的不是结果,而是要有强烈的进取精神和勇于探索新事物的思维意识。拥有精神,才敢去想别人没有想过的,做别人没有做过的事情。

创新是一个长久的过程,最难的就是创新活动前创新意识的产生,个一闪而过的念头、一件微不足道的小事就会触发我们的思考,但这个触发过程久,这就要求我们更进一步地运用创新意识挖掘这些小事。就像很多人都可能被树上的果子砸过,看到过东西从高处落下,但不是所有被砸过的人都能因此受到启发而发现万有引力。

人的一生中,会经历许许多多的事,有时其实你已经接近创新的边缘了,然而却没有把握住创新的机会。作为大学生,或许我们不能做出十分惊人的壮举,但是,一定要激发自己的创新意识,学会思考、怀疑与探索,然后再结合自身的知识加以实践。

【案例1-4】

一个西和孩子与黑木耳的故事

赵旺,酒泉职业技术学院2016级旅游与烹饪学院学生,获得"全国大学生自强之星"称号,获得2018年"挑战杯——彩虹人生"全国职业学校创新创效创业大赛三等奖、省级二等奖,第九届大

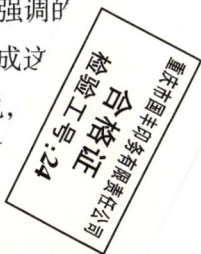

学生"三创赛"（甘肃赛区决赛）一等奖，第四届"互联网+"大学生创新创业大赛（甘肃赛区决赛）铜奖，首届黄炎培职业教育创新创业大赛甘肃赛区总决赛二等奖。生于甘肃省西和县农村的他，在此之前，始终没有忘记父母供他上学的初心，始终牢记家乡父老对他满心的期望，一次次的载誉而归，让赵旺愈发觉得要为家乡脱贫致富、乡村振兴做点事。2017年的暑假，他发现家乡的黑木耳品质非常好，却苦无销路，端着一碗妈妈做的手工臊子面，看着碗里的黑木耳，赵旺开始思考：食用方法单一，不利于营养吸收……终于，他想到，黑木耳不一定要做汤、炒菜、凉拌，还可以把它当成饮料喝。回到学校后，他依托自己的专业知识，与创业导师合作，经过半年30多次的反复试验，创新研发出了黑木耳速溶固体饮料，产品一推向市场，就获得首批用户的好评。当前，他又看到酒泉、武威等地洋葱产量大、销路单一的问题，继续与导师合作，创新了洋葱多糖加工技术产品和洋葱精油加工技术，并成功生产出了洋葱多糖保健饼干，这为河西走廊地区乃至全国洋葱种植与生产加工开辟了新的市场。赵旺的故事，实际上是创新型产品研发的成功创业典型案例。

（资料由酒泉职业技术学院旅游与烹饪学院提供，有删改）

成功的创新都是从小事做起，围绕某一特定事物展开的；成功的创新是为现在而创新，目的在于取得市场的领导地位。除此之外，成功的创新还需要勤奋、毅力和奉献；创新必须接近市场，以市场为中心展开；为赢得创新的成功，创新者必须充分发挥自身的长处。

2.训练创新思维

（1）突破思维定式

思维定式是指我们用一种固定的思维模式思考问题的习惯，会使人的思维沿一定的方向、一定的次序思考，使思维受到限制，从而阻碍新观念、新想法的产生，阻碍人的创造性。

思维定式适用于人们遇到同类或相似问题，但对创造性问题来说却是十分不利的，因为它会让人的思维活动逐渐变为一种既定的方向和模式，形成思维惯性，逐渐成为一种本能反应，使人的创造性思维受到束缚。

【拓展训练 1-1】

九点连线（一）

很多人手机密码解锁采用的是九点连线的方式，现在请大家一笔画用四条连续的直线段，把图中所有的九个点都连起来，你能做到吗？

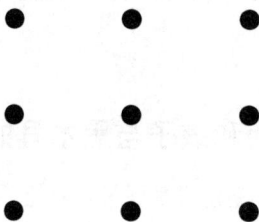

练习反思：九点连线的游戏之所以有些同学做不到四条首尾相连的直线一笔连成，主要就是受到思维定式的干扰，把自己困在了九个黑点形成的正方形之中。当人们被一些自己并未察觉的现象干扰，或凭自己的主观臆测看待问题时，就很容易做出错误的判断。因此，应该主动、理智地分析问题，加强对问题的理解，提高观察和分析问题的能力，不断发现新事物和解决问题的新方法。

我们在思考问题时，可以从以下几个方面打破常规的思维模式。

这个问题还能用其他的方式表示吗？

可以将问题颠倒过来看看。

能不能用另一种问题替换目前的问题？

转换自己的思考方向。

将在思考问题时我们脑中出现的想法记录下来并认真思考。

把复杂的问题转换为简单的问题。

把自己生疏的问题转换为熟悉的问题。

九点连线（二）

依然是九点连线，但是加大难度，在白纸上参照下图画九个圆点，用三条连续的直线把九个点连在一起，请您试一试。

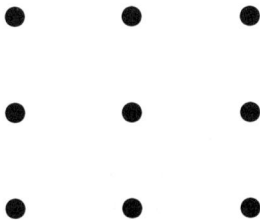

九点连线（三）

继续加大难度，在白纸上参照下图画九个圆点，用一条直线把九个点连在一起。这似乎不太可能，但请您试一试。

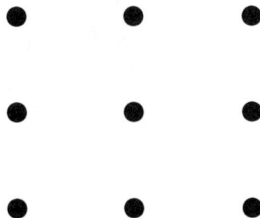

（2）扩展思维视角

"视角"就是思考问题的角度、层面、路线和立场。思考问题，若仅从一个视角出发，得到的结论往往是不全面的, 想要训练自己的思维能力, 就应该尽量拓宽视角, 学会从多种角度观察问题, 从而提高发现新事物和解决问题的新方法。

扩展思维视角的方法一般有以下三种。

发散思维又称辐射思维、放射思维、扩散思维或求异思维, 是指人在思考的过程中, 不受已经确定的规则、方式和方法的约束, 思维呈现一种扩散状态的模式。发散思维就像一棵树, 树枝从树干的四面八方延伸, 从多个方向、多个角度扩展思维的空间。我们在进行发散思维训练的过程中, 要做到思维的流畅、变通和新颖。

【案例 1-5】

复印机的发明

起初, 爱迪生发明的石蜡纸, 只是普遍运用于食品的包装材料。后来, 他尝试在蜡纸上刻出文字轮廓, 形成一张石蜡刻字纸版, 在纸版下垫上白纸, 再用墨水的滚轮从刻字的石蜡纸上滚一滚, 奇妙的事发生了, 白纸上出现清楚的字迹。之后又经过多次的改良试验, 1976年, 爱迪生开始量产他发明的复印机。一下子, 机关、学校、事业单位、团体都开始采用这种蜡纸油印机。由于爱迪生的复印机大受欢迎, 风行全球, 使他深切体验到, 应该发明人们普遍而且深切需要的东西。

(资料来源:《TRIZ及应用》一书)

逆向思维是指朝着与固定思维相反方向进行思考的思维模式, 是一种从问题的对立面出发进行思考, 从问题的相反面进行分析的方法。比如我们熟知的电动吹风机和电动吸尘器, 电动吸尘器就是发明者从电吹风相反的原理方向进行研究而发明的新工具。

联想思维: 联想是指思路由此及彼的连接, 即由所感知、所思的事物、概念和现象刺激而想到其他事物、概念和现象的心理过程。联想思维就是指在人脑内的记忆表象系统中, 由于某种诱因使不同表象发生联系的一种思维互动。

【案例 1-6】

可口可乐瓶的设计

路透是美国一家玻璃瓶厂的工人, 由于上班路上耗费的时间很长, 他便在离工厂不远的地方租了一个小隔间, 以便自己休息和上班。由于工作繁忙, 他已经很长时间没和女友见面了, 路透和女友彼此都十分想念对方。

一天上午, 女友精心打扮了一番, 穿了一条时兴的紧腿裙来探望路透。这条裙子在膝部附近变窄, 凸出了人体的线条美, 非常漂亮。与女友约会后, 路透突然想到: 为什么不把又沉又重的可口可乐瓶设计成这种紧腿裙的式样呢?

于是, 路透按照女友裙子的样式制作了一个玻璃瓶, 并将玻璃瓶的图案画下来进行了专利登记。之后,他来到可口可乐公司,将制作好的玻璃瓶和图案交给了当时的可口可乐经理——史密斯。史密斯看了之后非常高兴,大大称赞了路透一番,并马上与路透签订了一份合同,约定每生产12瓶汽水便支付路透5美分。就这样,可口可乐饮料的瓶身就变成了现在人们熟知的样式。

路透通过女友漂亮的裙子,联想到了改变可口可乐原本不实用的瓶身,这是他的创新思维促使了灵感的发挥。

我国现已进入了信息化社会的新时代,经济的增长动力已从索取型、能源消耗型驱动转向创新驱动,所以,创新型人才的培养作为创新驱动发展的基础和保障,具有十分重要的时代意义。

3. 大学生提升创新能力的途径

(1)优化知识结构

知识是人类进行观察、思考和想象的基础,没有丰富的知识支持,就不可能有丰富的想象力。想象力在创新能力的内在形成机制中起着至关重要的作用。虽然知识的多少和创新能力并不成正比关系,却有着内在的关联,必要的知识储备是开展创新活动的重要前提,我们需要重视知识的构建和优化。

(2)消除主观障碍

创新活动基本上是在继承前有经验的基础上进行的,广博的知识基础能促进人的创新思维活动。但是在学习过程中只继承不批判,机械地照搬照抄,则不利于创造性思维的发展。因此,大学生应该消除主观障碍,敢于保持思维的批判性,在学习前人的知识时,做到取其精华去其糟粕。

(3)活跃创新思维

创新思维就是创新人才在具体的创新活动中体现出来思维的独创性、灵活性、敏锐性和预见性等思维个性品质。创新思维的培养在于平时的潜移默化,如何保持活跃的创新思维?一是保持强烈的好奇心;二是保持广泛的兴趣;三是保持发散的想象力。

(4)参加创新实践活动

创新实践是人类能动地改造自然和社会的活动,一切创新内容都来源于社会生活和社会需求,又服务于社会生活和社会需求的。学生应充分认识实践对创新活动的重要性,多途径参加各种社会实践活动,比如积极参加社会调查活动、社会实习活动、课外兴趣小组活动,以及参与课题研究、技术发明等。

【拓展训练 1-2】

创造正方形

请您数一数下列图形中一共有多少个正方形。

讨论答案和解决问题的方法。

<table>
<tr><td></td><td></td><td></td><td></td></tr>
<tr><td></td><td></td><td></td><td></td></tr>
<tr><td></td><td></td><td></td><td></td></tr>
<tr><td></td><td></td><td></td><td></td></tr>
</table>

（三）创新方法训练

目前已提出的创新方法有300多种。这里主要介绍"六项思考帽法"和"头脑风暴法"两种典型的创新方法。

1. 六项思考帽法

被称为"创新思维之父"的英国心理学家爱德华·德·波诺博士提出了著名的"六项思考帽法"。该方法用6种颜色的思考帽来代表6种思考问题的角度，每一种颜色都会引起人们的一种联想，颜色给我们的印象对应着一种思考问题的角度（表1-1）。这种独特的思考方法作为政府、企业和个人的决策指南受到了广泛的推广和肯定，在微软、杜邦、IBM、麦当劳、可口可乐、通用等著名的企业得到了成功的应用。

表1-1　六项思考帽法

六项思考帽子	颜色联想	思考角度
白色思考帽	中性和客观	搜索并展示客观的事实和数据
红色思考帽	直觉和情绪	表达对事物的感性看法
黑色思考帽	冷静和严肃	用小心、谨慎的态度指出任一观点的风险所在
黄色思考帽	希望和价值	用乐观、积极的态度指出任一观点的价值所在
绿色思考帽	活跃和生机	运用创新思维提出新的观点
蓝色思考帽	理性和沉稳	对整个思考过程及其他思考帽的控制和组织

"六项思考帽法"要求我们在同一时间只做一件事情，从不同的角度进行思考，如果我想知道某件事的相关信息，那么就戴上白色思考帽；如果想表达自己的直觉对那件事的看

法，那么就戴上红色思考帽；如果想找出事情的潜在危险，那么就戴上黑色思考帽；如果想知道事情有哪些价值，那么就戴上黄色思考帽；如果想寻求新的思路和解决问题的新方法，那么就戴上绿色思考帽。最后，我们戴上蓝色思考帽从宏观上把握各种因素，就对我们要处理的事情有了公正的看法，从而做出正确的决断。

六顶思考帽可以分为三对：白色和红色、黑色和黄色、绿色和蓝色。这两两对立的三对帽子思考了问题的方向，可以把问题考虑得很周全，并且达到了相互平衡的效果。

白色思考帽：

白色思考帽的思考角度是搜索并展示客观的事实和数据。戴上白色思考帽，大脑就类似一台电脑，搜索与某个问题相关的所有信息，然后把信息显示在屏幕上，不掺杂任何情感因素。我们应该客观地将事实放在桌面上，中立地对待所有信息，排除个人感觉、印象等情绪化的判断。戴上白色思考帽的目的是获得纯粹的实情，而不是证明自己的观点，因此，不要只选择对自己有利的信息，也不要害怕信息间发生冲突。

红色思考帽：

红色思考帽的思考角度是表达对事物的感性看法，是反映情绪和直觉的思考。人们通常认为情绪化和非理性的表达会扰乱思考，优秀的思考者应该冷静地权衡利弊，而不能受情感的左右。无论如何回避，人类还是有感性的一面，只是人们把它伪装在了逻辑里。红色思考帽给人们提供了"合法"地表达情绪、情感的机会，这种疏导比压抑更有利于解决问题。事实上，情绪对思考的影响主要表现在三个方面：一是强烈的背景情绪会左右我们的思考；二是人们常常带着一种情绪对某个问题做出毫无根据的判断；三是在思考结束后，我们做出任何决策最终都要诉诸情感。

红色思考帽让每个人都有权利把自己的感情自由地释放出来，这让有些人误解了红色思考帽的意义，把它当作情感发泄的工具。实际上，红色思考帽更像一面镜子，会如实地反映人们的负面情感。

黑色思考帽：

黑色思考帽的思考角度是用小心、谨慎的态度指出任一观点的风险所在。为了避免潜在的危险、障碍和困难，为了避免浪费时间、精力和金钱，我们应该考虑不利因素。戴上黑色思考帽就是要把不好的可能性——罗列出来。黑色思考帽让我们把注意力集中在找出潜在的危险、困难和障碍，指出需要注意的事项以及某项计划与过去的经验、价值观、政策、战略等不相符的地方，提醒我们对一些问题保持警惕以保证我们不犯错。黑色思考帽与红色思考帽表达观点的方式截然相反，红色思考帽完全是情绪化的表述，不需要任何理由，而黑色思考帽符合西方批评思想的传统。任何批判都要以逻辑为基础，任何否定都要有站得住的理由，没有根据的批判和否定不具有任何意义。

黄色思考帽：

黄色思考帽的思考角度是用乐观、积极的态度指出任一观点的价值所在。提到黄色，我们会想到阳光、乐观、积极向上。黄色思考帽就是一项让我们保持乐观的思考帽，戴上黄色思考帽的思考者应该尽力指出任何一个观点的价值，尽力把任何建议付诸实践。这要比戴上黑色思考帽困难，因为人们有躲避危险的本能，对可能存在的危险非常敏感，但是对可能存在的价值却比较迟钝。黄色思考帽可以培养我们对价值的敏感，引导我们花时间去寻找价值。

绿色思考帽:

绿色思考帽的思考角度是运用创新思维提出新的观点。提到绿色，我们会联想到草木在春天长出的嫩芽。绿色思考帽就是一项充满生命力的思考帽，让我们超越常规的思维模式，寻找新的解决问题的方法，探索更多的可能性使事情得到更好的解决。戴上绿色思考帽之后，每个人都扮演着创造者的角色，都要从旧观念中跳出来，努力提出新想法，或对已有的意见进行修正和改进。

蓝色思考帽:

蓝色思考帽的思考角度是对整个思考过程和其他思考帽的控制和组织。提到蓝色，我们会联想到广袤的天空和广阔的海洋。蓝色思考帽的意义在于总揽全局，可以说蓝色思考帽是对思考的思考。在会议开始时，主持人应该运用蓝色思考帽把需要解决的问题描述出来，指出思考的目标和预计的结果。然后，安排其他思考帽的使用顺序。在会议过程中，蓝色思考帽要控制其他思考帽的运用，保证每个人按照各个思考帽的思考角度进行思考。此外，它还可以宣布更换思考帽。在讨论结束时，蓝色思考帽还负责进行总结，做出决定。一般由主持人戴上蓝色思考帽，但是主持人也可以要求与会人员戴上蓝色思考帽提出建议。

蓝色思考帽给人们指明了思考的方向，从而让他们能够进行步调一致的思考。蓝色思考帽对个人的单独思考同样适用，它让我们的思考有系统、有组织，这样的思考过程更有效率。

【案例 1-7】

如何看待超市对购物袋收费这件事?

◎白色思考帽

超市行业包装袋的年消耗额高达50亿元，一家营业面积在8 000平方米左右的大型超市每年用40万元购买购物袋。

北京市塑料袋的年使用量达51.95亿个，重达1.7万吨。相关测算表明，如果有偿使用，超市购物袋使用量将下降一半以上。

塑料袋的材料是聚乙烯，两三百年也不会降解，并且会不断散发有毒气体。

环境与发展研究所进行的民意调查显示，近99%的被调查者认为，人们应该减少使用塑料袋以减少白色污染。有65%以上的人同意对塑料袋的使用收费或上税。

据已实施了"有偿使用塑料袋"的麦德龙超市介绍，目前麦德龙的顾客中，购买塑料袋的顾客约占8%。

很多超市把顾客的商品进行分类包装，一次购物往往会用三四个购物袋。极少数的顾客自备购物袋。

◎红色思考帽

超市真的关心环保吗？他们为了赚钱。

每个塑料袋收费0.2元，太贵了。

我不觉得塑料袋会污染环境，媒体宣传得太夸张了。

我已经习惯免费的购物袋了，接受不了。

我宁可花钱，也要用塑料袋。

◎黑色思考帽

不用塑料袋不方便，用还要花钱，总之会有负面影响。

顾客会产生抵触心理。

超市会流失大量顾客。

◎黄色思考帽

促使人们自备购物袋，减少白色污染。

激发人们的环保意识。

可以让人们养成节约的习惯。

超市可以节省开支、增加利润。

◎绿色思考帽

超市应该免费提供可降解塑料袋或其他不产生污染的替代品。

超市为了鼓励顾客不用购物袋，可以回馈给那些自备购物袋的人。

超市应销售可重复使用的布袋或纸袋。

◎蓝色思考帽

确定白色、红色、黑色、黄色、绿色思考帽这个讨论顺序，并规定每个思考帽使用的时间为5分钟，可以适当延长。

每使用完一种思考帽之后做一个小总结。比如，戴上白色思考帽思考之后得出一个结论：塑料袋不但污染环境，而且浪费钱财，大部分人赞成收费。

适时宣布更换思考帽。比如，当人们用太多时间使用红色思考帽时，及时宣布摘下红色思考帽戴上黑色思考帽。

最后从宏观上分析议题：理智上大家都赞同收费以便于环保，但是情感上难以接受，超市应该以人为本，想想别的途径而不是用收费的方式控制塑料袋的使用。

2. 头脑风暴法

头脑风暴法（图1-4）是美国学者A·F·奥斯本提出的，原指精神病患者头脑中短时间出现的思维絮乱现象，患者会产生大量的胡思乱想。A·F·奥斯本借用这个概念比喻思维高度活跃，因打破常规的思维方式而产生大量创造性设想的状况。头脑风暴法的目的是激发人类大脑创新思维以及能够产生出新的想法、新的观念。

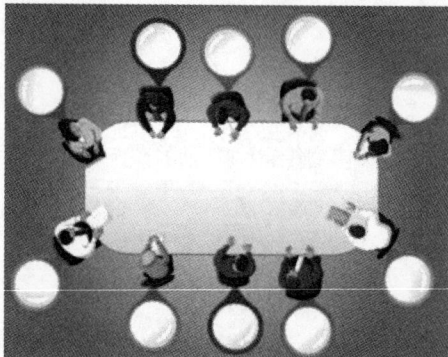

图1-4 头脑风暴法

头脑风暴法作为一种新兴的思维方式，其核心为高度自由的联想。激发头脑风暴的机理主要有以下几个因素。

（1）环境因素

针对一个问题，往往在没有约束的条件下，大家会十分愿意说出自己的真实想法，并很热情地参与讨论。而这种讨论通常是在十分轻松的环境下进行的。这样的话能更大限度地发挥思维的创造性，取得很好的效果。

（2）链条反应

链条反应是指在会议进行的过程中，往往通过一个人的观点可以衍生出与之相关的多种想法甚至创新出更加出奇的想法。这是因为人类在遇到任何事物时，都会产生条件反射，联系到自身的情况进行联想式的发散思维。

（3）竞争情节

有时候，也会出现大家争先恐后发言的情况。那是因为在这种特定的环境下，由于大家的思想都十分活跃，再加上有一种好胜心理的影响，每个人心理活动的频率会十分高，而且内容也会相当丰富。

（4）质疑心理

这是另一个群众性的心理因素，简单地说，就是赞同还是不赞同的问题，当某个人的观点提出后，其他人的心理上有的是认同的，有的则是非常的不赞同的，表现在情绪上无非是眼神和动作，而表现在行动上就是提出与之不同的想法。

头脑风暴法的实施有3个阶段，分别是准备阶段、自由发言阶段、专家组质疑阶段。

①准备阶段。

第一，确定会议的负责人和研究的议题，抓住议题的关键。

第二，与此同时要敲定参会的人数，5~10人为最好。等确定好人数和议题之后，就可以选择会议的时间、场所，然后准备好会议的资料，通知与会人员参加会议就可以了。

第三，在会议开始阶段，不宜上来就让大家开始讨论，这样的话，在与会人员还未进入状态的情况下，讨论的效果不会很好，气氛也不会很融洽。我们先要暖场，和大家说一些轻松的话题，让彼此之间有些交流沟通，不会显得生分。在大家进入状态后就开始议题了。主持人介绍参会人员和议题，不要占用太多时间，以简洁为主。因为，过多的描述在一定程度上会干扰大脑的思考。之后大家开始讨论。在进行一段时间的讨论后，大家往往会有更多的关于议题的想法，但弊端是有可能只围绕着一个方向发散思维。这时主持人可以重新明确讨论议题，使大家在回味讨论的情况下重新出发，得到不同的方向。

②自由发言阶段。

自由发言阶段也叫畅谈阶段。畅谈阶段的准则是不允许私下互相交流、不能评论别人的发言、简短发言等。在这种规定下，主持人要发挥自己的能力，引导大家进入一种自由的讨论状态。此外，要注意会议的记录。随着会议的结束，会议上提出的很多新颖的想法要怎么处理呢？以下是一些处理方法：在会议结束的一两天内，主持人还要回访参加会议的人员，看是否还有更加新颖的想法，之后整理会议记录。然后根据解决方案的标准，对每一个问题进行识别，主要根据是否有创新性、有可施行性进行筛选。经过多次斟酌和评断，最后找到最佳方案。这里说的最佳方案往往是一个或多个想法的综合。

③专家组质疑阶段。

在统计归纳完成之后，就要对提出的方案进行系统性质疑并加以完善。这是一个独立的程序，此程序分为以下三个阶段。

第一阶段，提出的想法和设想都要有所质疑，并且要加上评论。评论就是根据事实分析和质疑。通常在评论过程中，会产生新的设想，主要是因为原来提出的设想无法实现，有限制因素。而新的议题就要有所针对地提出修改意见。

第二阶段，和头脑风暴的原则一样，对每个设想编制一个评论意见一览表。主持人再次强调此次议题的重点和内容，使参加者能够明白如何进行全面的评论。对已有的思想不能提出肯定意见，即使觉得某设想十分可行也要质疑。整个过程要一直进行到没有可质疑的问题为止，然后总结和归纳所有的评价并建议可行的设想，整个过程要注意记录。

第三阶段，对上述提出的意见再次筛选，这个过程是十分重要的，因为我们要重新考虑所有能够影响方案实施的限制因素，这些限制因素对最终结果是十分重要的。分析组成员应是一些十分有能力、判断力高的专家，因为某些决策要在短时间做出，这些专家就会起到很大的作用。

在整个头脑风暴的过程中需要的注意事项有以下几点：

①要对整个会议进行初步设想，要有所了解参加的议题，不要期望你的发言能得到所有人的赞同；

②不要对参加会议的人员有个人情绪，对每个人的发言都要公平，不要以个人原因去质疑或是指责别人的想法；

③为了使与会者不受任何影响，最好在一个十分安静的房间内举行会议，使大家不受外界因素的干扰；

④要对自己有心理暗示，自己的提议不是无用的，恰恰相反，也许正是你的提议成为最后的决策；

⑤假如你的提议没有被选中或是得不到别人的认同，不要失落和坚持，将它看作是整个头脑风暴的原材料；

⑥你思考一段时间后，在脑力较为疲惫时，可以通过散步、吃东西等缓解自己的这种压力，从而整理思绪重新参与到团队中。

最后，要学会记笔记，记笔记是十分重要的步骤，避免遗漏一些细节。

【案例1-8】

如何清除电线积雪？

每年的冬天，美国北方都十分寒冷，尤其是进入12月，大雪纷飞，电线上积满冰雪，大跨度的电线常被积雪压断，严重影响通信。很多人试图解决这一问题，但都未能如愿。后来，电信公司经理运用奥斯本的头脑风暴法，尝试解决这一难题。

他召开了关于如何清除电线积雪的头脑风暴座谈会，提前通知参加会议的不同专业技术人员，收集资料做好准备。会议在几天后召开。经过主持人的引导，大家放下包袱自由自在地讨论。

有人提出设计一种专用的电线清扫机；有人想到用热水化解冰雪；也有人建议用振荡技术清除积雪；还有人提出能否带上几把大扫帚，乘坐直升机扫电线上的积雪……

对于这种"坐飞机扫雪"的设想，大家心里尽管觉得滑稽可笑，但在会上也无人提出批评。相反，有一位工程师在百思不得其解时，听到用飞机扫雪的想法后，大脑突然受到冲击，一种简单可行且高效率的清雪方法冒了出来。他想，每当大雪过后，出动直升机沿积雪严重的电线飞行，依靠飞机旋转的螺旋桨即可将电线上的积雪迅速扇落。他马上提出"用直升机扇雪"的新设想，顿时又引起其他与会者的联想，有关用飞机扫雪的主意一下子又多了七八条。不到一个小时，与会的10名技术人员共提出了90多条新设想。

会后，公司组织专家对设想进行分类论证。专家们认为设计专用清雪机，采用电热或电磁振荡等方法清除电线上的积雪，在技术上虽然可行，但研制经费大、周期长，一时难以见效。那种因"坐飞机扫雪"激发出来几种设想，倒是一种大胆的新方案，如果可行，将是一种既简单又高效的好方法。经过现场试验，发现用直升机扇雪真能奏效，一个久悬未解的难题终于在头脑风暴中得到了巧妙的解决。

【拓展训练 1-3】

古怪的订单

学校大学科技园创意文化广场苏咔蛋糕店,接到一位刁钻古怪的顾客的订货单,订货单上面写道:"订做9块蛋糕,但要装在4个盒子里,而且每个盒子里至少要装3块蛋糕。"这位顾客傲慢地说:"贵店不是以讲信誉远近闻名吗?如果连这点小事都办不了,今后还是把招牌砸掉算了!"

如果你是蛋糕店的店员,你能想出办法吗?(跳出思维的陷阱,表述要清楚,不要产生歧义。)

解决方法:

复习思考题

1.创新的含义是什么?

2.创新应该遵循哪些原则?

学习任务 2　创业与创业精神

【任务目标】

1.知识目标：认识创业的概念及其重要意义；识别创业的基本要素及其分类。

2.技能目标：从创业的角度了解自己、规划未来及探索准确的人生定位；继承和发扬成功创业者的创业精神。

3.思政目标：启发大学生自主创业意识；体会大学生创业的重要意义；从观念和品格两方面塑造大学生的创业精神。

【任务导入】

【阅读材料 1-3】

罗小馒：云南最火的"红糖馒头"

1.5元买个馒头，1.5元或2元买个包子，可不要轻看了这馒头铺。只是一个红糖馒头，罗三长和合伙人就拥有了5家自营店和131家加盟店，创业两年，就卖出了7 800万个红糖馒头。这可以算得上是云南最火的馒头了！在第三届中国"互联网+"大学生创新创业大赛中荣获金奖。

创始人罗三长的个人生涯

2009年，罗三长进入高中，成为学生会主席，随后成立了一家人力派遣公司，积累了人生中宝贵的经验；在新东方学习过烹饪，拿到了新东方二级厨师证，高二时做过中餐厅；2012年，外出务工时遇到黑中介，仅追回一部分工资。

上大学后，罗三长利用寒暑假打工，2014年在云南省德克士总部打工；2015年去了广东省石碣市龙地村模具厂。

从0到1——为做好馒头去台湾取经

赚钱，人人都想，可你知道搞什么最赚钱吗？很多人回答不了。

"馄饨是最赚钱的，接下来就是米线，再接下来就是包子、馒头了。"罗三长说，"馄饨是搞不出花样来的，创新突破性很小。米线在云南已经很久远了，很难突破创新，所以就想到了包子、馒头。"

别看只是几句话，但如果没有深入调查，没有在餐饮业的摸爬滚打的经历，是难有这番见解的。

"在整个中国，一般都是以白馒头为主，毕竟大众吃的只有白馒头。我想着就从面食切入，从面食切入就想到了云南本来就有的红糖馒头。那么，我的红糖馒头就要与原来的红糖馒头在制作方法上不一样。"

2015年暑假,他和后来的一位合伙人去台湾,不为玩,就为"取经"——台湾的小吃很出名,包括红糖馒头。

从1到N——从一个店扩张到了136家

2015年11月8日,罗三长的首家"罗小馒红糖馒头"店开业。他在学校食堂租了一块地方,开店第一天就盈利1 050元。

罗三长为推广自己的红糖馒头,当了解到有很多老师都是很早赶校车来学校上课,没有时间吃早餐的情况后,他就想到了"爱心早餐计划":给所有上班的老师送一杯豆浆、一个馒头、一张名片,主要是为了推广品牌和获得更多支持。通过这次活动,不仅红糖馒头店在校内人人皆知,还有很多老师一天不落地来店里买馒头。

随后,"红糖馒头"开进了西南林业大学、云南民族大学、云南师范大学……到后来,他同合伙人已经拥有5家直营店、131家加盟店,已累计销售7 800万个红糖馒头。

为什么他的红糖馒头能这么成功呢?"我们用了互联网产品思维和工匠精神去做。"罗三长说。小作坊要的是如何卖出的东西最多,而他们想到的则是怎么让消费者喜欢。"红糖馒头之后,一系列适合不同人群的子产品就出来啦。"

"馒头不仅是馒头,而是要把馒头做成法式软包。"罗三长不满足于现状,扩大规模是他一直在思考的问题。他正与技术人员研发红糖奶黄包、红糖发糕。他希望有更多甘蔗、小麦种植户加盟他的红糖馒头品牌,从原材料环节进行把控,让红糖馒头能够走出云南。

创业不一定要高科技,接地气一样能萌芽

2017年9月18日,在第三届"互联网+"大学生创新创业大赛中,罗小馒红糖馒头获"全国金奖"。"红糖馒头"一下子让人惊讶了。

为什么"红糖馒头"也能获金奖?这说明,小项目也能成就大事业,创业不一定要高科技,只要是"接地气"的创新,有益民生的创业,创业的种子就能生根发芽。

只有脚踏实地,一步一个脚印搞创业,才能获得成就感;只有从小项目做起,才能让自己在市场上逐渐站稳脚跟,让自己拥有更多自信和勇气去闯市场的新天地,并让自己的理想变成现实。

罗三长说:"我觉得我们的项目不仅是一个馒头,而是一个极具发展的项目;它不是一个凉馒头,而是一个有温度的馒头。"

"创业过程中,我也曾遭遇过很多挫折,而且现在我还只是学生,还需要多学习和积累社会经验。我今天的成功,与我的坚持是分不开的。太多人把小事不当事,大事当作麻烦事,最后一事无成。"罗三长认为,他最大的成功就是敢想敢做,且善于不断总结经验教训。

借全国总决赛的舞台,罗三长发起了《全国高校500+小馒人合伙加盟计划》,推动大学生就业,同时他已经注册了"罗小馒"品牌商标,计划将他的馒头覆盖到更多省份。

(资料来源:春城晚报,有删改)

"罗小馒"的故事告诉了我们,创业并不是遥不可及的,它只是一种普通的社会现象和人类活动。但如果要准确定义什么是创业,描述出创业的本质和精髓,可能是一件非常困难的事情。本任务将会帮助大学生理性认识创业，继承和发扬创业精神。

一、什么是创业？

（一）创业的概念

中国在很早之前就出现了创业这个词，如《孟子·梁惠王下》提到的"君子创业垂统，为可继也"。《抱朴子·逸民》中说："吕尚创业垂统，以示后人，而张苟酷之端，开残贼之轨"司马光的《萧何营未央宫》有："创业垂统之君，致其恭俭以训子孙，子孙犹淫靡而不可禁，况示之以骄侈乎！"里面提到的创业垂统是指创建功业，传之子孙。诸葛亮《出师表》："先帝创业未半，而中道崩殂。"其中创业的意思是始造、开创。在《辞海》中创业的定义是开创基业，在《现代汉语词典》里面创业的定义是创办事业。

在西方，许多学者也提出了各自对创业的定义。霍华德·斯蒂文森提出："创业是一种管理方式，即对机会的追逐，与当时控制的资源无关。"熊彼特对创业的定义是："强调革新，包含新的产品、新的生产方法、新的市场、新的组织形式。财富就是在满足新的需求的革新的活动中被创造出来的。从这个角度来说，创业者可以被视为将各种不同的因素组合在一项革新性的活动中，并以此满足消费者需求的人。同时，他们也希望实现的价值要超越原来的各因素的价值总和，并且能够创造出新财富。"被誉为"创业教育之父"的杰夫里·蒂蒙斯所著的创业教育领域的经典教科书《创业创造》对创业的定义是："创业是一种思考、推理结合运气的行为方式，它为运气带来的机会所驱动，需要在方法上全盘考虑并拥有和谐的领导能力。"科尔把创业定义为："发起、维持和发展以利润为导向的企业的有目的性的行为。"德鲁克认为："创业不仅是创办新组织或开展新业务，更是一个创新的过程，在这个过程中，新产品或新服务的机会被确认、被创造，最后被开发出来产生新的财富。"

南开大学张玉利教授认为："把创业仅理解为创建新企业是片面的。创业的本质更在于把握机会、创造性地整合资源、创新和快速行动……创业精神是创新的源泉。"学者吴晓义对创业的定义是："创业是不拘泥于当前资源，寻找机会，进行价值创造的行为过程。"学者郁义鸿等人在《创业学》里对创业的定义是："创业是一个发现和捕捉机会并由此创造出新颖的产品或服务，实现其潜在价值的过程。"

根据不同学者提出的定义，我们可以总结出创业的特点：创业是优化和整合资源以创造出更大经济贡献或社会价值的过程；创业是劳动的一种形式，企业家需要在经营过程中思考、推理和判断；创业是一个识别机会并创造出新事物的过程，如果有创造新事物（新产品、新市场、新生产过程或原材料、组织现有技术的新方法）的机会，创业者会运用各种方法去利用和开发这些机会，获得利益，实现价值。

在本书中，创业是一个人或团队，发现和捕获机会，由此创造价值和谋求发展，并通过创新和特立独行满足愿望和需求，实现其潜在价值的过程。一般来说，创业的概念分为狭义的创业和广义的创业。狭义的概念认为创建一个新企业的过程，包括建立新企业和企业内部再创业。广义的概念认为所有进行价值创造的过程都是创业。小到做好自己的本职工作，为社会更加美好做贡献，大到建设一个国家，或者改变世界。既包括创办大型的事业，比如兴建学校、医院、企业等，也包括创办小规模的事业，比如家业；既包括成功创办各类组织，也包括创办各种活动的过程。创业必须贡献出时间、付出努力，承担相应的财务的、精神的和社会的风险，从而获得金钱的回报、个人的满足和独立自主。

通过分析创业的定义和特点，我们可以对一个国家或地区的经济发展起到巨大的推动作用。一方面，创业可以催生很多创业公司，打造快速发展的新行业；另一方面，创业可以解决一部分人的就业问题。创业对个人的人生发展也有重要的影响，创业成功可以带来巨大的物质财富和个人荣誉感，还可以充分释放个人的激情，实现个人的梦想。

（二）创业的要素

著名学者蒂蒙斯认为，创业包括三大要素，分别是创业者、资源和机会，如图1-5所示。创业者或创业团队在创业过程中具有主导作用，商业机会是创业过程的内在核心驱动力，资源是创业过程中来自外部的保障，也是创业成功的必要保证之一。创始人或工作团队应该了解如何在机会模糊、市场不确定的外部和内部环境中依靠自己的领导、创造和沟通能力，发现问题、把握机会、整合资源、制定战略和解决问题。

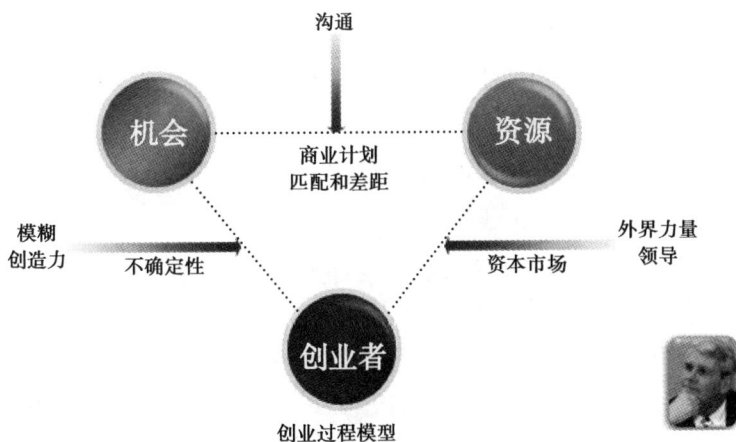

图1-5 蒂蒙斯创业三要素

首先，创业过程的起点是创业机会，而非金钱、战略、网络、团队或商业计划。创业时，最重要的是商业机会，而不是资金、团队的才干和能力及适应的资源等。在创业过程中，资源与机会间经历着一个差距到适应的动态过程。商业计划提供了交流的方式，同时给创业者、机会和资源三个要素之间的平衡状态提供了平台。

其次，创业过程是使创业者、机会和资源三个要素达到平衡和相互匹配。处于模型底部的创始人或工作团队要善于配置和平衡，借此推进创业过程。创业者需要做的工作包括：通过沟通、领导和创造活动对商机进行理性分析和把握、对风险进行认识和规避、对资源进行最合理的利用和配制、对工作团队进行适应性的分析和认识。

最后,创业过程是一个连续不断寻求平衡的行为组合。在三个要素中绝对的平衡是不存在的,但企业要保持发展,必须追求一种动态平衡,要保持平衡观念展望企业的未来。这时,创业者需要思考的问题是:目前的团队是否能领导公司未来的发展、资源是否能创造新的发展机遇和团队是否能把握机会等。这些问题在不同的阶段以不同的形式出现,牵涉企业的可持续发展。

(三)创业活动的类型

随着创业浪潮的不断发展,创业活动的类型呈现多样化的发展趋势,同时,划分创业活动的类型也是创业研究的开始。因此,学者们根据长期观察的创业活动,从多种不同的角度对创业活动进行分类。蒂蒙斯在1999年提出了创业理论模型中认为,影响创业的主要因素是创业者、资源和机会。因此,可以将创业过程定义为创业者根据其初始动机,整合自身资源,识别创业机会,获得利润的过程。所以,我们可以根据创业过程中涉及的因素对创业的类型进行分类。

1. 基于创业者的划分

不同类型的创业者所创建的企业的类型、管理企业的方式等都是不同的。根据创业活动主体的差异,可以将创业活动分为个体创业和公司创业。个体创业是指不依附于某一组织的个体或团队的创业行为,公司创业是指已有组织的创新活动。从创业本质上分析,个体创业和公司创业有很多相似的地方,但是由于创业主体在初始资源、组织设计、战略目标等方面存在差异,因而在风险承担、创业环境、企业成长、最终成果等方面也存在差异。两者主要的差异如表1-2所示。

表1-2　个体创业和公司创业的主要差异

个体创业	公司创业
创业者承担无限连带责任	公司承担风险,个人承担有限责任
创业者拥有商业概念	公司拥有概念(与商业概念有关的知识产权)
创业者拥有全部或大部分权益	创业者拥有公司权益中很小的一部分
创业者的潜在回报是无限的	创业者所能获得的潜在回报是有限的
个体的一次失误可能意味着失败	公司能承受更多的失败
受外部环境的影响较大	受外部环境的影响较小
创业者具有相对独立性	创业者更多以团队形式进行
根据需要能灵活地改变过程、试验和方向	调整受到内部的规则、官僚体系等的阻碍
决策迅速	决策周期长
低保障,缺乏安全网	高保障,有一系列安全网
可以沟通的人较少	可以沟通的人较多
至少在创业初期阶段,存在有限的规模经济和范围经济	能够很快地达到规模经济和范围经济
存在资源局限性	各种资源的获取上占有优势

2. 基于创业动机

全球创业观察（Global Entrepreneurship Monitor, GEM）在2001年的报告中提出了生存型创业和机会型创业的概念，这一概念是在前人对推动型创业和拉动型创业的研究基础上提出的，并根据初始创业动机把创业活动的类型划分为生存型创业和机会型创业两种类型。

（1）生存型创业

生存型创业是指某一类人从事创业活动是因为没有其他更好的工作。"生存型"反映了个体并不是自愿创业的。生存型创业的驱动因素包括创业者家庭收入不足、对目前工作不满意、找工作遇到困难以及需要照顾家庭而需要灵活的工作时间。

（2）机会型创业

机会型创业是指某一类人从事创业活动有个好想法或者发现一个好的商业机会，自愿地进行创业。大多数机会型创业者是在稳定的经济基础上开始创业活动，创业领域也是他们所熟悉的。机会型创业的驱动因素包括创业者的自我追求、对社会地位的追求。

（3）生存型创业和机会型创业的比较

布莱恩·多布森将收入和保障网络作为区分生存型创业与机会型创业的度量指标，体现出生存型创业与机会型创业并非完全对立。

从对经济增长贡献的角度比较，生存型创业者经营企业很少会关注经济增长这一因素，对地区的经济发展也几乎没有影响，通常来说，生存型创业出现在经济欠发达地区。机会型创业者会关注企业是否能够给地区带来经济增长，并会促进地区的经济增长。

从创业动机的角度比较，生存型创业者受生活压力的影响，其创业目标是增加财富。而机会型创业者并不会过多追求物质的回报，而是追求产品或服务的专业性和创新性。

从创业者特征的角度比较，生存型创业者往往年纪较大，并且女性从事生存型创业的概率比男性高。相对来说，机会性创业者更自信、更愿意承担风险，有更多的自我控制力，并且这两种类型的创业者的创业技巧和态度均受到创业者年龄的影响。

承担风险对生存型创业有着消极影响，而对机会型创业有着积极的影响，生存型创业者会比机会型创业者更期望较低的风险，这是因为生存型创业者没有其他谋生的选择。对企业失败不存在恐惧的个体有较高的机会型创业倾向，研究表明，生存型创业者对失败的恐惧要比机会型创业者高两倍。

3. 基于是否存在创新的划分

根据创业中是否存在创新这个因素将创业划分为两种类型。第一类是套利型创业，即利用现有的差价优势低买高卖，从而赚取利润的创业活动。第二类是创新型创业，比如以低成本、开发新技术或利用新商业机会为基础的创业活动。也就是说，建立在创新上的创业活动，不同于单独的创新或者创业活动，它不仅是具有开创性和原创性的活动，也强调要通过实际行动获得利润。因此，在这一创业类型中，创新是创业的基础，创业是创新的体现。

二、大学生为什么要创业

（一）宏观层面因素——服务国家战略，建设创新型国家

自改革开放以来，我国几乎每隔10年就会出现一次大的创业浪潮。20世纪80年代，由于农村土地承包责任制带来大量农村劳动力过剩，再加上"市场短缺"的市场需求，使许多农民走上自发创业道路，形成了中国第一次大众创业潮，诞生了美的集团、格兰仕集团、碧桂园集团、万向集团等乡镇企业。1992年，在未来改革方向明确后，引发政府机构、科研院所和国有企业里的大批知识分子"下海"创业，第二次精英创业潮由此发端，诞生了泰康人寿、万通地产、联想集团等一批优秀企业。2000年，我国加入WTO及全球范围内互联网技术的发展，迎来一批"海归"和国内高学历、高技术人才加入创业浪潮，新浪、搜狐、网易、腾讯等互联网巨头都是在第三次创业大潮中诞生的。

经过三次创业浪潮，创业给我国和人民的生活带来了巨大改变。1978年，我国经济总量仅位居世界第十位；2010年居世界第二位，成为世界第二大经济体。根据国家统计局公布的数字，我国2015年全国国内生产总值（GDP）为67.67万亿元，是1978年的185.4倍；2015年人均国内生产总值（人均GDP）为5.2万元，是1978年的136.21倍。几次创业浪潮带动了国家经济总量的迅猛增长。

然而，作为"世界工厂"的中国，经济正逐渐放缓并承受着很大的压力，曾经低廉的劳动力、土地、能源成本为中国强大的加工贸易立下了汗马功劳，而现如今中国制造业要从目前以加工贸易为主的结构，调整为向高端制造业升级转型，要逐步实现由"中国制造"到"中国创造"的转变。这便是现如今我国的第四次创业浪潮，这次创业浪潮与全球创新创业浪潮十分吻合，以互联网为核心的技术革命催生空前的全球创业浪潮，美国的物联网、德国的工业4.0，中国的"互联网+"，都成为推动国家经济复苏、崛起和转型的新动力。美国《华尔街日报》刊登题为《中国创新机器的崛起》的文章称"中国曾被称为是'全球工厂'，但是近年来中国科技公司正凭借硬件和软件的创新，挑战全球科技巨头"。

可见，鼓励和支持高等专业技术人才投身于创新创业的大潮中，有利于实现科技成果转化、促进社会生产力发展、建设创新型国家等的目标。没有大学生的创业，全社会的创业无从谈起，建设创新型国家更无从谈起。

（二）中观层面——缓解就业压力，就业问题是创新创业的直接推进器

根据国外经验，就业人数在500人以上的大中型企业对就业的贡献较小，就业人数在1~19人的小企业对就业的贡献最大。大学生自主创业有利于帮助国家缓解就业压力，为更多的毕业生提供新的就业岗位，能从根本上解决毕业生就业难的问题。因为一人创业成功，可以带动至少10人就业，同时，自主创业还增加了中小企业的数量，开创新的产业领域，为地方经济发展注入新的动力。

大学毕业生创业就是利用自己的知识、才能和技术,以自筹资金、技术入股、寻求合作等方式创立新的就业岗位,为自己、为社会、为更多的人创造就业机会。

(三)微观层面——实现自我发展,成就伟大人生

创新引领未来,创业成就梦想。从发展角度看,创新创业是实现人生价值的一种生活方式。创业的价值在于实现自己。有想法而又把自己的想法变成现实,是一件奇妙而伟大的事情。乔布斯重新定义了手机(iPhone),马斯克重新定义了汽车(特斯拉),慕课(MOOC)重新定义了教育(MOOC学院),扎克伯格重新定义了社交(FaceBook)。当前,大数据、云计算、物联网、移动化等前沿技术正深刻地改变着企业,改变着生产和生活方式,并给当今中国经济社会的发展带来无限的机遇。

根据美国心理学家马斯洛的"需求层次理论",人的自我实现需求区别于其他四种需求,处于最高级别,是人类充分利用外在和内在的条件发挥自身潜力的心理需求,也是一种要把人的潜力发挥到极致的根本欲望。也正是这种自我价值实现的心理需求,激发了创业者强烈的动力,激励其战胜困难、发挥潜质、超越自我,冲破逆境,为实现自己的人生梦想而不懈奋斗。这是一个知识经济的时代,也是一个追逐梦想的时代,更是一个创新的时代,新时代带来新机遇,大学生创业有着得天独厚的优势,相信每个有梦想的青年人都将会在梦想的引领下披荆斩棘、奋勇拼搏,最终实现自己的人生价值。

三、如何培养大学生的创业精神

(一)创业精神的重要性

卡尔·施拉姆是美国最大的研究美国企业、培育企业精神的基金会——考夫曼基金会的总裁和CEO,他在《创业的必要性》一书中提出:真正推动美国经济发展的最主要动力是美国企业家的创业精神。在企业管理领域,著名的创业学家拉里·法拉尔曾经在《创业时代》一书中指出:"无数企业的兴衰告诉我们,现行的管理经验并非是企业早年得以增长的要素,而恰恰是导致他们衰败的原因,企业成功的真正基础正是所谓的创业精神。"由此可见,学习和培育创业精神的重要性。

(二)创业精神的内涵与实质

创业精神是指在创业者的主观世界中,那些具有开创性的思想、观念、个性、意志、作风和品质等。国内外学者对创业精神从心理学的角度进行了深入的研究,对创业精神的内涵可概括为:

第一,如果个体表现出勇于创新、承担风险和主动进取的行为,那么他就具有创业精神。

第二,创业精神也是创业家在个性方面所具有的独特特征,如激情、积极性、适应性、

领导力和雄心壮志、机会捕捉能力、高成就动机等。

创业精神具有以下几方面的特征。

1. 高度的综合性

创业精神是由多种精神特质综合作用而成的,诸如创新精神、拼搏精神、进取精神、合作精神等都是形成创业精神的精神特质。

2. 三维整体性

无论是创业精神的产生、形成和内化,还是创业精神的外显、展现和外化,都是由哲学层次的创业思想和创业观念、心理学层次的创业个性和创业意志、行为学层次的创业作风和创业品质三个层面所构成的整体,缺少其中任何一个层面,都无法构成创业精神。

3. 超越历史的先进性

创业精神的最终体现就是开创前无古人的事业,创业精神本身必然具有超越历史的先进性,想前人之不敢想、做前人之不敢做。

4. 鲜明的时代特征

不同时代的人们面对不同的物质生活和精神生活条件,创业精神的物质基础和精神营养也就各不相同,创业精神的具体内涵也就不同。

创业精神是创业者在创业行为过程中的重要行为特征的高度凝练,创业精神的本质是创新意识和主动精神。创业精神对创业实践有重要意义,是创业理想产生的原动力,是创业成功的重要保证,可以带来个人成就、组织成功和国家经济繁荣。一个民族需要民族精神,一个时代需要时代精神,创业精神应当成为我们的民族精神,成为我们的时代精神。

(三)大学生创业精神的培养

新时期大学生思想政治教育必须着力在大学生中弘扬和培育勇于创新、勇担风险、团结合作、坚持不懈的创业精神。既要与时俱进,更新教育目标、内容和方法,推动学科自身的发展,又要以同样的进取精神引导学生紧跟时代步伐,寻求变革、适应变革,为大学生今后的创业提供精神动力与支持。

1. 大学生创业精神培育的必要性

(1)创业精神的培育是时代的要求

随着知识经济时代的到来,全球经济一体化趋势的加强,以及世界范围内人才竞争的日益激烈,开展创业教育已成为当今世界各国教育改革的一股潮流,而创业精神的培养是创业教育的重要内容。这是一个"大众创业、万众创新"的时代,伟大的事业、伟大的工程需要崇高的精神,创新创业是时代赋予大学生的历史使命。因此,培养具有创业精神的大学生,是高等学校当前迫切需要解决的重要课题之一。

（2）减轻大学生就业压力的需要

近年来，中国高等教育步入了大众化教育阶段，大学生的就业难题成为困扰高等教育进一步发展的瓶颈。如何解决大学生就业难题，自主创业是方法之一。通过创业精神的培育，帮助大学毕业生认识到社会上有许多创业机会和有利条件，鼓励大学毕业生自主创业。大学生创业不仅会减轻政府和社会压力，还可能创造很多的就业机会，创造更多财富，节省更多资源。

（3）创新型人才培养的需要

创新是创业精神的核心内容之一，美国著名管理学家德克鲁认为："创业就是要标新立异，打破已有的秩序，按照新的要求重新组织。""理论、价值以及所有人类的思维和双手创造出来的东西都会老化、僵死。"我们需要的是一个创业社会，在这个社会中，创新和创业精神是正常、稳定和持续的。正如管理已成为所有现代机构的特有机制，成为组织社会的主体职能一样，创新和创业精神也必须成为维持组织、经济和社会的生存所不可或缺的活动。创业精神的核心，归根到底是由创业活动的开拓性所决定的。由于创业是一种创造性的活动，它本身就是对现实的超越，就是一种创新。因此，创业就意味着创新，创新就意味着突破，创业精神的培养过程就是培育创新型人才的过程。

2.大学生的创业精神实质

企业家的创业精神主要是指锐意进取、艰苦奋斗、爱岗敬业、勤俭节约的精神。大学生的创业精神实质可以概括为：艰苦奋斗、自强不息；善于学习、勤于实践；抓住机遇、拼搏进取；实事求是、敢于冒险；团结协作、同心同德；诚实守信、以义取利；追求卓越、永不止步。

【拓展训练 1-4】

创业精神测试

请同学们根据自己的第一印象，从下面的四道题目中选出符合自己情况的答案：

1.假设同学们面前有一瓶能预测未来的魔法药水，喝完一整瓶的水就会知道自己一生所有的事情，你会如何对待这瓶药水？

A.一饮而尽　　　　B.只喝一点　　　　C.喝一半　　　　D.不喝

2.请同学们回答：创业的定义是什么，你的第一反应是什么？

A.马上翻书或看讲义

B.马上思考和回忆之前讲的概念

C.马上闪现某个熟悉的案例或创业领袖

D.马上想到身边的某个人、某件事、某个场景……

3.假如你所在的小组因某人违规被罚，你会：

A.觉得无所谓,罚不罚与我无关

B.觉得这人太可恶,连累小组整体成绩

C.觉得没关系,我们还可以共同努力

D.我一定要把被罚的赢回来

4.现在有以下4个创业机会,你会优先选择哪一个?

A.学校门前开网吧,以利润丰厚为重

B.开办一所培训学校

C.开网店或微店

D.成立一家帮助贫困生就业的公司

3. 大学生创业精神的培养途径和方法

(1)通过校园文化,培养创业精神

校园文化是学生成长的重要外部环境,它对学生成长及个性发展具有陶冶功能、凝聚功能、激励功能、导向功能。良好的校园文化能够塑造学生的优秀品质,提高学生的精神状态,而沉闷的、死板的校园文化则会扭曲人的性格。西方校园文化如个人自由发展、独立精神、竞争和机会均等、开拓精神、创造性和超前性等都极大地促进了创业教育的开展。而我国校园文化在重视学生的主体作用、强化自我意识、鼓励学生在实践中发挥才干,把对自我价值、自我实现等问题的思考融汇到社会价值、集体价值观等方面中都做得不够。相当一部分学生的人生价值观导向模糊、学生开拓能力和创新能力差,未在校园中形成一股弘扬创业精神的风气和文化。

(2)培育创业人格,增强创业精神

美国斯坦福大学教授推孟在30年中追踪研究了800人的成长过程。结果发现,他们中成就最大的20%与成就最小的20%最明显的差异就是个性方面的不同。高成就者具有谨慎、自信、不屈不挠、进取心、坚持性、不自卑等心理特征。这说明个性特征对个体的创业来说是非常重要的,尤其是"独立性""坚持性""敢为性""克制性"等。所以,人格教育对创业精神与创业能力的培养是相辅相成的。在创业教育教学中可以采取运用创业案例剖析创业者的人格特征和心理学专题、心理训练,让学生掌握形成心理素质与优良人格特征的途径。从世界观和方法论的角度看,创业精神是一种实事求是的精神。创业不是纸上谈兵,需要根据实际情况提出新的思路,需要扎扎实实地付出艰苦的努力,引导学生以实事求是的态度面对学习、工作和生活。

(3)通过模拟实践,培养创业精神

创业实践活动为创业能力的表现和发挥提供了时间和空间相统一的社会平台,学生通过身临其境地去思考、去操作、去体验,于活动中体验真实感受,强化创业意识,确立创业信念。高校要通过创造条件让学生切身感受一个经营者面对市场竞争的精彩和残酷,承担风险和责任，全面提高学生的经营管理素质与能力。

创业实践模式可分三种形式：一是利用实习期间进行创业实践训练，主要方式有参观、访问、社会调查等。参观、访问是有明确主题的创业意识类的专题活动，如参观某个白手起家现已成为明星企业的民营企业，访问某个创业成功人士，请他介绍创业奋斗历程，让学生体会企业家精神等。二是尝试创业模式，即利用假期到公司去打工或参与别人的创业活动。也可尝试营销、竞技类的实践活动。还可以结合专业优势和个人特长举办各种培训班或开发、设计新产品等。此外，实践活动通过吸引校外相关专业学生和本校外专业学生的参与，为学生间交流、沟通提供平台，达到培养学生综合素质的目的。三是开展模拟性实践活动，鼓励大学生参加各种创新创业大赛，进行有关创业活动的情境体验等，如"ERP企业沙盘模拟大赛""跳蚤市场""模拟营销策划大赛""模拟创业设计大赛"等活动。

近年来，从国家到省、市每年一届举办的"大学生创新创业大赛"也是培养大学生创业精神的良好途径。"大学生创新创业大赛"本身不仅是学生实际运用其所学知识的过程，也是其提高综合能力、形成优秀管理素质的过程。它要求参加者组成优势互补的竞赛小组，提出一项具有市场前景的产品或服务，并完成一份完整、具体、深入的商业计划，阐述创立公司的进程，说明所需要的资源、提示风险和预期回报，并提出行动建议。要完成一份好的创业计划书几乎需要运用学生在大学阶段所学的全部专业技能和经济、管理知识。设计创业计划书的过程因而可以看作是学生熟悉和运用其管理知识、技能的过程。因此，从这个角度看，举办"创新创业大赛"是符合我们通过这类活动促进大学生创业精神培育初衷的。

【阅读材料 1-4】

创业精神之一：才思敏锐，精细过人

创业家的成功，很大程度上取决于他们对机会具备天生的敏锐感和判断力。正如经济学家柯兹纳所言："机会源于信息不对称。"正是这种精细和敏锐使创业家能够抓住眼前稍纵即逝的机会，并且常常先于平常人看到这些机会的苗头，从而为采取行动赢得先机。在史玉柱身上，我们看到了很多这样的"敏锐"：20世纪80年代末创业初期看准汉字桌面系统软件开发，90年代初期开发保健品市场，2003年出售公司拳头保健产品的知识产权及其营销网络75%的股权转而投资股票市场，2004年进军网络游戏……尽管在这个过程中，史玉柱也有过失误和沉痛的教训，但是，在每一个经济发展时期，他似乎都抓住了熊彼特所说的"具有吸引力"的产业，而且善于将这些机会与企业资源有效地匹配起来，从而为他未来的财富帝国找到立足的根基。

创业精神之二：首创精神和冒险精神

创业家怀揣着一种梦想和意志，企图建立起一个属于自己的"王国"，他们不甘人后，思想和行动常常先于天下，这为创业家们创造财富提供了"先动"优势。冒险精神是创业家身上表现出的

突出特质之一，创业家的血液中流淌着对生意的激情，他们具有创造的激情，追求成功的激情，施展个人能力和智谋的激情，他们喜欢挑战，迎接变革，敢于冒险去追求成功。在史玉柱的传奇经历中，从他创业之初倾其所有为自己的产品做广告，到后来在其产品营销中惯用的高强度广告攻势，以及不断探索新的业务领域和经营模式，都充分地体现了这种冒险精神。创业家的冒险是在精心"计算"基础之上的理性决策，他们胆大心细又才智过人。对于这一点，我们在经历了从成功到失败，再从失败到成功的史玉柱身上看到了明显的表现。

创业精神之三：不断创新，不断变革

经济学家威廉·鲍莫尔提出，资本主义的独特之处在于创新而非发明。熊彼特认为，创新是发现一种有利可图的机会，并且不断地追寻这种机会直到使它们在实践中得到运用。创新就是实现资源的"新组合"，这是创业精神重要的特征，即以新的形式和方法，把资本、技术等要素有效地组合起来，创造性地应用到企业生产和管理过程中。史玉柱的创业成功历程就是一个个不断创新行动的联结，也是他传奇式成功最重要的原因。例如，"脑黄金""脑白金""黄金搭档"准确的产品市场定位；极富创意和人气响应的广告设计；《征途》网络游戏产品设计和销售模式中的诸多创新点；企业不断根据外部环境变化调整、开辟新业务领域，从最早的软件行业到保健品行业，再到资本市场投资，以及现在的网络游戏行业，都体现出一种极强的应变能力、学习能力和遗忘能力。一个企业如果具备核心能力但缺乏应变和遗忘能力，则可能陷入核心能力僵化陷阱而丧失竞争优势，这正是时下许多大型公司面临的创业难题。

创业精神之四：渴望成功，百折不屈

熊彼特认为，只有不甘平庸，而且具有强烈成功欲的人，才有成为企业家的资格。创业家具有征服的意志和证明自己比别人优越的冲动，他求得成功不是为了成功的结果，而是为了取得成功的过程。从史玉柱的创业经历中我们看到，正是在成功和理想驱动下的百折不屈的创业精神和永无止境的探索与奋斗，使他从平庸中崛起，从失利与逆境中重新奋起。

（资料来源：张映红，《史玉柱创业精神缔造财富神话》，创业网，摘选时有改动）

【拓展训练 1-5】

温州人的创业故事

在商界，欧洲有犹太人，中国有温州人。

历史上，还从来没有一个商人群体像温州人一样备受关注。温州已不仅是一个地理名词，它已成为一种文化、一种精神的象征。

温州是一个只有11 700多平方千米的城市，于20世纪80年代初借成为首批对外开放沿海城市的春风，温州人因地制宜地全力发展轻工制造业。一下子，家庭作坊遍布全城，市场经济异常火爆。通过多年的摸索滚爬，经历了无数风雨的温州民企逐渐做大做强，不断地向外扩张。如今，温州人的皮鞋、眼镜、阀门、打火机、服装、变压器、制笔、印刷品、锁具等都名扬国内外,中国鞋王、笔王、锁王……比比皆是。

温州人的成功毫无疑问是奋斗出来的,改革开放40多年来,温州成了中国民营经济发展最迅速、活力最充沛的城市之一。温州最早摆脱计划经济的束缚,大力发展民营经济,推进所有制结构调整。其经济和社会发展增长速度为世人瞩目。温州民营经济已经成为温州经济的主要支柱。依靠民营经济的推动,通过社会化分工和专业化协作,全市相继建成了"中国鞋都""中国电器之都""中国汽摩配之都"等30多个全国性的生产基地,获得170多个中国驰名商标、50多个中国名牌产品和100多个国家免检产品,品牌总量位居全国同类城市首位。

温州自古人杰地灵,人民勤劳智慧,独特的沿海优势和改革开放的政策,造就了"敢为人先,特别能创业"的温州人精神。正如国内外新闻媒体报道的那样,哪里有市场,哪里有商机,哪里就有温州人。一直以来温州人就是凭借着智行天下、敢为人先的精神,依靠自己能吃苦、不服输的意志,让温州人的足迹遍布世界各地。

经济学家钟朋荣曾将"温州人精神"概括为四句话:"白手起家、艰苦奋斗的创业精神;不等不靠、依靠自己的自主精神;闯荡天下、四海为家的开拓精神;敢于创新、善于创新的创造精神。"

1.分小组搜集创业精神相关案例,谈谈温州商人独特的创业方式、创业精神和创业理念对当今大学生的创业有着怎样的借鉴意义和教育启示。

2.你知道"铁人精神""航天精神""胡杨精神"吗?你能结合"铁人精神""航天精神""胡杨精神"谈谈创新创业精神的时代意义吗?

3.分享"我身边的创业故事"。

【拓展训练 1-6】

你想创业吗?

1.自我能力评估

为了方便、直观地了解自己,可以把对自我的认识在表1-3中进行总结。通过对"我是谁,我知道什么、我认识谁"的分析和总结,会更加清晰地认识自己,了解自身具有的优势和劣势,以及目前拥有的资源,希望这个方法可以带给你一些启发。

表1-3　自我认识评估表

评估指标	二级指标	内容
我是谁	我拥有什么样的物质	
	我拥有什么样的能力	
	我的兴趣爱好是什么	
	我对创业这件事的态度是怎样的	
我知道什么	我的专业背景是什么	
	我具有哪些专业领域的知识和技能	
	我从事过哪些工作	
	我具有怎样的工作和生活经验	
我认识谁	家人	
	朋友、同学	
	用户、合作伙伴	
	偶然认识的陌生人	

2.创业准备测试

对于适合创业的个体而言,可以通过如表1-4所示的简单测试检查其是否已经准备好进行创业了。对于表中的13个问题,如果有10个以上的答案是"是",就说明被测试者有可能适合创业。下面开始测试吧:

表1-4　创业准备测试

测试问题	是 / 否
我有充分的信心迎接创业过程中的困难和挑战	
我想拥有财务方面的独立	
我一直想取得成就并因而受到嘉奖	
即便我知道失败的风险很大,我依然会尽力尝试新的事物	
我想获得独立以便掌握自己的命运	
成立一家新公司是我人生中很重要的一件事	
我相信成立新公司能够赚钱并获益	
近期我一直在考虑成立一家新的公司	
我喜欢和其他人一起工作	
如果有人提出要求的话,我愿意做领导	
我的朋友和家人都支持我创业	
我在想要进入的行业中拥有很多人脉	
我在想要进入的行业中拥有相应的技能	

即便测试结果表明你已经准备好了创业，这也只是一种可能性，并不保证你创业定会成功，只不过是你决定未来创业与否的一个参考。创业需要很多知识和技能，如果你真的计划未来创业，建议你首先学习创新创业基础课程，系统地了解创新创业的过程和要素，然后踏踏实实地继续深入学习，认真学好专业课。在此基础上，参加创业辅修课程或者其他创业实训课程。

现实生活中，很多人不会创业，这是一个事实。如果测试结果和你的自我判断都显示目前你不适合创业，那么学习创新创业基础还有用吗？答案是依然非常有用。学习创新创业基础可以帮助你了解创业和了解自己。你可能找到一份在初创企业的工作，了解创业和创业家，会帮助你更好地和创业家一起工作。你也可能找到一份和创业融资有关的工作，还可能参与其他朋友的创业。即便你找到一份普普通通的工作，创新创业知识和技能对你的发展也会非常有帮助。创新创业基础是系统地学习实践沟通能力、探索能力、团队合作能力、领导能力、创造思维以及项目管理等技能的最佳课程。这些技能像数学、语文和计算机一样，已成为21世纪的基本知识和技能。

【拓展训练 1-7】

自主创业和工薪就业的理由

自主创业和工薪就业的理由是：

栏目1	栏目2
A.经济的——赚更多的钱	D.重大变故——例如：地震
B.心理的——感到有用和必要	E.实际原因——例如：理性
C.社会的——与人交往	F.个人原因——例如：感性

下述情况分别涉及哪些原因，请将相应的字母填在横线上。每种情况可能涉及多方面原因。

1.我想买一辆汽车。_____

2.我想帮助病人。_____

3.我想和朋友在一起。_____

4.所有的时间一个人在家里。_____

5.我想买新衣服。_____

6.生活上的衣、食、住、行是有必要的。_____

7.工作让我感觉良好。_____

8.我想到好饭店用餐。_____

9.在工作上交换意见。_____

10.我会为成功完成一项工作感到骄傲。_____

11.我希望增加我的家庭收入。_____

12.我梦想为自己建一座大房子。_____

13.我喜欢与周围很多人交往，并且希望能不断认识更多的人。_____

14.看一件外观新奇的产品。_____

15.我工作时能看到我最好的两个朋友。_____

16.我希望能够买任何想要的东西。_____

17.如果赚到钱，我会用来服务社会。_____

18.我工作时觉得自己是个成功者。_____

19.当我不能买单时，我会变得很不开心。_____

【阅读材料1-5】

自主创业的好处和弊端

一、自主创业的好处

人们之所以选择自主创业至少基于6个理由：个人满足感、独立、收入和利润、工作安全感、社会地位、灵活性。

1.个人满足感

对于一些人来讲，自主创业就是为了实现自我满足感。个人满足感是指能够做自己想做的事情。选择自主创业，就可以每天做自己喜欢的工作。比如，你喜欢摄影，就应该开自己的照相馆，当顾客对你的服务表示很满意时，强烈的自我满足感就会油然而生。你也可以通过帮助你所在社区里的人们以获得满足感。自主创业者提供产品或服务并能创造就业机会，同时他们也从社区里的其他企业那里购买产品和服务，从当地银行借钱并且支付税金。

2.独立

自主创业的另一个好处在于可以获得独立，不受别人控制，能够自由发挥自己的知识、技能和才干。

3.收入和利润

创业的主要目的是获得利润，收入减去所有支出就是利润，利润归企业所有者拥有。自主创业者可以控制自己的收入。通常，如果对企业付出更多的时间和努力，会获得更多收入，这与给他人打工不同。当企业平稳运行时，你希望自己得到多少？你想每年赚2 000元，50 000元还是100 000元，或者更多？不同类型的企业有不同的收益潜力，企业类型是决定收入多少的重要因素之一。许多企业具有长期的成功潜力，然而，在短期内它们可能难以得到利润回报。把目标定位在较高的收入水平上是很诱人的，确定目标的一个方法是对自己提出这样的问题：每年想赚多少钱？

4. 工作安全感

通过创业，人们可以获得其他就业方式缺乏的工作安全感。工作安全感指能够确保持续获得就业机会及收入。自主创业者不会下岗，也不会在达到一定年龄时被强制退休。

5.社会地位

从某种程度上说所有人都在追求社会地位。自主创业者通过成功经营和参与社会活动吸引公众的注意，从而获得一定的社会地位，这使他们享受到其他人无法得到的快乐和自豪。

企业本身也有社会地位高低之分。例如,垃圾回收站的地位可能较低。有些人对其企业的地位很感兴趣,有些人对此根本没兴趣。这是你选择创立什么类型的企业时需要考虑的重要因素之一。无论地位高低,关键在于要选择一个让自己感到舒适的企业地位。

6.灵活性

创立的企业类型和企业规模取决于自主创业者的能力大小。自主创业给予创业者的是成为老板和领导者的工作,而不是作为雇员和追随者的工作。

二、自主创业的弊端

除了解自主创业的好处之外,你还需要了解自主创业的弊端,如潜在的投资风险、收益的不确定性及长时间工作等。

1.潜在的投资风险

自主创业的一个风险来自投资风险。投入资本是指创业者为了开办企业而投入的资金。通常的规律是,风险越高的企业回报越高。如果企业成功了,利润就会很高。如果企业失败了,就会损失投资。创业者需要承受自有储蓄遭受损失的痛苦,投资失败可能需要很长时间偿还贷款。

2.收益的不确定性

自主企业的另一个弊端是收益的不确定性。不像工薪阶层就业有固定的收入,自主创业的利润随时间波动较大,即使在已经处于正常营运阶段的企业仍然如此。有时即使能获得收入,但数量太少也不足以满足个人和家庭的需要,在创业初始的6~12个月内尤其如此。

3.长时间工作

自主创业的人每天不只工作8小时,可能每天工作14个小时或更长时间,每周工作6~7天。经营时间的长短取决于顾客的需要。他(她)们通常是早晨第一个到,晚上最后一个离开。开业时间是为了方便顾客而不是为方便老板设定的:比如商店经常从早8点到晚9点营业。

4.例行公事

自主创业的人们通常都被一些不喜欢的例行公事所烦恼。你需要与所有商业伙伴打成一片,否则在你面临一些问题时可能无法得到外界援助。

5.投入更多精力

经营一个小企业是非常辛苦的,实际上在最初的几年里,它可能会占用你所有的时间和精力。不过,企业进入正常营运阶段,你大可将日常管理活动移交给其他管理人员。从长远来看,工作努力程度和参与程度因人而异。你需要做的就是,确定你将投入多少精力,你可以全身心投入,或者仅投入部分精力,也可能根本不投入。

【拓展训练1-8】

个人价值观与人生经历

一、从你出生到现在发生的最重要的事情。

二、从14岁到现在你生活中最重要的事情。

三、过去你取得的最大成就。

四、如果你还有1年寿命,你将做什么事情。

五、你曾经做过的很出色的事情。

六、你最重要的特质。

七、列出你喜欢的短语或谚语作为自己的座右铭。

复习思考题

1.创业的含义是什么?

2.大学生为什么要创业?

3.大学生创业精神的培养途径和方法有哪些?

项目二　创业者与创业团队

人类经济发展史中，最鲜亮的部分总是充满神奇色彩的创业史。在创业模型中，创业者与创业团队是三大核心要素之一，是创业的主体和实现者。创业者的品质素养直接关系到企业文化和企业的灵魂精髓；创业团队则是整个企业的栋梁，决定了企业的兴衰成败。大学生创业应当重视创业者的素质和创业团队的建设。

学习任务 1　创业者

【任务目标】

1.知识目标：掌握创业者应具备的基本素质；

2.技能目标：正确分析自己的优势与劣势；

3.思政目标：正确认识创业的社会作用，并理性对待创业。

【任务导入】

【阅读材料 2-1】

创业点亮人生

每天一早，农十三师红星二场的大学毕业生刘文就会像往常一样早早来到养殖场，在晨曦中开始一天的辛勤劳作——收拾温棚、清理猪舍、配制饲料。这个2002年放弃固定工作自主创业的大学生，现在已拥有一个年出栏900头猪的现代化养猪场和两个四位一体的塑料大棚。七年艰辛创业，刘文在农十三师养殖行业中脱颖而出，实现着自己的人生价值。

1997年，刘文从塔里木大学畜牧专业毕业后，来到新疆家禽畜种总场从事鸡苗销售和技术服务工作。由于妻子在农十三师红星二场教书，1999年，他通过人才交流来到哈密市鸵鸟有限责任公司任技术科科长。2002年，29岁的刘文不顾家人反对，毅然辞去工作，来到红星二场六连创业。

凭借在畜牧行业销售与服务的五年经验，刘文选择了门槛较高、投资大、市场风险较低的养猪业。他贷款8万元建起第一栋猪舍，从乌鲁木齐市一公司引入16头当时最好的品种——法系长白、大白、新美系杜洛克种猪和50头三元杂优仔猪。经过精心饲喂，这50头育肥猪个个膘肥体壮。这些肥猪眼看着就要投入市场销售时，哈密市生猪市场突变，猪肉价格猛跌，50头肥猪净赔6 000多元。这对事业刚起步又债务缠身的刘文来说是个不小的打击。看着亲手建起的猪舍和圈里的15头怀胎的母猪，回想自己的人生目标，刘文义无反顾地选择了继续干下去。

放弃收入优厚的稳定工作，借钱养猪，这个举动不仅社会上很多人不理解，他的家人也想不通。刘文的父母觉得儿子上了这么多年学，当猪倌太可惜了。不过，家里人虽说不理解，但对刘文办养猪场还是给予了最大支持。家人无私的关爱和妻子的鼓励给了他无穷的动力。在创业过程中，刘文付出了极大的艰辛，七年中，他没有真正休息过一天，寒来暑往，他在猪舍里度过了无数个不眠之夜。

刘文最终能在众多的养猪户中脱颖而出，靠的就是科技。他在种群选择上舍得投入，引进料肉比高、生产性能好的优秀种猪群，同时紧盯市场，在行业低谷时整顿猪群、建设圈舍，在行业高峰时全力以赴经营。在生产中，他精细养殖，饲料自制，猪舍保持清洁干净、消毒彻底，投料定时定量。为了不断提高养殖水平，他结识了许多业内人士，不断向他人学习。对于自己的养殖技术，他从不保密，团场和周边乡村许多养殖同行到他这里学习、引种，他都尽心教授。

刘文经营的养猪场像滚雪球似的壮大起来，由最初的一栋猪舍发展到现在的四栋，为他每年带来可观的收益。2007年，他赢利20余万元，2008年，遭遇金融危机，他的养猪场仍出栏600多头猪。2008年，刘文被农十三师授予"青年创业致富带头人"称号，他的创业事迹在青年中引起强烈反响。

一、什么是创业者

什么样的人可以称为"创业者"？无论是坚持、执着的李书福，还是睿智、富有洞察力的史蒂夫·乔布斯，抑或是纪律严明的拉里·佩奇（Larry Page，谷歌公司创始人），还是特立独行的埃隆·马斯克（Elon Musk，特斯拉，Space X等公司创始人）。

他们都可以被称为"创业者"，然而创业者并不仅限于"创办企业的人"。还有很多政治家也具有远见卓识。邓小平富有创造性地提出了"中国特色社会主义"，提倡"摸着石头过河"，某种意义上，这就是一种勇于尝试和改变的创业。本书所涉及的内容，我们是从经济学角度去理解创业者的。

（一）创业者的概念

1800年，法国经济学家萨伊（Say）首次提出了创业者的定义，他将创业者描述为将经济资源从生产率较低的区域转移到生产率较高的区域的人，并认为创业者是经济活动过程中的代理人。著名经济学家熊彼特则认为创业者应为创新者；即具有发现和引入新的更好的能赚钱的产品、服务和过程的能力的人。

在欧美学术界和企业界，创业者被定义为组织、管理一个生意或企业并承担其风险的人。创业者有两个基本含义：一是指企业家，即在现有企业中负责经营和决策的领导人；二是指创始人，通常理解为即将创办新企业或者是刚创办新企业的领导人。

我们认为，创业者是指发现某种信息、资源、机会或掌握某种技术，利用或借用相应的平台或载体，将其发现的信息、资源、机会或掌握的技术，以一定的方式转化、创造成更多的财富、价值，并实现某种追求或目标的人。

【阅读材料2-2】

创业者的类型

开办企业前，有必要了解你将成为哪种类型的创业者。创业者都要为国家的经济发展做出贡献。

1.自谋职业者

自己完成所有工作并取得全部利润者。这包括家庭商店创办人经纪人、个体维修人员、会计师、律师等。因为没有其他人的参与，所以往往需要做全职工作。

2.机会创业者

开办一个企业并尽可能地使其快速发展，以便雇用其他员工的人。通常，那些需要雇用的人都拥有创业者所不具备的一些专业技能。

3.发明者

这些人拥有特殊的发明创造才能，设计出了更好的产品，然后开办公司去开发、生产并销售产品。这种类型的创业者通常开办的是高新技术公司。

4.模仿者

借鉴他人已有的想法，并在该模式的基础上创办起自己的企业的人。特许经营和连锁商店的经营者就属于这种类型。

5.规模经济探索者

通过折扣价格和非常低的管理费用获得较高的销售量，从而获得规模经济效益的创业者。

6.收购者

接收他人开办的企业，并按照自己的想法获得成功的人。这通常发生在企业遇到财务问题时。新的管理思路有可能挽救一个企业。

7.买卖艺术家

购买企业，将其改造、改善后再卖出去，并从中获利的人。

8.投机者

买进后转手又卖出去，从中获利的人。不动产、艺术品、古董等都是典型的投机商品。

9.内部创业者

这些人能够在现有企业内部产生新的想法并成功地将其转化为一个项目。尽管本身并不存在利润和财务风险,但他们同样需要运用创业者的方法进行运作。

10.特许加盟者

特许加盟者开办的企业,经营的是品牌形象已经建立起来的产品或服务。特许加盟者拥有企业,但其经营权利受到特许人设定条款的制约。

11.被动创业者

为了生存而开办自己的企业的人,像擦鞋工、微型商店的经营者等。

(二)创业者的特征

在创业的诸多要素中,创业者的素质往往是决定创业能否成功的最关键因素,其重要性甚至远远超过创业项目本身和创业资金的状况。一个成功的创业者一般需要具备以下10个方面的特征。

1. 强烈的欲望

"欲",实际就是一种生活目标、人生理想。创业者的欲望与普通人的欲望相比,往往超出他们的现实,需要改变他们现在的立足点,打破眼前的樊笼才能实现。

创业者的欲望往往伴随着行动力和牺牲精神,普通人是不能做到的。

创业可以改变身份、提高地位、积累财富,这构成了许多创业者的人生"三部曲"。

大多数白手起家的创业者因为欲望和不甘心才创业。

或许我们可以套用一句别人的话:"欲望是创业的最大推动力。"

2. 超乎想象的忍耐力

对一般人来说,忍耐是一种美德,对创业者来说,忍耐却是必须具备的品格。

对创业者来说,肉体上的折磨轻于精神上的折磨。如果自己有心创业,一定要宠辱不惊的"定力"与"精神力"。

3. 开阔的眼界

对创业者来说,只有真正见多识广,才能有效地拉近自己与成功的距离,少走弯路。

众多成功创业者创业思路的几个共同来源。

(1)职业。不熟不做,由原来所从事的职业"下海",对行业的运作规律、技术、管理都非常熟悉,人头、市场也熟悉,这样的创业活动成功的概率很大,这是最常见的一种创业思路。

(2)阅读。阅读书、报纸、杂志等。很多人将读书与休闲等同,对创业者来说,阅读就是工作,是工作的一部分,一定要有这样的意识。

(3)行路。俗话说,"读万卷书,行万里路"。行路,各处走走看看,是开阔眼界的好方法。

开阔的眼界意味着你不但在创业伊始可以有一个比别人更好的起步,有时候它甚至可以挽救你的企业。

眼界的作用不仅表现在创业者的创业之初，而且它会一直贯穿于创业者的整个创业历程。

（4）交友。很多创业者最初的创业思路是在朋友启发下产生的，或干脆就是由朋友直接提出的。因此，这些人在创业成功后，都会更加积极地保持与朋友的联系，并且广交天下友，不断地拓展自己的社交圈子。与朋友们进行头脑风暴，就能够不断地有新思路、新点子。

四大创业思路的来源，也就是四大开阔眼界的有效方法。"机遇只垂青有准备的头脑"，让自己"眼界大开"就是最好的准备。

4. 善于把握趋势又通人情事理

势，就是趋向。势分大势、中势、小势。创业者一定要顺应形势，要研究政策。这是大势。很多创业者认为政策研究是"假、大、虚、空"，没有意义，实则不然。对一个创业者来说，大到国家领导人的更迭，小到一个乡镇官员的去留，都会对自己有影响。在政策方面，国家鼓励发展什么，限制发展什么，对创业的成败都有很大关系。创业者找准了方向，顺着国家鼓励的层面努力，可能事半功倍；创业者未把握好方向，比如说，某个行业、某类型企业，国家正准备从政策层面进行限制、淘汰，你偏赶在这时懵懵懂懂一头撞了进去，一定会一败涂地。

顺势而作，才能顺水行舟。观察政府，研究政策，是为了明大势。

中势是指市场机会。市场上时兴什么、流行什么，人们现在喜欢什么、不喜欢什么，可能就表明了你创业的方向。

小势就是个人的能力、性格、特长。创业者在选择创业项目时，一定要找适合自己能力、契合自己兴趣、可以发挥自己特长的项目，这样才有利于长期的全身心的投入。创业是一项折磨人的活动，创业者强大的内心。

一个创业者要懂得人情世故。老话说："世事洞明皆学问，人情练达即文章。"创业的首要目的是合理合法地赚钱，不是为了改造社会。

创业是一个在夹缝里求生存的活动，尤其处于社会转型时期，各项制度、法律环境都不十分健全，创业者只有先顺应社会，才能避免在人事关系上出问题。创业者一定要明势，不但要明政事、商事，还要明世事、人事，这是一个创业者的基本素质。

5. 敏锐的商业感觉，即商业敏感性

创业者的敏感是指对外界变化的敏感，尤其是对商业机会的快速反应。

有些人的商业感觉是天生的，如胡雪岩，更多人的商业感觉则靠后天培养。如果你有心做一个商人，你就应该像训练猎犬一样训练自己的商业感觉。良好的商业感觉是创业者成功的最好保证。

6. 拓展人脉

创业不是"无源之水",栽"无本之木"。每一个人创业都必然有其依凭的条件,也就是其拥有的资源。一个创业者的素质取决于其建立和拓展资源的能力。

创业者资源可分为外部资源和内部资源两种。内部资源主要是创业者个人的能力,其所占有的生产资料及知识技能、家族资源等。

但外部资源同样不可或缺,其中最重要的是人脉资源的创业能力,即创业者构建其人际关系网络或社会网络的能力。

创业者如果不能在最短的时间内建立自己最广泛的人际关系网络,那么他的创业一定会非常艰难,即使其初期能依靠领先的技术或自身的素质,比如吃苦耐劳或精打细算,获得某种程度的成功,但其事业不一定能做大做强。

创业者的人际资源,按其重要性来看,第一是同学资源。

在许多成功者的身后都可以看到同学的身影,有各阶段的同学,赫赫有名的上榜《福布斯》的中国富豪南存辉和胡成中就是小学和中学的同学,一个是班长,一个是体育委员,后来两人合伙创业,在企业做大以后才分了家。腾讯的马化腾也是与大学同学一起创业的。

同学之间因为接触较密切,彼此比较了解,容易培养纯洁的友谊,对于创业者来说,这是值得珍惜的最重要的外部资源之一。

第二是职业资源。对创业者来说,效用最明显的首推职业资源。所谓职业资源,即创业者在创业之前,为他人工作时所掌握的各种资源,主要包括项目资源和人际资源。充分利用职业资源,从职业资源入手创业,符合创业活动"不熟不做"的信条。尤其是在国内目前还没有像美国或欧洲国家那样,普遍认同和执行"竞业避止"法则的情况下,选择从职业资源入手进行创业,已经成为许多人创业成功的捷径和法宝。"好孩子"的创始人宋郑通过当中学教师时认识的一位学生家长,得到了第一批童车订货。同时,宋郑做童车的第一笔资金也是通过一位在银行做主任的学生家长获得的。如果没有学生家长的帮助,宋郑也很难这么快就取得成功。而万通集团的冯仑和王功权原来则是同事,两人曾一起在南德集团工作过,后来两人离开南德集团,携手到海南打天下,才有了现在的兴旺发达。

第三是朋友资源。朋友是一个总称,同学、战友、老乡、同事都可以是朋友。朋友犹如资本金,对创业者来说是多多益善。"在家靠父母,出门靠朋友""多个朋友多条路"是至理名言。一个创业者如果没有几个朋友,不利于其创新创业。人际交往能力应列在创业者素质的第一位。

7. 谋略

商场如战场,一个有勇无谋的人,早晚会成为别人的盘中餐。创业是一个需投入全部身心的活动,创业的成败取决于创业者的智谋。尤其是在目前产品日益同质化、市场有限、竞争激烈的情况下,创业者不但要能守正,更要有能力出奇。

对创业者来说,无所谓大智慧小智慧,能把事情做好能赚到钱就是好智慧。

谋略是智慧,贯穿于创业者的每一个创业行动中。谋略其实就是一种思维的方式,一种处理问题和解决问题的方法。

对于创业者来说,智慧是不分等级的,没有好坏、高明的区别,创业者要不拘一格,出奇制胜。

8. 胆量

创业本身就是一项冒险活动,要有胆量,敢下注,要有不怕输的精神。创业是需要强大心理承受能力的一项活动。

很多创业者在创业道路上需要胆量和冒险。冒险精神是创业精神的一个重要组成部分,但创业不是赌博,创业者的冒险迥异于冒进。创业者一定要分清冒险与冒进的关系,要分清什么是勇敢,什么是无知。无知的冒进只会使事情变得更糟,你的行为将变得毫无意义。

9. 与他人分享的愿望

创业者一定要懂得与他人分享。一个不懂得与他人分享的创业者,难以将事业做成,做大。

分享不限于企业或团队内部,对创业者来说,对外部的分享有时同样重要。分享不是慷慨,对创业者来说,分享是明智的行为。

10. 自我反省的能力

反省其实是一种学习能力。创业既然是一个不断摸索的过程,创业者就难免在此过程中不断地犯错误。反省,正是认识错误、改正错误的前提。对创业者来说,反省的过程就是学习的过程。有没有自我反省的能力,具不具备自我反省的精神,决定了创业者是否能认识到自己所犯的错误,是否能改正所犯的错误,是否能不断地学到新东西。

成功的创业者有一个共通之处,就是都非常善于学习,勇于自我反省。

作为一个创业者,遭遇挫折、碰上低潮是常有的事,在这时,反省能力和自我反省的精神能够很好地帮助你渡过难关。曾子说:"吾日三省吾身。"对创业者来说,问题不是一日三省吾身、四省吾身,而是应该时刻警醒、反省自己,唯有如此,才能保持清醒。

【拓展训练 2-1】

个性特征测验

从下列32组句子中,选择最能反映你个人观点的句子。

1.A.工作一定要完成。

　B.我喜欢与优秀的朋友在一起，这样我能获得他们对我的工作的见解和建议。

2.A.当我的责任增加时，我会感到更快乐。

　B.我喜欢把什么事情都事先安顿好。

3.A.我绝不做任何可能使自己受损的事情。

　B.理解如何赚钱是创业的第一步。

4.A.不管是多好的事情，如果这件事情的失败可能使我招致嘲笑，我就不会冒险去做。

　B.除工作之外，我还记挂别人的安康。

5.A.我会为自己开创的任何事业而努力。

　B.我只会做那些使我开心并有安全感的事。

6.A.如果我失败了，别人会嘲笑我。

　B.尽管我对自己很有信心，我还是需要别人的建议。

7.A.在遇到困难时，我要找到解决的方法。

　B.如果在新开创的事业中失败，我会继续目前的工作。

8.A.如果我觉得一个想法是好主意，我就会实践这个想法。

　B.我能比现在做得更好。

9.A.工作时，我会注意维系良好的人际关系。

　B.不管发生什么事，都是我学习的机会。

10.A.即使我的努力失败了，我也能从中学到东西。

　B.我喜欢舒适的生活。

11.A.我只会投资比赛或彩票，总有一天幸运会落在我头上。

　B.如果我在工作中失利，我会努力找出原因。

12.A.我会尊敬我的员工，并对他们一视同仁。

　B.如果能有更好的工作，我就会离开现在的工作。

13.A.在实施一个新想法之前，我会慎重考虑。

　B.如果我的叔叔去世，我会先去参加葬礼，即便这会导致公司订单延误好几天。

14.A.只有当我拥有资本时，我才能够发展一份事业。

　B.我希望能够自己做出重要决定。

15.A.当别人的好意和信任被背叛时，我不会坐视不理。

　B.如果事情没有按照我的想法发展，我会寻求其他的替代机会。

16.A.我可以犯错误。

　B.我非常喜欢与朋友谈天。

17.A.我希望我的钱能够安全地存在银行里。

　B.我认识我的工作，同时我也了解它的优劣。

18.A.我希望能够拥有很多钱,从而过上舒适的生活。

　　B.在做决定时我希望能够得到别人的帮助。

19.A.人们首先应该照顾好自己的亲人和朋友。

　　B.我喜欢解决难题。

20.A.即便可能损害自己,我也不会做让别人不开心的事情。

　　B.钱是事业发展的必需品。

21.A.我希望我的事业能够很快发展起来,这样我就不会遇到经济紧张的困境。

　　B.不能因为不成功就去责备自己。

22.A.我应该能够独立地按照自己的想法去做事。

　　B.只有为自己的未来积累了一大笔钱后我才会幸福。

23.A.如果我失败了,那主要是别人的错误造成的。

　　B.我只会做那些让我感觉舒服且令我满意的事情。

24.A.在开始一份工作之前,我会认真考虑它是否会对我的声誉造成不利的影响。

　　B.我希望自己能和别人一样,也买得起昂贵的东西。

25.A.我希望能够有舒适的房子住。

　　B.我会从失败中吸取教训。

26.A.在做任何工作之前,我都要考虑它的长期影响。

　　B.我希望每件事情都能按照我的想法进行。

27.A.金钱能够带来舒适,所以我的主要目标在于赚钱。

　　B.我喜欢在能够经常见到朋友的地方工作。

28.A.我了解自己正在做的事,我不怕受到别人的批评。

　　B.如果我失败了,我会觉得自己非常差劲。

29.A.碰到困难是常有的事,我应该去做些好的新工作。

　　B.在开始新工作之前,我会采纳有经验的朋友的建议。

30.A.我的所有经历都会激励我前进。

　　B.我希望能有很多钱。

31.A.我喜欢每天从容不迫万事顺利,没有任何烦恼。

　　B.不管遇到多大障碍,我将努力达到目标。

32.A.我不喜欢别人无故干涉我做事。

　　B.为了赚钱,我可以做任何事情。

个性特征测验评分

测试包括32组句子,在每组中选择"A"或"B",根据下表将每题所得分数相加。

每题得分

1. A 1分 B 2分	9. A 1分 B 2分	17. A 0分 B 2分	25. A 1分 B 2分
2. A 2分 B 1分	10. A 2分 B 1分	18. A 1分 B 0分	26. A 1分 B 0分
3. A 0分 B 1分	11. A 0分 B 2分	19. A 0分 B 2分	27. A 1分 B 1分
4. A 0分 B 1分	12. A 1分 B 1分	20. A 1分 B 1分	28. A 2分 B 0分
5. A 2分 B 1分	13. A 2分 B 0分	21. A 1分 B 0分	29. A 0分 B 1分
6. A 0分 B 2分	14. A 1分 B 1分	22. A 1分 B 1分	30. A 2分 B 1分
7. A 2分 B 0分	15. A 1分 B 1分	23. A 0分 B 2分	31. A 1分 B 2分
8. A 1分 B 2分	16. A 2分 B 1分	24. A 1分 B 1分	32. A 1分 B 0分

将所选选项纪录在答题纸上,再根据上表得出最终分数。

二、创业者应具备哪些素质

创业是极具挑战性的社会活动,是对创业者自身智慧、能力、气魄、胆识的全方位考验。创业者的基本素质包括身体素质、心理素质、精神素质、知识素质四个方面。

(一)身体素质

创业者应该具有健康的体魄和充沛的精力,能够适应初创企业外部协调和内部管理的繁重工作。创业初期是艰难的,"不劳筋骨者,不足承人任",创业者不仅需要大量的脑力劳动,而且体力付出比常人更多。只有具备良好的身体素质、足够的身体耐力,才能长期担当重任。

(二)心理素质

创业之路是充满艰险和曲折的。在创业过程中需要面对变幻莫测的激烈竞争及随时出现的需要迅速、正确解决的问题和矛盾,这就需要创业者具有非常强的心理调控能力,能够持续保持一种积极、沉稳的心态。否则,一旦遇到挫折就会垂头丧气、一蹶不振,那么在创业的道路上是走不远的。创业者只有具有处变不惊的良好心理素质和越挫越勇的顽强意志,才能在创业道路上自强不息、竞争进取、顽强拼搏，才能从小到大，从无到有，闯出属于自己的一番事业。因此创业的成功在很大程度上取决于创业者的创业心理素质。

（三）精神素质

1. 强烈的创业意识

要想取得创业的成功，创业者必须具备自我实现、追求成功的强烈的创业意识。强烈的创业意识可以帮助创业者跨越创业道路上的各种艰难险阻，将创业目标作为自己的人生奋斗目标。创业意识包括创业动机、创业兴趣和创业理想等。

2. 自信、自强、自主、自立的创业品质

自信能赋予人主动积极的人生态度和进取精神。创业者要相信自己有能力、有条件开创自己未来的事业，相信自己能够主宰自己的命运，成为创业的成功者。

自强就是在自信的基础上不贪图眼前的利益，不依恋平淡的生活，敢于实践，不断增强自己各方面的能力与才干，勇于使自己成为生活与事业的强者。

自主就是具有独立的人格、独立性思维能力，能自己选择自己的道路，善于设计和规划自己的未来，并采取相应的行动。自主还要有远见、有敢为人先的胆略和实事求是的科学态度，能把握住自己的航向，直至成功的彼岸。

自立就是凭借自己的头脑和双手、智慧和才能、努力和奋斗，建立起自己的生活和事业的基础。

3. 激烈的竞争意识

竞争是市场经济最重要的特征之一，是企业赖以生存和发展的基础，也是立足社会不可或缺的一种精神。人生即竞争，竞争本身就是提高，竞争的目的只有一个——取胜。因此，创业者如果缺乏竞争意识，实际上就等于放弃了自己的生存权利。创业者只有敢于竞争、善于竞争，才能取得成功。创业者创业之初面临的是一个充满压力的市场，如果创业者缺乏竞争的心理准备，甚至害怕竞争，就只能是一事无成。

（四）知识素质

在知识经济时代，在商业竞争日益激烈的今天，创业已转向科技和知识创业，知识素养对创业有着举足轻重的作用。创业者要进行创造性思维，要做出正确决策，必须掌握广博的知识，具有一专多能的知识结构。

创业者的知识结构包括以下三个方面的内容：一是与创业活动密切相关的专业性知识，创业者在某一领域创业，就应熟悉掌握这一领域的相关专业知识；二是常识性知识，包括政治常识、经济常识、社会常识、法律常识等，这些常识可以帮助创业者少犯错误、少走弯路，有利于提高科学决策水平；三是经验性知识，包括商业经验、社会经验、生活经验等，这是创业者的人生经历和在工作实践中积累的知识。

当然，强调知识素养的重要性，并不是要求创业者必须完全具备这些知识才能去创业，而是希望创业者要有不断学习和完善知识结构的自觉性和实际行动。

（五）全面的技能素质

创业技能指发现或创造一个新的领域，致力于理解创造新事物（新产品、新市场、新生产过程或原材料，组织现有技术的新方法）的能力，能运用各种方法去利用和开发它们，然后产生各种新的结果。创业技能是一种特殊的能力，往往能够影响创业活动的效率和创业的成功与否，是创业者整体素质体系中的核心要素。

【案例 2-1】

童烽烽的创业故事

童烽烽，宁波市职教中心学校2000届毕业生，现任宁海县跃龙街道炎风计算机公司经理。由于中考失利，童烽烽没有如愿考上普高，而是来到职业学校继续学业。在校期间，童烽烽成绩优秀，还是班里的团支书，并考取了计算机中级证书。尽管如此，毕业那年，童烽烽四处寻找合适的工作，但都不尽如人意。"给别人打工，不如自己当老板"，家人的一句玩笑话，惊醒梦中人。但是，一个刚毕业的中专生，没有社会经验，没有足够的资金，拿什么创业呢？

正在童烽烽心灰意冷的时候，一天，亲戚家的计算机坏了，请他上门维修。他凭着过硬的专业技术，不到一个小时问题就被查出来了，是零件出了问题，需要更换。亲戚对计算机一窍不通，只能请童烽烽再跑一趟计算机市场，买零件更换。就是这一来二去，激发了他创业的灵感。

为了实现自己的创业梦想，童烽烽放弃了安逸的生活，开始四处奔走。当地的计算机公司大多没有上门维修服务，这个市场空缺让他看到了希望。他找人到住宅区和大街上分发传单，自己也在网上发布消息，凭借良好的技术和信誉，找他修计算机的人越来越多。

没过多久，童烽烽筹集了5万元左右的资金，开了一家公司——宁海县跃龙街道炎风计算机公司，主要采用的是分店合作模式，一般一个区域或乡镇开设一个或两个服务点。以前上门服务过的客户都成为他的老客户，他的事业蒸蒸日上。

分析：你觉得童烽烽能创业成功，首要前提是什么呢？对，就是他渴望创业。想创业、敢创业，是创业成功的必要前提。创业艰苦而且磨难很多，除了渴望创业，我们还要破除依赖心理和胆怯心理；要提高创业的能力，富于创新，善于学习。只有苦过、累过、奋斗过的收获才是最宝贵的。

三、如何开发和提升大学生创业能力

21世纪，知识经济给社会带来了巨大变革，尤其是知识产业化、信息产业化的迅速发展，既给我们带来严峻的挑战，也给我们提供了发展的机遇。

(一)培养大学生的创业动机

1. 从自身出发寻找机会

(1)从专业背景中寻找创业机会

每个大学生通过大学课程的学习,对自己专业领域的知识都有了较深入的了解。部分大学生甚至拥有了自己的发明创造和专利,这为大学生创业提供了很多有利条件。大学生完全可以把自己的专业知识直接应用于创业实践中。事实上,从自己的专业背景中寻找创业机会是当前大学生走上创业之路的常用方法。

(2)从职业经历中寻找创业机会

职业背景、工作经验等为创业者提供了一个从打工到当老板的桥梁,许多创业者都是在长期工作的行业中产生创意,找到机会,从而自立门户,升格成为老板。一方面,大学生可以在校期间通过社会实践积累职业经验,另一方面,也可以在毕业后寻找一个想创业的行业积累职业经验,在实践经验积累中一步步走上创业成功之路。

【案例 2-2】

实习中发现的创业机会

小杨是某大学管理专业的学生,他在校期间就喜欢摆弄计算机,承担了为学生会制作宣传视频、维护学院网站、设计和维护班级主页的工作。在这些校园活动中他积累了网络维护、设计、编程等方面的专业知识,逐渐成为校园里小有名气的"电脑高手"。大四那年,学校安排小杨去一家卫生行政机关毕业实习。在实习期间,他发现当前中国医院信息化管理存在很多问题,这些问题的存在导致了医院管理效率下降、管理失误增多,甚至导致患者与医院之间的矛盾加剧。于是,他开始更多地关注医院信息化管理,并利用自己在卫生行政部门能获得各类数据和资料的便利,深入研究、思考如何完善医院信息化管理中遇到的一些现实问题,逐渐积累了丰富的经验。当实习快要结束时,小杨几乎已经成了一名医院信息化管理问题的专家,他也因此萌生了自己创业的念头,把帮助医院解决信息化问题作为企业的核心业务。小杨把自己的想法告诉了实习带教老师,没想到获得了老师的充分肯定和大力支持。带教老师还介绍小杨认识了一位专门从事医院信息管理研究工作的大学教授。

毕业后,小杨与这位大学教授合作成立了工作室,专门为医院提供信息化管理软件设计与开发,从此,小杨的创业之路正式开启。

(3)从兴趣爱好中寻找创业机会

创业项目与个人兴趣爱好一致,成功可能性会加大。当你选择的事业和投资的项目就是你爱好的东西时,你会更兴奋地投入,更能坚持。重要的是,兴趣爱好会使你更多地去关注相关信息,大脑在爱好的驱动下运转更有效率更易产生创意,更容易捕捉到创业机会。

(4)从生活经历中寻找创业机会

实践证明,生活经历、体验,日常消费活动是创业者寻找创业机会的重要源泉。生活中的种种经历、日常消费活动中的各色体验,让你站在消费者的角度看到各种产品服务在市场上的供需状况和销售表现。你的消费活动使你亲身体验到相关产品服务的优劣,激发你思考如何能更好地满足消费者的需求、哪里有商机,这些思考与探索会促成你寻找到好的创业机会。

【案例 2-3】

"研究生妈妈"创办母婴会所

徐赞大学所学专业是商务英语,研究生学的是设计艺术。她毕业一年后结了婚,有了怀孕计划,便开始格外关注母婴护理市场。她逐渐发现,母婴护理越来越被重视,尤其是受过良好教育的知识女性,她们都想以科学方式"坐月子"。这让她看到了商机,于是她下决心自主创业,从高端服务入手,为生完孩子的母亲提供全方位住宿式的"坐月子"服务。

一定下目标,徐赞就开始自学母婴护理知识,并辞掉了原本很稳定的工作,创办了月子母婴护理会所。徐赞的分店现在已有两家,她正计划着往香港拓展业务。

2. 在社会环境中寻找创业机会

(1)从社会关系网络寻找创业机会

我们生活工作的社会环境、市场环境、工作环境、社交环境到处充斥着形形色色的商业信息和创业机会,而社会关系网络发达的人更容易识别和开发创业机会。在社会交往中一个具有敏锐眼光的创业者能更好地了解市场、掌握技术、挖掘市场、发现需求,这些都成为创业机会的重要来源,有研究证明,50%的创业者通过其社会关系网络发现了创业机会。因为在复杂的关系网络中,通过企业家、资源和机会之间的有机联系可以极大地促进创业活动。

【案例 2-4】

闲聊引发的创业

刘敏原来是医院的护士,但她不满足于现状。她的主管医生是整形美容专业的,时常带着她到别的医院或美容院"走穴",她借机了解了美容行业和美容院的经营管理。刘敏在一次闲聊时,听到一位医生的太太在经销一个品牌的祛斑产品,卖得挺好,于是她萌生了创业的念头。她利用前期结交的美容业关系,深入询问了解这个行业的情况,认定做美容生意大有可为。于是,她从医院辞职,马上投资开了一家美容店,做品牌产品的加盟商。以此为基础,三年后她创立了自己的6家自营品牌店。

(2)从社会因素变化中寻找创业机会

社会因素包括社会文化、社会习俗、社会道德观念、社会公众的价值观念、职工的工作态度以及人口统计特征等。变化中的社会因素影响社会对企业产品或劳务的需要,社会的不断进步会催生很多新的需求,诱导出更多的创业机会。例如,随着女性社会地位的提高,男主外、女主内的家庭观念越来越不合时宜,更多的妇女走上工作岗位,成为职业女性,这样就没有时间照顾小孩,于是有了家庭托儿所;没有时间买菜,就产生了送菜公司。很多的创业者从这些社会因素的变化中寻找到了创业机会,建立了自己的事业。

(3)从社会新闻事件中寻找创业机会

社会新闻事件涉及人民群众日常生活的社会事件、社会问题、社会风貌等,覆盖面广,信息量大,是创业者寻找创业机会的重要源泉。比如,"三聚氰胺"事件后,奶粉安全问题成为社会关注焦点,于是出现了许多海外代购奶粉的商家;2002年1月1日,欧元正式流通,但统一后的欧元主币的尺寸,大于十几个欧洲国家正在流通的货币,这也催生了眼光敏锐的温州创业者制作"钱包"远销欧盟。

3. 从技术进步中寻找创业机会

(1)从技术突破中寻找创业机会

技术的发展推动新技术的诞生,从而创造出全新的市场需求,或激发出市场潜在的需求。在经济发展过程中,许多重大的技术创新成果,如尼龙、人造纤维、核电站、半导体等都是这种模式。技术突破往往意味着新产品的出现,新的创业机会也随之出现。

【案例 2-5】

竺安团队入驻孵化器

由武汉理工大学8位在校本科及博士生组建的竺安新材创业团队与武汉东湖孵化管理服务有限公司签订协议,入驻武汉东湖新技术孵化器并创立武汉竺安新材料科技有限责任公司,正式开始该团队的创业历程,竺安公司为高新材料技术企业,生产和销售国内首创的电缆防火封堵装置。产品产生的背景是,现在的火灾很多都是电气火灾,尤其是电线电缆火灾引起的,而且在着火时火就沿着电缆蔓延到整个建筑内。使用防火封堵技术,将具有延燃性的贯穿物分隔成小区域,以消除火灾蔓延引起的火灾扩大化。公司依托于材料复合新技术国家重点实验室熊远禄博士的"一种新型有机防火隔热材料的制备"的技术发明专利,材料具有传统无机和有机防火材料的优点,在室温下呈树脂材料性质并具有足够的力学强度,同时在经历高温时转变为陶瓷材料,仍然满足足够的力学强度,受热过程中不变形,外形尺寸稳定。该材料生产工艺简单,成本低,用于工业化生产。

"由于目前市场上没有与我公司的防火封堵装置类似的产品,我们的产品具有先进性,同时生产过程中低碳节能,具有良好的经济效益、社会效益和环保、能源效益,获得了各界专家的好评。该创业团队人员张磊表示:相信我们的项目具有很强的潜力,我们的创业路会一直走下去。

(2)从工艺创新中寻找创业机会

工艺创新是指创业企业通过研究和运用新体系等,提高企业的生产技术水平、产品质量操作程序、方式方法和规则的活动。和技术突破相对应工艺创新是技术融合,将不同领域技术进行融合集成,形成新的生产能力。在技术发展的不同阶段,技术机会是不一样的,在一项技术的萌芽阶段或成长初期,多数创新是重大的技术突破,如晶体管代替真空管、集成电路取代分立元件等。随着新技术与新产业的不断发展,在进入成长期或成熟早期以后,技术创新从产品创新转向工艺创新,突破型技术创新让位于渐进型技术创新,技术机会从内涵更多地转向外延,技术融合逐渐占主导地位。

（3）从技术扩散中寻找创业机会

产生技术扩散有两个原因:一是存在着技术劣势,二是存在着模仿学习者潜在利益的刺激。技术扩散包括技术贸易、技术转让、技术交流、技术传播等活动。由于技术的扩散,创业者在本国、本地区和本行业率先采用了扩散技术,能够获得技术上的优势,发现创业机会。

（4）从技术引进和后续开发中寻找创业机会

技术引进是创业企业从外部获得先进适用的技术的行为,通过技术引进能够缩小创业企业在技术方面的差距,提高技术水平,填补技术空白,获得发展的良好机会。创业者可以进行创造性模仿、消化、吸收引进技术,减少对技术提供方的依赖,实现更大的经济效益,甚至在新旧技术结构的相互适应下形成新的技术结构。创业者还能形成自我研究开发的能力,进而根据市场需要,通过自主的研究和开发,进行改进创新,这都为创业者提供了很好的创业机会。

4. 从市场变化发展中寻找创业机会

随着经济的发展,经济建设和人民生活水平的提高以及个人消费意识和企业经营意识的变化,必然会产生一些新的需要。其中一些是新的消费需求,一些是中间性消费需求。相应地,就需要有企业去满足这些新的需求,这同样是创业者可利用的商业机会。

（二）提升大学生的创业能力

1. 领导与管理才能

创业要有一个领袖、一个灵魂人物。这个领袖自身应有明晰的使命、愿景、价值观,有很强的感召力,有高瞻远瞩的战略思维,有百折不挠的意志力和宽广的胸怀,有随机应变的灵活性和决策力,有统揽全局和明察秋毫的能力。同时,创业还需要有管理者来整合、利用各项生产要素形成合力,发挥它们的最大效用。这个管理者必须有脚踏实地的执行能力,具备高超的管理艺术,必须对自己经营管理的事业了如指掌,对生产和消费趋势有预测能力,还必须善于选择合作伙伴,有组织或领导他人、驾驭局势变化的能力。

2. 交往协调能力

交往协调能力是指能够妥善地处理创办企业内部团队成员之间的关系,企业与同业人员、合作伙伴、竞争对手之间的关系，企业与公众（政府部门、新闻媒体、客户等）之间关系的能力。创业不是单兵作战，它需要有人脉、有广泛的人际关系网以及由此形成的强大支撑系统。因此，创业者要积极进行有效沟通，团结各方力量，既要做到坚持原则，又要做到求同存异，共同协调发展。

3. 机会捕捉能力

机会就是商机，成功总是属于那些善于捕捉机会的创业者。在创业过程中，机会往往稍纵即逝，只有嗅觉敏锐、决断果敢的创业者才能捕捉到。有些创业者经常抱怨："别人机遇好，我运气不好，没有机遇。"这其实是一种误解，很多时候我们缺的不是机会，而是发现并捕捉机会的能力。因此，创业者要多看、多听、多想，广泛获取信息，要有独特的思维，有独立见解，善于发现别人没发现的机会，并对机会做出快速反应。

4. 创新能力

抓创新就是抓发展，谋创新就是谋未来。面对全球新一轮科技革命与产业变革的重大机遇与挑战，面对经济发展新常态下的趋势变化和特点，创业者唯有追求创新才能取得成功。因此，创业者需要有创新意识、创新思维和创新技巧，要敢于做新思想、新理论、新方法和新发明的创造者。在这里，创业者不能单纯地为创新而创新，而应以解决问题为导向，在解决问题中发现创新的题材和内容、方法，只有这样才能体现创新的真正价值。

5. 决策能力

决策能力是创业者根据主客观条件，因地制宜，正确地确定创业的发展方向、目标、战略以及具体选择实施方案的能力。在创业过程中，决策是一项重要的工作内容，是创业顺利进行并取得成功的前提，诸如创业团队组建、机会选择、创业融资、商业模式以及发展战略等重大决策，都与创业的成败直接相关。因此，创业者的决策能力很重要。创业者要有很强的分析能力和判断能力，要以调查为基础，以事实为根据，以创新思维进行科学决策。

【阅读材料 2-3】

决策概述

要创业，就必须有创造性，特别是在决策时。创业者要非常相信自己，相信自己能够做出正确决策。决策力是创业者的一个显著特征。创业者要自己做出所有的重要决定。这些决定会对公司未来发展产生重大影响。靠直觉做出决策的能力是创业者最有价值的财富，这种能力来源于在各种复杂情境中进行决策的经验积累。

创业者必须在决策制订上比经理人更具有创新性，他们必须从多角度入手处理问题，并不断寻求创新办法解决问题。在特定情境下，他们还必须具备良好的洞察力，能够预测出几种备选解决方案的可能结果。

因为很多创业决策是主观的，所以不可能完全避免情感因素的影响。了解过去所做决策中可能掺入的情感因素，分析潜在方案的优势和劣势，这会帮助创业者更为客观地认识某个具体决策的结果。

科学的决策方法有一些特定的方法程序可以用来解决问题、制订决策。下列步骤是在决策过程中可以遵循的"七步法"：

(1) 定义主要问题；

(2) 找出问题主要原因；

(3) 确定可能的解决方案；

(4) 评估可能的解决方案；

(5) 选择最佳方案；

(6) 执行方案；

(7) 检验方案是否正确。

尽管这种理性的方法很具逻辑性，但科学方法并不一定能解决所有问题。一个方案的成功执行还需要创业者的领导和权力。决策的执行需要足够的坚定和热情。创业者必须对方案的未来结果持积极态度，而不能浪费时间再去怀疑，一旦已经开始执行一个决策，就要将所有的怀疑和不确定抛诸脑后。

创业者必须对自己的行动有决断性。一个组织应该有明确的发展方向和清楚界定的预期目标。大多数创业者不怕决策，因为他们不怕失败，所以他们有自己的成功标准。

在决策过程中，时间是一个至关重要的因素，特别是在业务发展阶段。在某些情况下，必须快速决策迅速执行。有些决策在制订时并没有考虑到未来发展或情况变化等所带来的收益变化，所以对决策执行情况的有效监控能够帮助创业者及时发现决策的不足之处，并为采取进一步行动提供信息。

制订关键决策很不容易，而这样的情况却会经常出现。要知道，逃避决策要比错误决策更糟糕。请记住，决策是一门艺术，你练习得越多，就会越成熟。

一切问题已经界定清楚，且已经收集到所有的相关信息和数据，创业者就必须找出解决问题的可能方案。刚开始时他们可能会采用头脑风暴法，让员工集思广益，列出各种备选解决方案。虽然有些新问题可能没有"正确的方法"，但还是要由创业者来确定一个最佳的解决问题的可能方案。

拓展训练2-2介绍了评估备选解决方案的一种办法。这个表最大的好处在于，可以比较各个备选方案的潜在优势、潜在劣势以及可能出现的结果。列出潜在优势可以表明每个备选方案能带来怎样的好处，潜在劣势则表明在哪些方面有所不利。某两个或多个备选方案也可能同时具备某一个同样的优势或劣势。

在最后一栏分析每个方案的可能结果，这是对潜在优势和劣势进行综合分析的结果，也是执行某个方案可能带来的潜在后果。该表可以帮助创业者分析那些对公司发展有重要影响的重大问题。

【拓展训练 2-2】

决策表

问题：假设你自己创办了一个小公司，雇了4名员工（2名全职，2名兼职）。你的这些员工都很可靠，只是一名全职员工虽然工作做得很不错，但经常迟到，还总是请假。这种情况影响了其他员工，并且影响整个公司的士气和规范管理。

使用说明：找到三个备选的解决方案，将其各自的优势、劣势以及可能结果填入下表。

备选解决方案	潜在优势	潜在劣势

【拓展训练 2-3】

小测试：评估你的决策技能

这个小测试能够帮助你评估自己解决问题的能力。判断正误：请对下列每个表述选择T（正确）或F（错误）。

T	F	1.有效决策的能力是与生俱来的
T	F	2.每个需要决策的问题都会有 一个好办法来解决
T	F	3.做决策时，我会采纳进入脑海里的第几个想法
T	F	4.做决策的最好方法，就是把事情分解成若干个小问题
T	F	5.对问题的不理解会使决策更困难
T	F	6.一般来说，决定要尽可能快地做出
T	F	7.做决策时通常都需要反复试验
T	F	8.做决策时，我会尽量想到所有可能的备选方案，再从中选择
T	F	9.当你选定一种方案作为解决方法时，你的决策过程就完成了
T	F	10. 当要解决困难问题时，我会在做出决定前听取别人的意见
T	F	11.遇到问题时，我会在做出决定前，尽可能地找出所有和问题相关的信息
T	F	12. 如果把要决策的事暂时搁在一边，决策过程仍会在决策者的大脑中继续
T	F	13.我在做决策时，经常会对所选方案的结果感到意外
T	F	14.做决策时，我会尽力勾画出我的决定可能带来的结果

创业者需要的是综合素质，每一种素质都很重要，不可偏废。缺少哪一种素质，将来都会影响创业者事业的发展。有些素质是天生的，但大多数可以通过后天的努力得到提高。如果你能从现在做起，时时警惕，培养自己的素质，你的创业成功一定指日可待。

6. 风险分析能力

风险分析能力包括风险识别能力和风险评估能力两个方面。风险识别能力是指在风险事件发生之前，风险物理人员在收集资料和调查研究之后，运用各种方法对尚未发生的潜在风险以及客观存在的各种风险进行系统归类，其基本任务就是查明不确定性因素和风险来源，各风险之间的关系及风险的后果。风险评估能力是在风险识别的基础上，对可能发生的某类风险进行预测、度量和后果评估等。

（1）识别风险

风险分析的第一步就是确定是否存在风险。选择某个备选方案，是否意味着要承担一些潜在的损失？例如，面对日益增长的需求是否扩大生产规模，你可以有以下这些选择：

①维持现有需求满足水平；

②购买更多设备满足需求；

③租借更多设备满足需求；

④向小生产商转包生产合同。

如果企业有较好的现金流、充足的现金储备或良好的信用度，而且需求在可预见的未来一定会增长，那么选择以上任何一个备选方案都没有太大风险。虽然第一个备选方案可能会导致错失利润增长的机会，不过需求也不一定持续增长。例如，一种产品或服务可能会由于具有竞争力的创新产品或服务的出现而失去市场；更多的公司可能涉足这一领域；市场可能正在接近饱和。另外，在没有利润保证的情况下，公司可能不具备足够的能力投入所需的资金。在这种情况下是否扩大生产的决策显然会存在一定风险。不过，不同备选方案所存在的风险大小有明显的区别，相应的潜在回报也有所区别。那么你该怎样评估这些备选方案呢？

（2）确定目标

公司的目标可能是缓慢增长，也可能是稳步增长，还可能是零增长，或在其他产品领域增长。某个存在风险的决定是否与公司目标一致呢？如果是，决策程序将会继续，并要对备选方案进行详细评估。

（3）分析备选方案

如果存在一定程度风险的决策（如扩大生产的决定）与公司目标一致，下一步就要通盘考虑各种备选方案。要对这些备选方案进行详细的分析，这样才能客观评估其成本。大部分成本是经济成本，但在有时候，也应包括个人、社会和自然成本。例如，一个备选方案是否需要付出过多的个人努力？如果失败会不会带来社会声望的损失？要对每个可行的备选方案从经济及其他方面的成本进行详细的分析。

（4）收集信息，权衡备选方案

创业者要收集大量信息，这样才能对每个备选方案的成败可能进行现实评估。要对各种预计情况下的需求进行市场评估，还要评估竞争行为的可能性，并预测这些竞争行为会带来什么影响。要通盘考虑各种可能产生的结果，并得出合理结论：

①如果需求接近饱和，改进产品能否刺激新市场中需求的增长？

②如果竞争活动使市场份额下降，是否还存在新的市场？

③设备是否易于改进，从而转型生产其他产品？

④如果需求增加，供应商和转包商是否会提高收费？

要在市场信息、未来需求、竞争行为和其他一些方面因素（诸如对信贷公司或设备生产商的反映的预测）的综合分析基础之上，对每个备选方案为公司带来的可能回报进行评估。

（5）最小化风险

创业者要对左右创业成败的影响因素进行现实评估，评估的要素包括：

①对创业者个人能力和公司能力的清楚认识；

②在确定成败如何变化（朝着有利于创业者方向）过程中的创新能力；

③策划能够影响变化的战略和策略的能力；

④实施战略的动力、活力和热情。

（6）规划、实施最佳方案

一旦选择了某一备选方案，就要为实施方案制订出计划，其中要包括时间表、对目标的明确定义、应对可能结果的计划以及反馈程序，这样才能迅速实施必要的改变。

【拓展训练2-4】

风险投掷游戏

操作步骤：

第1步，在教室里放个篮子（干净纸篓），并准备3个弹力球（或网球）做投掷物。

第2步，确定篮子（干净纸篓）所对应的投掷位。最远投掷位和篮子之间的距离约为6米（根据教室场地可适当调控）。在最远投掷位和篮子（干净纸篓）之间分10个等距，每个等距为一个投掷位（共10个投掷位），用粉笔在地面上用横线表示每个投掷位，并标出分数（从离篮子最近的投掷位开始依次从1到10）（图2-1）。

第3步，游戏开始前教师宣布游戏规则和奖品。

第4步，游戏开始，每个学生可以投掷3次，可以自行选择离目标物不同距离的投掷位。请两个学生助手作记录员，依次完整记录投掷者每次投掷（球进篮中）的分数，失败投掷记"0"分。（见"风险投掷游戏得分汇总表"）

第5步，学生调换投掷顺序，进行第二轮投掷。两次得分的总和即为该学生最后得分，分数由

高到低,给分数最高的学生颁发奖品。(注:根据时间决定是否进行第二轮比赛)

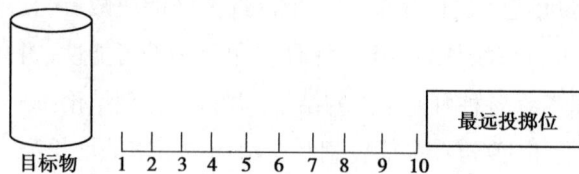

图2-1 风险投掷游戏示意图

说明:(1)报数。活动前,教师应让学生报数,学生的"报号"就是他(她)正式投掷时的比赛顺序。

(2)站位。要求参与者站位基本与地面垂直,不能过度前倾,这样可以保证科学的投掷距离,体现比赛的公平性。

(3)试投。正式投掷前,每位参与者可进行3次试投,不计成绩。

(4)记分。记录员记分时,应当结合站位进行。比如,张三投掷时3次站位分别是5,6,7,结果只有第一次投中,记录成绩为(5,5)(6、0)(7,0),积分5。

风险投掷游戏得分汇总表见表2-1。

表2-1 风险投掷游戏得分汇总表

	站位	得分	积分		站位	得分	积分		站位	得分	积分		站位	得分	积分
1				2				3				4			
5				6				7				8			
9				10				11				12			
13				14				15				16			

参考材料:

风险处理

结合游戏过程阐释风险承担前需要考虑的问题,归纳总结风险处理的技能。

一、风险游戏总结

1.那些得分高的参与者有哪些成功的做法? 比如,怎样使风险最小化? 承担风险前收集了哪些信息,做了哪些准备? 最大目标有没有实现,没有实现的原因在什么地方?

2.那些得分较低的参与者的问题出在什么地方? 比如,如何判断目标值得冒险,在决定承担风险前,收集了哪些信息?

3.那些得分居中的学生对游戏中的风险采用了什么方法应对?

4.如果进行第2轮游戏,参与者做了哪些调整提高比赛成绩,为什么?

通过游戏,不难发现获胜的是两类人:一类是投掷技巧娴熟、艺高胆大者;另一类是善于收集信息,"知己知彼"者。这两类人在自己试投时,善于评估自己的投掷实力,确定投掷风险;在别人投掷时,注意他们的试投表现,收集对方信息;在知己知彼的基础上,确定自己的投掷目标;在正式投掷比赛中,实施备选方案。

二、风险处理

一般来讲,风险处理是指通过不同的方法和措施,使因风险而发生的损失降到最小。常用的方法有回避风险、转移风险、损失控制、自留风险。

回避风险是指对所有可能发生的风险尽可能地规避,这样可以直接避免风险损失。回避风险具有简单、易行、全面、彻底的优点,能将风险的概率保持为零,从而保证项目的安全运行,通常用于风险损失程度大、发生频率高的风险的处理。

转移风险是指企业为避免承担风险损失,有意识地将损失转嫁给其他主体承担。转移风险有非保险转移和保险转移两种形式。保险转移是指向保险公司缴纳保险费并同时将风险转移给保险人。

损失控制是指在风险发生时或在损失发生后为了减少损失所采取的各种措施,如在损失发生后采取自救的措施可以避免损失的扩大。

自留风险是指企业自己承担风险发生的损失,该方法主要应用于发生频率低和损失程度低的风险的处理。

复习思考题

1.创业者应具备哪些素质?
2.如何培养大学生的创业动机?

学习任务 2 创业团队

【任务目标】

1.知识目标：创业团队的概念；创业团队的组成要素；创业团队的特征。

2.技能目标：掌握创业团队组建的基本流程；掌握大学生创业团队的管理技巧。

3.思政目标：正确认识创业团队的作用，发扬团队精神；培养学生大局意识、协作精神和服务精神；并理性对待个体利益和整体利益的统一。

【任务导入】

【阅读材料 2-4】

蚂蚁军团

在非洲大草原上如果见到羚羊在奔跑，那应该是狮子来了；如果见到狮子在躲避，那就是象群发怒了；如果见到成百上千的狮子和大象集体逃命的壮观景象，那是什么来了呢？是蚂蚁军团来了！狮子和大象为什么会害怕蚂蚁军团呢？原来，在非洲土地上生活着一种蚂蚁，叫矛蚁（行军蚁），数量庞大，居无定所。当先头部队抓住比它们体积大几千倍的猎物时，主力军会第一时间赶到，猎物随即被淹没在茫茫蚁海中，能活下来的机会是零，它们是非洲大地上一支恐怖的"军事团队"。"齐心协力，其利断金"正是蚂蚁军团制胜的法宝。从蚂蚁军团的案例，我们可以看出团队具有非常强大的能力。

一、什么是创业团队

现代创业活动已经不是一种纯粹追求个人英雄表现的行为，成功的创业个案大多与有效的团队运作密切相关。调查显示，团队创业成功的概率要远高于个人独自创业。原因很简单，没有人会拥有创立并运营企业所需的全部技能、经验、关系或声誉。在创业成功的公司中，有70%都属于团队创业。

在创业过程中，仅有创业的决心是远远不够的，还需要寻找各种各样的资源。创业者可以通过选择合作伙伴完善创业所需要的专业知识和技能资源，最后整合成一支配合默契的创业团队。因为创业如同拔河比赛，"人心齐，泰山移"；创业如同赛龙舟，步调一致，不偏不倚，才能独占鳌头。"宁要一流的人才和二流的项目，也不要一流的项目和二流的人才"是创业投资家的箴言。可以说，创业浪潮中"项目秀""个人秀"的时代正在结束，团队力量逐渐被越来越多的人看好。尤其在创业的起步阶段，如果没有一个成功的团队，再完美的创业计划也可能"胎死腹中"。

共同创业有利于分散创业风险,通过团队成员之间的技能互补可提高企业驾驭环境不确定性的能力,从而降低初创企业经营失败的可能性。更为重要的是,共同创业具有更强的资源整合能力,能同时从多个融资渠道获取创业资金等资源,保证初创企业的成功。因此,组建一支优秀的创业团队对任何创业者而言,都是一项至关重要的工作。

(一)创业团队的概念

创业团队是由技能互补、贡献互补的创业者组成的特殊群体,该群体在一个共同认同的、能使彼此担负责任的程序规范下,为达成高品质的创业结果而共同努力,相互协作、依赖,共同担当。

创业团队应该具有较强的资源整合能力,能通过团队成员之间的技能互补提高驾驭环境不确定性的能力,从而降低初创企业经营风险,提高创业成功的概率。

(二)创业团队的组成要素

1. 目标(Purpose)

创业团队应该有一个既定的共同目标,为团队成员导航,使大家知道要向何处去。没有目标,这个团队就没有存在的价值。目标在创业企业的管理中,以创业企业的远景和战略的形式体现,比如巨人集团的创业团队在创业初期的共同目标就是建立一家极具实力的计算机企业。

2. 人(People)

人是构成创业团队最核心的力量,在一个创业团队中,人力资源是所有创业资源中最活跃、最重要的资源。充分激发创业者的能力,将人力资源进一步转化为人力资本是非常重要的。在一个团队中可能需要有人出主意、有人订计划,也要有人部署实施,有人协调团队成员一起去工作,还得有人监督创业团队工作的进展,评价创业团队最终的贡献。不同的人要通过分工共同实现创业团队的目标,因此在人员选择方面要考虑其能力如何、技能是否互补、经验如何等诸多方面。

3. 定位(Place)

创业团队的定位包含两层意思。首先是创业团队在企业中处于什么位置,由谁选择和决定团队的成员,创业团队最终应对谁负责;其次是创业团队采取什么方式激励下属。

4. 权限(Power)

创业团队中领导人的权力大小与其团队的发展阶段和创业实体所在行业相关。一般来说,创业团队越成熟,领导者所拥有的权力相应越小,而在创业团队发展的初期阶段,领导权相对比较集中。高科技实体多数是实行民主的管理方式。

5. 计划（Plan）

目标最终的实现需要一系列具体的行动方案，按计划进行可以保证创业团队的顺利发展，只有在计划的操作下创业团队才会一步一步地贴近目标，从而最终实现目标。

（三）创业团队的特征

创业团队是一个特殊的群体，团队成员在创业初期把创建新企业作为他们共同努力的目标。他们在集体创新、分享认知、共担风险、协作进取的过程中，形成了特殊的感情，构建出高效的工作流程。高效的创业团队不是"1+1=2"，而是"1+1＞2"。高效的创业团队具有以下几个体征。

1. 目标明确

团队成员在创业初期就拥有共同的目标。明确目标能为团队指引方向，提供推动力，能够激励团队成员把个人的目标升华到群体目标上，提高团队的绩效水平，并坚信这一目标包含着重大的意义和价值，同时将目标转化为具体目标，易于评价和衡量。

2. 有效领导

一个团队有一位合格的、有才能的领导者对于团队的高效工作至关重要。好的领导者能让团队的凝聚力聚合在一起，在遇到困难时共同承担，为团队指明发展方向。高效的团队领导者往往扮演的是教练和后盾的角色，他们为团队提供支持、指导和鼓励，带领成员实现组织和团队的目标和任务。

3. 良好沟通

良好的沟通既是高效团队的外在表现，也是建立团队和谐人际关系的重要手段。充分的沟通乃是团队成员协调一致的基础。团队成员只有在沟通后才能准确地了解彼此的想法，才能确保其行为与团队步调一致。通过沟通，团队成员分享信息，团结一致，化解矛盾，最终达成共识，和谐相处，使团队更有战斗力。

4. 相互信任

团队成员间的相互信任是创业成功的关键因素，每个人对团队中其他成员的品行和能力都应该是深信不疑的，信任是团队和谐人际关系形成的重要特质。高效能创业团队成员只有具备批评和自我批评的宽厚态度，才能拥有彼此和谐共处、同舟共济的条件，才能让信息畅通，不出现人为障碍，确保团队目标顺利实现。

5. 承诺一致

高效能团队及成员对团队表现出高度忠诚和承诺，对团队目标具有奉献精神，愿意为实现这一目标而激发自己的最大潜能。有了共同的承诺，团队成员便有了共同理念。将共同的目标转化为共同的行为，才能使团队具有高度的凝聚力和亲和力。

6. 制度完善

"没有规矩，不成方圆"，健全的规章制度能使团队工作有章可循，能使团队全体成员的行为保持一致,实现制度化的管理。实践证明,制度化的管理能有效解决组织内、组织间不必要的内耗和外耗,从而带来组织的蓬勃向上和高效运转。

(四)创业团队的作用

现代企业需要的是少走从前的弯路,而从一开始就走规范化管理的道路,因此,创业者在注册公司时就应该组建创业团队。一个好的创业团队对新创科技型企业的成功起着举足轻重的作用。新型风险企业的发展潜力(其打破创始人的自有资源限制,从私人投资者和风险资本支持者手中吸引资本的能力)与企业管理团队的素质有着十分紧密的联系。一个喜欢独立奋斗的创业者固然可以谋生,然而一个团队的营造者却能够创建出一个组织或一个公司,而且是一个能够创造重要价值并有收益选择权的公司。创业团队的凝聚力、合作精神、立足长远目标的敬业精神会帮助初创企业度过危难时刻,加快成长步伐。另外,团队成员之间的互补、协调对新创科技型企业起到了降低管理风险、提高管理水平的作用。

一项针对104家高科技企业的研究报告指出,在年销售额达到500万美元以上的高成长企业中,有83.3%是以团队形式建立的;而在另外73家停止经营的企业中,仅有53.8%有数位创始人。这一点在一项关于"128公路一百强"的研究中表现得更为明显:100家创立时间较短、销售额高于平均数几倍的企业中70%有多位创始人。

著名的AAS(Arild A.Spelund)团队,对新创技术型公司的创业团队的研究表明,创业是一个包含众多人的组织形成过程,特别是这个过程更为复杂的技术型公司要求输入更多的能力。AAS还研究了团队成员在创业过程的不同阶段、个人经历、能力和资源控制水平对新企业死亡率的影响,认为创业团队的素质能提高初创企业的生存率;创业团队对技术型公司的生存影响最大的并不是团队本身的大小,而是团队成员的经历。另外,广泛的经验比团队的异质性影响更大。

二、大学生创业团队的组建

【案例 2-6】

电影《中国合伙人》

电影《中国合伙人》由陈可辛导演,以新东方的成长故事改编而成,讲述了20世纪80年代到21世纪初,大时代下三个年轻人,从学生时代相遇、相知,拥有相同的梦想,到在一起打拼事业,共同创办英语培训学校,最后,功成名就,实现梦想的励志故事。该影片成为2013年非常火的电影之一,剧中的三个创始人分别是新东方三个创始人的缩影,他们怀揣着共同的创业梦想,组成创业团队,在创业的过程中发生过分歧,共同面对过困难,最终成功创业。与其说是合伙人,不如说是一个有着共同目标的团队,他们给了现在创业的年轻人很好的鼓励和信心。

组建适合的团队不是一件容易的事情，人才往往是"可遇而不求"的，也是最难获取的创业资源之一，我们需要什么样的创业伙伴，去哪里寻求合适的创业伙伴，需要创业者好好思索。

创业团队狭义上是指拥有着共同的目标、共享收益、共担风险的一群创业同仁。而广义上不仅包括狭义的创业团队，还包括创业过程中的部分利益相关者。创业团队是指由两个或两个以上具有一定利益关系的、彼此间通过分享认知和合作行为以共同承担创建新企业责任、处在新创业企业高层主管位置的人共同组建形成的有效工作群体。创业团队对创业成功具有重要价值，是高层管理团队的基础和最初的组织形式。而组建创业团队非常重要，大学生选择创业团队一般在同学中或在朋友圈、朋友群里寻找伙伴，有些是不认识、不了解的人。创业团队中一般有"强关系和弱关系"，选择创业合伙人一般要选择具有弱关系的人，往往强关系的人具有太多的相似性而不是互补性。创业伙伴是人多好还是人少好，这些都要根据自己创办的企业性质而定。

（一）创业团队的组建原则

1. 目标一致

团队成员的个性、脾气、经历、认知、能力都不尽相同，但是为了达到创业成功的目的，无论什么样的团队成员都应具有共同的目标、共同的愿景，为了创业成功而努力。如果组织或者团队目标不能保持一致，那么，团队成员需要调换或重新选择，因为这是创业是否成功的第一关，也是很重要的因素。

【案例 2-7】

唐僧师徒团队

《西游记》的故事家喻户晓，唐僧师徒四人历经九九八十一难，去西天取得真经。唐僧团队看似是一个平凡团队，单就每个成员个体而言，甚至是个糟糕的团队。唐僧师徒从团队的建设方面是值得我们学习和借鉴的。唐僧无任何降妖技能，唯一本领是用来对付孙悟空的紧箍咒，但他目标明确，有梦想愿景，品德高尚，令人尊敬；孙悟空自我约束力不强，天性顽皮，爱显功劳，但能力出众，敬业、重感情，遇到困难不屈服，勇于挑战；猪八戒好吃懒做，粗心大意，但积极乐观，有一定的沟通、协调和管理能力；沙和尚技能有限，不善沟通，呆板，但任劳任怨，忠心耿耿。这是一支平凡的团队，却有着完全一致的目标，就是这支平凡的团队最终经过九九八十一难，取到了真经。事实证明，一个团队只要目标一致，也能创造奇迹。

2. 人数合理

创业人数的多少取决于创业企业的需要，一般的创业团队的人数控制在3～5人为宜。成员太多，思想不统一，许多工作无法开展。合理的创业人数便于领导与任务分工的有效开展，能够保证各项工作完成的速度和质量，提高团队的办事效率。

3. 志同道合

俗话说"道不同不相为谋"。志同道合，意味着志趣相投。相似的价值观、理想及信念让彼此信任和依赖，志同道合的人更容易"抱成团"。创业要面对很多不确定因素，风险大，是否具有共同的兴趣点、共同的创业梦想，对于提升和保持团队的凝聚力是非常重要的。创业者相似的成长经历、成长环境以及教育背景，比较容易志同道合。创业成功并不一定是团队成员有多优秀，而是团队成员之间的齐心协力；同样，团队的失败也并不一定是因为团队结构的缺陷，而是在于团队成员的内部争斗和关系涣散。

4. 优势互补

团队和一般群体最大的区别在于团队成员之间是互补的而不是替代的。依托项目的特点组建团队是应该考虑的重要因素。如果项目所蕴含的不确定因素较高，价值创造压力较大，往往意味着创业过程中面临的任务也就越复杂，挑战性就越强。那么，理性组建创业团队会更好地应对创业过程中的复杂任务，有利于成功创业。这种理性组建主要强调团队成员间的技能互补、知识互补、能力互补、性格互补、观念互补，这种平衡和补充的作用可以保证初创企业健康有序地发展。

5. 兼顾权益

团队成员不等同于兄弟，因为志同道合，在创业初期，企业发展还不明朗的情况下，创业者们更多考虑的不是企业的利益，而友谊、兄弟情是维系他们之间关系的主要纽带。这种关系看似牢固，但是却有很多的隐患。当企业发展步入正轨时，个人的利益观就凸显出来。合伙一方觉得自己付出和回报不成正比，产生情绪，影响企业的发展。因此，在初创期，企业就应该明确股权分配，避免在以后出现团队冲突。

【案例 2-8】

马化腾和他的 5 人创业团队

1998年秋天，马化腾与他的同学张志东合资注册了深圳市腾讯计算机系统有限公司。之后又吸纳了3位股东：曾李青、许晨晔、陈一丹。为避免彼此争夺权力，马化腾在创立腾讯之初就和4个伙伴约定清楚：各展所长、各管一摊。

马化腾是CEO（首席执行官）、张志东是CTO（首席技术官）、曾李青是COO（首席运营官）、许晨晔是CIO（首席信息官）、陈一丹是CAO（首席行政官）。都说一山不容二虎，尤其是在企业迅速壮大的过程中，要保持创始人团队的稳定合作不容易，工程师出身的马化腾从一开始对于合作框架的理性设计功不可没。

从股份构成上来看，5个人一共凑了50万元，其中马化腾出了23.75万元，占了47.5%的股份；张志东出了10万元，占20%的股份；曾李青出了6.25万元，占12.5%的股份；其他两人各出5万元，各占10%的股份。马化腾自己说："要他们的总和比我多一点点，不要形成一种垄断、独裁的局面。"同时，他自己又一定要出主要的资金，占大股。他说："如果没有一个主心骨，股份大家平分，到时候也肯定会出问题，同样完蛋。"

后来，马化腾在接受多家媒体的联合采访时承认，他最开始也考虑过和张志东、曾李青三个人均分股份，但最后还是采取了5人创业团队，根据分工占据不同的股份结构的策略。即便是后来有人想加钱、占更大的股份，马化腾均说不行，"根据我对你能力的判断，你不适合拿更多的股份"。因为在马化腾看来，未来的潜力要和应有的股份匹配，不匹配就要出问题。如果拿大股的不干事，干事的股份又少，矛盾就会发生。

可以说，在中国的民营企业中，能够像马化腾这样，既包容又拉拢，选择性格不同、各有特长的人组成一个创业团队，并在成功开拓局面后还能依旧保持着长期默契的合作是很少见的。而马化腾的成功之处，就在于他从一开始就很好地设计了创业团队的责、权、利：能力越大，责任越大，权力越大，收益也就越大。

（二）创业团队的组建流程

每个创业团队都有其特殊性，没有哪一个团队的模式是可以完全复制的。但是，如果我们按照一定的程序组建团队，就会取得事半功倍的效果，提高团队组建效率、优化团队资源。

1. 确定团队的具体工作

需要根据创业项目确定有哪些工作需要开展，要具体、明确。例如，你的创业项目是"互联网＋北京特产销售"，那么，团队的具体工作一般要有产品采购、仓储管理、产品配送、图文信息处理、客户服务、企业记账等。

2. 设计团队的工作岗位

要根据团队需要开展的具体工作设计出相应工作岗位，包括岗位需求、所需人数等。例如，产品采购的工作岗位就是采购员，专业性不会要求太高，注重细节的把握，如果货源较近，最好会驾驶汽车。初期工作量不大，人数一人即可。

3. 分析现有成员特质

分析现有团队成员的专业特长、相关经验等，确定每一位成员的优缺点。

4. 确定现有成员工作配置

根据每位成员的优势条件，通过协商的方式，确定每位成员的具体工作和主要的权力与职责。

5. 设计企业结构图

根据企业团队的实际情况，设计企业结构图，在结构图中能够体现出所有岗位、人数要求、现有成员的工作配置情况、空缺岗位情况等。

6. 招募空缺团队成员

通过合适的招募方式,采取科学的评价方法选择空缺团队成员。

(三)大学生创业团队招募

对于大学生创业来说,创业团队成员除了同学、亲友,还能从哪里招募?

(1)学校的社团组织

学校里有很多社团组织,有很多活跃的、有理想、有抱负、有特长、有技能的大学生,你可以找到志同道合的朋友,也可以找到兴趣爱好相同的伙伴。社团中的学生一般来说,都是内心充满理想和追求,并且愿意付出更多努力实现自己的目标。

(2)公共的社交场所

社交场合对于大学生来说很多,比如,参加各种学术和技能比赛、文艺汇演、学术会议,还有其他一些公共活动。需要有意识地关注这些群体,并主动结交朋友。这些人一般都来自不同的院校,具有不同的文化特质。

(3)众创空间

目前,在各大高校都踊跃出很多的众创空间,一个城市也会有几个不同规模的众创空间,而众创空间的伙伴更多的是怀揣着创业梦想或者具有技术能力,再或者具有创新思维的一群人,在这里寻求创业伙伴,可以在很大程度上解决很多创业初期的困难问题。

(4)他人推荐

人才资源很多时候来自他人的推荐,这种推荐方式已经对创业伙伴进行了初步的筛选,既节省了时间和精力,又节省了一定的资金成本。

(5)公开招聘

我们可以通过一些互联网平台和微信朋友圈,发布一些招聘信息,去招聘需要的创业伙伴,对招聘的创业伙伴进行筛选,最终得到创业成员。

三、大学生创业团队的管理

美国第一家风险投资公司美国研究发展公司的创建者杜洛特将军说过:"我更倾向于一流的创业团队有二流的想法,而不是一个二流的创业团队有一流的想法。"团队是创业中非常重要的一个资源要素。因此,风险投资者在阅读商业计划书时,会特别注重对你的管理团队的考核评估,这一部分要给予特别的关注,包括创业者或者创业者团队成员的姓名、企业现有多少雇员、他们所具有的能力、他们在本企业中的职务和责任、他们过去的详细经历及背景、他们的主要差距在哪里、企业将如何迅速地补充这些人员。

需要注意的是,第一,避免将不称职的朋友或家人安排到重要的管理岗位,或雇用没有企业所有权的高级经理人员,这样不利于团队的控制和绩效;第二,对管理团队技能或能力缺陷缺乏理性思考,如自认为在团队其他行业的成功能自动转移到创业的新行业。

(一)设置创业团队的组织架构

团队在设置组织架构时,必须以自己的战略任务和经营目标为依据,这是设置企业组织架构的出发点和归宿。在设置组织架构时要注意以下几点:

1. 分工明确

创业团队成员必须对企业管理的全部职能性工作亲力亲为。这就要求团队成员每人至少承担一项职能性管理工作。

从管理功能的角度划分,创业团队通常有五类基本工作岗位:领导、生产、销售、研发与财务。这五类基本岗位具有密切关联与交互的性质,是创业团队不可或缺的五种职能性工作的组合。

从组织行为的角度划分,创业团队的成员又可分为组织、动议、监督、执行及设计这五类角色,这五类角色互补组成功能相对完备的创业团队。

组织角色在创业团队中起着重要作用,担任这一角色的成员负责组织团队的各类活动,协调团队行为,防止团队成员产生冲突,维护创业团队的共同目标,是帮助增强团队凝聚力、提高团队士气的指挥者。

担任动议角色的是团队中富有开拓精神、创新意识较强的成员,他能提出创新性建议,并为了争取社会的支持与认可做出多方面努力。

担任监督角色的成员思想较为保守,具有较高的风险意识,并能科学理性地考虑面临的风险与机遇,通常会监督团队成员行为,劝阻过分冒险而得不偿失的创业行动。

担任执行角色的是创业团队中负责实施团队决议的成员,这类成员要求性格稳重、踏实,能努力将团队的决策付诸实施,并随时准备对可能面临的风险做补救工作。

担任设计角色的成员具有发散性思维、较强的创新意识,能熟练运用自己的专业知识提出可行性方案或建议,供其他成员参考。

创业团队成员如何进行合理分工与岗位配置,学者们进行过大量研究。谢科范等(2010)提出了创业团队角色与岗位配置的七维度因素分析理论。七维度因素是指创新意识、风险意识、守则意识、道德心、责任心、表达力及决断力这七个因素,可概括为"三意识+二心+二力"。该理论从意识、性情、自我效能这三个方面对创业团队成员进行角色特征分析,继而探讨团队工作岗位如何配置。其中,意识因素包括创新意识、风险意识及守则意识,即"三意识";性情因素包括道德心与责任心,即"二心";自我效能因素包括表达力与决断力,即"二力"。七维度因素的强度分别用强、中偏强、中、中偏弱、弱五个指标表示。根据对创业团队成员七维度因素的评价与分析,就可以确定每个成员的角色属性,进而可考虑工作岗位的恰当配置,如表2-2所示。

表2-2　基于七维度分析的创业团队成员特征识别

团队角色	岗位配置	创新意识	守则意识	风险意识	道德心	责任心	表达力	决断力
组织角色	领导	强	强	强	强	强	强	强
动议角色	销售	中偏强	中	中偏强	中偏强	中	强	中
监督角色	财务	中偏弱	强	强	强	强	中偏强	中
执行角色	生产	中偏弱	中偏强	中偏弱	中偏强	强	中偏弱	中偏弱
设计角色	研发	强	中	中偏弱	中偏强	中	中偏弱	中

组织角色适合领导。这类成员原则性强，具有较强的守则意识，道德心与责任心较强，有英雄主义思想；具有冒险精神，敢为敢闯，能聚拢团队；决断力较强，善于革新，可担任公司领导。

动议角色适合销售。这类成员明理，礼貌热情，淳朴，轻财，道德心较强；富有开拓精神，创新意识强，创造力较高；在表达方面能言善辩，但缺乏冷静，不宜进行决策工作，可谋企业销售公关之位。

监督角色适合财务。这类成员恪守信用，守则意识较强；不喜权势，诚实敦厚，值得信赖；擅长思考，知识全面，善于整合各种资源，具有全局观念；具有较高的诚信度，行事稳重且谨慎，可谋企业财务之位。

执行角色适合生产。这类成员为人正直，守则意识较强，对权威性的规则具有较强的顺从心理；具有较强的道德心，对企业忠诚，可谋企业生产之位。

设计角色适合研发。这类成员聪明多智，思维发散，具有较强的创新意识；个性较随和、谦虚，办事谨慎，可谋企业研发之位。

2. 权责分明

团队的任何一项工作都离不开其他人的配合，只有协作配合好，才能顺利完成管理工作。初创立的创业团队的人员分工一般都比较粗略，很多事情不分彼此、一起决策、共同实施。但一定要注意落实责任、权责分明，避免出错或者失误后互相推诿，造成团队成员之间的矛盾。

【阅读材料 2-5】

分工明确才能有效决策

项目管理者联盟是国内最大的项目管理人员会员机构与互动平台。项目管理者联盟通过项目管理专家及企业项目管理精英针对典型案例进行评析，分享项目管理实践与价值。以下是其对一个IT集成项目的分析。

项目情况：一个大的 IT 集成项目；

项目经理：李四，公司元老，另有个大项目的项目经理也是他，平时工作比较忙，不常驻项目现场，没有参加过 PMP 学习及系统集成项目经理学习；

执行项目经理：张三，项目实施及项目经理出身，对此项目的技术细节比较清楚，在项目中没有实权，属于技术专家；

公司现状：人员比较紧缺，其中只有2人比较了解此项目技术细节；一个不常驻现场，另一个就是执行项目经理张三；

问题：项目经理对执行项目经理的项目安排持有不同意见，且项目经理李四经常安排执行项目经理张三做一些具体的技术工作，导致项目总体把控欠缺。

项目管理者联盟分析，相互信任、分工明确是该项目团队成功最重要的支撑。

分析：作为元老的李四，挂着项目经理的名，不懂系统集成也不在现场，在信息掌握不充分的情况下，再聪明的人做决策都难免犯错误。作为公司元老，李四同时兼管几个项目不是不可以，但必须在精力能够兼顾的前提下才行。从案例本身有限的信息看不出项目经理的职位是否意味着在公司的地位或者说关系到奖金等利益，否则仅从人手紧张的角度是无法解释这种人事安排的，反倒像是公司高层在这个项目的用人上有分歧而最后折中的一个妥协产物。这种情况下，无论是张三还是李四都是比较痛苦和尴尬的。站在公司领导的角度，似乎根本不是两个人有分歧该怎么协调的问题，因为这样的组织分工必然会出现这样的问题。站在张三的角度，最明智的做法其实是不做决策，回归到技术专家的角色，当然也可以保留自己的意见，至于项目的结局怎样作为执行经理是不应该也没必要承担什么责任的。

解决问题的方法：明确职责，按照目标和计划管理

1.李四和张三，各自的职责要进行明确的定义。2.李四在制订计划的过程中，要听取张三的意见，合理的要予以采纳。3.李四要赋予张三指挥权，让其在现场做好项目整体管理工作，而不是陷入技术细节而使项目失控。4.如果是确定的项目计划，张三就要严格遵照执行，按期完成项目计划。

总结：团队分工明确才能有效决策

很多公司在组建项目团队时，不可避免都会遇到人手紧张等问题。但不论如何，项目经理是项目的第一责任人这一点是不能含糊的。项目经理的确不必陷入技术细节中，而应关注项目整体的大环节，但是这个度是要把握好的；同样，项目经理也可以不必长期待在现场，但是他不能对项目进程和关键环节失去把控任命项目副经理或项目执行经理这一做法本身是值得商榷的，决策权力一旦分散势必导致混乱。如果项目在执行过程中做决策需要有相应的技术背景来做支撑，那么选择一位不懂技术的人担任项目经理这是错误的；如果项目执行过程中的确需要项目经理在现场或者说某些关键阶段在现场，那么项目经理不去现场也是不对的。技术专家可以为项目经理出谋划策提供支持，但不能替项目经理决策。当然，如果他能跳出技术细节，看到整体的大画面，那样他就成了项目经理。

（二）优化创业团队的运作机制

在创业团队内部需要妥善处理各种权力和利益的关系，确定谁适合从事何种关键任务

和谁对关键任务承担什么责任,以使能力和责任的重叠最小化。妥善处理创业团队内部的利益关系,与初创企业的报酬体系有关。一个初创企业的报酬体系不仅包括诸如股权、工资、奖金等金钱报酬,而且包括个人成长机会和提高相关技能等方面的因素。

制订创业团队的管理规则。治理层面的规则主要解决剩余索取权和剩余控制权问题。大致可以分为合伙关系与雇用关系。在合伙关系下,大家都是老板,大家说了算,但需要注意的是,必须存在大老板,不能股权平均,防止进行经营决策时出现不必要的纠纷;而在雇用关系下,只有一个老板,一个人说了算。同时,还必须建立进入机制和退出机制,没有出入口的游戏规则是不完整的,因此要约定以后创业者退出的条件和约束,例如,退出者必须将手中股权按公司当时的股价出售给其他股东,以及股权的转让、增股等问题。

管理层面的规则,主要解决指挥管理权问题。管理层面的规则最基本的有三条:一是平等原则,制度面前人人平等,不能有例外;二是服从原则,下级服从上级,行动要听指挥;三是等级原则,不能随意越级指挥,也不能随意越级请示。

大学生创业团队内部的管理界限没有那么明显,但一定得把决策权限厘清,做到有权有责。

(三)凝聚团队成员的力量

在创业团队的运作中,如何凝聚大家的力量是很重要。实践表明,能够促使团队成功的理念和态度不完全一样,但却具备一些共同点。这些共同特点是相互信任、良好的沟通等。

1.营造相互信任的团队氛围

在情感上相互信任,是一个团队最坚实的合作基础。只有这样,才能给团队成员一种安全感,只有信任他,他才会把公司当成自己的,并以之作为施展个人才华的舞台。

2.建立有效的沟通机制

信任和理解不是一句空话,而交流和沟通可以消除误会。有时候,成员心不齐,或者对公司信心不足,多与沟通不畅有关,因此必须加强沟通,要不断地用企业的愿景凝聚团队成员,增强成员的必胜信心,激励大家踏实工作,逐步为未来添砖加瓦。

(四)强化财务管理

创业团队必须做到账目公开、财务手续齐全,便于互相监督。在财务上一定要避免产生纠纷,聘请一个合格称职的会计,认真如实地记好账目,对每一个合作者都有益处。公司的账户一定要用公司指定的,不要为了贪图手续费便宜等小利,而使用团队成员的私人银行账户收取和支付商业资金。

俗话说,亲兄弟明算账。对所有账目的收支情况、企业的经营状况和损益情况要定期向团队成员公开,成员的利益分配和承担的法律及其他责任一定要严格按照合作协议中的规定办理;保证合作经营的公开、公正。

一个好的财务制度可以使企业中所有成员都受益匪浅。财务管理的一个作用在于可以清楚地在数据中寻找指针，可以依据数据进行分析，从中发现企业存在的问题，让管理层做出正确的决策。充分的财务报告能帮助企业在运营开支方面节省至少10%，还能在采购方面洞悉市场趋势。同样，会计数据也有利于建立监控机制，按时更新业绩，显示各部门的工作表现。良好的财务管理可以提升企业的透明度，让企业的运营环境得到改善，同时企业也可以从中得到更多的利益。

（五）管理团队冲突

创业团队管理的重点是在维持团队稳定的前提下发挥团队的多样性优势。创业过程中发生冲突在所难免，冲突的发生是企业内外部某些关系不协调的结果，表现为冲突行为主体之间的矛盾激化和行为对抗。有些学者把团队内的冲突分为两大类，即认知性冲突与情感性冲突。有效的创业团队知道如何进行冲突管理，从而使冲突对组织绩效的改善产生积极作用。在无效或低效的创业团队中，团队成员在一起总是极力避免冲突的发生，默认或者允许冲突对团队有效性和组织绩效的提高形成消极影响。

1. 认知性冲突

认知性冲突是指团队成员对有关企业生产经营管理过程中出现的与问题相关的意见、观点和看法所产生的不一致性。通俗地讲，认知性冲突是对事不对人。

从本质上讲，只要是有效的团队，团队成员之间对生产经营管理过程的相关问题存在分歧是一种正常现象，而且一般情况下，这种认知性冲突有助于改善团队决策质量和提高组织绩效，还能够促进决策本身在团队成员中的接受程度。

2. 情感性冲突

基于人格化，关系到个人导向的不一致性往往会破坏团队绩效，冲突理论研究者共同地把这类不一致性称为"情感性冲突"。通俗地讲，情感性冲突是对人不对事。

情感性冲突会阻止人们参与影响团队有效性的关键性活动，团队成员普遍不愿意就问题背后的假设进行探讨，从而降低了团队绩效。情感性冲突培养起了冷嘲热讽、不信任和回避的风气，因此，会阻碍开放的沟通和联合的程度。当它发生时，不只是方案质量在下降，团队本身的义务也不断地受到侵蚀，因为团队成员不再把自己与团队活动联系起来。

（六）创业团队的风险控制

1. 选择合理的团队成员

建立优势互补的创业团队是保持创业团队稳定性的关键，也是规避和降低团队组建模式风险的有效手段。团队在创建初期，人数不宜过多，能满足基本的需要即可。在成员选择上，要综合考虑成员在能力和技术上的互补性，基本保证具备理想团队所需的九种角色。而且成员的能力和技术应该处于同一等级，不宜差异过大。如果团队成员在对项目的理解能力、表达能力、执行能力、社会资源能力、思维创新能力等方面存在较大的差异性,就会产生严重的沟通和执行障碍。

此外,在选择成员时还要考虑创业激情的影响。在企业初创期,所有成员每天都需要超负荷工作,如果缺乏创业激情和对事业的信心,不管其专业水平多高,都可能成为团队中的消极因素,对其他成员产生致命的负面影响。

携程网的成功,除了抓住了互联网快速发展的契机,其有一个良好的创业团队是关键。携程网的团队成员来自美国甲骨文公司、德意志银行和上海旅行社等,是技术、管理、金融运作和旅游的完美组合。大家共同创业,分享各自的知识和经验,绕开了很多创业"雷区"。

【案例 2-9】

美团的创业团队

2010年,计算机工程专业的王兴创办了美团网,自他2005年第一次开始创业以来,他在互联网行业已拥有超过10年的管理及创业经验。在多次创业过程中,有几位重要团队成员始终对他不离不弃,包括他的大学同学兼室友王慧文——现任美团执行董事、高级副总裁,负责大零售及部分创新业务;他的大学师弟穆荣均——现任美团执行董事、高级副总裁,负责金融服务及公司事务,之前他曾是百度的一名优秀的工程师;陈亮——王兴的老同学,现为美团高级副总裁,负责美团平台、酒店及旅游业务。除这些元老外,核心成员还有2014年加入的陈少晖——曾是腾讯执行董事,现负责美团的财务、战略规划、投资及资本市场活动;以及2017年加入的张川——曾在百度、58同城等知名企业担任产品总监和执行副总裁,现负责美团点评平台、广告平台、到店服务业务。

谈起王兴,他们大多这样评价:他不是最聪明的,但他是一个很正直、很努力、很执着且学习能力很强的人。而在王兴看来,团队中每个人都各有特点,选择他们是团队构建的合理需要。

2. 确定清晰的创业目标

创业团队在实践中要不断总结和吸取教训,形成一致的创业思路,勾画出共同的目标,以此作为团队努力的方向。团队成员要积极掌握工作内容和职责,竭诚与他人合作交流,贡献个人能力。

创业团队的目标必须清晰明确,能够集中体现出团队成员的利益,与团队成员的价值趋向一致,并保证所有团队成员都能正确理解,这样才能发挥鼓励和激励团队成员的作用。此外,创业团队的目标还必须切实可行,既不应太高,也不应太低,而且能够根据环境和组织的变化及时更新和调整。

【案例 2-10】

明确的创业目标

1998年成立于北京的交大铭泰(北京)信息技术有限公司,从事以翻译软件为主的四大系列软件产品的研究、开发及销售。其在创业初期就确定了三年内成为我国最大的应用软件和服务提供商的目标以及具体的发展战略。明确的创业目标保证了团队成员的稳定性,其成员自创业以来没有太大变化,这不仅带来了企业凝聚力的提高,也使交大铭泰在企业创新方面取得了较大突破。交大铭泰(北京)信息技术有限公司很快成为国内第一个通用软件上市公司、亚洲首个"信息本地化概念股"、2004年香港股市第一家上市企业。

3. 建立有效的激励机制

正确判断团队成员的"利益需求"是有效激励的前提。实际上,不同类型的人员对于利益的需求并不完全一样,有些成员将物质追求放在第一位,而有些成员则是希望能够获得荣誉、发展机会、能力提高等其他利益。因此,创业团队的领导者必须加强与团队成员的交流,针对各成员的情况采取合理的激励措施。

创业团队的利润分配体系必须体现出个人贡献的差异,而且要以团队成员在整个创业过程中的表现为依据,而不只是某一阶段的业绩。其具体分配方式要具有灵活性,既包括股权、工资、奖金等物质利益,也包括个人成长机会和相关技能培训等内容,并且能够根据团队成员的期望进行适时调整。

腾讯公司的创业团队多年来十分稳定,与其利润分配机制的有效性是分不开的。虽然腾讯公司的股权多次转让,但是它的五位创办人一直共同持有公司的大部分股份,公司的上市更是使得创业团队的五位成员均成为亿万富翁。

可以说,在中国的民营企业中,能够像马化腾这样,既包容又拉拢,选择性格不同、各有特长的人组成一个创业团队,并在成功开拓局面后还能依旧保持着长期默契合作是很少见的。而马化腾的成功之处就在于其从一开始就很好地设计了创业团队的责、权、利——责任越大,权力越大,收益也就越大。

【拓展训练 2-5】

初创团队生存体验情景训练——沙漠掘金

※游戏背景

在很久很久以前,有一支探险队来到沙漠淘金,他们在一个偏僻而神秘的山谷中发现了一座金矿,他们挖出很多金子。但是出于一些神秘的原因,他们却没有顺利地回到山谷以外,只留下一个淘金者口中的传说……

消息传出后,来自不同地方的掘金队,来到这个充满给予和挑战的地方,目的只有一个,就是挖掘到尽可能多的金子,实现掘金的梦想,今天你将加入其中一支掘金团队,开始新的掘金之旅,你是否有信心成为"掘金之王"?

1.任务与目标

任务:生存25天,寻找大山深处的金矿,带回更多的金子和现金。

目标：保证探险队安全返回大本营（出发地）；

返回大本营（出发地）后，将金子兑换成现金，以最后获得的总现金数（金子兑换的现金+剩余现金》评判胜负。

2.可利用的资源

·现金1 000元（可采购食物、水、帐篷、指南针等）；

·一匹最大载质量为1 000磅的骆驼；

·地形情况：包括大本营、沙漠、村庄、绿洲、皇陵、金矿；

·每队有1台破收音机（由教师扮演），信号时好时坏，天气播报还会延迟；收音机只能在离开大本营后才起作用，探险队在当天出发之后才能收到所有地形天气情况。

·神秘老者：大本营会出现一位神秘老人，他通晓一些未经证实的关于水、沙尘暴、气温、王陵的传说，还可以预测某个地形任意3天的天气。但要想得知这些信息，则必须和老者说一天话，只能等到第二天才出发，

·《资源信息表》一份（记录了物品、价格、重量、消耗量等基本情况）、《探险队状况统计表》（每日统计并做记录）。

3.地形介绍

·大本营：探险队的始发地；一个商业发达的边城，天气比较好，适合居住；在这里可以购买路上需要的所有物资（水、食物、指南针、帐篷等），恕不退货；其中帐篷、指南针只能在大本营买到；这里还住着一个神秘的老者。

·村庄：可以在这里购买食物，气候良好，是一个适合人居住的地方。

·绿洲：这里您可以免费不限量自助取水，只要您有足够时间；

·沙漠：天气变化相对比较大；

·王陵：天气变化莫测，不安的灵魂或许会时常出来改变这里的天气，谁知道呢？

·矿山：这里是金子所在地；从来没有人来过这里，天气状况未知。

4.气候介绍

→气候包括：晴、高温、沙尘暴、沙尘暴+高温四种天气。

→天气的好坏决定了你们的物资消耗与行进速度（详见附件1：不同天气的物资消耗表》）。

5.探险队成员结构

·队长（CEO执行的）：负责决策；即行动计划、行动路线的制订者。

→账房（CFO财务官）：负责进行财务预算；

·领驼人（C00运营官》负责在自己的地图上标出行进路线，并记录当时发生的重大决策。

·采购员（CNO市场官）：整个掘金过程的风险预测及市场评估，根据需求制订采购计划，《探险队状况统计表》的更新，

·信息员（CIO信息官）：负责对外信息获取、监督其他小组等。

·交易员（CPo公关官）：负责黑市交易、和其他驼队的沟通谈判。

6.时间分配

·准备时间10分钟；第一天为5分钟，出发后，每天3分钟；

·第5天、10天、15天、20天每天5分钟，用于分享目前进展及交换物品。

※游戏规则

1.在出发前，每队拥有10分钟的决策时间，夺宝基金1 000元，最大载重能力为1 000千克。

2.25天内必须回到大本营，否则视为"葬身沙海"，为奖励第一支勇敢者返回队伍，免征掘金税，其他团队收取10%~40%的税。

第一支兑换金子的探险队，每块金子可以兑换100元（免税）；

第二支兑换金子的探险队，每块金子可以兑换90元（征税10%）；

第三支兑换金子的探险队，每块金子可以兑换80元（征税20%）；

第四支兑换金子的探险队，每块金子可以兑换70元（征税30%）；

第五及以后返回的探险队，每块金子可以兑换60元（征税40%）。

3.沙漠里有四种不同的天气，不同天气将带来不同的影响和物资消耗，途中任何一天如果发水或断粮，即视为"葬身沙海"（见不同天气的物资消耗）。

4.每天可以向前移动一格，也可以原地停留，处在同一位置团队之间可以相互交易。

5.物资只能交易或赠与，不能拾取，只有骆驼骑士可以完成交易（每队固定1人），交易时必须提交准确、完整的订货单。

6.探险总领队（游戏指导教师）和主交易员（游戏助手）永远是对的，如果他们有错，请重读前一句话。

附件1：不同天气的物资消耗表

	晴天	高温	沙尘暴			高温＋沙尘暴		
			不使用指南针或帐篷	使用指南针	使用帐篷	不使用指南针或帐篷	使用指南针	使用帐篷
干粮	1	1	5	5	1	5	5	1
水	1	3	2	2	1	4	4	3
状态	正常	正常	停留3天	正常	正常	停留3天	正常	正常

说明：

1.晴好天气：

每队每天消耗1份食物1份水。

2.高温天气：

若使用1次帐篷，则每队每天消耗1份食物1份水；

若没有使用帐篷，则每队每天消耗1份食物3份水。

3.沙尘暴天气：

若使用指南针，则每队每天消耗5份食物2份水；

若使用1次帐篷,则每队每天消耗1份食物1份水;

若没有使用指南针或帐篷,则将迷失3天(原地停留3天),每队每天消耗10份食物4份水。

4.同时出现沙尘暴和高温天气:

若使用指南针,则每队每天消耗5份食物4份水;

若使用帐篷,则每队每天消耗1份食物1份水;

若不使用指南针或帐篷,则将迷路,原地停留3天,当天消耗5份食物4份水,之后根据停留地的天气进行消耗。

5.各队在出发前均可以在大本营中向智者老人询问4条信息,分别是关于水、沙尘暴、高温、王陵的信息,但是每询问一条信息必须在大本营滞留一天,并且要消耗一份食物与水。

附件2:购买物资的明细

1.在大本营购买物资的价格为:

购买食物的价格为10元/份,重量为10千克/份;

购买水价格为25元/份,重量为50千克/份;

购买指南针的价格为100元/个,重量10千克/个,每个指南针只能使用一次;

购买帐篷的价格为400元/顶,重60千克/顶,每顶帐篷只能使用3次,每次使用后重量也将递减1/3。

2.在村庄购买物资的价格为:

购买食物的价格为20元/份,重量为20千克/份;

购买水的价格为50元/份,重量为100千克/份;

3.在绿洲区域中:

附件2:可任意免费取水,但要先交补给后取水,每份水重50千克。

地点	物品	价格(元/份)	重量(千克/份)
大本营	食物	10	10
	水	25	50
	帐篷	400	60
	指南针	100	10
	信息1-王陵	1天+1食物+1水	
	信息2-水	1天+1食物+1水	
	信息3-沙尘暴	1天+1食物+1水	
	信息4-气温	1天+1食物+1水	
村庄	食物	20	20
	水	20	100
绿洲	水	免费	50

附件3：沙漠掘金情景沙盘项目进程表

日期	金子	当日剩余物资数量						天气情况				
		食物	水	负重	钱币	指南针	帐篷	沙漠	王陵	绿洲	村庄	金山
初始												
1												
2												
3												
4												
5												
6												
7												
8												
9												
10												
11												
12												
13												
14												
15												
16												
17												
18												
19												
20												
21												
22												
23												
24												
25												

附件4：4F反思卡

反思维度	关键／参考问题	你的想法、观点或结论
Fact 事实	数据、过程、细节、结果 过程是如何发生的？结果如何？ 活动中你做了什么？ 还有哪些细节？	

反思维度	关键 / 参考问题	你的想法、观点或结论
Feelings 感受	正反描述（喜欢或不喜欢的） 活动中你最难忘的/最有趣的是什么? 完成任务或者任务失败那一刻你的心情如何? 你在什么时候投入最多/最少? 你觉得谁和你的情绪最相近/最不同?	
Findings 发现	5why-5个为什么, 给你什么启示?有什么经验或教训可以分享? 能否描述一下你在刚才活动中的角色? 你发现哪些关键变量影响最终成绩?这些变量你一开始就知道吗?你又是如何获取和利用这些变量的数据的? 这对于如何更有效地在行动中学习, 有什么启示? 你从活动中还发现或学到了什么?	
Future 未来	有何影响?如何应用?具体行动?如果再来一次,你会做出哪些改变? 活动中总结的经验（结论）会对你产生什么影响? 你将如何应用这些经验? 打算怎样开始?何时开始?在哪儿开始?	

复习思考题

1.创业团队对于创业成功的意义是什么?

2.分析《西游记》中唐僧取经团队的成员构成,分析唐僧师徒分别适合在企业中担任什么职位。如果你是唐僧,你会开除哪位徒弟? 为什么?

3.假设毕业时你要创业,那么结合自己所学专业及特长,在选择团队成员时有何要求?如果你是团队的领导者,如何更好地凝聚激励团队?

项目三　创办企业

在这个激情燃烧、充满竞争和挑战的双创时代，"大众创业，万众创新"给了大学生更多展现自我价值的空间，一股从精英创业到草根创业的双创之风正席卷神州大地。一时间，"创客""创业""创新"成为中国社会最热门的词汇，激励着无数有志之士为之奋斗。不过，创业的道路上存在很大的风险，只有"知己知彼"，才能"百战不殆"；如何创办企业，是一门体现自我价值的学问，需要每一位大学生去学习和体会。树立创业意识、发扬创业精神、锤炼创业能力、了解创办企业的基本知识，掌握创办企业的基本方法，已成为当代高职大学生的必备技能之一。

学习任务 1　成功创办企业的决定因素

【任务目标】

1. 知识目标：了解什么是创业机会；理解创业资源的内涵；识别创业风险。
2. 技能目标：识别和评估创业机会的技术方法；获取创业资源的技巧；掌握创业风险管控能力。
3. 思政目标：培养学生问题探究意识；激发学生勇于承担的创业精神；将国家创业政策与产生创业想法有效融合。

【任务导入】

"创业"在很多人的想象中，就是两个小伙子在咖啡店或宿舍里，提出了一个新奇的想法，然后找到一个投资人。经过几句话的讲解，投资人拍手叫绝，10分钟内拍板，砸下了2 000万美元。然后两个小伙子招兵买马、加班加点，推出了产品和服务，结果一炮而红。接着公司上市，这两个小伙子一夜之间成为百万富翁、亿万富翁……

这样的事情在现实生活中是几乎不可能发生的，要是人人创业都有这样的运气，创业杂志上写得再好的故事都没有人来读了。创业难,最难的是创业的想法。拍拍脑袋得到的想法根本不值钱,能经得起推敲的想法才是真正有价值的想法。

好的创业想法到底是怎么产生的?这个神秘的过程其实不全在脑袋里。没有一个好的想法是在大脑里十全十美地生成出来就能开花结果的。创业的想法需要脑和手的配合,需要苦思冥想,更需要动手实践,在动脑和动手的紧密互动中像胚胎一样成长。可悲的是,创业者们大多没有产妇的福气,没有补品,也无人关爱。创业是艰苦的,尤其是初创的一两年中少不了风风雨雨,所以创业想法流产的现象比比皆是。一个想法几经周折能顺利诞生是件值得庆幸的事情,创业者为想法而煎熬是命中注定的。那么创业想法到底是什么?跟创业机会又有何种关系?

有的创业者认为自己有很好的想法和点子,因此对创业充满信心,然而有想法、有点子固然重要,可并不是每个大胆的想法和新异的点子都能转化为创业机会。

请思考:什么是创业想法?什么又是创业机会?

一、创业想法与创业机会

(一)创业想法

创业想法是创业的开端,一个好的创业想法就像一颗优秀的种子,是创业成功的前提条件。创业想法并不必然等于市场机会。创业想法可以漫无边际、异想天开,不一定注重实现的可能性,创业想法远比市场机会丰富。

一家成功的企业既要满足顾客的需要,提供顾客想要的产品,又要为企业主带来利润。创业想法应当包括企业将销售什么产品或服务?企业将向谁销售产品或者服务?企业将如何销售产品或服务?企业将满足顾客的哪些需求?

创业源于好的创业想法,创业的魅力在于这个想法的产生过程,创业想法的产生是创业过程中最困难、最关键、最没规律可循的一个环节。

一个好的创业想法来之不易,需要反复揣摩、推敲,最终还要接受市场的检验。无论是哪种类型的想法,也无论是何种规模的想法,都有可能曾经无限接近过这个好的想法,可是却从来没人了解或接受。要想让你的创业想法能够被别人听到并接纳,让它从理想变成现实行动,应采取哪些措施?

①让想法成为循序渐进的计划,如果想法能够和某个已有的方案或行动结合起来,并且被视为一种补充的话,它看起来就会比较实际,也就更有可能被采纳。

②把想法分解为很多小的步骤,把你的想法分成很多小的部分,这样就可以分解短,执行风险,越小的想法越有可能实现。

③将自己的想法融入别人的想法,利用其他人的想法是一种重要的技巧,这里的窍门在

于为别人的想法增加一些补充,如果对方处于比较强势的地位,那么通常会是最容易成功的方法。

④想法应该从小到大才能够确保可行,在产生相反的头脑风暴环节,有些非趁的想法会被否定,因为这些想法过于宏大了。想法应该从小处着眼,让别人产生兴趣,并且达成共识,然后在交谈中不断丰富这个想法,以确保获得足够的资源。

⑤询问"在什么条件下",打破僵局。当你得到一个否定回应时,看看你是否能够破解僵局,打开可能之门。你可以问,"你认为在什么样的条件下想法可以实现?"这种方法能够避免僵局并且可能会获得更具可行性的创意。

⑥计算你的想法的"收益"。如果要获得成功,应该计算每个想法的收益率(性价比)。

【案例 3-1】

赵若铼和他的"朝寝装饰"创业项目

赵若铼是温州大学商学院的大三学生,他创建了属于自己的创业项目"朝寝装饰",将目光对准了大学生单一乏味的寝室格局。"虽然是学校寝室,但住的地方总想更舒服一些。"赵若铼说,他一直想改变大学单调乏味的寝室格局,有一次在网上看到国外高校"高大上"的寝室图册,萌生了他和志同道合的小伙伴组建了创业园的想法。于是,他找来了几个装修队,干起了从来没接触过的"装修业"。

赵若铼说,在经过一段时间的准备之后,"朝寝装饰"将目标对准了9月的开学季,一方面分发宣传单,另一方面赞助学校的"最美寝室评比"活动。经过两个多月的宣传,赵若铼和他的团队接下了6个寝室的"装修单",并都交出了高分答卷。这些被装修的寝室有地中海风格、简约法式风格、经典欧美风格和小清新风格等。"目前,寝室装修只是软装修。"赵若铼说,软装修的主要内容包括贴墙纸、装扮小饰品、搭配地毯等,还有整体的设计和搭配,使装修后的寝室风格统一。赵若铼说,这些软装修的材料费并不贵,几十块到几百块都有,"但关键是如何把这些东西整合起来,包括有些小饰品放哪里,怎么搭配,都要我们自己设计"。短短两个月的创业期,6个寝室的装修单,尚未给赵若铼和他的小伙伴们带来盈利。

针对自己身边同学的装修需求,赵若铼称每个单子只有100~300元的利润空间,而这些利润远不及他们目前所支付的广告宣传费以及团队的办公支出。"路还长,慢慢来。"赵若铼说。好的创业想法总能得到越来越多人的认可……

【拓展训练 3-1】

赵若铼的"朝寝装饰"创业项目分析

1.你认为赵若铼的创业想法怎么样?有哪些优势和不足?

2.还有哪些需要改造和完善的地方?

【拓展训练3-2】

头脑风暴：产生创业想法

请利用下面的物体,小组头脑风暴,用思维导图的形式尽可能提出更多的创业想法。

橘子

旧图书

一次性纸杯

矿泉水瓶

汽车轮胎

……

(二)创业机会认知

【阅读材料3-1】

创造、识别、抓住商机是创业的核心

创业是一种思考、推理和行动的方法,它不仅要受机会的制约,还要求创业者有完整缜密的实施方法和讲求高度平衡技巧的领导艺术。创业不仅能为企业主,也能为所有的参与者和利益相关者创造、提高和实现价值,或使价值再生。

而商机的创造、识别和捕捉是这个过程的核心,随后就是抓住商机的意愿与行动。

这要求创业者有甘愿冒险的精神,既有个人风险,也有财务风险,但所有风险都必须是经过计算的,要不断平衡风险和潜在的回报,这样才能让创业者有更多的胜算。通常,创业者通过精心设计战略计划来合理安排他们的有限资源。

在这个过程中,创业者倾注想象力、动机、承诺、激情、执着、正直、团队合作与洞察力。创业极少会让人快速致富;相反,它是一个不断更新的过程,因为创业者从来不会满足于商机本身。

成功的创业者和投资家都知道,一个好的思路未必是一个好的商机。实际上,以商业计划或商业建议等形式呈报给投资者的每100个思路中，通常仅有4个最后成为投资对象。在这些被否定的思路中，80%以上是在最初的几个小时就被淘汰的；另外有10%~15%是在投资者仔细阅读了商业计划以后被否定的。只有不到10%的计划能吸引投资者，并要经过彻底而仔细地审查研究，一般历时几个星期甚至几个月。成功的机会微乎其微。准创业者可能要花更多的时间寻找创业思路，而这些创业思路可能毫无价值。所以，对创业者来说，学会快速地估计是否存在真正的商业潜力，以及决定该在上面花费多少时间和精力是一项重要的技能。

要创造、识别、抓住商机，要获得创业成功，除了创业者的强力领导，通常还需要建立起一支才能互补的团队。这个团队要具有团队合作精神，并且对商机要有敏锐的嗅觉，当别人看到的是矛盾、混乱和疑惑时，他们要敏锐地发现其中隐藏的商机。创业还需要有发现和控制资源（这些资源常常为他人所有）的技巧和智谋，这也是捕捉商机不可缺少的。这可以确保创业企业在最需要资金时不会发生资金短缺。这些是走向成功的重要因素。大多数成功的创业者既具备一个优秀的团队，也具有所需的资金支持，这样才能捕捉到别人还没觉察到的商机。

市场越不完善，商机也越多；信息和知识的真空和不足越多，商机就越多。

有史以来最成功的风险投资家阿瑟·洛克搜寻商机的准则非常值得借鉴："能够改变人们生活和工作的创业思路。"

（资料来源：全国大学生创业服务网.）

创业机会是普遍存在的，但是为什么创业者经常找不到合适的创业机会？这是相当多的创业者常常面临的困惑。他们并不理解，虽然创业机会是普遍存在的，但是并不是每个机会都适合所有的人。有很多创业机会最终是无法转化为成功的创业项目的。创业者不能把创业机会当成"天上掉下来的馅饼"，全靠灵感和运气，必须采用科学的环境导向寻找法去寻找，在人口环境、经济环境、科技环境、政治法律环境、社会文化环境、自然地理环境中找到有丰厚利润回报的、可持续的、有核心竞争力的创业项目，从而获得创业成功。

【案例 3-2】

从"校园打印店"到"菜鸟驿站"
——酒泉职业技术学院张志强的创业事迹

酒泉职业技术学院"菜鸟驿站"创始人张志强是经济管理学院2009级会计班的一名学生。张志强出生于甘肃陇南宕昌一个小山村，家境清贫。2009年，张志强考入酒泉职业技术学院经济管理系会计专业学习，作为家里长子，他一心想通过自己的努力改变家庭困难的处境，在校期间他努力发奋学习专业知识，积极参加学院和班级集体活动，由于他的出色表现，2010年，加入学院学生会。由于他刻苦努力，乐于助人，表现特别突出，数次获得了优秀学生干部、国家励志奖学金等荣誉称号，成为同学们学习的榜样。

2012年，他发现校园里没有专门的打印店，同学们打印资料只能到照相馆和电信服务部，而两者的打印服务是附带的,设备有限,打印不专业,同学们总是排着长队,经常耽误事。临近毕业的他暗下决心,要开办一家打印社,为老师和同学们提供专业的服务。创业,需要资金、需要技术、需要场地、需要人才,也需要勇气和智慧,只有一张毕业证书的他走入了班主任崔老师的办公室。当他谈完自己的想法时,得到老师的坚决支持,并与学院领导沟通,利用学院有限资源为他创业提供支持。

2012年9月,在学校创新创业的政策支持下,酒泉职业技术学院"瀚海打字复印店"开业了。在张志强辛勤的经营下,第一年,他就还完了全部借款。打印店不仅解决了同学们的需求,而且收入颇丰,他确信,自己闯没有错。

2014年,张志强又看到校园快递最后一公里的问题一直困扰着同学们,察觉到商机后,迅速注册代理了圆通快递,但电子商务并不是他想象的那样,一台电脑,一个储货场地,再投入资金就能把电子商务做好。仅有的一点积蓄很快花完了,申报的快递投放点却基本没有什么生意。烦躁、焦虑、苦闷,资金短缺等压力接踵而至,他感觉自己快撑不下去了,打算放弃电子商务继续干打字复印老本行。就在他心灰意懒准备放弃时,他打听到学校经济管理学院建设电子商务与物流管理的产教融合实训基地,心头一亮的他又一次走进了自己曾经熟悉的教学楼,与经济管理学院领导、老师沟通交流。最终学校把刚建设好的电子商务本地化创新服务重点实验室交给了他,由他负责运营管理,但必须满足学生生产化实习实训需要。他欣喜若狂,终于迈出了真正创业的第一步。

在学校的大力支持下,凭借电子商务实验室的良好条件,他的服务能力获得大幅度提升,业务量也逐渐增大,扭亏为盈变成了现实。2015年他相继与韵达快递、顺丰快递建立联系,2016年,他创立酒泉职业技术学院第一家电子商务运营网点"菜鸟驿站"。经过4年发展,"菜鸟驿站"又签约了邮政、EMS、天天、中通、申通和京东,更加全面系统。快递量也从每天300件扩大到2 000件以上,每年接收专业实训120人次以上。目前"菜鸟驿站"直接服务学院及周边学校、社区快递业务,服务人口达20 000多人,完全实现了产教融合,已经成为学校电子商务专业创新发展的一个标志性平台。

张志强凭着敏锐的识别能力,把握住了创业机遇,如今他已娶妻生子、有房有车,实现了人生的第一个目标。他本人也成了学校众多毕业生中的创业明星。

(资料由酒泉职业技术学院经济管理学院提供,有删改)

1. 创业机会的定义

任何重要的行动都来源于某种想法,创业活动更不例外。虽然机会与创意等概念常被混在一起使用,但创业机会是一个具有独特内涵的概念体系,在创业过程中具有重要的地位和作用。

创业机会主要是指具有较强吸引力、较为持久的有利于创业的商业机会,创业者据此可以为客户提供有价值的产品或服务,并同时使创业者自身获益。创业因机会而存在,机会是具有时效性的有利情况，是未明确的市场需求或未充分使用的资源或能力。创意就是创业指向，是具有创新性甚至原创性的想法，可将问题或需求转化为逻辑性的架构，让概念物象化或程序化，而不是单纯的奇思妙想。产生创意后，创业者会把创意发展为可以在市场上进行检验的商业概念。商业概念既体现了顾客正在经历的也是创业者试图解决的种种问题，又体现了解决问题所带来的顾客效益和获取利益的方式。

创业机会的来源主要在于四种情境的变化。其一，技术变革。它可以使人们去做以前不可能做的事情，或者更加有效地去做以前只能用不太有效的方法去做的事情。新技术的出现也改变了企业之间的竞争模式，使创办新企业的机会大大提高。其二，政治和制度变革。它意味着扫清过去的障碍，或者将价值从经济因素的一部分转移到另一部分，或是创造更大的新价值。例如环境保护和治理的加强，会将那些污染严重、对环境破坏较大的企业的资源，转移到保护人类环境的创业机会上来。其三，社会和人口结构变革。通过改变人们的偏好和创造以前并不存在的需求来创造机会，经常表现为市场需求的变化。其四，产业结构变革。它是指为其他企业或者顾客提供产品或服务的关键企业的消亡，以及企业吞并或互相合并，行业结构发生变化，从而改变行业中的竞争状态，形成或终止了创业机会。不难看出，没有变化就没有创业机会，创业者更善于创造性地利用变化。

2. 创业机会的特征

在了解创业机会的前提下，我们需要先了解机会的相关特征：

（1）机会是一种客观存在

客观存在是相对于主观意志而言的。机会是存在的，关键在于怎样识别和把握。无论看得到还是看不到，抓得住还是抓不住，机会都在那里。所以，有这样一句话：世界上并不缺少机会，只是缺少对机会的发现。

（2）机会是一种无形的事物

机会经常处于一种潜伏状态，人们只能凭感觉意识到它的存在，而无法用眼睛看到它。机会总是隐藏在经济社会现象的背后，其真相往往被掩盖着，通常很难找到它的踪影。正如法国文学大师巴尔扎克所说："机会女神总是披着面纱，难以让人看到她的真面目。"

（3）机会不会一直存在

"机不可失，时不再来"，凡是机会都有时效性，错过了时间，机会就失去了效用。机会的时效性表现为：一是稍纵即逝，二是一去不返。虽然机会时常出现，但同样的机会是不会重复再来的。同样，机会往往是社会共有的，只要稍微迟疑，就会被别人抢走。机会通常是一个不断移动的目标，存在着一个"机会窗口"期，要抓住某一市场机会，其"机会窗口"应该是打开的，而且必须打开足够长的时间以实现必需的市场回报。

（4）机会往往伴随风险

机会往往都与风险并存。由于大多数机会出现时间较短，人们对它的全部本质往往看不清楚，又因为它关系未来的事物，所以受到多方条件的制约。机会只属于那些有胆识的人, 在机会面前左顾右盼、裹足不前往往会错失良机, 但不顾条件一味蛮干也会受到惩罚。机会的出现往往也会带来风险, 所以需要始终保持清醒的头脑来进行判断。

有的创业者认为自己有很好的想法, 对创业充满信心。有想法固然重要, 但并不是每个大胆新异的想法都能转化为创业机会。许多创业者因为仅凭想法去创业而失败了。那么, 如何发现一个好的商业机会?《21世纪创业》的作者杰里·A.第莫斯教授提出, 好的商业机会有以下四个特征:

第一, 它很能吸引顾客;

第二, 它能在商业环境中施行;

第三, 它必须在机会之窗存在的期间被实施(注: 机会之窗是指商业想法推广到市场上所花的时间, 若竞争者已经有了同样的想法, 并已经把产品推向市场, 那么, 机会之窗也就关闭了);

第四, 必须有资源(人、财、物、信息、时间)和技能才能创立业务。

【案例 3-3】

无意间发现的商机: 微波炉

微波炉最早的名称是"爆米花和热团加热器", 它的出现源自一个武器研发项目。微波炉的发明者是美国自学成才的工程师珀西·勒巴朗·斯宾塞, 第二次世界大战爆发后, 他在一家公司从事雷达技术开发工作。

某一天, 他在实验室做实验时, 一块巧克力棒粘在了他的短裤上。斯宾塞注意到, 当他运行磁控管时, 裤子上的巧克力棒融化了。一般人可能认为, 他身上的体温将巧克力棒融化了。斯宾塞没有按照这种逻辑思维去判断这件事, 相反, 思维敏捷的他给出了一个更为科学的解释: 肉眼看不见的辐射光线"将其煮熟了"。斯宾塞对这一发现充满了好奇, 他利用这种装置让鸡蛋爆裂, 还去烤爆米花。最后, 他用箱子将其包装起来, 作为一种烹饪美食的新工具推向市场, 这个工具就是现在大家熟知的微波炉。

3.创业机会的类型

(1)按创业机会的来源划分

按创业机会的来源可以分为问题型机会、趋势型机会和组合型机会。

问题型机会, 指的是由现实中存在的未被解决的问题所产生的一类机会。趋势型机会, 就是在变化中看到未来的发展方向, 预测到将来的潜力和机会。组合型机会, 就是将现有的两项以上的技术、产品、服务等因素组合起来, 以实现新的用途和价值而获得的创业机会。

(2)按目的—手段关系的明确程度划分

按目的—手段关系的明确程度创业机会可分为识别型机会、发现型机会和创造型机会。

识别型机会是指市场中的目的—手段关系十分明显时,创业者可通过目的—手段关系的连接辨识机会;发现型机会则指当目的或手段中的任意一方的状况未知,等待创业者去进行发掘;创造型机会指的是,目的和手段皆不明朗,因此创业者要比他人更有先见之明,才能创造出有价值的市场机会。

(三)创业机会的来源

我们经常听到一些想创业的朋友抱怨说:"别人机遇好,我运气不好,没有机遇",或是"我要是早几年做就好了,现在做什么都难了"。其实这都是误解,机遇无处不在,就看你能不能识别它。

【案例3-4】

在骑行运动中发现的创业机会

卖自行车是一个很普通的生意,但是魏殿针却把它做成了一个很好的创业项目。2010年秋,酒泉职业技术学院导游专业毕业生魏殿针回到了家乡临洮县,并通过招考在县政府工作,收入稳定,生活安逸。但是他自考入大学,就深受班主任老师的影响,热爱专业,喜欢旅游、骑行等户外运动。工作之余,他依然坚持骑行,2016年参加了青海"文峰杯"山地自行车赛获得团体第一,参加定西市环湖山地自行车越野赛获得个人第一名,2017年参加第五届青海"香巴林卡杯"环莲花湖铁人两项挑战赛获得团体第二名⋯⋯通过参加山地自行车的各种活动,他结交到了很多朋友,同时也看到定西山地自行车行业市场的欠缺。

2018年,在车友和亲朋好友的鼓励下,魏殿针立志创业,抓住当地市场没有专业的山地自行车供应商的机会,在县城创办了甘肃乐途山地自行车商城,总投资200 000元,商城面积1 000余平方米。2019年,又开办了二分店:甘肃省乐途单车苑,并创办了甘肃乐途山地自行车俱乐部,会员达到400人。随着影响范围越来越广,淘宝网店"甘肃省乐途单车苑总店"也顺利运营,专营山地自行车整车、配件和维修售后服务。目前,魏殿针的自行车店已发展为定西市最大的山地自行车专业定制组装、维修保养、装备配件、改装升级等一站式服务基地,也是国内少有的大型山地自行车综合服务商城。

良好的品质服务,专业的售后保障,不仅让魏殿针成功创业,还带动54人就业。其实生活中的创业机会无处不在、无时不在,不怕没机会,就怕没眼光。

(资料由酒泉职业技术学院旅游与烹饪学院提供,有删改)

那么,创业机会怎么寻找,又来源于哪里?著名学者蒂蒙斯认为创业机会主要是来自改变、混乱或是不连续的状况,归纳主要有七个来源:法规的改变;技术的快速变革;价值链重组;技术创新;现有管理者或投资者管理不善;战略性企业家;市场领导者暂时忽视下一波客户需要。

经过认真的研究和分析,我们认为创业机会无处不在、无时不在。而机会主要来自以下五个方面。

1. 问题

创业的根本目的是满足顾客的需求,而顾客需求在没有满足前就是问题。寻找创业机会的一个重要途径是善于发现和体会自己和他人在需求方面的问题或生活中的难处。比如,当美国人盖伊·鲍尔弗和他的妻子朱迪正在为经营小游船船坞而苦苦挣扎时,他看到清洁工用卡车携带的吸尘器吸走下水道里的污秽,突然受到启发。能否用类似的装置把草原土拨鼠从洞里吸出来呢? 牛和马常常将蹄子陷在土拨鼠的洞里而折断腿,但土投鼠藏在洞中很难捕捉,下毒或夹子则会伤害别的动物,因而牧场主对它们非常头痛。鲍尔弗将他的新行业命名为"让土拨鼠走开"。他对卡车做了几处改装,其中包括在吸尘器里装了3个6英寸厚的芯。他驾驶卡车到草原中土拨鼠大批出没的地方,将这种有害动物从它们的洞中吸出来,然后再放到别的地方去,每天收费800~1 000美元。机场在了解到他的服务项目后,也请他帮忙。现今鲍尔弗的业务已发展到18个州,甚至还从澳大利亚传来了能否吸出兔子的咨询。这就是把问题转化为创业机会的成功案例。创业的出发点是满足顾客需求,而顾客需求在没有被满足之前就是问题。寻找创业机会的一个重要途径是善于发现和体会自己和他人在需求方的问题或生活中的难处。

2. 变化

创业机会大都产生于不断变化的市场环境,环境变化了,市场需求、市场结构必然发生变化。Drucker将创业者定义为那些能"寻找变化并积极反应,把它当作机会充分利用起来的人"。这种变化主要来自产业结构的变动、消费结构升级、城市化加速、人口思想观念的变化、政府政策的变化、人口结构的变化、居民收入水平的提高、全球化趋势等方面。

比如,我国60岁以上的老年人口已经超过1.3亿,人口老龄化出现加速态势的新情况已引起了社会各界不同程度的关注,精明的商家从中看到了巨大的商机。歌里唱得好:"干了一辈子工作,也该歇歇了。"到了歇下来的时候,谁都希望"住得好,玩得好",因此有两大支出特别需要关注:一是居住,二是旅游。目前我国有两千多万"空巢老人",在城市,"空巢家庭"至少达30%。这就为那些设施完备、服务周到,生态环境好、活动空间大的老年公寓开辟了市场空间。同样,不少以休闲疗养为主,符合老年人身体特点和兴趣爱好的、慢节奏的老龄旅游项目也很受欢迎。旅游企业若能提供符合老年人特点的服务,也会在激烈的旅游市场竞争中独辟蹊径,让越来越多的老人安享晚年,其中究竟隐含着多少商机,的确值得大学生创业者研究。

3. 创造发明

创造发明提供了新产品、新服务,更好地满足了顾客需求,同时也带来了创业机会。比如,随着电脑的诞生,电脑维修、软件开发、电脑操作的培训、图文制作、信息服务、网上开店等创业机会随之而来,即使不发明新的东西,大学生也能成为销售和推广新产品的人,从而带来商机。再如生活品质的提高让人们越来越注重健康,围绕"健康"的发明创造,就带来了许多创业商业机会。

4. 竞争

如果能弥补竞争对手的缺陷和不足,这也将成为创业机会。看看周围的公司,能比他们更快、更靠谱、更便宜地提供产品或服务?能做得更好吗?若能,也许就找到了机会。

5. 新知识

在知识经济时代,用科技、知识创业是新模式,也是必然趋势。随着共享经济概念的普及和技术的进步,围绕共享经济就带来了许多创业机会。因此,创业者应该在日常生活中有意识地加强实践,培养和提高发现创业机会的能力。一是养成良好的市场调研习惯。发现创业机会最根本一点是深入市场进行调研,要了解市场供求状况、变化的趋势、顾客的需求是否得到满足、竞争对手的长处与不足等。二是多看、多听、多想。我们常说见多识广、识多路广。我们每个人的知识、经验、思维以及对市场的了解不可能做到面面俱到。多看、多听、多想能使我们广泛获取信息,及时从别人的知识、经验、想法中汲取有益的东西,从而增加发现机会的可能性和概率。三是培养独特的思维。机会往往是被少数人抓住的,我们要摆脱从众心理和摆脱传统的习惯思维的束缚,敢于相信自己,有独立见解,不人云亦云,不为别人的评头论足、闲言碎语所左右,才能发现和抓住被别人忽视或遗忘的机会。

（四）创业机会的识别

创业机会的识别是创业的开端,也是创业的前提。围绕创业机会,有些问题是所有想创业的人都关心的,比如为什么是他而不是别人看到了机会?未经论证调查的(甚至是偶然发现的)机会,为什么可以成为创业机会?创业机会的来源有哪些,又如何对其进行识别?机会识别要进行哪些可行性论证?

如何识别创业机会,是创业者首先要解决的问题。好的创业机会必然有特定的市场定位,专注于满足顾客需求。创业需要机会,机会要靠发现。

1. 创业机会的识别因素

作为创业者,难能可贵的地方就在于能发现其他人所看不到的机会,并迅速采取行动把握创业机会,实现创业机会的价值。

在很长一段时间里,人们认为一般人群不可能看到创业机会,成为创业者的个体具有别人所没有的特殊禀赋,创业机会的识别能力难以模仿,更不可学习。但是,随着学术研究的深入,人们逐渐总结出了一些识别创业机会的规律和技巧。正如物理学教授不可能每个都成为爱因斯坦一样,掌握有关识别创业机会的知识,虽然不能保证能够发现创业机会,但也能给人们的行动提供思路和指导。

对于导致一些人更善于识别出有价值的创业机会的因素,不少学者进行过研究,下面是取得共识的四类主要因素。

（1）先前经验

在特定产业中的先前经验有助于创业者识别商业机会，这被称为"走廊原理"。它是指创业者一旦创建企业，就开始了一段旅程，在这段旅程中，通向创业机会的"走廊"将变得清晰可见。这个原理提供的见解是，某个人一旦投身于某产业创业，这个人将比那些从产业外观察的人更容易看到产业内的新机会。

（2）认知因素

机会识别可能是一种自然禀赋或一种认知过程。有些人认为，创业者有"第六感"，使他们能看到别人错过的机会。多数创业者以这种观点看待自己，认为自己比别人更警觉。警觉很大程度上是一种习得性的技能，拥有某个领域更多知识的人，比其他人对该领域内的机会更警觉。

（3）社会关系网络

社会关系网络能带来承载创业机会的有价值信息，个人社会关系网络的深度和广度影响着机会识别。研究发现，社会关系网络是个体识别创业机会的主要来源。

（4）创造性

创造性是产生新奇或有用创意的过程。从某种程度上讲，机会识别是一个创造过程，是不断反复的创造性思维过程，在听到更多趣闻轶事的基础上，会很容易看到创造性包含在许多产品、服务和业务的形成过程中。对个人来说，创造过程可分为五个阶段，分别是准备、孵化、洞察、评价和阐述，如图3-1所示。

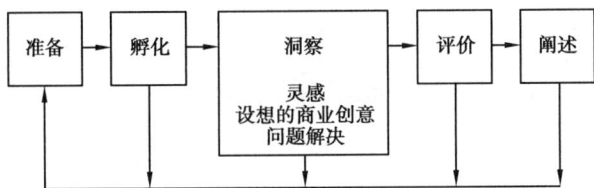

图3-1　创造过程的五个阶段

图3-2详细阐述了创业机会的识别过程。

2.创业机会的识别方法

（1）新眼光调查

注重二级调查。阅读某人发现和出版的作品、利用互联网搜索数据、浏览寻找包含所需要信息的报纸或文章等都是二级调查的形式。

开展初级调查。通过与顾客、供应商、销售商交谈和采访，直接与这个世界互动，了解正在发生以及将要发生的事情。

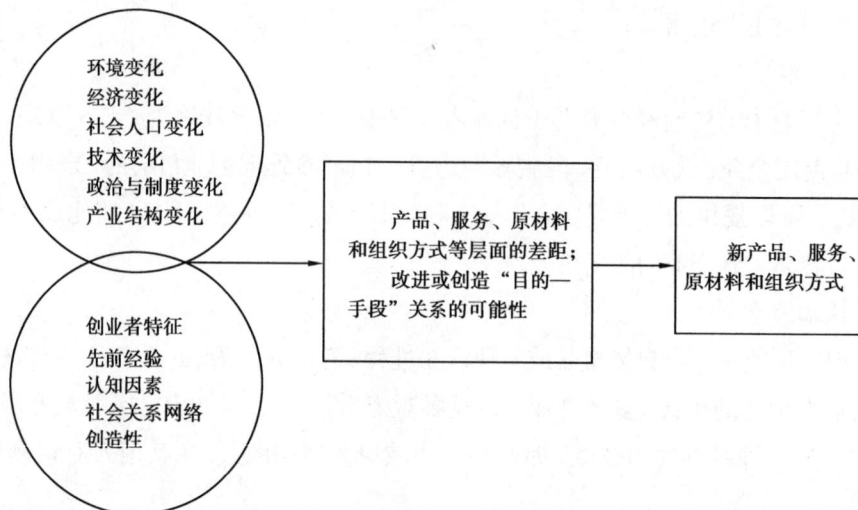

图3-2　创业机会的识别过程

记录自己的想法。瑞士最大的音像书籍公司的创始人就有一个这样的笔记本,当记录到第200个想法时,他坐下来回顾所有的想法,然后开办了自己的公司。

（2）通过系统分析发现机会

实际上绝大多数的机会可以通过系统分析发现。人们可以从企业宏观环境（政治、法律、技术、人口等）和微观环境（顾客、竞争对手、供应商等）的变化中发现机会。借助市场调研,从环境变化中发现机会,是发现机会的一般规律。

【案例3-5】

灵感与创业商机

比亚迪老总王传福的创业灵感来自一份国际电池行业动态,一份简报似的东西。1993年的一天,王传福在一份国际电池行业动态上读到,日本宣布本土将不再生产镍镉电池,王传福立刻意识这将引发镍镉电池生产基地的国际大转移,意识到自己创业的机会来了。果然,随后的几年,王传福利用日本企业撤出镍镉电池生产留下的市场空隙,加之自己原先在电池行业多年的技术和人脉基础,做得顺风顺水,财富像涨水似的往上冒。他于2002年进入了《福布斯》中国富豪榜。"名人"老总佘德发是个非常有意思的人,据说这个人不管走到哪里,随身都会带着两样宝贝:一样是手提电脑,因为"名人"在全国设有许多的分部、分公司,佘德发带着电脑走到哪里,那里就是公司的总部;另一样是一个旅行箱,旅行箱里全是各种各样的报纸,佘德发走到哪里,读到哪里,将一箱一箱的报纸当成了精神食粮。另一位财富英雄郑永刚,据说将企业做起来后,已经不太过问企业的事情,每天大多时间都花在读书、看报和思考企业战略上面。很多人将读书与休闲等同,对创业者来说,阅读就是工作,是工作的一部分,一定要有这样的意识。

（资料来源:以商会友,有删改。）

（3）通过问题分析和顾客建议发现机会

问题分析，从一开始就要找出个人或组织的需求和他们面临的问题，这些需求和问题可能很明确，也可能很含蓄。一个有效并有回报的解决方法对创业者来说是识别机会的基础。这个分析需要全面了解顾客的需求，以及可能用来满足这些需求的手段。

从顾客那里征求想法。一个新的机会可能会由顾客识别出来，因为他们知道自己究竟需要什么。顾客建议多种多样，例如，他们会提出一些如"如果那样不是会很棒吗"的非正式建议，留意这些，有助于发现创业机会。

（4）通过创造获得机会

这种方法在新技术行业中最常见，它可能始于明确以满足某种市场需求为目的，从而积极探索相应的新技术和新知识；也可能始于一项新技术发明，进而积极探索新技术的商业价值。

通过创造获得机会比其他任何方式的难度都大，风险也更高，同时，如果能够成功，其回报也更大。这种情况下所产生的创新在人类具有重大影响的创新中居于主导地位。

索尼公司开发随身听就是一个很好的例子。索尼公司觉察到人们希望随身携带一个听音乐的设备，并利用公司微缩技术的核心能力从事项目研究，最终开发出划时代的产品——随身听，取得了巨大的成功。

【案例 3-6】

李维斯与牛仔裤

李维斯是牛仔裤的发明人。当初他跟着一大批人去美国西部淘金，途中一条大河拦住了去路，许多人感到愤怒，但李维斯却说："棒极了!"他设法租了一条船给想过河的人摆渡，赚了不少钱。不久摆渡的生意被人抢走了，李维斯又说："棒极了!"因为采矿工人出汗很多，导致当地饮用水很紧张，于是别人采矿他卖水，又赚了不少钱。后来卖水的生意又被抢走了，李维斯又说："棒极了!"他发现采矿工人裤子的膝盖部分特别容易磨破，而矿区里有许多被人丢弃的帆布帐篷，李维斯就把这些旧帐篷收集起来洗干净做成裤子，结果销量很好。"牛仔裤"就是这样诞生的。李维斯把问题当作机会，最终实现了致富梦想。李维斯的成功得益于他乐观、开朗的积极心态和善于识别商机的能力。

著名成功学大师拿破仑·希尔说："一切成功，一切财富，始于意念。"想创业的朋友如果暂时还没发现机会或抓住机会，请不要怨天怨地怨别人，首先要想一想自己的态度是否积极，思想观念、思维方式是否正确。

（五）创业机会的评价

识别出的创业机会创业者并不一定都能够驾驭，也不一定都要去进行开发。只有那些具备特定特征的创业机会才值得投入时间和精力并付诸实施。掌握创业机会评价的方法和技巧,有助于将那些真正适合的创业机会挖掘出来。

1. 创业机会评价的策略

(1)评价创业机会的吸引性

蒂蒙斯等人认为,好的机会需要有需求旺盛的市场和丰厚的利润,而且还要容易赚钱。只有创业机会具有很强的吸引性,才能够得到潜在客户的关注。

在创业机会实施之前,可以通过市场调查或市场测试的方法,对项目的吸引性进行验证。如小米手机在推出之前就做了产品吸引力的调查分析,得到了大量米粉的支持,雷军说:"因为米粉所以小米。"正是吸引性在创业机会实施中基础性作用的表现。现在大量众筹的网上项目,都是从吸引性的角度出发进行产品开发的。

(2)评价机会的可行性

好的想法未必是好的商业机会,超过80%的新产品都是失败的。只有可行的创业机会才是好的商业机会。

分析创业机会的可行性可以从宏观、中观和微观的角度分别展开分析。宏观角度的分析可以采用PEST分析法,从创业机会的政治、经济、社会和科技的角度入手;中观角度的分析主要是行业层次的分析,常用的方法是波特的五力分析模型,从进入壁垒、替代品威胁、买方议价能力、卖方议价能力以及现存竞争者之间的竞争对行业的竞争情况进行分析,并需要通过行业数据的分析,了解行业生命周期,判断是否是"机会窗"打开期间,对创业机会实施的时机进行判断;微观方面借助SWOT分析法,深入了解外部环境中的机会和威胁,以及创业项目自身的优劣势,对创业机会的可行性进行把握。

(3)评价机会的适时性

马克·吐温说:"我很少能看到机会,往往在我看到机会时,它已经不再是机会了。"日常生活中,我们也常说:"机不可失,时不再来。"这些都说明了机会转瞬即逝的特性。因此,创业者一定要适时抓住机会,开发利用机会。适时性是指在恰当的时间做恰当的事情,不早不晚,过早或过晚的机会,可能都是"伪机会"。

通常情况下,解决那些需要迅速满足某项重大的需要或愿望,或者尽早帮助人们解决一些重大问题的机会才有较大的胜算,在开发过程容易取得成功。及时抓住消费者的"痛点",是创业成功的关键之一。

(4)评价机会的匹配性

对任何人而言,有些机会只能看见,却不能为自己所把握。即使创业机会的价值潜力再大,如果自己缺乏相应的必备条件和因素,盲目行动带来的后果往往也可能是血本无归。因此,对于创业机会是否适合自己的判断,需要分析资源、团队能力的匹配程度。如"90后"大学生王子月的创业故事就很好地说明了匹配性分析的意义。截至2015年底,王子月已经拥有了300家加盟店,获得11项国家专利,被评为浙江省十佳大学生,成功入围中国大学生年度人物。

（5）评价机会的持久性

创业机会的持久性是指机会持续时间的长短与市场成长性。一般来说，好的创业机会一般具有可持久开发的潜力，并且能够为企业带来持续的竞争优势。

无人机由于具有体积小、造价低、使用方便、对作战环境要求低、战场生存能力较强等优点，对未来空战有着重要的意义，在各种不同的灾害救援中也发挥了很大的作用。因此，研发无人机就是一个很好的创业机会。路透社的统计数据显示，中国无人机制造公司大疆创新的产品在美国商用无人机市场占据领先地位，市场份额达47%，遥遥领先于排名第二的竞争对手。而在全球商用无人机市场中，大疆更是独领风骚，一举夺得近70%的市场份额，无疑大疆已成为无人机里的领军者。同时，大疆在无人机工业、行业用户以及专业航拍应用方面也做了很多探索，为客户提供性能最强、体验最佳的革命性智能飞控产品和解决方案。无人机的民用领域非常广阔，具有很强的持续性。

2. 创业机会评价的方法

创业机会评价常用的方法有史蒂文森法、隆杰内克法、巴蒂选择因素法、标准打分矩阵法、普坦辛米特法等。

（1）史蒂文森法

霍华德·史蒂文森认为可以从以下几个方面评价创业机会：第一，机会的大小、存在的时间跨度以及成长性；第二，潜在的利润是否可以用来弥补资本、时间和机会成本投入的不足，并获得令人满意的收益；第三，机会是否开辟了额外的扩张、多样化或综合的商业机会选择；第四，在可能的障碍面前，收益是否会持久；第五，产品或服务是否真正满足了真实的需求。

（2）隆杰内克法

隆杰内克认为，以下5个方面对于一个创业机会的评价至关重要：第一，对产品有明确界定的市场需求，推出的时机也是恰当的；第二，投资的项目必须能够维持持久的竞争优势；第三，投资必须具有一定程度的高回报，从而允许一些投资中的失误；第四，创业者和机会之间必须互相合适；第五，机会中不存在致命的缺陷。

（3）巴蒂选择因素法

巴蒂选择了11个对创业机会有重要影响的因素，让使用者据此对发现的创业机会进行评价。如果某个创业机会只符合其中的6个或更少的因素，则这个机会很可能不可取；相反，如果某个创业机会符合其中的7个或以上的因素，则该创业机会将会大有希望获得成功。巴蒂选择因素法的具体内容如表3-1所示。

（4）标准打分矩阵方法

此方法选择对创业机会成功的重要影响因素，经由专家打分，对不同的创业机会进行比较。每一个因素由专家根据其重要性程度给出1~3分的分值，1为一般，2为好，3为很好。标准打分矩阵的具体指标如表3-2所示，

表3-1　巴蒂选择因素法

序号	选择因素
1	这个创业机会在现阶段是否只有你一个人发现了
2	初始的产品生产成本是否可以承受
3	初始的市场开发成本是可以承受
4	产品是否具有高利润回报的潜力
5	是否可以预期产品投放市场和达到盈亏平衡点的时间
6	潜在的市场是否巨大
7	你的产品是不是一个高速成长的产品
8	你是否拥有一些现成的初始用户
9	是否可以预期产品的开发成本和开发周期
10	是否处于一个成长中的行业
11	金融界是否能够理解你的产品和顾客对它的需求

表3-2　标准打分矩阵评价法

标准	专家评分			
	很好（3分）	好（2分）	一般（1分）	加权平均分
易操作性				
质量和易维护性				
市场接受性				
增加资本的能力				
投资回报				
专利权状况				
市场的大小				
制造的简单性				
广告潜力				
成长的潜力				

（5）普坦辛米特法

普坦辛米特法是一种让创业者填写针对不同因素的不同情况，预先设定好权值的选项式问卷方法。对于每个因素来说，不同选项的得-2分到+2分，通过对所有因素得分的加得到最好的总分，总分越高说明特定创业机会成功的潜力越大。只有那些最后得分高于15分的创业机会才值得创业者进行下一步的策划，低于15分的都应被淘汰。该方法的具体内容如表3-3所示。

3. 创业机会评价的标准

无论采用什么方法评价创业机会，都应该把握一定的判断标准。这些标准主要有创意及其竞争力、行业和市场、创业团队以及项目的回报等。

表3-3 普坦辛米特法

序号	选择因素
1	对于税前投资回报率的贡献
2	预期的年销售额
3	生命周期中预期的成长阶段
4	从创业到销售额高速增长的预期时间
5	投资回收期
6	占有领先者地位的潜力
7	商业周期的影响
8	为产品制定高价的潜力
9	进入市场的容易程度
10	市场试验的时间范围
11	销售人员的要求

（1）创意及其竞争力

创意是否具有价值，符合新颖性、真实性和价值性的特点，如果具备以上3个特性，就需要具体分析其在市场上的竞争力。一般来说要确认并且列出所有竞争产品和竞争企业，而且至少要与3个满足相似市场需求的竞争对手的产品或服务进行对比。通过分析突出自己产品或服务的差异性，形成独特的卖点。与市场竞争对手的产品或服务相比，企业的产品或服务至少要具备3~5个与众不同的特点。只有那些有价值和竞争力的创意才值得投入时间和精力去进行开发。

（2）行业和市场

行业一般是指生产同类品或具有相同工艺过程或提供同类劳动服务划分的经济活动类别。行业由出售者，即生产者或劳务提供者构成。市场是由一切具有特定需求和欲望的顾客构成。

创业机会评价时要关注提供相同或类似产品或劳务的行业，包括其竞争情况、收获条件等，在行业的机会窗口打开期间进入才能获利；其次要关注消费市场，只有市场足够大，才能收回成本获取利润。创业者一定要能够清晰界定细分市场。

一般来说，市场数据应至少3年收集一次，要尽可能多地收集二手数据。

充分竞争的行业和有较大潜力的细分市场可以为创业机会的成功开发提供基本保障。

（3）创业团队

创业团队永远是创业中最核心的因素，是决定创业成败的关键，也是风险投资家最看重的因素。创业团队的评价是项目评价中最重要的标准之一。在进行评估时，要确保创业团队中至少有一人具备新创意所属行业领域的相关经验，而且团队成员要对拟开发的项目感兴趣，以保证机会的成功开发。

兴趣永远是最好的老师，知识和经验有助于识别并低成本解决开发过程中的问题。

（4）经济因素和回报

创业的目的之一便是获取经济回报，因此，经济因素和投资回报也是评价创业机会时需要重点考虑的标准。创业者应尽可能地在成本效益原则的指导下，在较短时间内，以较低成本获得较高的回报。收益率较高的行业都是具有吸引力的领域，值得进行创业尝试。当然，这样的领域也会是竞争交集的领域，所以，创业者在识别创业机会时要能够进行风险分析和管理，并设计好商业模式。

【阅读材料 3-2】

拓展创业机会

在信息化技术深度应用与新一轮科技革命孕育兴起的趋势下，加快出台一系列战略和规划，促进"互联网+"、中国制造2025、战略性新兴产业和服务相结合，为创新创业拓展更大应用空间。

1.抓住"互联网+"背景下的创业机会

生于互联网年代的创业者与互联网一起成长、更迭，在学生时期就已经将互联网融入生活的方方面面，是实实在在的互联网"原住民"。吃喝在美团、穿衣在淘宝、出行在携程、社交朋友圈、不懂找百度……不论是生活方式还是思维方式都带有原始、天然的网络印记。所以，互联网时代不仅带来了商业机会，也带来了独有的优势，这种优势是创业前辈们不具备的，或者说是创业前辈需要学习才能掌握的。

创业思维要根据时代的变化而变化，要具有互联网思维，就像传统企业天生就活在工业社会一样，新时代的创业者天生就是互联网的一代。互联网不再只是一个新增的渠道和新增的工具，而是生活的底层建筑。利用这种先天优势，更容易发现别人忽略的商业机会。那什么是互联网思维？互联网思维具有哪些特性？应该如何利用这些特性塑造互联网思维？

互联网思维，就是在"互联网+"、大数据、云计算等科技不断发展的背景下，对市场、用户、产品、企业价值链乃至整个商业生态进行重新审视的思考方式。相对于工业化思维而言，互联网思维是一种商业民主化思维、用户至上思维。这种思维下的产品和服务是一个有机的生命体，自带媒体属性，其企业组织也一定是扁平化的。"互联网+"就是"互联网+各个行业"，但这并不是简单的相加，而是利用信息通信技术以及互联网平台，让互联网与各个行业进行深度融合，创造新的发展生态。"互联网+"是互联网思维的进一步实践成果。作为创业者，不仅是作为看客，而是要分析这种新的商业现象和商业逻辑，思考如何为己所用。

2.实施中国制造2025

《中国制造2025》聚焦国家制造业创新能力的提升，提出围绕产业链部署创新链，围绕创新链配置资源链，加强关键核心技术攻关，加速科技成果产业化，提高关键环节和重点领域的创新能力；强化企业技术创新主体地位，支持企业提升创新能力，推进国家技术创新示范企业和企业技术中心建设，充分吸纳企业参与国家科技计划的决策和实施；促进大中小企业协调发展，激发中小企业创新创业活力，发展一批主管业务突出、竞争力强、成长性好、专注于细分市场的专业化"小巨人"企业；发挥中外小企业合作园区示范作用，利用双边、多边中小企业合作机制，支持中小企业走出去和引进来；引导大企业和中小企业通过专业分工、服务外包、订单生产等多种方式，建立协同创新、合作共赢的协作关系；推动建立高新水平的中小企业集群，加强中小微企业综合服务体系建设，完善中小微企业公共服务平台网络，建立信息互联互通机制，为中小微企业提供创业、创新、融资、咨询、培训、人才等专业化服务。

3.党的十九届五中全会精神

2020年10月29日，《中共中央关于制定国民经济和社会发展第十四个五年规划和二〇三五年远景目标的建议》经中国共产党第十九届中央委员会第五次全体会议审议通过，提出了"十四五"时期经济社会发展主要目标和二〇三五年基本实现社会主义现代化远景目标。

全会提出，坚持创新在我国现代化建设全局中的核心地位，把科技自立自强作为国家发展的战略支撑，面向世界科技前沿、面向经济主战场、面向国家重大需求、面向人民生命健康，深入实施科教兴国战略、人才强国战略、创新驱动发展战略，完善国家创新体系，加快建设科技强国。要强化国家战略科技力量，提升企业技术创新能力，激发人才创新活力，完善科技创新体制机制。

全会提出，优先发展农业农村，全面推进乡村振兴。坚持把解决好"三农"问题作为全党工作重中之重，走中国特色社会主义乡村振兴道路，全面实施乡村振兴战略，强化以工补农、以城带乡，推动形成工农互促、城乡互补、协调发展、共同繁荣的新型工农城乡关系，加快农业农村现代化。要保障国家粮食安全，提高农业质量效益和竞争力，实施乡村建设行动，深化农村改革，实现巩固拓展脱贫攻坚成果同乡村振兴有效衔接。

全会提出，繁荣发展文化事业和文化产业，提高国家文化软实力。坚持马克思主义在意识形态领域的指导地位，坚定文化自信，坚持以社会主义核心价值观引领文化建设，加强社会主义精神文明建设，围绕举旗帜、聚民心、育新人、兴文化、展形象的使命任务，促进满足人民文化需求和增强人民精神力量相统一，推进社会主义文化强国建设。要提高社会文明程度，提升公共文化服务水平，健全现代文化产业体系。

全会提出，推动绿色发展，促进人与自然和谐共生。坚持绿水青山就是金山银山理念，坚持尊重自然、顺应自然、保护自然，坚持节约优先、保护优先、自然恢复为主，守住自然生态安全边界。深入实施可持续发展战略，完善生态文明领域统筹协调机制，构建生态文明体系，促进经济社会发展全面绿色转型，建设人与自然和谐共生的现代化。要加快推动绿色低碳发展，持续改善环境质量，提升生态系统质量和稳定性，全面提高资源利用效率。

全会提出，改善人民生活品质，提高社会建设水平。坚持把实现好、维护好、发展好最广大人民根本利益作为发展的出发点和落脚点，尽力而为、量力而行，健全基本公共服务体系，完善共建共治共享的社会治理制度，扎实推动共同富裕，不断增强人民群众获得感、幸福感、安全感，促进人的全面发展和社会全面进步。要提高人民收入水平，强化就业优先政策，建设高质量教育体系，健全多层次社会保障体系,全面推进健康中国建设,实施积极应对人口老龄化国家战略,加强和创新社会治理。

（资料来源：互联网）

创业者要根据时代的背景,把握创业的时机,抓住好的商业机会,争取做到创业成功。

【拓展训练 3-3】

创业想法及初步评估

1.请同学们仔细观察并思考大学校园有哪些创业机会,记录下来,并通过头脑风暴进行小组讨论,分享彼此的思考成果;

2.在上述的创业想法中,经过小组讨论,最可能成功的一个创业机会是什么?

3.用下面的表格评估小组的这个创业想法是不是好的商业机会。

评估方面	盈利时间	市场规模	资金需求	毛利率	成本结构	门槛限制	竞争性	缺陷	可控性
评估结果									
小组结论									

【拓展训练 3-4】

未来趋势带来的创业机会

1.头脑风暴：未来的确实。即思考未来5年、10年、20年内产品和服务发展的方向,可能包括世界资源的再平衡、移动设备、随时随地的三维通信、智能机器人的普及等。全班一起生成一个趋势列表。

2.每个小组从趋势列表中选择3个趋势,讨论这些趋势会如何影响顾客细分和顾客关系、产品或服务设计,以及组织业务流程的新方法,如产品和服务的分销,从而发现机会空间,最终开发出小组的未来世界蓝图。小组需要在纸上把自己的未来情境描绘出来。

3.小组汇报：自身小组的3种趋势、未来情境以及如何利用新兴趋势和机会空间。

4.反思自己为未来而创造时的感受,理解"是趋势创造了市场"。

二、创业资源

（一）创业资源认知

按照资源基础理论（Resource-based Theory, RBT）的观点,企业是一系列异质资源的集合体。资源就是任一主体在向社会提供产品或服务的过程中,所拥有或所支配的能够实现自己目标的各种要素以及要素组合。

1.创业资源的内涵

创业资源是企业在创立和成长过程中所需要的各种生产要素和支撑条件。基于以上现点,本书认为创业资源是初创企业在创造价值的过程中需要的特定资产,包括有形资产和无形资产,主要表现为创业人才、创业资本、创业机会、创业技术和创业管理等。对新创建的企业来说,创业者是其独特的资源,也是无法用钱买到的资源。

2.创业资源的种类

创业资源按性质可以分为人力资源、声誉资源、财务资源、物质资源、技术资源和组织资源6种。

(1)人力资源

人力资源不仅包括创业者及创业团队的知识、技能和经验等,也包括团队成员的专业智慧、判断力、视野和愿景,甚至包括创业者本身的人际关系网络。创业者是创业企业最重要的人力资源,其价值观念和信念是初创企业的基石;创业者拥有的人际关系和社会关系网络使其能够接触到大量的外部资源,降低潜在的创业风险,增强合作者之间的信任度和声誉;其拥有的经营管理能力和对所从事行业的了解对创业成功有很大的促进作用。合适的员工也是初创企业人力资源的重要部分,因此,高素质人才——技术人员、销售人才和生产人员等的聘用和开发,便成为企业可持续发展的关键因素。王利芬创办的优米网能在短期内取得极高的关注度,"在路上"节目能在120家电视台播放,和王利芬在中央电视台15年的工作经历以及在工作过程中形成的和王利芬工作期间策划和主持过的大量创业类节目及其记者和主持人的工作经历相关密不可分。

(2)声誉资源

声誉资源是企业环境中人群对企业的感觉,存在于产品层面和公司层声产品层面的声誉以品牌忠诚度的形式呈现。公司层面的声誉则表现为企业的社会形象。在当今知识经济时代,持续不断的创新和发明大大缩短了技术更新的周期,使企业的技术资源优势只能维持较短的时间,但是声誉资源却可以在相当长的一段时间内得以维持,给企业非常持久的竞争优势。

(3)财务资源

财务资源主要是指资金资源,通常是创业企业向优权人、权益投资者和通过内部积累筹集的负债资金、权益资金和留存资金的数量之和。一般来说,创业初期以不高于市场平均水平的资本成本及时筹集到足额的财务资源,是创业企业成功创办和顺利经营的前提条件。创业者在创业初期的辛苦工作、高效节约的作风以及个人社会关系等可以在一定程度上减少对部分资金的需求。

（4）物质资源

物质资源是创业和企业经营所需要的有形资源，如房屋、建筑物、设施、机器和办公设备、原材料等。一些自然资源如矿山、森林等，有时也会成为创业企业的物质资源。

（5）技术资源

技术资源包括关键技术、制造流程、作业系统、专用生产设备等。通常，技术资源包含三个层次：一是根据自然科学和生产实践经验而发展成为各种工艺流程、加工方法、劳动技能和诀窍等；二是将这些流程、方法、技能和诀窍等付诸实现的相应的生产工具和其他物资设备；三是适应现代劳动分工和生产规模等要求的对生产系统中所有资源进行有效组织和管理的知识经验和方法。技术资源大多与物质资源相结合，可以通过法律的手段予以保护，形成组织的无形资产等资源。靠2匙盐+1杯水就能照明8小时，还能在紧急情况下给手机充电的盐水灯，就是基于贾法尼电池（Galvanic Cell）科学原理的技术产生的。这项发明不仅能让缺乏电力来源的偏远地区多一些照明来源，居住在邻近海岸地区的人们也能利用海水来照明，还可以避免蜡烛翻倒或者灯打翻而引起的火灾悲剧事件。"省心省电少污染、云端共享好方便"的V云印自助云打印平台，则依靠其掌握的云打印技术，不但可以整合掉4 000万~6 000万台打印复印设备，还可以每年直接减少139亿~212亿度电。

（6）组织资源

组织资源一般指企业的正式管理系统，包括企业的组织结构、作业济程、工作规范、信息沟通、决策体系、质量系统以及正式或非正式的计划活动等，有时候组织资源也可以表现为个人的技能或能力。其中，组织结构是一种能够使组织区别于竞争对手的无形资源。那些能将创新从生产功能中分离出来的组织结构会加速创新，能将营销从生产功能中分离出来的组织结构能更好地促进营销。组织资源来自创业者或其团队对初创企业的最初设计和不断调整，同时包括对环境的适应和对成功经验的学习。2010年4月底成立的小米公司，从MIUI系统的开发开始到小米手机的推出，再到智能家电布局，乃至成为中国互联网创新企业的标杆，与其采取的非常扁平的三层组织架构不无关系。独特的"爆扁爽"的组织机制可以使大量的基层员工直接面对用户，对用户需求快速做出反应，从而不断推出爆款产品。

（二）创业资源获取的影响因素

了解影响创业资源获取的因素，有利于大学生创业者以更低成本、更有效率地获取所需资源。影响创业资源获取的因素主要有创业导向、商业创意的价值、资源的配置方式、创业者的管理能力、社会网络和先前的工作经验等。

1. 创业导向

创业导向是一种态度或意愿，这种态度或意愿会导致一系列创业行为。创业导向会通过促进机会的识别和开发，进而促进对资源的获取。因此，创业者要注重创业导向的培育和实施,充分关注创业者特质、组织文化和组织激励等影响创业导向形成的重要因素,采取有效的方式获取资源,并在资源的动态获取、整合和利用过程中,注意区分不同资源,充分发挥知识资源的促进作用。

一个连续创业者,依靠他强烈的创业意愿,成功创办了无数企业。在最初的食用菌农场、加水型的合成燃料取得初步成功之后,他参与创办了武汉银泰科技股份有限公司、康源牌保健品、中网在线、北京特丽洁世纪环保科技有限公司、足间舞时尚拖鞋专卖连锁机构、北京太阳光影影视科技有限公司等企业,后来又将精力主要放在天使投资上,投资领域主要在移动互联网、互联网、电子商务、网页游戏、手机游戏、高科技、环保、连锁经营项目等。正是其旺盛的精力、创业的激情和创业导向使得他善于发现热门行业里的空白市场需求,懂得学习借鉴和创新的完美结合,从而取得了成功。

【案例 3-7】

为理想而创业

Jane Chen,一个年轻的华裔女孩,也是靠着自己的执着、靠着团队不放弃的精神,通过对几乎所有婴幼儿保暖产品的无数次的拆装循环,最终发明了一款被叫作"拥抱"的保温袋,其体积小、价格低廉、使用方便、操作便捷、使用过程不插电、可以重复加热且始终保持恒温的特点,让贫困家庭的早产儿可以享受到"拥抱"的温暖。

拯救了数十万的生命,26岁就拥有自己的公司,成为一名皮革商人的卡门,在50岁时依然凭着其创业导向重返校园,攻读纺织品学的学士与硕士学位,在57岁时又向英国皇家艺术学院提出了攻读纺织学博士的申请,正式开始了对菠萝皮革的研发生产。63岁时再次拥有了自己的团队,成立了公司,甚至和一线时尚品牌合作将菠萝皮革推向市场,为皮革的生产提供另一种选择。

2.商业创意的价值

创业的关键在于商业创意。商业创意为资源获取提供了杠杆,但获取资源还有赖于创意的价值被资源所有者认同的程度。换言之,一种能被资源所有者认同的、有价值的商业创意,才有助于降低创业者获取资源的难度。

卡门的菠萝皮革因为可以保护小动物的生命,减少对环境的破坏,对菠萝叶子等废弃物进行有效利用,其创意得到了资源拥有者的认可,从而可以组建团队进行量产;Jane Chen的"拥抱"保温袋效果良好、价格低廉,"为那些原本会消失的生命夺回了活着的资格",受到印度等地居民的欢迎;"六个核桃"则在前期的市场调研中发现,随着人们生活节奏的加快,竞争成为一种社会常态,无论是企事业单位领导、职员、白领,还是在校的学生,都需要经常用脑,这种生活变化使得人们的健脑意识迅速增强,并产生了很强的消费新需求。而核桃的"健脑益智"形象也早已深入人心,于是将产品定位在健脑益智饮料这个细分产品领域,占据了市场先机。

3. 资源的配置方式

由于资源的异质性、效用的多维性和知识的分散性，人们对于相同的资源往往具有不同的效用期望，有些期望难以依靠市场交换得到满足，因此，如果通过资源配置方式创新，能够开发出新的效用，使之更好地满足资源所有者的期望，创业者就有可能从资源所有者手中获得资源使用权，以开展生产经营活动。

【案例 3-8】

资源再生利用

生活在乌干达首都坎帕拉的Byaruhanga，利用街头废弃的轮胎做鞋子，并把此技艺教给100多位流浪儿童，让他们能够养活自己，不再流浪。不仅为孩子们创造了一个未来，这种拖鞋也正在改变主流时尚。在印度孟买，企业家Anu Tandon Vieira创立了"轮胎再生计划"（The Retyrement Plan），员工们将旧轮胎和其他回收材料制成防风雨的室外家具，可以用来装饰阳台露台或半开放式的房间。而瑞典公司 Apokalyps Labotek 则别出心裁，将瑞典每年废弃的四百万条轮胎做成耐用又新潮的地板。他们把轮胎磨成粉末，通过现代技术，将其与回收塑料混合，创造出和"千里行"拖鞋同样坚挺的拼花地板。孟加拉国的设计师Ashis Paul利用厚纸板和旧的塑料瓶（瓶身和瓶颈大小相差越多，制冷效果越好）设计了一款生态空调，不用消耗任何电力，可以将房间的温度在一定范围内有效降低，拯救无法使用电力的穷困人民，帮他们顺利度过炎炎夏日。

4. 创业者的管理能力

创业者的管理能力是企业软实力的主要表现，管理能力越高，获取资源的可能性越大。创业者的管理力可以从其沟通能力、激励能力、行政管理能力、学习能力和协调能力等多方面予以衡量。

【案例 3-9】

从村姑到女神

从0到3 000万，从村姑到女神的潭州农村姑娘陈雅娜靠着出色的管理能力赢得了客户，留住了员工，使企业取得了飞速的发展。创业之初，她尝试用互联网建立了行业交流群，还采用微信做沟通渠道，和当时的小伙伴一起到处找寻客户甚至为了获得客户采用了"账期延后模式"，导致公司资金流受限，情况最紧急时，贴心的员工主动放弃他们的工资进行贴补，还拿出自己的卡让陈总去刷；公司情况明显有了好转之后，陈雅娜做出的股份改革决定，让那些跟着她一路披荆斩棘过来的员工都成了满钰集团的"事业合伙人"，由此不仅温暖了所有员工的心，而且直接振奋了公司的气势。2015年成为满钰集团被杠杆撬动的一年——从原本不到800家客户，仅一年，客户量猛增到了3 000家。

5. 社会网络

社会网络是机构之间及人与人之间比较持久的、稳定的多种关系结合而成的网络关系。在社会网络中处于优势地位的创业者,具有较好的社会关系依托,可以有选择地了解不同对象的效用需求,有针对性地对不同对象传递商业创意的不同方面,有目的地取得不同资源所有者的理解和信任,最终成功地从不同网络成员那里取得所需资源,为自己进行资源配置方式创新提供基础。

【案例 3-10】

华人教授陈曦

36岁就获得美国青年科学家总统奖(PECASE)、美国国家科学基金会给青年学者的最高奖励(CAREER)以及ASME和SES两个权威协会的所有三项青年力学科学家大奖(SNNA、YIM、THYIA)的哥伦比亚大学的终身华人教授陈曦,在回国讲学的一个偶然机会下,接触到了中石化四川油气田的相关负责人,了解到企业在生产实践过程中遇到的一个世界难题——油气中硫化氢含量过高,造成管道腐蚀严重,至今扔找不到合适的解决方法。企业每年用在管道缓蚀剂上的费用就高达两亿元,而这两亿元的投入并没有实际减缓管道腐蚀的程度。一旦硫化氢泄漏,就会造成不可挽回的人员伤亡。于是陈曦就和中石化西南局共同立项研究,最后不仅帮助油气田解决了难题,而且陈曦本人在科研上得到升华——构建了一套新的理论体系,并借此解决了蚀酸油气田面临的世界性难题。

6. 先前的工作经验

在特定产业中的先前经验有助于创业者分析创业所需的资源类别,从而更容易识别资源、获得资源。

【案例 3-11】

周鸿祎谈工作经验

周鸿祎毕业于西安交通大学并获得硕士学位。他是互联网免费安全模式缔造者,360集团董事长兼CEO,全国政协委员,九三学社中央委员,国家百千万人才工程有突出贡献中青年专家,知名投资人、知名创业导师。

1995年始,周鸿祎就职于方正集团,先后担任程序员、项目主管、部门经理、事业部总经理等职,从普通程序员被先后提拔为研发中心副主任、事业部总经理等职务。

1998年10月,周鸿祎创建3721公司,后推出了3721"网络实名"开创中文上网服务之先河。2001年,3721公司在中国互联网企业中率先宣布盈利。

2004年1月雅虎出资1.2亿美元购买了香港3721公司。

2004年3月周鸿祎就任雅虎中国总裁，先后推出了"一搜网"、1G免费邮箱等多项互联网业务。

2005年8月任职期满，周鸿祎离开雅虎中国。

2005年8月周鸿祎以投资合伙人的身份正式加盟IDGVC（国际数据集团风险投资基金），帮助国内众多的中小企业获得快速发展的机会，推动整个行业的发展。

2006年，周鸿祎创立360公司，创造性地推出"免费安全"战略，颠覆了传统互联网安全行业模式，提高了中国网络安全的整体水平，开创了中国互联网的新格局。

后来，周鸿祎在新入职员工大会上的讲话中说："我在方正、在雅虎工作的时候，除了完成本职工作，还做了很多公司不要求自己做的事情，就是为了努力提高自己的能力、经验和见识，这才使我之后有能力去做投资，做奇虎，做360。"

（三）创业资源获取的途径和技巧

获取创业资源的途径分为市场途径和非市场途径两大类。当创业资源有活跃的市场，或者有类似的资源进行交易时，可以采用市场途径；其他情况下则可以采用非市场交易的途径，以有利于创业者更好、更快、更低成本地获取所需资源。

1. 资源获取途径

（1）通过市场途径获取资源

通过市场途径获取资源的方式包括购买、联盟和并购。购买是指利用财务资源通过市场购入的方式获取外部资源，主要包括购买厂房、装置、设备等物质资源，购买专利和技术，聘请有经验的员工等。需要注意的是，知识尤其是隐性知识等资源虽然可能会附着在非知识资源之上，通过购买物质资源（如机器设备等）得到，但很难通过市场直接购买，因此，需要初创企业通过非市场途径开发或积累。对创业者来说，市场交易可能是其最常用的资源获取方式，大部分资源尤其是物质资源、技术资源、人力资源等都可以通过从市场上购买的方式得到。

资源联盟是指通过联合其他组织，对一些难以开发或无法自己开发的资源实行共同开发。很多创业培训都放在孵化园或咖啡厅，其实就是一种资源联盟的方式。一方面，培训方节约了场地租用金，另一方面，孵化园或咖啡厅通过提供场地形成了很多潜在的客源，无形中为自己做了宣传。很多培训机构依托高校或研究机构研发培训体系，也是资源联盟的典型表现，借助合作，既可以节约培训机构的研发经费，又可以使培训体系具有前沿性和系统性，高校或科研机构的人员则可以将自己的研究成果转化成生产力，为社会创造价值。如西安蓝晶生物科技有限公司就是通过与西安多个高校联合建立实室，使用高校实验室的仪器资源共同从事科研开发，既节省了研发成本，也有利于新产品更快更好地推出；而且利用高校实验室大大降低了企业的固定经营成本，从而使企业可以轻资产运营，降低经营风险，为蓝晶生物带来了高速健康发展的机遇。

资源并购是通过股权收购或资产收购，将企业外部资源内部化的一种交易方式。资源并购的前提是并购双方的资源尤其是知识等新资源具有比较高的关联度。

【案例3-12】

<h2 style="text-align:center">小米的生态链模式</h2>

2016年7月13日，小米电蚊香正式上市，其最大的特点就在于采用MicroUSB接口，不仅可以通过普通电源供电，还支持移动电源供电。据官方介绍，10 000毫安时移动电源大约可使用13.8小时，20 000毫安时移动电源可使用28.2小时，即使身在野外也可使用。至此，小米生态产品大到电视、平衡车，小到手机线、电池、电蚊香等，产品品种更加丰富。在过去的两年中小米公司累计投资生态链公司55家，其中从零孵化的29家公司中有20家公司已发布产品，7家公司年收入过亿元，2家公司年收入过10亿元。

（2）通过非市场途径获取资源

通过非市场途径获取资源的方式主要有资源吸引和资源积累等。资源吸引指发挥无形资源的杠杆作用，利用初创企业的商业计划，通过对创业前景的描述、利用创业团队的声誉获得或吸引物质资源（厂房、设备）、技术资源（专利、技术）、资金和人力资源（有经验的员工）。创业者在接触风险投资或者技术拥有者的过程中，可以通过对创业前景的描述或团队良好声誉的展示，获得资源拥有者的信任和青睐，从而吸引其主动将拥有的资源投入创业企业中。

资源积累是指利用现有资源，在企业内部通过培育形成所需的资源，主要自建企业的厂房、装置、设备，在企业内部开发新技术，通过培训增强员工的技能和知识，通过企业自我积累获取资金等。创业者很多时候会采取资源积累的方式筹集企业所需的人力资源或技术资源。Costco创始人吉姆·辛内加尔格非常重视员工的培养，很多最初在停车场收集购物车的底层员工，最后都进入了管理层。Costco从不招收刚毕业的MBA研究生，这意味着员工必须从基层做起。优厚的福利待遇和光明的职业前景，使雇员忠诚度大大提高，在Costco工作一年以上的员工离职率只有5%。Costco成立30年来，从未发生过重大劳工问题。格力、海尔、华为等企业靠技术资源的积累，取得了国际上的竞争优势。2015年开始，华为旗下智能机在欧洲销量直线增长，甚至在2020年4月一度超越三星、苹果，销量跃升为世界第一。这些都与华为重视科技创新和技术研发息息相关，作为一家以技术为先的公司，华为在研发投入上非常大气，2015年用于研发的资金远超苹果，达到了92亿美元。经过了几年的发展，华为5G订单和专利数已经跃升为全球第一。

（3）资源获取决策

通过市场途径还是非市场途径取得资源，主要取决于资源在市场上的可用性和成本等因素。若证明快速进入市场能够带来成本优势，则外部购买可能就是获取资源的最佳方式。

获取资源贯穿创业的全过程，在创业的初始阶段，它具有更加重要的作用。对多数初创企业来说，由于初始资源禀赋的不完整性，创业者需要取得资源供应商的信任才能获取资源。但无论如何，采用多种途径同时获取不同资源总是正确的。INSEAD策略学教授洛朗斯·凯普伦和北卡罗来纳州杜克大学教授威尔·米切尔2010年经过对162家电信公司长达10年的研究得出结论，与采用单一途径的企业相比，通过多种方式获取资源的企业更有优势：它们在未来5年内继续经营的概率比那些主要依赖联盟的企业高46%，比专注于并购的企业高26%，比坚持内部研发的企业高12%。

2. 资源获取技巧

为了及时足额并以较低的成本获得创业所需要的资源，创业者需要掌握一定的创业资源获取技巧。

（1）充分重视人力资源的获取

人力资本在创业资源中的决定性作用要求创业者必须充分重视人力资源的获取。一方面，创业者应努力加强自身能力的培养，另一方面，应充分重视创业团队的建设。一支知己知彼、才华各异、能力互补、目标一致和彼此信任的团队是创业资源中最重要的资源，也是创业成功必不可少的保证。因此，创业初期创业者需要花大量时间在人力资本的培养和获取上。

乔布斯说过："我过去常常认为一位出色的人才能顶两名平庸的员工，现在我认为能顶50名。我用大约四分之一的时间招募人才。"

（2）以能用和够用为原则

创业者在筹集资源时应坚持能用的原则，只有满足企业需求，可以支配并使其充分发挥作用的资源，才是需要花力气筹集的资源。另外，在筹集创业资源时应本着够用的原则，既满足企业经营所需又不会因为筹资过多承担较高的成本。

废旧轮胎因为可以生产拖鞋，变成弹性地板的原材料，于是成为肯尼亚手工作坊和瑞典Apokalyps Labtek公司的创业资源，由此可见，只要能为企业用的物资，就可以成为企业的资源。当代大学生应该有一双善于发现的眼睛和善于创新的大脑以便可以更多地变废为宝，为实现经济的可持续发展贡献自己的力量。

（3）尽可能多地筹集多用途资源和杠杆资源

一般来说，时间资源和人力资源是用途最多也是最具有杠杆性质的资源。创业者要善于进行时间管理，把有限的时间用在刀刃上，要善于通过授权，将精力集中在关键决策上，既有效发挥团队成员的作用，又有利于利用团队成员的能力撬动其他更多的资源。上海中科合臣股份有限公司正是通过对姜标等高技术人才的引进和重视, 引发了"姜标现象", 取得了巨大的经济效益。

三、创业风险

【阅读材料 3-3】

中国古典名著《西游记》描述了唐僧师徒四人西天取经的故事。师徒四人经历了九九八十一难, 可谓风险重重, 最后终于到达西天佛祖如来处, 取得真经。唐僧团队的所有人员也都实现了个人愿望。现在回顾唐僧团队在取经过程中除了遇到了显性的九九八十一难的外部风险, 他们还遇到了哪些内部问题。其实, 任何一个创业团队在创业过程中都会遇到不可预见的外部风险和不可控制的内部困难。比如, 猪八戒回高老庄、孙悟空回花果山等, 都属于唐僧团队面临的内部问题。这些在行为层面上的问题和困难都是显性的, 也都是可通过调节解决的, 但还有更深层次的矛盾和问题在一段时间内是无法通过调节解决的。比如"孙悟空三打白骨精"这一难, 因为唐僧是人类而无法直观辨认白骨精的变身法术, 从而认为她是好人。孙悟空认出白骨精不是人类要将她除掉, 却无法说服师父, 所以两个人就产生了矛盾。在这个问题上就需要团队人员相互理解、相互忍让、相互包容。有经验的人要有耐心地等待其他人的成长, 缺少经验的要虚心好学, 最终实现三观统一、相互信赖, 为实现理想的目标而共同努力。

【拓展训练 3-5】

1.唐僧团队在取经创业过程中遇到了哪些风险?(列举关键词)

2.请将这些风险进行分类, 哪些属于内部风险? 哪些属于外部风险?

说明: 小组头脑风暴, 可以用思维脑图的形式呈现结果。

创业风险的认知

1. 风险与创业风险

一提起风险, 很多人马上将其与失败、亏损联系在一起。其实, 这是不全面甚至是错误的看法。对于风险的理解, 一般有两个角度, 一个角度强调风险表现为结果的不确定性, 另一个角度则强调风险表现为损失的不确定性。前者属于广义上的风险, 说明未来利润多寡的不确定性, 可能是获利(正利润)、损失(负利润)或者无获利也无损失(零利润); 后者属于狭义上的风险, 只能表现为损失, 没有获利的可能性。

中文"风险"一词, 起源于远古的渔民。渔民出海前都要祈求自己出海时能风平浪静、满载而归。现代意义上的"风险"一词, 已经大大超越了"遇到危险"的狭窄含义。无论如何定义"风险", 其基本的核心含义都是"未来结果的不确定性或损失"。如果采取适当的措施使破坏或损失不会出现，或者说通过智慧的认知、理性的判断，继而采取及时有效的防范措施，那么风险可能带来机会，由此进一步延伸的意义，不仅是规避了风险，可能还会带来比例不等的收益。有时，风险越大，回报越高、机会越大。因此，如何判断风险、选择风险、规避风险继而运用风险，在风险中寻求机会创造收益，意义更加深远而重大。

创业风险是指企业在创业过程中存在的各种风险。由于创业环境的不确定性，创业机会与创业企业的复杂性，创业者、创业团队与创业投资者的能力和实力的有限性而导致创业活动结果的不确定性，就是创业风险。

2. 创业风险的共同特征

创业风险具有一定的共性特征。无论创业企业是哪种类型，在经营和发展过程中总会遇到风险。科学、客观地了解风险的特征，认真、仔细地分析风险背后的现象，不仅有助于解决目前存在的问题，更有利于防范和控制企业未来发展过程中出现的同样风险。

（1）客观性

客观性表现为风险不以人的意志为转移，是由客观存在的自然现象和社会现象引起的。

（2）不确定性

不确定性是指风险发生的条件、风险的程度和种类都是不确定的，有时候就是防不胜防。

（3）相对性

相对性是指风险因为面对的对象不同，基于时间和空间的差异，风险的大小不尽相同。

（4）可测量性

随着科技的进步和人们对风险认识的加深，企业可以通过定性或定量的方法对风险进行评估和测量，为风险管理提供可靠的依据。

（5）可识别性

根据创业风险的特征和性质，创业风险是可以被识别和划分的。

（6）相关性

创业风险与创业者的行为紧密相连，对同一风险采取不同的对策，将会出现不同的结果。

3. 创业风险的来源

创业企业的发展同人的生长发育是一样的，也具有一定的生命周期。企业生命周期主要包括孕育期、婴儿期、学步期、青春期、盛年期、贵族期、官僚期和死亡期等。人的生长发育在不同时期会遇到不同的烦恼和困难，企业也一样会在不同时期遇到不同的烦恼和困难。不论是何种类型的企业，在发展过程中都会遇到共性的问题。企业不同生命周期所面临的风险及具体表现见表3-4。

表3-4　企业不同生命周期所面临的风险及具体表现

企业的生命周期	风险的来源	具体表现	
		正常现象	不正常现象
孕育期	创业空想	1.兴奋不已,但经过了现实检验 2.从头到尾都进行了细节考虑 3.创业者现实而有责任心 4.致力于增加价值的产品导向 5.责任心与风险担当 6.创业者掌握控制权	1.所承担的责任没有经过现实检验 2.没有进行从头到尾的细节考虑 3.创业者狂热而不现实 4.纯粹的利润导向 5.责任心与风险不对应 6.创业者的控制地位不稳固
		正常现象	不正常现象
婴儿期	夭折	1.产品导向 2.投资者问题不断 3.责任心没有被危机破坏 4.现金支出大于收入 5.责任心保持不变 6.缺乏管理制度 7.缺乏制度 8.没有授权 9.独角戏,但愿意听取不同意见 10.失误不少 11.根据危机进行管理 12.家庭成员比较支持 13.董事会成员比较支持 14.领导风格有所变化 15.婴儿期较短 16.短期融资用于短期投资项目 17.适当地独自做决定	1.过早的销售导向 2.投资者问题不断 3.责任心被危机破坏 4.意想不到的负现金流 5.丧失责任心 6.过早地授权 7.过早地确定规章制度和程序 8.创业者失去控制 9.听不进不同意见,自大 10.不容忍失误 11.出现无法管理的危机 12.缺乏家庭成员的支持 13.缺乏董事会成员的支持 14.领导风格缺乏变化,或是变化不起作用 15.婴儿期过长 16.短期融资用于长期投资项目 17.独断
		正常现象	不正常现象
学步期	创业者陷阱、家族陷阱	1.自信 2.热心 3.精力充沛 4.销售导向 5.寻找其他可做的事情 6.销售超出了配送能力 7.成本控制不够 8.员工会议不规范 9.薪酬管理不连续 10.老板身边是随声附和者 11.逐渐变成遥控式领导 12.领导期望在膨胀 13.期盼奇迹发生 14.责任不明确 15.企业受到批评 16.内部分化 17.基础不稳固 18.能够发挥作用的因人设事的组织机构 19.并非每件事情都优先 20.创业者不可或缺	1.自大 2.缺乏重点 3.精力太过分散 4.以销售为中心及不成熟的利润导向 5.要干的事情没有范围 6.不顾质量进行销售 7.没有成本控制 8.没有员工会议 9.员工工资过高 10.老板身边都是身在曹营心在汉者 11.海鸥综合征 12.领导偏执 13.依靠奇迹 14.缺乏责任 15.企业成为诉讼对象 16.相互间的信任和尊重减少 17.基础崩溃 18.因人设事的组织没有起作用 19.每件事情都是优先的 20.创业者仍然不可或缺,但已经不可救药了

续表

企业的生命周期	风险的来源	具体表现	
		正常现象	不正常现象
青春期	分手过早、老化、壮志未酬的企业家	1.合伙人和决策者之间出现冲突 2.暂时失去方向 3.创业者接受企业的主权 4.激励机制鼓励的是错误行为 5.溜溜球式的授权 6.制定了政策,但却没有坚持 7.董事会努力施加控制 8.在企业和具有企业家精神的领导机制之间产生爱恨交织的关系 9.变革领导风格的困难 10.企业家角色独占和个人化 11.整合角色被独占 12.缺乏控制 13.缺乏责任和义务 14.士气低落 15.缺乏利润分享安排 16.利润提升,销售平平	1.回到学步期,和创业者陷阱目标不连贯 2.创业者被免职 3.个人因做出成绩获利而企业在赔钱 4.企业在无穷无尽的权力更迭中瘫痪 5.相互之间的信任和尊重急速下降 6.董事会解聘具有创新精神的领导 7.内部政治斗争过度 8.一成不变、失去作用的领导风格 9.企业家拒绝用一种非个人化的角色取代自己 10.分传统的管理方式

4. 创业各阶段的风险与防范

风险贯穿整个创业过程,各个阶段的创业风险既有共同的特征,也有自身独有的特征。创业风险在各个阶段的表现形式也各不相同,所以应对和化解风险的方法和手段也不尽相同。有的风险虽然始终存在,但是化解方法会随着时间、环境的变化而变化。

（1）创业前期的主要风险与防范

创业前期是指计划创业到创业初期的这个阶段。万事开头难,对第一次创业的人来说,任何低估创业风险的行为都可能使创业计划和事业夭折在摇篮中。

①临渊羡鱼。在今天的中国,盈利十几万元甚至几十万元的故事似乎随时都在上演。不过,对那些没有大额资金当本钱的人来说,这一切似乎仍然十分遥远。

没有大额资金当本钱就难以致富了吗? 答案显然是否定的。没有资金,依靠好想法一样可以圆自己的致富梦。更何况,一出生就拥有财富的人毕竟是少数,临渊羡鱼,不如退而结网,放弃一夜致富这种不切实际的幻想,脚踏实地地掘好人生第一桶金才是正道。事实上,即使是如今做大生意的老板,往往也是从小生意做起的。所以说,能不能拥有敏锐的商业头脑才是成败的关键。

【案例 3-13】

农民工返乡创业

32岁的江西人胡永利在桐乡打工已有4年,由于老婆孩子都在老家,他不仅思念家乡,还一心思虑着在桐乡学点实用技术回家自己创业。"这两年，水果种植效益特别好，像葡萄亩产效益都超过10 000元了，可以赶上老家一家人一年的收入。"胡永利跟着梧桐街道一位葡萄种植能手学种葡萄。从品种选育、大棚栽种到防虫疏土、品牌营销，胡永利足足记了两大本农业笔记。他说，老家的气候和土壤与桐乡相似，并且有足够的土地资源可以利用。这次回去后，先在自家地里试种3亩葡萄，如果效益好，就带动村里人一起种，共同致富。

临渊羡鱼，不如退而结网，已经成为许多进城务工人员的共识。将掌握的农业技能带回家成了他们共同的选择。"在外积累了一定的技术经验和创业资本，学到了经营知识，掌握了一定技能，拓宽了信息渠道，而我们对家乡的资源、市场、商机相对熟悉，返乡创业成功的机会会大很多。"四川的张林如是说。

（资料来源：嘉兴日报）

②无米之炊。创业需要资源，这是常识。创业资源包括人才、资金、市场等。

错误估计市场使很多初创企业面临巨大的风险，如果一个企业的主打产品没有足够的市场，其失败几乎是必然的。

缺少资金也使很多创业者遭受挫折，事实上，只有企业在经营到一定程度以后，才会有资金的回流。创业者必须充分估计资金的需求量，而且一定要有相当的资金余额，并努力降低创业成本。

风险也意味着机会，例如，浙商大都出身寒微，起初也是一穷二白，"无资金、无技术、无市场"，但最终"草根"成林。浙江是人均资源综合指数居全国倒数第三的"资源小省"，但现在却成了中国最大的"内资"（主要是民间资金）输出省份。市场上流传一句话：哪里有市场，哪里就有浙商。也有人说：哪里有浙商，哪里就有市场。这说明作为一个创业者不仅要善于追逐市场，而且要善于创造市场。

③匹夫之勇。创业同其他经济活动一样，其本质是以最少的费用取得最大的效益。创业不仅涉及技术，还涉及天时、地利、人和等诸多因素，尤其是在变幻莫测的市场中，在日趋激烈的市场竞争中，用心、斗智、出奇、弄巧以达到经济目的日趋流行。现代的商人和企业家要有战将的谋略，任何一位出色的企业家都应当是通晓经济竞争技巧的人物。

创业不是凭匹夫之勇可以成功的，需要更精明的头脑和更可靠的方案，需要更长远的眼光和更可行的方法。如果没有这些，创业就很难成功。

如今的社会是人才化、信息化的社会，体制趋于成熟，消费趋于理性。单纯凭借一技之长，拥有一点经济实力和一个好的项目就能在业界独占鳌头的时代已经成为历史。

④自暴自弃。卡尔·马克思曾经说过，"自暴自弃，这是一条永远腐蚀和啃噬着心灵的毒蛇，它吸走心灵的新鲜血液，并在其中注入厌世和绝望的毒汁"。可以说自暴自弃是创业的头号天敌。

大部分创业者在创业过程中难免遇到大大小小的挫折，真正一帆风顺的创业者微乎其微。在失败和挫折面前，采取积极的态度还是消极的态度直接决定了创业者未来的命运。向挫折和失败投降的人，永远失去了成功的可能性；而采取乐观的态度对一个创业者和企业来说是至关重要的，跌倒了，可以重新站起来。

【案例 3-14】

屡败屡战的孙剑波

稀饭网CEO孙剑波在创业的前两年，曾经和好友涉足过出版、广告、媒体代理等多个行业，但很少有人知道他刚出校门的第一个项目其实是设计一种"卫比斯心情T恤衫"，幻想能用少量的资金打造一个个性T恤衫品牌。其实，这并非一个很差的创意，个性T恤衫在美国流行文化的带动下确实开拓了很大的市场，而两个年轻小伙子也确实具备打造一个品牌的创意能力和设计能力。但是，任何事情都有自己的特殊国情，他们忽略了国内消费者的成熟程度和服饰市场渠道的复杂局面，更关键的是，忽略了盗版服装这一方面。起步时未能看透市场形势，就注定了从创业第一天起，这个项目就无法避免失败的命运。

雪上加霜的是，2003年5月，因为"非典"，孙剑波和他的伙伴不得不从小小的办公间搬到家里办公。口罩盛行，北京的街道人影寥落，开店卖T恤衫的计划彻底破产。他们先做了一个电子商务网站来贩售T恤衫。祸兮，福之所藏，客观上，正是这样的无奈让他们节约了部分资金，而不至于让这第一跤跌得更惨。

这一段短短的创业历程，几乎成为接下来两年他们转而从事出版和广告等行业的缩影。用孙剑波的话来说，就是一个挫折接着一个挫折，一个失败接着一个失败。创业者犯过的错误，他们都犯过；创业者可能遇到的艰辛险阻，他们也都遇到过；创业者传奇中的好故事，他们一件都没碰上。短短两年，他们以极大的密度经受了别人在其他环境下10年才能经受的磨难，用最短的时间从"学校人"变为了"社会人"。

"我创业3年多，从来不知道什么叫一帆风顺。"孙剑波说，"挫折和磨难甚至曾让我丧失尊严和自信，但而今回头去看，全是财富。"

（资料来源：互联网）

⑤计划不明。机遇从来都是垂青有明确目标的人，同样的，失败之神也很少放过那些没有明确目标的人。创业的道路上充满荆棘和艰辛，不能只凭满腔热情和雄心壮志，还需要明确的目标和实现这些目标的周详计划。

计划不明，意味着行动是盲目的。如果一个盲目的人成功了，只能说是歪打正着，是一种偶然的幸运，而绝不能作为成功的经验奉行。计划是创业过程中指导性、方向性的东西，计划如果是错误的，或者是不明确的，尤其是关键的地方、关键的步骤不明确，那么失败几乎是难以避免的。

⑥仓促上阵。选择自主创业的人越来越多，但其中也有相当一部分人创业未能成功。在

创业的时候,一定要谨慎投资而不能仓促上阵。

【案例 3-15】

仓促创业的李女士

李女士是永康市清溪人,对创业一直有极大的热情。早在几年前,李女士就决定摆脱打工者的身份自己当老板。不过,由于找不到好的投资项目,她一直没有开始自己创业。

一天,一位亲戚告诉她,当前生产塑料粒子非常赚钱。那位亲戚本人在武义县经营塑料生意,而且赚了很多钱。李女士告诉记者,由于得到亲戚的指点,再加上看到在塑料行业赚钱的人的确很多,她抛开了创业应有的谨慎,没有做任何市场调查和前期准备,就投入了4万元资金,在永康市办起了一家小型的塑料编织袋加工厂。

由于没有充分了解该行业,在创业初期李女士就犯了一个低级错误。经营塑料制品,需要有场地堆放材料,可是,李女士却选择了一个很小的场地就开始动工生产了。由于材料堆放问题,厂里的生产经常要停工。当发现这个问题时,已经在小场地上投入了不少资金,没有足够的资金再去寻找其他场地了。

创业的仓促与盲目,使困难不断找上李女士,除了场地问题,销路问题也让李女士烦恼不已。

李女士选择的是塑料编织袋加工生意,和亲戚的塑料粒子加工不一样。本以为都是塑料加工企业,亲戚能在销售上帮忙,可事实上,亲戚却帮不上忙。在创业初期片面倚重亲戚,当亲戚不能提供帮助时,她才发现凭自己的能力,并不能顺利销售产品。

李女士的创业很快走进了死胡同,这让根本不懂塑料行业的她对创办塑料编织袋加工厂失去了信心。她认为,自己并不适合从事这个行业。

(资料来源:互联网)

(2)创业中期的主要风险与防范

①朝三暮四。创业者进行创业,一定要坚持不懈,绝不可朝三暮四、见异思迁。例如,做大还是做强,这是每一个创业者都会遇到的两难问题。创业者刚开始经商或者创业的时候,并不一定要做大,但是一定要做强,而做强就需要专心做一件事情,不能盲目地做一些看起来似乎有发展前景的项目,从而分散精力,废弃主业,这样的结果往往是主业无法做强,做大也只是一个空壳子。在创业阶段,要使企业发展,要把生意做大,必须安心做好一件事情。每一个行业都有强劲的对手,都面临着激烈的竞争,如果不抓好自己的主业,盲目涉足一个自己不熟悉的领域,势必分散精力、资金,不但新的行业难以有所建树,而且主业也难以做好。

计划创业的人在开始时就应该耐得住寂寞,守得住目标。企业发展最重要的是企业自我定位的问题。在创业的道路上,往往有很多诱惑。当遇到一项新的投资时,安心做自己的事情,才会把这件事情做好,如果放弃自己的事情,去做新项目的投资,很可能就会失败。

②急功近利。每一个创业者都想成为成功的、优秀的人，只是在众多诱惑之下，有些创业者失去了耐性。成功是讲究储备的，储备的东西越充足，成功的概率就越大，也才可能走得更远。成功的路是遥远与艰辛的，但路的尽头又有着无限的憧憬。

人生的成功之路更像一场马拉松赛跑，前100米领先者不一定就能成为全程的优秀者，甚至都可能跑不完全程。在这遥远的征途上，基础的积累将会起到决定性作用。如果先天不足而又已然踏上征程，那就更要格外注意随时给自己补充营养。

③单打独斗。俗话说"一个好汉三个帮"，在现代社会，人与人之间的联系是非常紧密的，一个创业者需要和客户打交道，和政府部门打交道，和合作伙伴打交道，一个不与别人联系的人是不可能创业成功的。

此外，创业时最好要有良好的合作伙伴，一个人创业相对较难。就算一个人无所不能，也需要同伴集思广益，避免盲目，在遇到挫折时互相鼓励。最重要的一点是，创业过程中可能会遇到很多挫折，当有多个创始伙伴时，彼此信念上的支撑就好比成捆的箭，每个人都暗暗给自己打气："我绝不能让我的朋友们失望。"这是一个人强大的动力之一，而单一的创始人则缺少了这一动力。

④争权夺利。创业伙伴之间发生争吵比较普遍。如果创业者能够更加谨慎地选择他们的创业伙伴，那么大多数的争吵可以避免。多数的争吵并不是因事而起，而是因人而起，也就是说，是早晚会发生的。大多数因争吵而离开的创始人，可能从一开始就信心不足，只不过被掩饰了。不要掩饰疑虑，在公司成立前解决问题要容易许多。所以，不要因为担心疏远同伴而拉他入伙，也不要因为某人有某种用得上的技能就一起开公司，而不管你喜不喜欢他。一个初创公司，最重要的因素就是人，不要在这方面将就。

⑤固执己见。创业者要有自己的主见，但并不意味着固执己见。世事变化无穷，人的智力有限，不可能做的所有的事都正确。创业更像是从事科学研究，更应该遵循自然规律而不是主观臆断。一个创业者要善于认识自己的错误。

【案例 3-16】

善于纳谏的比尔·盖茨

比尔·盖茨是一个没有架子的老板，但他有脾气，到处都能听到他的吼声和尖叫；别人也同样可以对他发脾气，他绝不会记恨。他不在乎礼仪，只在乎效率。在微软公司，员工有什么不同意见，可直截了当地说出来，不必考虑对方听了心情如何。

有一次，他与行政助理马凯斯小姐发生争论，两人都气得砸桌子，你砸一拳，我砸一拳，互不相让，但事后却像什么事也没发生过一样。争论只是就事论事，并不影响双方的关系。

比尔·盖茨也欢迎员工的挑战，他不怕遭到下属的反驳。他很要强、固执，但并不是一个武断的人。有时，他会声嘶力竭地与某人争论一个观点，一两天后，他可能会承认自己的观点错了，并诚心地接受他人的意见。

比尔·盖茨很尊重那些敢于反对他、反驳他的人。他不喜欢"应声虫",他有时甚至会故意反对某人的意见,以试探对方是否真的对自己的意见有把握,并且不惜因此冒犯他。

（资料来源：互联网）

（3）创业后期的主要风险与防范

一般来说,创业者把创业构想变成现实,并使企业开始盈利或具备盈利前景时,就可以说创业获得了成功。俗话说,创业容易守业难,创业成功以后,创业者和企业仍然面临着各种各样的风险,有的风险甚至会导致创业功败垂成。

创业成功以后,不管创业者选择让渡所有权或经营权,或者继续发展和开拓事业,保留企业的所有者和经营者的双重身份,企业都要经历一个休整期,这是不可逾越的阶段,在这个阶段,许多风险会接踵而来,如果不及时化解,就会直接影响企业的继续生存和发展。

①盲目冒进。盲目冒进是很多创业企业或创业者在创业后期容易出现的问题,也是创业的潜在风险。盲目冒进就是不顾具体条件与实际情况,盲目加快工作,这种情况在当今创业企业和创业者中经常出现。对自己的情况不能准确把握,经常对自我条件进行过高评价,最终会以失败告终。

当企业初具规模、小有成就时,许多企业容易被自己营造的区域性知名度冲昏头脑,趁着手里积累的资金,不顾实际发展需要,盲目开拓超越实力的大市场。此时,如稍有意外,就可能造成巨大的损失,最终导致前期所有的努力功亏一篑。

【案例 3-17】

昙花一现的秦池酒厂

2004年4月,国内媒体纷纷报道了一则消息:山东秦池酒厂准备资产整体出售。

1995年,名不见经传的秦池酒厂以6 666万元人民币夺得中央电视台"标王"。1996年11月8日再度以3.2亿元人民币的天价蝉联"标王"。

秦池酒厂横空出世,一战功成。夺标当年秦池酒厂销售额一举飙升10倍,逾10亿元,创造了中国企业发展史上令人瞩目的"秦池奇迹"和"秦池速度"。

二夺"标王"后的秦池酒厂,知名度如日中天,但知名度并不能决定消费者的购买行为。整个白酒市场的滑坡和来自政府、传媒等方面的诘问和非议,尤其是企业膨胀式发展带来的一系列管理问题、素质提升问题、品牌成长问题等,使雄心勃勃一心要实现"酒王"梦的秦池酒厂身陷困境。

1997年初,一则关于"秦池白酒是用川酒勾兑的"系列新闻报道,给秦池酒厂当头一棒。通过报道,一个从未被公众知晓的事实终于浮出水面:秦池的原酒生产能力只有3 000吨左右,它从四川邛崃收购大量的散酒,再加上他们本厂的原酒、酒精,勾兑成低度酒,然后以"秦池古酒""秦池特曲"等品牌销往全国。同时还发现,秦池酒厂的罐装线基本是手工操作,每条线有10多个操作工,酒瓶的内盖是专门由一个人用木榔头敲进去的……

业内人士认为,秦池酒厂从四川收购散酒进行勾兑这种模式应该说是科学的,符合经营规律。但由于酒是一种嗜好品,消费者实际上消费的是酒背后的东西(包括产地、历史、工艺、文化内涵等),一旦消费者发现秦池酒实际上是川酒,就有上当受骗的感觉,因为有时候,消费者尤其是酒类消费者并非理性的。正因此,秦池酒销量大减。

日益激烈的市场竞争,加上秦池酒厂自身的问题,使其市场份额产生了波动。由于发展速度太快,秦池酒厂对代理商失去了控制能力,代理商私自提价,将低档酒以高价卖出,造成质价背离。秦池酒厂二度中标后,消费者认为3.2亿元的广告费将转嫁到他们身上,对秦池品牌产生了不信任感,针对这种消费心理,秦池酒厂也束手无策。

波动不定的市场份额使秦池酒厂陷入了严重而难以自拔的经营风险中。1996年,秦池酒厂完成的销售额不是预期的15亿元,而是6.5亿元,次年更下滑到3亿元,到1998年,该厂已是欠税经营。秦池酒厂从此一蹶不振,最终从传媒的视野中消失了。

业内人士认为,秦池酒厂在企业管理、生产、销售各环节的衔接上,相对于品牌的快速扩张是滞后的,而这种滞后恰恰被"标王"的光环遮掩,完全忽略了过度膨胀引起的并发症。最关键的一点是,秦池酒厂在成为全国知名品牌时,企业的发展步伐还停留在单纯的卖产品上,而没有进行品牌文化建设。只重视知名度不重视美誉度,一旦产品出现质量问题,自然被淘汰出局。

②心理失衡。做企业的人要保持一个良好的心态,因为思想决定行动,心态不对,行动就容易错误,最后毁人毁己。但是企业家要保持一个良好的心态不易,尤其是涉及利益格局和利益分配时。如今有不少靠创业致富的人,在短短几年里就失去了辛苦积累的财富,这究竟是什么原因?

通过对部分创业者失败原因的分析,发现其中有许多共同的地方,那就是创业成功以后心理失衡。

【案例 3-18】

胡志标与爱多电器

胡志标出身贫寒,1995年其命运开始转变。1995年7月20日,胡志标成立广东爱多电器有限公司(简称"爱多公司")。1997年11月,爱多公司又以2.1亿元的出价获得了中央电视台第四届广告招标的"标王",一时轰动全国。

但胡志标的烦恼也随之而来。爱多公司另一位大股东陈天南,从来不过问公司的事,却每年可获得爱多公司45%的红利,这使胡志标心理不平衡。他先是封锁财务不让陈天南查账,又自己成立公司,盗用"爱多"的招牌,此事引起了陈天南的强烈不满。陈天南先是发"律师声明",后又进行"逼宫"。

经此一役,爱多公司元气大伤。2000年,中山市政府委托有关部门对爱多公司进行审计,发现爱多公司共有固定资金8 000万元，库存物料近2亿元，负债却达4.15亿元，当爱多公司最终被正式破产清算时，其各项实物资产加起来还不到2 000万元。

2003年6月，胡志标被中山法院以"票据诈骗罪、挪用资金罪、虚报注册资金罪"三罪并罚，判处有期徒刑20年。

③义气过剩。这里所谓的义气就是甘于承担风险或牺牲自己利益的气概。历史上对于讲义气等英雄行为，给予了高度的赞扬。朋友间的友谊也是同讲义气紧密联系的。

但是，真正的友谊和义气有着本质的区别。哥们义气可能是一种无知和盲从的冲动，是一种非理智的行为，创业者如果盲目讲义气，可能会给企业带来危机甚至灭顶之灾。

④坐享其成。有的创业者在创业成功以后，失去了创业初期的进取心和创新精神，骄傲自满，不思进取，没有进一步巩固成果并开拓新领域，或者采取一些消极、拙劣的手法维持现状。这主要表现在以下几个方面：

第一，故步自封。创业者所处的原有行业出于某些原因正处于没落之中，需要创业者去开拓陌生的、具有潜力的领域，但是由于对市场、渠道、消费者的情况所知甚少，需要重新了解、学习和实践，才能把握好新市场。如果创业者对新行业没有兴趣，就会在实际经营中产生消极因素，最终导致失败。

第二，照搬照抄。有些创业者创业成功之后，一时找不到新的投资项目，于是他们跟从其他利润丰厚的企业，照搬照抄。但是他们所见所闻都是其他企业的表面，自己的内部管理和经营理念等深层次经营要素跟不上，所以别人成功了，自己却失败了。

第三，臆断前景。一般来说，进行创业需要对行业、市场的前景进行预测和推算。但是有些企业很多的预测是根据竞争对手的现状完成的，没有科学依据。

⑤挥霍浪费。在创业初期，大多数创业者能注意控制成本，节约开支，艰苦奋斗。但是在创业获得初步成功以后，创业者手里掌握着越来越多的资金和资源，放松了过苦日子的意识，再加上管理上可能出现混乱，虽然企业的业务在不断增长，可利润却有所下降，这其实就是不注意控制成本和费用造成的。

⑥缺乏创新。创新包括产品创新、技术创新和制度创新。缺乏创新而只会模仿自己或别人过去成功的经验，是很多创业者的弱点。

有的创业者急功近利，只顾追求市场和产量，不主动要求创新，管理工作流于形式，长期没有创新成果。这种只顾眼前利益、放松管理的做法最终结果就是技术放松，技术创新能力慢慢衰竭，核心竞争力无法形成。

有的创业者的创新尚处于浅层次，在创新观念上还存在着"走老路稳当"的误区。在这样一种发展态势下，企业不可能开拓新的市场和取得超额利润，企业只有产出的高效率而没有增长的高效益。

⑦管理危机。成功管理的关键不在于排除所有的问题，而在于把注意力集中到企业当

前阶段所存在的主要问题上，这样企业才能成长、成熟并壮大，进入下一阶段。创业成功后，企业面临的主要管理问题是管理危机问题，具体表现为以下几点。

第一，创业者疲于奔命，顾此失彼。创业成功后，人员增多，业务繁忙，企业面临的问题越来越复杂。然而，创业者习惯于发号施令，事必躬亲，唱独角戏；员工也习惯于接受命令，对创业者有依赖心理，从而导致创业者日常事务过多，工作量剧增。不可避免的结果便是创业者感到力不从心，不堪重负，但又没有抓住重点。

第二，决策得不到有效执行，管理开始失控。创业成功后，企业开始有现金流入或者盈利、招聘、迁址、购置新设备、培训等，忙得不亦乐乎，于是管理费用急剧上升。企业经营的范围和地域也会扩大，管理开始变得复杂，问题也多。创业者一如创业过程中那样果断，员工也依然贯彻执行决策，但是，创业者无法一一监督、评估决策的执行，企业也缺乏相应的机制与政策，因此，决策执行的效果大打折扣。

第三，企业利润状况徘徊不前。创业可能更多地缘于创业者对市场机会的前瞻，企业所从事的业务具有独创性或具有某种竞争优势。创业成功后，会有许多跟进者进入市场，企业优势会逐渐减弱，竞争压力增大，业绩增长率会随之下降。另外，企业越是成功，创业者越是感到志得意满，有时甚至觉得无所不能，扩大经营和多元化发展便在所难免。业务太多和对新业务不了解，创业者难免会出现失误，从而减少企业的利润。

第四，老员工缺乏继续创新的动力。创业成功后，老员工容易陶醉于曾经取得的成功，喜欢向他人讲述传奇式的创业历程。创业者考虑的是企业的未来，而老员工考虑的是创业者应该如何奖赏、如何分配胜利成果，考虑的是如何在企业保持相应的权利与地位。老员工不愿继续艰苦奋斗，安于现状。于是，小富即安的思想在企业蔓延，甚至会影响创业者本人。这样，企业很容易失去继续创新的动力。

第五，新老员工出现矛盾冲突。新员工会说"我原来那家企业如何如何"，老员工会说"我们原来怎样怎样"。对于新员工而言，什么事情会让他困惑不解，一切都没有规定，规章制度束之高阁，薪酬制度是由不同的特例组成的大杂烩，企业行为就是创业者个性的写照。老员工讨论的是过去的"好时光"，说话办事都有一套规矩。由于企业没有成文的制度，那些资历较深的员工就是企业的活档案，一旦他们离职，企业立刻就会陷入混乱。另外，创业者会记着这些曾经追随自己的老员工，因此，老员工在企业里有极高的权威，而新招聘的员工考虑的是如何发挥自己的能力，如何证明自我。于是，新员工成了挑战老员工的对立面。

第六，创业者的家庭压力开始增大。作为坚实的后盾，家人在创业者的创业过程中给予了无私的奉献，他们希望创业者能够取得成功。创业成功后，配偶希望创业者能更多地关心家庭，儿女希望创业者能够尽到作为父亲或母亲的责任，而创业者比以前更忙更累，无暇顾及，家庭压力开始增大，尤其是有家庭的女性创业者。一位女企业家在周末会议上收到其丈夫三条短信息："今天星期几？""女儿有一个月没有见着妈了。""你知道回家吗？"无奈之下会议只能戛然而止。

如果说创业过程中企业是根据危机进行管理的，那么创业成功后则是管理造成了危机。创业者应该认真避免和解决创业成功后企业的管理危机问题。

复习思考题

1.什么是创业机会？

2.识别和评估创业机会的方法有哪些？

3.创业资源的影响因素是什么？

4.创业资源获取的途径和技巧有哪些？

5.创业风险的特征和来源。

学习任务 2　如何选择创业项目

【任务目标】

1.知识目标：了解如何分析创业项目；熟悉创业项目评估的原则；熟悉创业项目选择的原则、依据和途径。

2.技能目标：掌握创业项目的评估方法；掌握创业项目选择的方法。

3.思政目标：树立大学生正确的创业观念；培养大学生在日常生活中能养成勤动脑、勤动手的好习惯；激励大学生将积极进取、敢作敢为的创业精神保持下去。

【任务导入】

1993年出生的武汉科技大学本科生刘恒在大一新生见面会时介绍自己："毕业时我希望能创办3家公司。"如今，他已是5家企业的创始人。

他从大一下学期（2014年4月）开始创业，创办的武汉市恒创时代文化有限公司迅速成为高校传媒企业的佼佼者。2015年3月，创办了武汉市银杏时代科技有限公司，并开发出了银杏科技大当家生活管家1.0微信公众平台，这家公司获得了50万元天使融资；同年10月，他创办武汉狄斯泥环保科技有限公司，年盈利达200多万元。2016年，刘恒联合创办的智慧世界科技有限公司更是成为地方政府首推的教育平台。刘恒先后获得洪山区"创业先锋""大学生创业英雄十强"等荣誉称号。

刘恒在初中时，就在宿舍开了一个"零食驿站"，赚了一些零花钱。后来陆续做过促销员、群众演员、快递分拣员等，这些经历都为他之后创业打下了基础。一个偶然的机会,他做起了某品牌凉茶的促销活动,获得创业路上的"第一桶金"。随着扩招,高校学生群体规模不断扩大,一个巨大的高素质新型消费市场逐渐形成。刘恒抓住了这个机会,和朋友开始做市场策划推广,主要从事与高校有关的品牌推广和宣传工作然后发展成高校传媒平台。

后来,刘恒发现学校周边有很多想创业和想考研的人群都有极强的租房意向,他就租下一些毛坯房并进行简单的装修,然后进行二次出租。凭借不错的人脉,他的房子很快都成功租了出去。为了给考研者提供更多的资源,他专门租了几间大房子作为考研自习室,并提供考研信息、考研书籍等服务。为全国各地的逐梦之子提供优秀的平台,让考研者能够拥有良好的学习环境,让考研者不再孤单。

刘恒创业之路实际并不顺利,开始时父母不支持、不理解,有时候活动结束晚了,他和同伴们只能睡在马路上,创业资金也不是想来就来,需要不断向别人介绍自己,去赢得别人的信任。资金的周转问题也不是一时半会儿就能解决的,此外还有利益的把控、策划的实施等。面对这么多困难,刘恒从未选择放弃。他说:"创业永远都没有尽头,只要坚持下来,总会有自己的风景!"

刘恒的成功给予当代大学生很多的启示,也许正在创业的大学生们没有豪言壮语,也没有过人的业绩,更没有创业精英们的种种传奇,然而他们都在实现自身价值、追逐自身梦想的路上坚定前进。他们在创业大军中可能只是沧海一粟,但请相信,只要每一名创业大学生都能在自己的创业路上勇往直前,那么大学生创业必将成为新时代最美的旋律。让青春的烈火永远燃烧,让创业的梦想没有终点。

思考:

1.从刘恒的创业之路可以看出创业并不是一帆风顺的,如何把握创业机会才是关键,你认为在创业过程中,如何选择一个正确的创业项目。

2.在创业过程中,你认为是过程重要,还是结果更重要。

创业的机遇无处不在,能不能创业成功,就看你是否能正确选择创业项目,找到有效的市场需求,具备形成满足这种需求的产品和服务并从中获益,使创业项目转变为成功的商业模式,才能带领创业者走向成功。

一、创业项目分析

(一)创业项目内部分析

根据SWOT分析法,一个创业项目是否能使一个企业存活,主要内部影响因素见表3-5。

表3-5 SWOT主要内部影响因素分析表

因素	优势	弱点
获利能力		
销售市场营销		
质量		
顾客服务		
生产力		
财务管理		
运行		
生产与分配		
员工的发展		
其他		

优势是指你的创业目的和长处，比如你的产品质量比竞争对手的好、营销能力很强、员工的技术水平很高等。弱点是指你的创业项目的劣势所在，比如你的产品质量比竞争对手差，你没有足够的资金按自己的愿望去实现目标，对员工的培养提不上日程等，这些都是制约项目发展的因素。

（二）创业项目外部分析

根据SWOT分析法，创业项目主要外部影响因素见表3-6。

表3-6 SWOT主要外部影响因素分析表

因素	机会	威胁
当前用户		
潜在用户		
竞争		
技术		
政治气候		
政府及其管理机关		
法律		
经济环境		
其他		

创业项目运行所处的外部环境也会给创业项目带来机会或者威胁，机会是指周边地区存在的对企业有利的因素，比如，周围有很多潜在的用户，附近没有类似的创业项目在运作，政府或管理机关有对该项目的扶持政策等。威胁是指周边地区存在的对企业不利的因素，比如在创业地区有生产同样产品的企业，原材料价格上涨将导致你出售的商品价格上升，有其他技术更新的创业项目在运作等。以上这些外部因素是你不可控制的，但要时常留意

去观察，要清楚影响你创业外部因素的发展趋势，预先采取防备行动，以确定创业项目的可行性。

二、创业项目评估

在对创业项目进行评估的过程中，我们应该把握一定的原则，按照一定的方法进行科学评估，这样才能使评估结果更加科学，为我们成功创业打下坚实的基础。

（一）创业项目评估的基本原则

在社会生产实践中，技术和经济之间从来就是紧密联系在一起的。两者的关系既是相互依赖、互相促进的，又是互相矛盾、互相制约的，因此它们之间的关系是复杂的、多方面的。如何处理好技术与经济的关系，以取得最大的经济效益和社会效益，这是社会经济发展中的重要问题，也是创业者进行创业项目评价、投资决策要关注的一个问题。

项目综合评估有一定的规律性，在项目评估的过程中应该遵循以下原则。

第一，项目评估必须建立在满足技术功能要求和可行的基础上，要求项目所采用的工艺技术是经过试验鉴定或实际验证证明其是合适过关和稳妥可靠的，并有靠得住的市场、原材料、能源和人力资源供应等必要条件。

第二，项目评估应遵循可比原则，效益和费用计算口径要一致，在计算期内使用同一价格和参数。

第三，项目评估应以动态分析为主，采用国家规定的动态指标。必要时也可采用一些静态指标进行辅助分析。评价指标可采用价值指标、实物指标和时间指标，也可补充比较指标。

第四，项目评估的质量不仅取决于"方法"本身的科学性，还取决于市场需求预测、工程技术方案选择、固定资产投资估算、产品成本估算、项目实施进度计划等基础数据的可靠性。评估时要对上述工作的准确性程度认真审核。

第五，项目评估还要考虑其他因素，应结合工程技术、环境、政治和社会各方面因素综合评价，选定最佳方案。

第六，项目评估必须确保科学性、公正性和可靠性，必须坚持实事求是的原则，避免实用主义或无原则的迁就。

在对创业项目进行评估的过程中，我们应该把握一定的原则，按照一定的方法进行科学的评估，这样才能使评估结果更加科学，为我们进行成功的创业打下坚实的基础。

（二）创业项目评估方法的选择和应用原则

选择评估方法时，评估者应在成熟、公认的方法中进行恰当的选择，如果由于评估活动的特殊性，没有采用成熟、公认的方法，必须在评估报告中加以说明。

1. 评估目的与评估方法匹配的原则

评估方法是实现评估目的的技术手段,评估目的与评估方法匹配是体现评估科学性的重要方面,正确理解和认识这一匹配关系是正确选择评估方法的基本前提。科技评估的实践表明,评估目的与评估方法之间的匹配关系,并不是说评估的特定目的与特定方法之间的一一对应,而是指对于特定的评估目的,选择高效、相对准确合理的评估方法。

2. 内在约束优先的原则

不论是评估方法的选用还是合理替代,都应遵循"内在约束优先"的原则。所谓"内在约束优先",是指评估方法的选择应考虑评估活动自身的因素及其对评估方法应用的影响,这些影响形成了评估方法选择的内在约束。例如,目标约束是选择评估方法的最重要的内在约束,如果评估活动的目的在于帮助投资者在一个申请项目中进行筛选,通常可采用多指标综合评估方法进行分类排序;如果评估活动的目的是回答某些质疑,则可采用问题诊断的指标框架和典型案例研究的评估方法等。

3. 评估方法的合理替代原则

由于客观条件的限制,以及各种评估方法对于实现评估目标的相对合理性,有经验的评估者必须了解评估方法的合理替代原则,应先考虑评估方法的内在约束,考虑不同方法的评估角度和评估途径,例如:对于计划的绩效评估,原型案例研究法和数理统计方法在一定条件下可以相互替代——除受内在约束外,评估方法的选择和替代还要受外界条件的制约,包括可以获取的信息、用户的理解和接受程度及掌握方法的难度等。

(三)创业项目评估方法

评估方法有广义和狭义两种概念,广义的概念包括评估准备、评估设计、信息获取、评估分析与综合,撰写评估报告等评估活动全过程的方法,狭义的概念特指评估分析与综合的方法。本书提到的评估方法为狭义的概念,是创业项目评估实践中应用较为有效的一些做法。

1. 定性信息结构化法

评估中虽然收集了大量的定量信息,但定性信息仍然是最重要的,包括文件、管理规范、总结材料、评估论证报告及调研会议记录等。评估者可以对定性信息进行收集、加工和整理,将定性信息进行重新编排,使其结构化。

主要方法有以下几个。

（1）结构化面访

结构化面访是科技评估中常用的一种调查方法,根据统一设计的面访提纲和问卷,采用多项选择的问答方式,分头进行面访调查,所得的调查信息具有相同的结构形式,使定性信息结构化。

（2）定性—定量信息的相互转换

在表述评估结果时,可以根据需要进行定性—定量信息的相互转换。评估结论的表达方式取决于表达的内容以及用户的要求。有时将定性问题定量化处理后表达比较明确,有时用定性语言概况表达定量结果更适宜,有时则需要两者同时使用。

2. 案例研究法

案例研究法是评估分析的常用方法,根据案例研究结果与评估结论的关系。

案例研究法主要可分为以下两类:

（1）典型案例研究法

典型案例研究的结果可以作为特定评估结论的证据,但不可在案例研究之外的范围推广。

（2）原型案例研究法

原型案例研究法要求按一定规则选择组案例,其结果可在一定范围内推广,支持评估结论。

3. 比较研究法

比较研究法是科技评估的基本方法之一,也是评估活动的基本思维框架。

（1）前后对比法

前后对比法是通过大量的参数比较,将被评对象（政策、计划、项目等）执行前后的有关情况进行对比,从中获得评估的依据。

（2）对照组比较法

对照组比较法是"控制对象——实验对象" 的对比分析方法,是社会实验法在评估中的具体运用。以政策、计划的实施效果评估为例,运用这种方法进行评估时,评估者执行前将同一评估对象分为两组,一组为实验组,即对其施加影响的组,另一组为控制组,即不对其施加影响的组,然后比较这两组在政策、计划实施后的情况以确定实施效果。

（3）多角度比较法

多角度比较法针对一个问题,通过多渠道、多角度、多种类型的信息之间的比较分析、综合评价,获得评估的结论。该方法适用于涉及面广、因素复杂的评估对象。通过各方面信息的相互补充、相互检验,可以减少信息的误差,提高评估的可信度。

三、创业项目的选择

如何选择创业项目? 这是摆在创业者面前的一个重要的题目,只有选到适合自己的创业项目,才有可能创业成功。

（一）创业项目选择的原则

创业项目从计划到实施能否顺利进行,在很大程度上取决于项目选择时能否遵循科学合理的原则。

1. 创业项目要有市场前景

创业项目一般而言要有较高的技术含量，现在一般的风险投资基金和"孵化器"感兴趣的项目主要有节能领域、网络技术、软件信息、机体一体化、新材料、新能源、生物医药及精细化工的这些项目有较高技术含量，同时发展前景也较好。

2. 创业项目要有独特之处

如果创业计划没有独特之处、立意不新颖，很难想象项目会得到别人的投资，产品也不能让人眼前一亮，很难有突破。

3. 创业项目要与国家的产业导向一致

如果创业项目符合国家的产业导向，将会大大提高项目成功的概率，反之，则容易失败。

4. 创业项目要合法合规

创业项目必须符合国家相关法律、法规的规定，必须符合国家产业、技术政策，具有较强的可操作性，无知识产权纠纷。同时，创业项目不能违反社会公序良俗，所选择的不能破坏宗教、民族和文化风俗，不能对公众造成欺骗或误解。

（二）创业项目选择的依据

在选择创业项目时要尽量考虑创业的特殊性，扬长避短，选择项目要着重从以下四个方面考虑。

1. 创业项目的独立性

"人无我有，人无我先，人有我优，人有我强"的项目都是好的项目。这样立意新颖且独特的项目，可以避免陷入同类竞争者同质化的困境。由于项目的独立性，可以大大提升产品的辨识度和认知度，从而拥有更多的发展空间。

2. 创业项目是否符合优惠政策

国家、各级地方政府和行政主管部门都出台了一系列鼓励创业的优惠政策，创业者可以根据自身的实际情况，在这些可享受优惠的项目中找到适合自己创业的项目。

3. 创业项目的资金投入量

创业者大多数是依靠父母和亲朋好友的支持作为创业的启动资金，因此，选择创业项目时，应该考虑准入门槛低、启动资金较少、投资回报周期较短的项目，这样才能够有足够的现金流支撑创业项目的正常运转。

4. 创业项目的自有资源的挖掘

首先就是要挖掘自己可以直接控制的资源，比如自己的专业、特长、经验、私有物质资产等；其次就是挖掘其他非自有资源，比如大企业的支持、良好的人脉关系等；最后就是要挖掘自有资源,让使用成本降较低,同时这些资源还可以反复利用,进一步降低成本。

【案例3-19】

"80后乞丐"网上卖烧烤　500元起家赚了400万元

1983年,李烨出生在盐城的一个富裕家庭,父亲在当地经营着一家大型餐饮企业。回想起当年的生活,李烨说那时虽还没有"富二代"的概念,但自己绝对已经是了:"我家的酒店叫兴达大酒店,按照现在的说法应该算是一个会所了。我2001年在常州上大学时,每月生活费至少有5 000元,在当时的校园里绝对算得上是'富二代'的水平。"

但是好景不长。2003年,父亲经营近十年的酒店破产了。李烨的生活费从每月的5 000多元一下子降至不到100元。那段日子,李烨在常州一家电脑城门前扛箱子挣生活费,这样一直坚持到2003年退学。父亲破产后,全家一度在扬州尝试养螃蟹,但是2003年遇到"非典",又加上遇到发大水等意外,养殖场也没有办成,一家人就又回到了盐城。

"回到盐城时,总共只剩下500多元,全家人都在为生计发愁。我有一天晚上出去溜达,看到一家烧烤摊生意非常火。想着这个成本小,自己可以干,但自己没经验,于是免费给烧烤摊老板打工。"师傅看李烨不怕苦、不怕累,就把配料毫无保留地都告诉了他。两个月后,李烨自己的烧烤摊在盐城师范学院旁开张了,没想到很红火,两个月的时间李烨一共赚了1 700元。

生计有保障后,2005年,李烨又参加了高考,最终考进上海出版印刷高等专科学院。在学校里,李烨读的是多媒体设计专业,说是多媒体设计,实际上就是网页设计等一些电脑知识运用的专业。他没有一门心思死读书,"我白天上课,晚上就外出打工,主要是帮助商家做电商服务。最让我骄傲的是我大二时,去了上海一家经营游戏货币的网络贸易公司,有点类似于美国的eBay网,这段经历给我后来的电商生涯打下了基础"。

2008年6月,大学毕业后,怀揣创业梦想的他在同学、亲戚的帮助下,创立了上海天天爱购网,但是没多久因为股份的问题退出了团队。

又一次跌入谷底时,李烨又想到了他的烧烤。李烨在上海读书期间,父亲也把他的烧烤摊从盐城搬到了上海。2008年10月的一天,创业失败的李烨在家帮父亲打理烧烤生意,"那天我脑子里突然冒出一个念头,在网店摸爬滚打多年,为啥不把烧烤店开到网上呢?"说干就干,李烨开始着手创立他的网络烧烤店,并在当年的11月8日正式上线,取名为××烧烤。万事开头难,××烧烤网店的经营没有在路边摆地摊那么容易,网店开张近3个月都没有顾客,直到2009年2月,奇迹才光顾这位曾经的"富二代"。

说起第一笔生意,李烨至今还略显激动。这张订单来自昆山,是家庭聚会上需要购买烧烤食材和器具,订单一共是220元。李烨有些感叹地说,网店上线3个月都没有生意,信用额度为零,有人敢下订单就意味着机会来了!

当时也没成立公司,选材、打包、发快递都是他一个人弄的,每个环节都反复确认,总怕自己一不小心弄错了。快递发出后,李烨还是有些不放心,一天之内共打了十几个电话给顾客和物流,直到确定对方拿到货物。"昆山的这位顾客拿到我的东西后,很满意我的服务,就给了我一个长长的带文字好评!现在这位女士还经常从我这里买东西。"

有了第一笔生意后,网店经营局面慢慢地打开了。为了发展事业,父子俩齐上阵。父亲在上海控江路、延吉路开实体烧烤摊;李烨专心搞网店,线上和线下相互促进,父子俩一下子都忙碌起来。慢慢地,李烨的部分同学也加入了他的创业队伍。网店发展一年后,李烨团队把店铺搬到了上海翔殷路隧道附近,这里靠近上海两个知名的户外烧烤点,有很大的市场潜力。更重要的是,上海最大的国际水产市场及杨浦区肉类批发市场也都在门店附近,进货、补货比以前更加便利。

发展至今,李烨的烧烤网店在旺季每天要卖出100到150单,而每单平均消费都在400元以上,营业额能达到5万元。网店按盈利三四成来算,一天也可净赚1.5万元左右。

"我去年的销售额是153万元,但是今年上半年的销售额已经到了120万元。"按上述利润计算,保守估计,今年上半年李烨已经赚了三四十万元。来自上海媒体的报道称,创业4年,李烨年收入超百万元。因为经营业绩突出,李烨2012年9月被淘宝评为全球十佳网商。

他的烤串不比路边摊便宜,为什么红火呢?

在淘宝××烧烤官网看到,30克的牛肉串一串要2元,70克一串的鸡翅要3.5元,相比路边烧烤摊的价格,网店里出售的烧烤食材并不占太多优势。那么,李烨凭什么吸引顾客呢?

李烨很不乐意大家把他的××烧烤称为网络烧烤店,甚至对这一称呼感到愤怒。李烨笑道:"如果你现在还把我的××烧烤网店仅仅当作网络版的烧烤店,那就完全错了。刚开始,开网店确实是想通过网络增加烧烤摊的销售量,但是现在网店卖的不是烤串,而是烧烤服务。如果只想吃烧烤,而不是为了享受烧烤带来的乐趣,其实还真不如去路边烧烤摊吃。我们网店有烧烤所需要的食材、器具等一切东西,在上海地区还能提供公园门票等烧烤线路的服务。假如你自己要完成这一系列的东西,可能要跑很多个地方,所以我们一笔单子的消费额往往高达几千元,甚至上万元。"

(资料来源:互联网,有删改)

(三)创业项目选择的途径

1. 分析市场供求差异

市场需求不仅是多种多样的,而且是不断变化的,因此,从宏观上看,市场需求总量和供给总量之间总是存在着一定的差距,要从社会的实际需求出发,特别是第一次创业,更要详细了解市场需要什么、需要多少,谁会购买产品和服务、竞争对手是谁的问题。市场调研是正确决策的前提,创业者通过调查分析市场供求差异,可以从中找到创业机会,选定创业项目。

2. 调查顾客的抱怨和困难

创业者必须树立这样一个观点,即"企业是为解决顾客问题而存在","制造满足顾客需要的产品和服务，永远是成功的秘诀"。市场上销售的商品和服务总是会遇到这样或那样的问题，人们抱怨的每一个问题都可能意味着一个潜在的商机，越是难以解决的问题，带来的机会可能就越大。创业者如果能解决普通人抱怨的问题，关注社会特殊群体的困难，或者着力于为其他企业解决问题，也就找到了选择创业项目的途径。

3. 市场细分

市场细分就是通过市场调研，依据消费者的需求特点、购买行为以及购买习惯等方面的差异，把某种商品的整体市场划分为若干个消费者群的一种市场分类方法。通过市场细分，划分出的每个消费者群就是一个子市场，每个子市场都是具有相同或类似需求倾向的消费者构成的群体，因此属于同一子市场的消费者对同一商品的需求极为相似，分属不同子市场的消费者对同一商品的需求存在着明显的差异。进行科学的市场细分，对创业者来说有利于发现市场机会，选定目标市场，确定创业项目，有利于集中人力、物力和财力生产经营适销对路的商品，也利于制订和调整市场营销策略。

4. 分析热销商品背后隐藏的商机

所谓商品市场生命周期，是指商品从投放市场到被市场淘汰所耗费的时间。任何商品都有其市场生命周期，它可分为四个阶段，即投入期、成长期、成熟期、衰退期。当市场上某种商品走俏热销时，表明这种商品已经进入了成熟期。如果此时开始经营这种商品往往以失败告终。创业者应以热销商品为导向，认真分析这项商品背后隐藏的商机，从而选定创业项目。

5. 分析自身能力和经验

"选择项目首先是选择自己"，每个人的技术能力、工作经验、企业实践经验、爱好、社会交往和家庭背景对创业成功都有着重要影响，创业者根据自己的经历、专业和经验，从众多的创业项目中找出自己最感兴趣的、最擅长的，并且占有某些资源，能够创造某种优势的项目，从而完成项目选择。因此，分析自身能力和经验是选择创业项目的根本途径。

（四）创业项目选择的方法

目前，我国经济正处在剧烈的发展变革之中，机会可以说是无处不在，创业者在面对各种各样选择时，有时会觉得无从下手，而市场往往呈现出来的是一种乱象丛生，海量的市场信息也让创业者无所适从。那么创业者如何在这些纷繁复杂的市场环境下选择适合自己的创业项目呢？下面介绍几种方法供创业者们借鉴。

1. 学会取舍

现实中的行业数以千计，怎样才算合适？绝对的具体量化标注谁也无法给出，大致的基本取舍标准有三条：一是比较符合自己的兴趣、特长和基本条件；二是拥有一定的市场发展空间；三是存在足够数量的现实顾客和潜在顾客群体。一般来说，只要具备了这三个条件中的两条,这个"业"就值得去开创,而且成功的可能性很大。

2. 从自身的条件分析做起

根据自己的特长,分析判断自己能做什么,不能做什么,然后再筛选创业项目。如果你选定在农村发展,就可以从种植业、养殖业、运输业、加工业、饭馆等服务业上着手;如果你应用技术高超,就不妨从应用技术等方面开始,或发挥技术特长,或以技术入股。这样发挥优势、因"我"制宜不失为一条有效的创业捷径。

【案例 3-20】

李芸的刺绣店

"锦绣云瑶"刺绣是当地较有名气的绣片定制店,不仅深受游客的喜爱,还获得了很多制衣厂商的青睐。这家刺绣店的店面不大,店里却摆满了琳琅满目的刺绣商品,有风景、人物、建筑等较大型的图案,也有花朵、松鼠、蝴蝶等较小的图案,还有一些颜色鲜艳,富有立体感的小饰品,可以直接粘在衣服上使用。这些刺绣都是老板李芸亲自设计的,价格从几元到几百元不等。

李芸3岁开始学画,大学也是学的广告设计,毕业后在一家私营企业做后勤工作。由于经济和网络的发展,网上开店变得越来越流行。2009年,十字绣等刺绣产品变得十分火爆,李芸便萌生了开网店的念头。心动不如行动,李芸马上对一些刺绣店进行了考察,当拿到这些刺绣产品时,她觉得做工低劣,样式也不美观,这更加激发了她要创业的决心。

李芸平时是一个相当有品位的人,对产品的要求也十分严格。为了提供优质的产品,她先后去深圳、浙江等地考察,并决定亲自担任设计师,设计以民族风为主要风格的刺绣产品,然后选择义乌一家工厂为其加工。当她的刺绣产品在网店上架后,精心设计的产品和优美的文字介绍,吸引了不少爱美的女性消费者。

李芸并不是一个止步不前的人,在民族风刺绣风头正盛的时候,她已经开始计划设计下一个热卖产品了。随着网店的良好发展,李芸将这些刺绣产品按照大小和种类进行细分,并将其推荐给周边厂商。现在,李芸的网店已经是当地最有特色的刺绣店了。

3. 寻找空缺市场作为自己创业的突破口

空缺市场也叫市场空当,是指商家暂时忽略或尚未发现的商业或市场领域。无论社会经济多么发达,空缺永远都是存在的。谁发现了空缺,谁就发现了商机;谁填充了市场,谁就开辟了市场。

4. 不要跟风冒进,要看准有发展潜力的市场

从某种角度上来说,任何商品从产生、发展到消亡的过程,始终都处于不断完善之中。换句话说,潜力市场也是永远存在的,关键在于能不能发现它。

5. 服务时政大局

时政大局向来是社会的热点，尤其是重大活动的事项、庆典、战争等事情，更是全民瞩目。这时的特殊需要也就必然涌现出全新的市场机会。如北京奥运会的举行，各种国旗、国旗彩贴、国际彩绘的需求激增，这就是商机。

6. 观察、分析消费者潜在的消费趋势

创业的要件之一就是要有足够数量的消费群体，从某种程度上来说，需求就等于市场，而人的需求总是在不断更新、变化的。创业者要从消费的大环境中分析规律，把握潜在的消费趋势，从中不断地捕捉到机会来进行创业。如近年来新型电子类产品、个性化定制服务等行业随着经济的发展应运而生，就是明显的例子。

【案例 3-21】

王俊杰的"卓越优饰"

当同学们都沉浸在休息、玩耍中时，王俊杰已经开始了自己的发家致富之路，忙着接收订单和发货。目前，他创办的"卓越优饰"已经有4名员工，几乎每天都有千元的利润，并且业务和销量还在不断扩展。

王俊杰的父母在他5岁时便带着他一起到广州创业，从事机械零件批发。在父母的影响下，俊杰从小就对经商有着浓厚的兴趣。大二时，王俊杰的女朋友经常在他面前提起时下热门的明星，并嚷嚷着要他买抱枕这类东西。一开始王俊杰并没有在意，后来他逐渐发现，走在校园路上有很多女孩子的手机壳、屏保都是一些明星的图片。这突然激发了他的创业意识，他通过和女朋友的分析，发现周围有很多同学都希望用自己喜欢的明星照片作手机壳、屏保或海报。

这让王俊杰兴奋极了，他立即开始研究怎么利用这个机会来挣钱。首先，王俊杰在学校的校刊中刊登了一则广告，广告的标题是这样的："带你喜欢的人回家"，并留下了自己的电话号码。同时，他还在学校里发广告，上各寝室楼推销。

不久，王俊杰就接到了第一笔订单——制作一个特制抱枕。根据同学提供的信息，他很快和厂家确定设计并制作。一个星期后同学就拿到了抱枕并夸奖王俊杰的抱枕做工精美，这给了他很大的鼓舞。

经过半年多的精心营销，王俊杰的业务越来越多，不止本校的同学，连附近学校的同学也开始在他这里订货。由于订货量较大，王俊杰专门建立了一个网站，在网站上，同学们可以提供自己的需求，然后提交订单，这样王俊杰就能够马上将这些信息反馈给厂家开始进行制作。

现在，王俊杰的业务范围也渐渐变大，产品类型也越来越丰富，抱枕、手机壳、贴纸、海报等都渐渐发展了起来。

（资料来源：互联网）

7. 解决特殊群体的需要

人类的全部活动,离不了吃、喝、玩、乐、睡、工这六大范畴。无论你在这六大范畴方面的要求多么出格,只要形成一定数量的群体,按照"需要产生市场"的原理,就会催生出一种产业,提供给一部分人以创业的机会。这些年来,健康生活、低碳环保类行业开始活跃起来,有些地方甚至形成了一种产业,就是最好的说明。

【案例 3-22】

净美低碳生活体验馆

张新华是山东一个乡镇中心小学的一名人民教师,他教过体育、数学等科目。但张新华从少年时期就想成为一名成功商人,又看到同学、朋友纷纷下海经商,有的人还成了富翁,非常风光,张新华也想创业干出一番事业。1999年,张新华下定决心辞职创业。2006年,张新华辞去教师工作,在天津成立了企业,为北京一家环保产业公司做代理,并且逐步开始在山东、河北等地开拓市场。做代理期间,张新华研究了中国的环保行业。一方面,他认为国内的家用环保行业发展严重滞后,是大有可为的,而且由于政府倡导,低碳生活的概念深入人心,政府也相继出台了一系列政策鼓励和发展节能环保行业,倡导居民的碳健康生活。张新华发现在家用环保行业中缺少一站式的购物平台。2010年,张新华成立淄博净美环保技术有限公司,创办净美低碳生活超市,经销家用的小电器、照明设备、水处理设备和空气处理设备等。

张新华的朋友都说现在还做这种连锁卖场只有死路一条,但是,张新华认为由于政府的政策鼓励这样的项目,并且政府出台了多项政策予以大力支持,家用环保产品的市场需求在未来10年将会爆发性增长,高品质家用产品也将层出不穷。但当时,大部分消费者对此类产品的认知及认可程度较低。

2010年11月,首家净美低碳生活超市在淄博市正式营业。一年后,张新华已经在淄博区域内陆续开设了6家净美连锁低碳生活用品超市。净美的项目自身及理念都是致力于倡导节能环保、推广低碳生活,后来,净美低碳生活超市改名为净美低碳生活体验馆,面向特定消费群体倡导低碳理念从而实现产品销售。净美低碳体验馆将目标客户群定位在学历层次较高、中高收入、热心环保、喜欢接受新事物并愿意担当时尚先锋的中高端群体。从职业上来划分,客户群大约是公务员群体、医生、律师、企业高管、白领、高收入自由职业等;从年龄上来划分,客户群还必须与产品类别相对应,诸如低碳厨房系列主要是针对30~50岁的妇女,低碳创意空间系列则更倾向于20~30岁的年轻人,低碳健康系列面向的则主要是60岁以上的老年人。

市场定位进一步清晰后,业绩随之取得了稳步上升,净美低碳生活体验馆也就真正地在市场上站稳了脚跟。

（资料来源:热线网）

143

8.延伸、开发各种服务业务

这种创业项目的选择实际上就是利用了成熟市场的衍生市场,利用消费者主流需求得到满足之后衍生出来的支流需求作为服务的切入点。以海尔集团搭建的海尔创客为例,海尔集团的主流业务——生产家用电器,但现在通过海尔创客,许多小微企业被引入进来,于是细分出许多衍生业务,主要是做客户的定制化服务,为用户解决在具体生活中出现的各种各样不同的问题,让海尔的产品在客户的心中实现价值最大化。

选择创业项目是一个非常复杂的系统工程,以上所说的一些方法只是一些最基本的要求,要真正做好项目的选择工作,还要做许多技术性工作。比如在选定一个创业项目后,要进行市场调查、市场预测以及项目的评估,创业者选定的创业项目最终能否成功,还要看市场对项目产品的需求,能否通过市场的检验,才是创业能否成功的关键。

【拓展训练3-6】

创业项目分析和评估

1.请同学们分成小组,寻找身边的创业机会,选出一个创业项目,并填写下表。

创业项目分析表

项目名称( )	分析结论
产品是否具有卖点?	
市场的需求量有多大?	
利润空间有多大?	
有潜在发展的市场吗?	
收入是否持续?	
业务是否能够顺利开展?	
是否具有品牌效应?	
是否有良好的技术保障?	
有相应的培训支撑吗?	

2.各小组先介绍自己的创业项目,然后与其他小组交换进行团队评比。(B组评A组,C组评B组,A组评C组,这样收尾相邻小组评分)

创业项目名称:

评价标准	组间评分			
	极好(3分)	好(2分)	一般(1分)	总分
产品生命长久(3年)				
易操作性				
市场接受度				
不存在任何致命缺陷				
成长潜力				

【阅读材料 3-4】

大学生创业的几种典型商机

1.满足大学生学习和生活需求的产品和服务

大学生创业者对学生市场的需求是最了解的,这是多数大学生开始创业时首先考虑到的方向。

2.特色零售店或服务项目

零售和服务行业的进入门槛不高,服务对象非常广泛,商业机会层出不穷,每年都会有新的模式和新的企业迅速崛起。零售和服务行业最需要的就是商业模式和服务的创新,创业者把自己的独特创意融入其中,就有可能开发新的零售模式或特色服务项目。

3.网上开店或网络服务

互联网上的创业机会异常丰富。最普通的网上创业就是开网店,在淘宝网上注册账户卖自有产品或代销。网上开店的秘诀在于通过透彻理解网上购物行为,合理规划产品的品类,高水平地展示产品,积极管理客户评价等方面来提高网店的利润。

4.处于同质商品阶段的小产品的品牌化经营

成熟行业给大学生的创业机会比较少,如处于商品化阶段的日常用品或农产品。这些小商品的行业内竞争层次很低,同质化的产品、相同的价格很难做大企业和打造品牌,利润也很微薄。创业者需要转换经营思路,进行品牌化运作,加入一些创意元素,提升产品的档次。这类创业的进入门槛比较低,风险也不高,大学生可以通过走高端化或回归自然的品牌运作来从小产品中开发出大市场。

5.提供个性化的产品或服务

现代消费者对产品或服务的个性化程度要求越来越高,收入水平的提高和市场需求的多样化为个性产品或服务的需求提供了坚实的购买基础。"80后""90后"消费者对个性化产品或服务的需求更高、更敏感,而这类产品的创业的成功关键在于准确和快速地掌握市场需求的能力,这为大学生开展个性化产品或服务的创业提供了天然优势。

6.开发具有技术含量的新产品

大学生创业者(尤其是理工科专业)可以开发出新产品,以创新技术作为创业的关键资源,组建公司生产和销售创新产品(或提供技术服务)。新产品的开发是很难靠某个人就能成功的,它需要一个团队来协作开发,一般以导师为核心的研究团队有可能开发出具有更高技术含量的新产品。

7.国外最新成功模式的移植

发达国家的经济与技术走在我国的前面,它们曾经历过的商业机会也很可能在今天的中国出现。这需要用历史的眼光看待经济和技术的发展,找出不同经济阶段的典型商业形态,借鉴发达国家成功把握这些机会的经验。

复习思考题

1.创业项目评估的过程中应该遵循哪些原则?

2.创业项目选择的原则有哪些?

3.创业项目选择的方法是什么?

4.创业项目选择的途径有哪些?

学习任务 3　商业模式的构建

【任务目标】

1.知识目标:学习商业模式的基本概念和内涵;熟悉商业模式设计的基本方法;了解优秀商业模式的基本特征。

2.技能目标:能够分析初创企业常见的商业模式;学会使用商业画布设计自己企业的商业模式;掌握优化商业模式的方法。

3.思政目标:在商业模式的认知和理解中,锻炼学生理论联系实际的能力;树立创新驱动发展意识,提升创新能力。

【任务导入】

现代管理学之父彼得·德鲁克说:"当今企业之间不是产品之间的竞争,而是商业模式之间的竞争。"的确,21世纪企业竞争的最高境界不再是产品的竞争、人才的竞争、营销的竞争、服务的竞争,而是一种商业模式(即盈利模式)的竞争。日本日产汽车公司CEO戈恩·卡洛斯这样看待企业的商业模式:"这是一个盈利至上的时代,在这个时代,谁能持续获得比同行更高的利润,谁就是真正的赢家,所以我们需要一个有效的商业模式,让我们的希望变成现实。"商业模式实际能给企业带来什么?商业模式是企业获取长期竞争优势的根本保证,企业的任何行为都必须是对自身商业模式的策略反映和优化。商业模式创新使本企业在同行中有更大的竞争优势,让企业有更大的收益空间,使得企业能有一个较好的、长足稳定的发展。当别人还没有商业概念时,你就要突出你的新概念;当你的商业概念与别人一样的时候,你就要比谁的客户价值更大;当客户价值也一样的时候,你就要比谁的核心能力更强;当大家的核心能力也都差不多的时候,那就只能比实现形式了。此时,商业模式的实现形式就成为能否成功的一个重要因素。企业成功首先需要寻找有效的商业模式,而寻找商业模式需要创新,而不是简单地照搬他人的成功模式;要根据本企业自身的实际情况,借鉴他人的成功模式,将他人的成功方法与企业自身相结合，做出合理的创新调整，为本企业所用，从而在激烈的竞争中掌握主动权，推动自身持续高效地发展。

一、商业模式概述

商业模式在创新创业领域是一个非常关键的名词，尽管它第一次出现在20世纪50年代，但直到20世90年代才开始被广泛使用和传播。作为企业存在的最基本要素，商业模式已经成为创业者和风险投资者嘴边的一个名词。所有人都确信，好的商业模式是企业成功的保障。到底什么是商业模式？它有哪些特征，又有哪些常见类型呢？

（一）商业模式的定义

哈佛大学约翰逊教授、克里斯坦森教授在其共同撰写的《商业模式创新白皮书》一书中提出：任何一个商业模式都是由客户价值主张、生产过程和资源、盈利方式构成的一个三维立体模式。在这三个要素中，客户价值主张是指在一个既定价格上企业向客户提供服务或产品时所需要完成的任务；生产过程和资源是指支持客户价值主张和盈利方式的具体经营模式及支持系统；盈利方式是指企业实现经济价值的系统方法。

亚德里安·J.斯莱沃斯基等学者认为：对某个行业来说，盈利区间是可以变动的，在整个产业链（或价值链）上游走，是否能够发现行业盈利要素以及要素之间的匹配度是能否发现行业利润区域的关键，高于匹配度为高利润区；反之，就是平均利润区、低利润区或无利润区。可以说，商业模式就是企业以顾客价值和利润为导向、通过提供顾客价值获利并逐步积累利润、形成持续性竞争优势的过程和方法。一般公司都有自己的业务结构，但并不是所有公司都有很强的盈利能力，而拥有成功商业模式的企业可以持续地获得利润。

目前相对比较贴切的说法是：商业模式是一种包含了一系列要素及其关系的概念性工具，用以阐明某个特定实体的商业逻辑。它的描述可以理解为：一个组织在何时（when）、何地（where）、为何（why）、如何（how）和多大程度（how much）地为谁（who）提供什么样（what）的产品和服务（即7"w"），并开发资源以持续这种努力的组合。较为通俗的说法是：商业模式就是描述企业如何通过运作来实现其生存与发展的"故事"。较为直白的说法是：商业模式就是公司通过什么途径或方式来赚钱的。

通过对商业模式的系统研究，我们发现，商业模式是指企业在市场竞争中逐步形成的特有的赖以盈利的商务结构及其对应的业务结构。简而言之，就是企业在市场竞争中赚取利润的带有规律性的方式和方法，它在一定时期内固化为一种比较稳定、成型的反范式。

所有企业都有自己的商务结构及其对应的业务结构，但并不是所有企业都能盈利，因而并不是所有企业都有商业模式。商业模式分为自发的商业模式和自觉的商业模式两种，前者是指自发形成的商业模式，企业对如何盈利、未来能否盈利缺乏清醒的认识，企业虽然盈利，但商业模式不明确、不清晰，其商业模式具有隐蔽性、模糊性、缺乏灵活性的特点；后者是自觉形成商业模式,是企业通过对价值链的分析、盈利实践的总结,对商业模式加以自觉调整和设计而形成的,它具有清晰性、针对性、相对稳定性、环境适应性和灵活性的特征。

(二)商业模式的类型

根据在价值链中位置的不同,商业模式可以分为运营式商业模式和策略式商业模式。根据业态的不同,商业模式可以分为传统制造商领域的商业模式、直供商业模式、总代理制商业模式、联销体商业模式、仓储式商业模式、专卖式商业模式、复合式商业模式、服务业的商业模式、基于互联网的商业模式等。

互联网的出现和发展为企业价值创造、效率提升提供了重要手段,为企业经营活动提供了一个新的广阔平台,为企业成长提供了新的机遇。在此背景下,出现了众多不同类型的商业模式。随着互联网应用广度拓宽、深度延伸,互联网技术的进步,以及一代又一代新互联网人群的成长,初创型企业的商业模式也打上了"互联网+"的印记。

1. 鲫鱼模式

这种模式的主要方法是找到与大行业或者大企业的共同利益,主动结盟,将强大的竞争对手转化为依存伙伴,借船出海,借梯登高,以达到争取利润的第一目标并使企业快速壮大。

这种模式在加工企业集中的长三角、珠三角一带十分流行,在广东东莞、江苏昆山,此类小企业随处可见。实践证明,这是初创小企业走向成功的一条捷径,风险小而成功率高。

鲫鱼模式的本质在于,大企业有其通畅的产品流通渠道,有广大的客户群体,就像一条庞大凶猛的鲨鱼;而微小企业无论在资金、技术,还是在人才等方面,都存在着诸多先天不足。如果微小企业能找到与大企业的利益结合点,与大企业结成联盟,就可以有效补齐自身的短板,自然也就可以分享大企业的利润大餐。鲫鱼模式对微小企业来说,可借鉴程度较高,是一种有效的商业模式,其方式也多种多样,如配套与贴牌生产、代理等。

微小企业之于大企业、创业企业之于成熟企业,最理想的状态是既有经营上的联系,又有资本纽带关系,不被控股,也不是挂靠或下属关系。小企业在可能托庇大企业时,仍旧保持独立,需要拥有较大的经营自主权,尽量同时托庇多家大企业或成熟企业,可以取得"东方不亮西专业化模式的效果,大大提高企业的生存值。

2. 专业化模式

专业化的意思就是专精一门,也就是俗话说的"一招鲜,吃遍天"。在这样一个诱惑多多的年代,要静下心来,专精一门是不容易的,要不然就不会有数年来"多元化"在国内企业的甚嚣尘上了。

专业化为什么可以成为一种商业模式?一个最简单的解释是,因为它精,所以它深,这就提高了门槛,别人不容易参与竞争,而专业化的生产企业的组织形式比复合式生产企业要简单得多,管理也相对容易。在市场营销方式上,一旦市场打开,后期几乎不需要更多的投入。成本降低的另一面，就是利润的大幅度提高。而在通常情况下，专业化生产一般最后都会形成独占性生产，至多是几个行业寡头同台竞争，行业间比较容易协调。从业者较易形成相互保护默契，有利于保持较高的行业平均利润，这是一个封闭或半封闭的市场，不像开放市场上的产品，一旦有利可图，大家便蜂拥而入，利润迅速摊薄，成本迅速攀升，本来有利可图的产品很快变成鸡肋，人人都觉得食之无味，又弃之可惜。

经测算，如果普通产品的利润是15%，那么，专业化生产的产品的边际利润通常可以达到60%~70%。当一个企业进行专业化生产时，其多数产品成本产生在解决方案的开发和创意阶段，一旦方案成立，就可以不断复制，并依照自己的意愿，确定一个较高的市场价格。由于专业化生产者是唯一的或少数能提供该解决方案（或产品）的人，所以，市场对其高定价根本无力反对。专业化生产的另一个方式是，以简单化带动大规模，迅速降低行业平均利润，使小规模生产者根本无利可图，从而不敢也不愿参与竞争。这就是专业化生产的优势，简单而优雅。

专业化利润的一个重要来源是专家，但这里的专家与我们通常所说的专家不同。它不但指研发方面的专家、生产和组织管理的专家、市场营销方面的专家，还包括技术精湛的一线蓝领工人。专业化生产的过程有利于迅速培养出一批专精于一个环节的生产人员。一般来说，这种专家型员工会比普通员工给企业带来多10%~15%的利润。这是专业化生产独有的好处。

3. 利润乘数模式

借助已经广为市场认同的形象或概念进行包装生产，可以产生良好的效益，这种方式类似于做乘法。利润乘数模式是一种强有力的盈利机器，关键是如何对你所选择的形象或概念的商业价值进行正确的判断。你需要这样一种东西：它的商业价值是个正数，而且大于1；否则，这种方式对你毫无意义，甚至可能会对你造成伤害。

利润乘数模式的利润来源十分广泛，可以是一个卡通形象，可以是一个伟大的故事，也可以是一条有价值的信息，或者是一种技巧，甚至是其他任何一种资产，而利润化的方式，则是不断地重复叙述它们、使用它们，同时可以赋予它们种种不同的外部形象。如世界上最昂贵的猫——Hello　Kitty（凯蒂猫）、世界上最著名的狗——Snoopy（史努比）、世界上最受欢迎的熊——Winnie Pooh（维尼熊）等卡通形象，都是利润乘数模式经典的案例。

凯蒂猫、史努比、维尼熊之类的卡通形象是如何使企业实现利润的呢？仔细研究不难看出，对人们所熟知的卡通形象的使用，使企业得以降低产品研发或开发成本，缩短研发或开发时间。最关键的是，通常大多数研发部门研发不出任何有价值的适应市场的终端产品，而使用这些形象则不存在这个问题。借助人们广泛熟知的形象，产品可以更迅速地进入市场，减少了企业风险，提高了企业成功率。

通过利润乘数模式进行操作，是创业成功的一条捷径，但也存在种种问题。比如上述形象，它们的授权一般范围都比较广，产品线往往拉得很长，这需要注意以下几点：第一，要清楚容易接受该形象或概念的人集中在哪些地方，并关注这些人的喜好。第二，由于同质产品的泛滥或将来可能的泛滥,你需要将产品个性化,并保持这种个性化,或者创造出一种别具一格、难以模仿的经营方式。此外,还可以将产品迅速铺满某个细分市场,不给后来者提供机会,但这需要相当大的投入。第三借助某种流行形象或概念进行产品生产和市场营销,这在国外已经十分成熟,但对国内的企业经营者来说还是一个十分陌生的领域。它需要有一些专门人才,还要有一些特殊手段。如果你打算在这方面发展,那么,最好寻找到这样一些专门人才来帮助你。第四,流行形象或概念大多属于易碎品,你需要对它们精心同护,尽量避免将其应用到可能威胁其形象或概念的产品中。

4. 独创产品模式

独创产品是指具有非同一般的生产工艺、配方、原料、核心技术,又有长期市场需求的产品,如专利配方、进入难度很大的新产品等。鉴于该模式的独占性原则,掌握它的企业将获得相当高的利润。

这种模式需要利用各种手段迅速拓展市场,在跟随者到来之前就赚取大量利润,落袋为安。就目前来看,大家都在寻找赚钱机会,一种有利可图的产品很难长期保持独特性。每个人都在寻找它的弱点,所以,高效率地利用市场空白期迅速赚取利润是这种模式成功的关键。

独创产品模式,实际上也是很多创业企业在创业之初可以大力借助的模式,"独创"的魅力所能带来的高额利润早已不是秘密。但是独创产品模式并不是进入利润区的"万能钥匙",它也有很多局限性。第一,因为独创,即意味着"前无古人",所以往往需要很多的研发费用和很长的研发时间。第二,因为独创,即意味着市场认知度小,也意味着打开市场、获取市场认同需要花更多的钱。第三,依靠独创产品打开市场具有很大的风险性。通常发生的情况是:你花了很多钱,花费了很大的力气做出产品,却没能获得市场的认同,结果,你所有的投入都打了水漂。第四,由于对产品缺乏细致的了解和认知,有关部门很难对某一种独创性产品提供完善的保护,生产者将面临诸多恶意市场竞争。这种竞争经常会使始创者陷入困境。

保护和延长独创产品的生命周期、延长利润产出周期的办法:第一,提高专利意识,积极寻求有关部门的保护;第二,增强保密意识,使竞争者无隙可乘;第三,进行周期性的产品更新,提高技术门槛,使后来者难以进入;第四,使企业和产品更加人性化,提高消费者的忠诚度;第五,有饭大家吃,在产能或投入不足的情况下,积极进行授权生产或技术转让,让产品迅速铺满市场,达到共赢。最后一点,一般不为经营者所注意,但却是一种十分有效的办法。

5. 策略跟进模式

策略跟进即强制跟随,与"跟风"的盲目性、哪里热闹往哪里钻不同。策略跟进需要经营者对自己做出正确评估,并分析清楚自己的优势、劣势之后,对未来走向做出判断。

在马拉松比赛中,可以看到运动员会形成"第一方阵"和"第二方阵"。而最后获得冠军的往往是开始位于"第二方阵"的运动员。因为"第二方阵"的运动员在大部分赛程中都处于"跟跑"的位置,可以清楚地看见"第一方阵"的运动员的一举一动,并根据其变化很好地把握赛程,调整自己的比赛节奏。同时,作为"第二方阵"的成员,他们所承受的心理压力也相对较小,又因为一直处于蓄势待发的状态,其积蓄的体能有利于在最后冲刺阶段爆发。所以"第二方阵"的运动员获得冠军并非偶然。

这也适用于创业过程,比如在成长的道路上,瞄准一个目标,紧随其后,时刻关注对方的一举一动,学习他人的长处寻找其弱点,待时机成熟一举超越。甘居人后是大赢家的制胜策略。创业者要懂得"示弱",要表现出不能也不想和对手竞争的态势,即我所追求的仅是你们剩余的空间,根本无心也无能力与你们抗争,对手就有可能放过你,而且有可能反过来帮助你。这便为你提供成长的空间,使你能在对手眼皮下悄悄地壮大。

从策略上讲,"跟跑"实际上是压缩投入成本最好的方法。表现在:第一,不用费心考虑市场。初创者因为经验不足,对市场需求往往把握不住,采取观望态度,审慎地注视对手的一举一动,进行跟随,是一种明智的策略。第二,在市场里有所积累之后,如何有策略地攻占对方市场也大有讲究。

从利润角度讲,"跟跑"者比跑在前面的人要省力,因此利润也相对较高。在商业活动中,每一个商业行为都需要成本,获取胜利果实等于将成本最小化,也就等于获得了最大化利润。

"跟进"哲学是一种应变哲学,绝不是懦夫哲学。甘当"第二方阵"创业者的目的在于充分谋求利益,避免自身劣势,充分发挥优势。

【案例 3-23】

苹果 iPod/iTunes 商业模式

2001年,苹果公司发布了其标志性的便携式媒体播放器iPod。这款播放器需要与iTunes软件结合,这样用户可以将音乐和其他内容从iPod同步到计算机。同时,iTunes软件还提供了与苹果在线商店的无缝链接,用户可以从这家商店里购买和下载所需的内容。

这种设备、软件和在线商店的完美有效结合很快颠覆了音乐产业,并给苹果公司带来了市场的主导地位。然而苹果公司不是第一家推出便携式媒体播放器的公司,竞争对手如帝盟多媒体公司的Rio品牌便携式媒体播放器曾经在市场上同样成功,直到它们被苹果公司超越。

苹果公司是如何实现这种优势的呢?因为它完美地构建了一个更优秀的商业模式。一方面,苹果公司通过其特殊设计的iPod设备、iTunes软件和在线商店的结合,为用户提供了无缝音乐体验。苹果公司的价值主张就是让用户轻松地搜索、购买和享受数字音乐。另一方面,为了使这种价值主张成为可能,苹果公司不得不与所有大型唱片公司谈判,建立世界上最大的在线音乐库。

关键在于苹果公司通过销售iPod赚取了大量与其音乐相关的收入,同时利用iPod设备与在线商店的整合,有效地把竞争对手挡在了门外。

(资料来源:互联网)

151

6. 婚介所模式

婚介所模式就是吸引供应商和消费者两者的关注, 从而为供货商和消费者提供沟通渠道或交易平台, 而且前期的投入成本很大, 并从中不断获取利润, 但这个风险也很大。

什么是婚介所模式呢? 准确地说, 因为在某些市场, 许多供应商与许多客户发生交易的成本很高, 这就催生了一种高价值的中介业务, 这种中介业务的作用类似于婚介所, 其功能是在供应商与客户之间搭建一个沟通渠道或者交易平台, 从而降低买卖双方的交易成本。而提供中介业务的企业以及身在 "婚介所" 中的供应商都可以获得较高的回报。这种方式在北方也叫 "拼缝", 就是填补供需双方的缝隙, 促成双方交易, 作为中介的企业也可以从中获得不菲的利润。

之所以说婚介所模式对创业企业来说值得借鉴, 是因为它有很大的市场空间和强烈的市场需求。绝大多数初创企业在市场开拓中都会存在困难。一些小微企业有好产品却找不到合适的消费者, 而一些消费者有消费需求又找不到合适的产品。婚介所模式可以将供需双方连接在一起, 让初创企业直接面对他们的客户, 做成生意的可能性大大提高。

老话说, 货卖扎堆, 说的就是这种情况。当一个交易市场形成了规模, 自然就带动人气直线上升, 身处这个市场的商家也就省去了宣传、推广费用, 并且大大缩短了客户对其的认知周期, 从而加快了进入利润期的速度。

据统计, 运用婚介所模式在单位时间内可能做成的生意数量可达到传统模式的二倍或三倍。由于婚介所模式的运用, 集中了供应商和客户之间的力量, 因而宣传成本、运作成本都有很大幅度的下降, 因此, 单位时间和单位努力程度所带来的利润也是传统模式的7~10倍。

7. 产品金字塔模式

为了满足不同客户对产品风格、颜色等的不同需要, 根据个人收入的差异, 达到客户群和市场拥有量的最大化, 一些企业不断推出高、中、低档产品, 从而形成产品金字塔模式。在金字塔的底部, 是低价位、大批量的产品, 靠薄利多销赚取利润; 在塔的顶部, 是高价位、小批量的产品, 靠精益求精获取超额利润。

有些公司在激烈的市场竞争中胜出, 就是依靠对产品金字塔模式的运用——利用低档产品的大量销售建立一堵防火墙, 使竞争者在价格上无力与之抗衡。但是在产品金字塔模式中, 利润的最大来源是中、高档产品。也就是说, 产品金字塔模式靠低档产品占领市场、吸引人气, 而靠中档产品、高档产品赚取利润。如果只是在底层设置防火墙, 而没有在上层构筑利润来源, 企业的竞争将很难持续。产品金字塔模式可以成为众多想从恶性价格竞争中挣脱出来的小微企业的一个经典模式。

产品金字塔模式的运用有一个前提条件, 就是在一个成系统的产品或者领域中运用, 必须与客户的市场定位紧密联系, 并且高中低档产品的客户群之间有一定的联系。一个真正的金字塔模式是一个系统, 低档产品的生产和销售为企业赢得市场和消费者的注意力。

8. 战略领先模式

起步领先不代表永远领先，不能确保你永远盈利，因为总是有后来者参与竞争。如果适时改变竞争策略，实现由静态到动态的飞跃，可以确保企业从起步时的飞跃领先到始终领跑，使利润源源不断。俗话说，创业不易守业更难。如果你跑在最前面，就大大拉开了与后来者的距离，你就会有知名度、粉丝。如果你跑得比别人更快，你就能得到领先奖赏，赚得更多。所谓早起的鸟儿有虫吃，说的就是这个道理。

目前，小微企业要做到战略领先越来越难，这种时间战对小企业的要求也越来越高。如果你准备运用这种模式，不妨从下面三个方面进行思考：第一是主业领先。小微企业在决定企业核心主业时，千万不要贪慕虚荣，可以暂时寻找市场竞争性和挑战不大、但有发展前途的领域，抢先占领市场。第二是技术领先。有领先的技术，企业才会有生命力，特别是在互联网技术、人工智能、大数据等技术日新月异的发展背景下，要学会主动学习和使用新技术，从而降低企业成本，优化产品或服务的用户体验。第三是人才领先。企业发展归根到底是靠人才。初创企业要在创业初期就能重视人才的引进和培养，对初创团队要有合理的股权结构和利益机制，促使团队有效运行和不断挖掘其潜力，同时，还要储备更多的技术人才和经营管理人才服务于公司。

9. 运营性商业模式

运营性商业模式重点解决企业与环境的互动关系问题，包括与产业价值链环节的互动关系问题。运营性商业模式创造企业的核心优势、能力、关系和知识，主要包含以下几个方面内容。

①产业价值链定位。企业处于什么样的产业链条中，在这个产业链条中处于何种地位，企业结合自身的资源条件和发展战略应如何定位。

②盈利模式设计（收入来源、收入分配）。企业从哪里获得收入，获得收入的形式有哪几种，这些收入以何种形式和比例在产业链中分配，企业是否对这种分配有话语权。

【案例 3-24】

红星美凯龙的商业模式

红星美凯龙的卖场分为自营和委管。自营的好处是管控力度强，不受租金和场地的影响，容易塑造自家品牌。自营需要占用资金、培养人力，扩张慢，容易错失良机。

委管与通常人们理解的加盟模式有所不同，红星美凯龙并没有自己的家居品牌，只是给家居品牌提供销售渠道。委管商城主要分布在三线城市，红星美凯龙将建设商场等需要投入大量资金的地方委托给合作方，自己只负责招商、委托经营管理等事情，然后与合作方共享权益。委管模式的优点显而易见，让红星美凯龙在开支较少的情况下，提升了营业收入和投资回报率。委管模式给红星美凯龙带来的收入来源于四个方面：一是冠名费，金额固定，取决于城市级别、商场规模及商场位置等因素,费用通常在1 800万~3 000万元;二是向总承包人收取的商业管理咨询费,这部分费用通常在1 200万~3 000万元;三是招商服务费,200万~300万元;四是管理费,每年收取150万~600万元,其中包括日常经营及管理、销售、推广、提供广告和客户服务,统一招募及管理商场的所有员工的费用。

截至2016年末,红星美凯龙共经营200家商场,覆盖全国28个省、自治区、直辖市的142个城市,商场总经营面积12 692 393平方米。公司经营着66家自营商场(2016年新开设了8家自营商场,另有3家商场从委管转为自营),总经营面积5 083 326平方米,平均出租率96.7%。大多数自营商场在一线城市及二线城市,尤其是直辖市的核心区域。其中,有18家商场分布在北京、上海、天津、重庆4个直辖市,比例达到27.3%,上述自营商场的经营面积1 511 480平方米,比例达到29.7%,并有22家筹备中的自营商场。未来红星美凯龙公司仍将继续侧重于在一线、二线城市的核心区域对自营商场予以战略布局。

(资料来源:互联网)

【拓展训练 3-7】

从商业模式类型的角度,对拥有成功商业模式的企业进行分析。

请学生分析苹果公司和红星美凯龙公司的盈利方式,围绕业务结构和商务结构两个方面,探讨商业模式的内涵,全班可以分小组进行分析。

请学生对苹果公司和红星美凯龙公司的业务结构和商务结构进行归纳,填写苹果公司与红星美凯龙公司的业务结构和商务结构归纳表。

公司名称	业务结构	商务结构
苹果公司		
红星美凯龙公司		

请思考:商业模式的构成要素都包括什么?这些商业模式应如何进行归类?

【拓展训练 3-8】

商业模式概述评价

1.商业模式概述

将全班学生分成以下小组,扮演该公司的创始人或公司经理,假设团队在电梯间碰到风险投资人,你将怎样介绍你的企业项目,吸引他们的投资。

第一组:雕爷牛腩

雕爷牛腩餐厅,是中国第一家"轻奢餐"餐饮品牌,其烹饪牛腩的秘方是向周星驰电影《食神》中的原型人物——香港食神戴龙以500万元购得的。戴龙经常为李嘉诚、何鸿燊等港澳地区名流提供家宴料理,他还是1997年香港回归当晚的国宴行政总厨,所以他的代表作,一道"咖喱牛腩饭"和一道"金汤牛腩面",成为无数人梦寐以求的舌尖上的巅峰享受。

第二组:三只松鼠

三只松鼠股份有限公司成立于2012年,是中国第一家定位于纯互联网食品品牌的企业,也是当前中国销售规模最大的食品电商企业。

第三组:猪八戒网

猪八戒网创建于2006年,现已发展成为一站式知识工作者共享平台。猪八戒网开创式地搭建起知识工作者与雇主的双边平台,通过线上线下的资源与大数据沉淀,知识工作者与雇主无缝链接。

第四组:北京小米科技有限责任公司

北京小米科技有限责任公司成立于2010年3月3日,是一家专注于智能硬件和电子产品研发的移动互联网公司,也是一家专注于智能手机、互联网电视以及智能家居生态链建设的创新型科技企业。

每组汇报时间为5分钟,最后全班学生比赛,投票选出介绍得最好的两个小组,两个小组的创始人可以再继续介绍5分钟,然后全班对这两个项目的商业模式类型做深入探讨研究。

2.商业模式评价

在下表中对每个项目的商业模式进行评价。

商业模式评价表

评价指标(分值)	标准	小组自评(30%)	小组互评(30%)	老师评分(40%)	最后得分(分)
参与程度(10分)	课堂整体参与度和小组成员上课情况				
列出具有不同商业模式的企业数量(30分)	列出数量10个以上为20分,列出20个以上满分				
商业模式不同类型的归纳(30分)	根据对商业模式分析合理、归纳、正确的程度打分				
成果与发言(30分)	根据对案例的分析情况给分,投票为优秀的团队给满分,其余小组酌情给分				
合计100分)					
教师评语					

二、商业模式设计

(一)商业模式设计方法

商业模式设计是每一个处于当今市场经济和国际经济一体化时代的企业都要思考和探究的重要课题。无商业模式或商业模式模糊,又或是商业模式缺乏适应性,都会使企业面临危局或消亡之灾。在市场瞬息万变和竞争日益激烈以及技术或产品、服务日新月异、国际一体化趋势越来越明显的形势下,商业模式成为企业成败的关键。一些互联网企业或新兴企业,如雅虎、谷歌等的成功案例足以说明这一点。无论是怎样的商业模式,其内涵都应包括反映商务活动和业务活动内容的六个要素,即利润来源、利润项目、利润杠杆、保利策略、利润组织和企业文化。一个新的商业模式设计必须遵照一定的规则,使企业能够有效运行,并控制它的运作流程使其取得预期的效果和效率。

商业模式设计就是要建立适合企业内外部环境、与企业战略目标相适应、能够最优化企业价值链和业务流程的企业商业模式,区别于其他企业的商业模式,为企业实现差别化战略经营带来超额利润,满足企业利益最大化要求。利用商业模式设计的相关方法、准确定位设计好企业商业模式是创业非常关键的一步。

常用的商业模式设计方法有以下5种。

1. 目标法

商业模式的设计最终就是要使企业实现最大盈利,这不仅限于短期目标,还应当与企业经营战略目标相结合,从企业长远发展的角度进行设计。

2. 创新法

创新是企业价值创造的源泉。商业模式设计应综合考虑企业的发展战略、价值链与业务流程的优化、企业的理念与文化价值观等,建立与众不同、符合企业自身发展需要的商业模式。

3. 柔性法

商业模式应该具有一定的柔性和灵活性,能迅速地适应市场发生的变化,有效地保持企业与外界环境的联系和平衡,有效地调动组织资源并节约资源。根据市场的变化和企业所处的成长与发展阶段,收入、支出模式应有一定的拓展空间,以适应经济环境的快速变化。企业发展不能脱离于外部市场,总是在与外部市场(资本、产品、人才、客户、技术、原材料等)的互动中,不断地适应、调整、拓展新的利润空间。为此,企业应采取相应的措施,配置相应的人员对外部信息进行采集与整理,有助于抓住商业机会,实现利润的增长。

4. 效率法

企业组织的目标是追求利润,同时将成本降到最低,效率原则是衡量商业模式的基础。商业模式的设计如果能使人们以最小的失误或代价(并非以货币或小时等衡量指标衡量费用)实现最初目标,就是有效的。

5. 独特法

企业的商业模式应该根据企业所在行业、市场环境和企业内部环境设计,充分考虑各种因素,建立符合企业自身条件的商业模式;不能照抄照搬其他企业成功的模式,因为环境的不同,其他企业成功的模式不一定对自己有益。独特法就是要实现企业模式的不可重复性,其他企业不能直接引入,从而保证企业的长远收益。

(二)商业模式设计的核心原则

商业模式设计的核心原则是商业模式的内涵、特性,是对商业模式定义的延伸和丰富,是成功商业模式必须具备的属性。它包括客户价值最大化原则、持续盈利原则、资源整合原则、创新原则、融资有效性原则、组织管理高效率原则、风险控制原则和合理避税原则八大原则。

1. 客户价值最大化原则

一个商业模式能否持续盈利,是与该模式能否使客户价值最大化有必然关系的。一个不能满足客户价值的商业模式,即使盈利也一定是暂时的、偶然的,是不具有持续性的。反之,一个能使客户价值最大化的商业模式,即使暂时不盈利,终究也会盈利。所以我们将对客户价值的实现再实现、满足再满足当作企业应该始终追求的主观目标。

【案例 3-25】

个性化的娱乐服务

美国西南航空公司在充分识别客户需求的基础上,结合自身实力,找到一种独特的低成本服务营销策略,通过省去不必要的服务环节,开发个性化的娱乐服务,既降低了成本,又保证了服务质量。

1.定位低票价,下大力气争取商务旅行者。

2.飞行安全、航班准时、不分舱位、不预订座位、使用二线机场、不提供行李中转服务、不提供用餐服务等。在这种模式下,飞机等候时间更短,利用率更高,客舱及地面服务人员较之传统航空公司数量更少,服务效率也更高。

3.推出了许多妙趣横生、体贴入微的个性化服务,如公司乘务员在飞行途中表演滑稽节目等,这些服务显然受到了乘客的普遍欢迎。

如今,西南航空公司充满乐趣的航空服务已经被铸造成令竞争对手羡慕不已的成功品牌。

2. 持续盈利原则

持续盈利原则即确定盈利模式,是企业为客户实现价值最大化的客观结果,也是企业的主观追求。盈利原则是对公司如何既为客户提供价值又为自己创造价值的详细计划,包括以下构成要素:

①收入模式:产品单价×销售数量。

②成本结构:直接成本、间接成本和规模经济。成本结构主要取决于实施商业模式所需关键资源的成本。

③利润模式:在已知预期数量和成本结构的情况下,为实现预期利润要求每笔交易贡献的收入。

④利用资源的速度：为了实现预期营业收入和利润，需要实现多高的库存周转率、固定资产及其他资产的周转率，并且要考虑从总体上该如何利用好资源。

企业能否持续盈利是判断其商业模式是否成功的唯一的外在标准。因此，在设计商业模式时，盈利和如何盈利也自然成为重要的原则。当然，这里是指在阳光下的持续盈利。持续盈利指既要盈利，又要有发展后劲，具有可持续性，而不是一时的偶然盈利。

3. 资源整合原则

资源整合就是要优化资源配置，要进退、取舍，要获得整体最优。在战略思维层面上，资源整合是系统论的思维方式，是通过组织协调，将企业内部彼此相关但却彼此分离的职能、将企业外部既参与共同的使命又拥有独立经济利益的合作伙伴整合成一个为客户服务的统一体，达到"1+1＞2"的效果。

在战术选择层面上，资源整合是优化配置的决策，是根据企业的发展战略和市场需求对有关的资源进行重新配置，以凸显企业的核心竞争力，并寻求资源配置与客户需求的最佳结合点。其目的是通过制度安排和管理运作协调增强企业的竞争优势，提高客户服务水平。对资源整合方案的提供者来说，整合了资源，简化了客户流程，提高了效率，带来了更好的客户满意度与忠诚度，更重要的是建立了一种区隔性的竞争优势；而对于资源整合方案的接受者来说，一站式的解决方案节约了自己的时间，把所有的问题一次性解决，更便捷、更高效，也更省钱。

【案例 3-26】

王明的"百人晨读"

王明是一所重点大学的大三学生。一个偶然的机会，青山老师与王明认识了。王明很渴望赚钱，但受能力、年纪、经验所限，尝试过很多次后都失败了。这一次，王明看上了学校里新建的食堂四楼的一个空旷的大厅。这个大厅旁边是一个高档餐厅，高档餐厅的生意一直很一般。目前，这个大厅闲置着，王明想低价将这块场地租下来做点什么。学校有几万名学生，虽说在食堂四楼，但如果宣传得当，还是有学生愿意来的。下面是青山老师（Q）和王明（W）的对话：

Q：你最擅长什么？

W：英语，我还是学校英语俱乐部的部长。

Q：那就从事你最擅长的英语。

W：青山老师，我该怎么做？难道搞英语培训？凭我的能力与力量，搞英语培训有很大难度。

Q：你要资源整合地去把这个困难克服了。

W：您的意思是，我去把场地先租下来，再找人投资？借别人的钱，找老师，再招生培训？

Q：不，不是，借钱或找人投资是一个很低级的借力方式。

W：那我该怎么做？

Q：你按我告诉你的方法做。

①你去跟后勤主任说，我有办法帮你把学生吸引到四楼食堂吃饭，同时我还会给你带来生意，我保证每个月给你带来2万元的营业额，我的条件是免费使用你那块闲置的场地。

②这个场地用来干什么呢？我不用于任何商业行为，只用来带领学校里的学生晨读英语。（一个百人晨读英语的培训项目诞生了，把自己跟外面的外语培训机构区别开来）

③你去找一个著名的培训机构合作，比如新东方。你跟他们说，我想帮你们招生，至少一个学校帮你们招100个学生，我的条件是由你们提供培训资料的视频与老师。比如新东方提供一名老师，每周一次或两次带领同学们晨读英语。同时晚上在这间教室里播放与培训相关的视频，为新东方招生做宣传。

④你再去找你们英语俱乐部的会长，告诉会长说，我给咱们协会找了一个定点读英语及开会、开展活动的地方，同时给会长您提供一间单独办公室。我的希望是，能动用协会的力量帮我招晨读学生。协会里的人可以免费参加，只需交纳3元早餐费。

⑤准备工作做得差不多了，开始向学生宣传："新东方老师带领你晨读！带领你走出哑巴英语。"

通过努力，一个多方借力、多方获利的项目取得了成功。

①王明通过英语俱乐部招到学生400名左右。定价为每个学生每天早晨6元（含3元营养早餐），按月收取费用。每个学生的毛利为3.5元（王明与食堂约定的早餐价格为每人2.5元），一个月毛收入为42 000元（400×3.5×30）。

②英语俱乐部免费获得了办公室与活动场所，树立了协会的形象。

③后勤集团每个月多收入了30 000元（2.5×400×30），还带动了四楼食堂生意。

④新东方通过这次晨读与晚上的视频学习，在一个月内招到46名学生，一个学期招了近200名学生。也就是说，新东方免费拥有了一个学生试听试读的场所，不需要花力气宣传和组织学生听。

通过一年时间的运营，王明运用自己的力量，通过资源整合，利用简单的资源，赚取了人生的第一桶金——697 800元。

（资料来源：互联网，有删改）

4. 创新原则

时代华纳前首席执行官迈克尔·恩说："在经营企业的过程中，商业模式比高技术更重要，因为前者是企业能够立足的先决条件。"成功的商业模式不一定是在技术上的突破，而是对某一个环节的改造，或是对原有模式的重组、创新，甚至是对整个企业经营模式的颠覆。商业模式的创新形式贯穿于企业经营的整个过程中，贯穿企业资源开发、研发模式、制造方式、营销体系、市场流通等各个环节，也就是说，在企业经营的每一个环节的创新都有可能变成一种成功的商业模式。

【案例 3-27】

拼多多的商业模式创新

拼多多成立于2015年,不到3年的时间,就做到了月流水400亿元的恐怖规模。拼多多的商业模式就是一种网上团购的模式,以团购价来购买某件商品。用户可以将拼团的商品链接发给好友,如果拼团不成功,那么就会退货。我们看到许多人会在朋友圈、微信群发有拼多多团购的链接,通过社交网络实现了一次裂变。

（一）目标用户精准

短短两年时间,拼多多瞄准了三、四、五线城市人群,以低价大量拉取用户。投资调研发现,拼多多上有三类典型人群:从没有网购经验的人群;知道淘宝也在淘宝消费过,但未形成购买习惯的人群;淘宝满足不了的人群。其实,现在无论是天猫还是京东,满足的都是比较追求品质的那批用户,但从没有人关注"能用就行"的这批用户,拼多多做到了,将众多小市场汇聚成可产生与主流相匹敌的市场能量。

（二）简单直接、病毒式的营销模式

拼多多的商业模式很简单:电商拼团、砍价（早期还有1元购等模式）。在拼多多上拼团能够获得更优惠的价格,几乎没人会选择单独购买……本来就已经比市面普通价格便宜的大蒜,在拼多多拼团后更便宜了。付款后可以一键分享到微信等社交平台上,从下单到支付,再到最后离开拼单页面,每一个关卡都在暗示、引导买家"分享"。在完成拼团之后,拼主还有机会获得拼主免单券,也算是变相的鼓励分享。

（三）发起拼单的用户会成为拼主

这个看似简单的分享、拼团砍价模式,就是拼多多崛起的关键！降价这种最直接的方式,鼓励买家将拼多多App推广给更多人,买家省下的钱也是实实在在的,拼多多获得的新用户也是实实在在的。这种拼团砍价其实就是批发和微分销的概念。借助QQ、微信流量的助攻,分享的平台有了（社交圈传播）;还都是朋友、亲戚之间的分享,信用背书也有了（诱导用户产生裂变效应消费）;生活状态差不多,你要用,我也要用,还这么便宜,拼团的需求也是一样的,拼团的成功率也大大提高（进一步扩大影响）。

为了吸引商家入驻,拼多多同样用了很多办法。如免佣金、免费上首页,这些都是现阶段淘宝、京东无法提供的优惠,大量的商家开始涌入拼多多平台。

抛开商品、监管,单从运营的角度评价,拼多多是成功的,它也很明显是走"先发展,再整治"的套路。但关于拼多多的各种投诉问题依然存在,要想长远发展、壮大,只靠卖山寨、假货肯定是不行的……

（资料来源:互联网,有删改）

5. 融资有效性原则

融资模式的打造对企业有着特殊的意义，尤其是对中国广大的中小企业来说更是如此。我们知道，企业生存和企业发展需要资金，企业快速成长更需要资金。资金已经成为所有企业发展中绕不开的障碍和很难突破的瓶颈。谁能解决资金问题，谁就赢得了企业发展的先机，也就掌握了市场主动权。

从一些成功企业的发展过程来看，无论其对外阐述的成功理由是什么，都不能回避和掩盖资金对企业成功的重要作用。许多失败的企业就是没有建立有效的融资模式，如巨人集团，就因为近千万元的资金缺口轰然倒下；曾经与国美不相上下的国通电器，有过30多亿元的销售额，也仅因为几百万元的资金缺口而销声匿迹。所以，商业模式设计很重要的一环就是要考虑融资模式。可以说，能够融到资并能用对地方的商业模式就已经成功了一半。

6. 组织管理高效率原则

高效率是每个企业管理者都梦寐以求的境界，也是企业管理模式追求的最高目标。将系统内外的各要素，通过整合方式，使之高效率地运行、运作，其目的就是使系统形成核心竞争力。用经济学的眼光衡量，决定一个国家富裕或贫穷的砝码是效率，决定企业是否有盈利能力的也是效率。

按现代管理学理论来看，一个企业要想高效率地运行，首先要解决的是企业的愿景、使命和核心价值观问题，这是企业生存、成长的动力，也是员工干好工作的理由。其次要有一套科学、实用的运营和管理系统，解决系统协同、计划、组织和约束问题。最后还要有科学的奖励激励方案，解决如何让员工分享企业的成长果实的问题，也就是向心力的问题。

【案例 3-28】

如家快捷酒店

如家快捷酒店借鉴欧美完善成熟的经济型酒店模式，为商务和休闲旅行等客人提供"干净、温馨"的酒店产品，通过客房收入、餐饮收入、加盟费等获得利润。如家商业模式的核心在于：

①经济+服务。如家快捷酒店在高标准的星级酒店和低服务质量的低星级酒店之间找到了一种平衡，并将其服务的重心放在了住宿和早餐两个优先的酒店功能上来，最终实现"价廉物美"的价值诉求。

②连锁模式。如家快捷酒店除自建直营酒店外，还通过特许经营的方式扩充如家经济型酒店的规模和数量。在连锁系统管理上，如家开发了中央管理系统，使公司总部能在第一时间了解全国分店的运营情况。

③人力资源开发。如家更加注重吸引和开发符合企业自身要求的人才系统。这一人才系统将总部、分店店长、资深店长、店助、城市/区域总经理等各个层面的员工纳入了公司的培训、开发和考核机制。

（资料来源：《商业模式百佳案例》）

7. 风险控制原则

设计再好的商业模式，如果抗风险的能力很差，就会像在沙丘上建立的大厦一样，经不起任何风浪。这个风险既包括系统外的风险，如政策、法律和行业风险，又包括系统内的风险，如产品的变化、人员的变更等。

8. 合理避税原则

合理避税不是逃税。合理避税是在现行的制度、法律框架内，合理地利用有关政策，设计一套有利于利用政策的体系。合理避税做得好也能大大提高企业的盈利能力。避税是企业基于逐利性的固有本质，为减轻税收负担，降低生产成本，在法律不禁止的范围内，通过改变经营形式或组织架构的方式，降低税负的一种行为。但企业若想达到既减轻税负又避免潜在的法律风险，在现阶段全球反避税的大背景下还是需要审慎的。

三、商业模式设计工具——商业模式画布

在创新创业时代，无论是组建一家公司还是开发一个产品，都需要在项目启动之前详细分析并向投资人言简意赅地说明公司或产品面向哪些客户、提供什么产品、如何盈利等重要问题，这就是商业模式的设计。

商业模式画布（Business Model Canvas）提供了一个简洁、直接的思路思考企业的商业模式，堪称创业公司做头脑风暴和可行性测试的一大利器。

（一）什么是商业模式画布

商业模式画布是指把商业模式涉及的9个关键要素整合到一张画布中，可以灵活地描绘或设计商业模式，直观、简单、可操作性强，其实质就是商业模式的可视化。商业模式画布不仅能够提供更多灵活多变的计划，而且更容易满足用户的需求。更重要的是，它可以将商业模式中的元素标准化，并强调元素间的相互作用，起到健全商业模式、将商业模式可视化及寻找已有商业模式漏洞的作用。

商业模式画布的正确运用，能很好地帮助创业者快速地认识创新创业。商业模式画布是很多创新创业会议和头脑风暴活动的常用工具，因为它的呈现方式非常容易让受众群体接受。

（二）商业模式画布的9个要素

商业模式画布主要包括9个要素，更准确地说是4个视角下的9个要素。4个视角就是商业模式衍生出来的4个问题（图3-3）：提供什么（What），如何提供（How），为谁提供（Who），成本和收益问题（Cost）。9个要素是价值主张、客户细分、关键业务、渠道通道、客户关系、核心资源、重要合作、成本结构、收入来源。

商业模式画布通常由一块大黑板或类似的替代品来呈现，将其按照一定的顺序分成9个方格，通过向这些方格里填充相应的内容，描绘商业模式或设计新的商业模式。

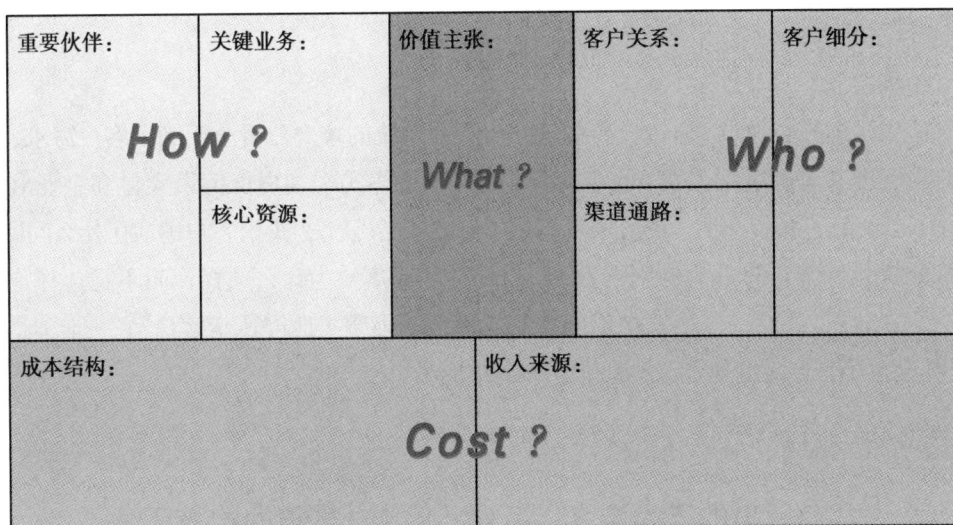

图3-3 商业模式画布的9个要素

利用商业模式画布讨论商业模式具有以下优点：①完整性。它基本可以确定一款产品的商业模式的方方面面，能够让人对该公司的商业模式是否完整或者存在很大纰漏一目了然。②一致性。它可以判断商业模式的各个方面是否一致。比如，设计合作伙伴假设与设计渠道假设的一致性。③直观性。它可以清楚地看到你的同事是否清楚你正在做什么以及为什么要这样做。画布的参考模板见表3-7。

表3-7 画布参考模板

KP重要伙伴：供应商和合作伙伴的网络合作的动机：商业模式画布和规模经纪的运用，风险和不确定性的降低，特定资源和业务的获取。合作的类型：非竞争者之间战略联盟关系、竞合关系（竞争者之间的合作），为开发新业务而构建的合作关系，为确保可靠供应的购买方——供应商关系	KA关键业务：为了确保商业模式可行，企业必须做的重要事情：制造产品、问题解决、平台/网络	VP价值主张：为特定客户细分创造价值的产品和服务：新颖、定制化产品、品牌/身份地位、价格、成本削减、风险抑制、便利性/可用性	CR客户关系：与特定客户细分群体建立的关系类型，如个人助理、专用个人助理、自助服务、自动化服务、社区、共同创作	CS客户细分：企业想要接触和服务的不同人群和组织，如大众市场、利基市场、区隔化市场、多元化市场、多边平台或多边市场
	KR关键资源：商业模式运转所必需的最重要因素，包括实体、知识资产、人力资源、金融资产		CH渠道通路：如何沟通、接触其客户细分而传递其价值主张，提升公司产品和服务在客户中的认知，帮助客户评估公司价值主张，协助客户购买特定产品和服务。向客户传递价值主张，提供售后服务和客户支持	
CS 成本结构：运营一个商业模式的所有成本。成本结构：固定成本、可变成本、规模经济、范围经济		RS收入来源：从每个客户群体获取的现金收入（需要从创收中扣除成本）；获取收入的方式：资产销售、使用收费、订阅收费、租赁收费、授权收费，经纪收费、广告收费。定价机制：固定定价、动态定价		

商业模式画布9个要素的具体内容如下。

1. 价值主张

价值主张即核心卖点。通过完善的客户服务和系统的客户分析全面满足客户需求，提高客户的满意度和忠诚度，同时降低企业营销成本，最终实现客户价值最大化和企业利润的持续增长。价值主张提出了"我给客户提供了什么产品/服务？我给客户解决了什么问题？"这是你能提供给客户的一个特别的好处。价值主张是客户为什么选择你而不是选择你的竞争对手的关键点，并在一开始就把你的产品或服务清晰明了地传达给客户。它一定不是产品本身，甚至也不是产品的功能，而是产品背后的价值。

【案例 3-29】

奥特莱斯的三大法宝：名牌、低价、舒适的购物环境

奥特莱斯吸引顾客有三大法宝：

①驰名世界的品牌。将"工厂直销店"和"品牌折扣店"相结合，使品牌消费者能低价购买名牌商品。

②难以想象的低价。一般以低至1~6折的价格销售。

③方便舒适的环境。远离市区，交通方便，集购物、休闲、娱乐功能于一体，打造顾客享受"淘金"乐趣的好地方。

名牌和低价是奥特莱斯的灵魂，以体验为基本内涵，促使消费行为实现。

2. 客户细分

企业要知道为谁创造价值，谁是企业的重要客户，这就是企业的目标客户群体，即客户细分，它可以是一个或多个群体的集合。一切业务的发生都是为了更好地满足特定客户的需求，企业要尽可能地找出那些具有共同需求、共同行为和其他共同属性的人群，把他们分别描述出来。例如，当前的各类电商品牌，都是在充分重视对自己产品对应的客户进行细分后，发现了产品（服务）的发展方向的，因为全盘通吃有可能什么也吃不到。如果企业的客户对象是所有人，所有人等于没有细分客户，那就说明企业的项目没有明确的受众客户，这将直接导致项目无法执行。

【案例 3-30】

佳美口腔：服务赢得口碑

佳美口腔将零售业、服务业连锁模式移植到医疗行业，成为中国最大的口腔医疗连锁机构。经过调查，佳美口腔将目标客户锁定为20世纪70年代前后出生、受过良好教育、对服务质量有更高需求的白领阶层，这部分人代表着潜力最大的中端市场。为契合这一定位，佳美口腔将业务调整为40%治疗，60%美容，包括洗牙、种植、烤瓷、铸造、美白等。

口腔消费是选择性消费,顾客往往更看重品牌、口碑等无形资产的作用。为保证医疗质量,佳美口腔放弃了加盟店,制订了统一的标准和规范,维护了品牌形象。佳美口腔还在安全、方便和服务质量上一点一滴地积累着企业的无形资产。优质而人性化的服务树立了佳美口腔良好的口碑,品牌影响力则方便了连锁扩张。

佳美口腔正是建立起了一套自己的管理标准,实现标准化连锁经营,不断提升服务质量,才取得了今天的成绩。

(资料来源:互联网,有删改)

3. 关键业务

为了确保商业模式可行,在企业商业运作中必须从事的具体业务就是关键业务。这些关键业务决定企业能否存活,一旦商业模式理解和分析错误,将导致创业项目无法执行。例如,中国人寿保险公司的关键业务是理赔,腾讯的关键业务是社交,百度的关键业务是搜索。

4. 渠道通道

公司如何沟通、接触被细分出来的客户,影响他们并把产品提供给他们,即组织机构(企业)沟通和交付给目标客户价值的不同方式,就是渠道通道。它能唤醒潜在客户对产品的了解,并促成交易,保证售后满意度。在传统的交易行为中,随处可见重视渠道沟通而诞生的项目或行业,如物流行业就是典型的例子;再如在"互联网+"背景下,各类外卖平台迅速诞生,很多企业争相上线宣传产品和推广平台。常见的渠道通道有面谈或电话沟通、店内营销沟通、实物交付、社交平台沟通等。

5. 客户关系

客户关系是指确定企业与特定客户细分群体建立的关系类型。企业的每个客户细分群体希望企业与之建立和保持何种关系?哪些关系企业已经建立了?关系成本如何?如何从现有客户身上开发出更多的价值?所有的企业都需要不断地加强与客户交流,不断了解客户需求,并不断对产品或服务进行改进和提高以满足客户需求。企业必须基于自身明确定义客户侧重的关系类型,它会随着目标客户的不同而发生变化,既有时效性又不缺个性。例如抖音、快手这样的"互联网+"背景下的粉丝经济等就是较好的客户关系范例。

6. 核心资源

核心资源是企业让商业模式有效运转所必需的能力和资源,包括人力资源、实体资产、知识产权、金融资产等核心优势。价值主张需要什么样的核心资源?渠道通道需要什么样的核心资源?不同的商业模式对核心资源的要求是不同的。

【案例 3-31】

IBM 公司的核心竞争力

IBM公司已经把公司的供应链管理视为自己的核心竞争力,其一切工作都围绕着为客户提供及时、完善、安全的服务开展。为了达到这个目标,公司必须在充分了解客户需求的同时确保公司的供应链具有足够的灵活性,这样才能满足客户的差异化需求,为他们提供及时的服务,这就是所谓的基于客户需求的供应链管理。对基于客户需求的供应链管理,IBM公司的理解是:一个企业的商业运作过程不能完全靠自己来完成,还需要合作伙伴、原材料供应商以及顾客等多方面协作完成。

7. 重要伙伴

重要伙伴用来描述让商业模式有效运作所需的供应商与合作伙伴网络。谁是重要伙伴? 谁是重要供应商? 我们从伙伴那里获取哪些核心资源? 合作伙伴都执行哪些关键任务? 只要是需要借助外界力量完成的事情都需要合作伙伴。任何一个企业都不可能拥有所有资源,只有合作共赢的伙伴关系才有持续发展的动力。

【案例 3-32】

携程旅行网

携程旅行网抓住了互联网与传统旅游业相结合的机遇,力求扮演航空公司和酒店的"渠道商"角色,以发放会员卡吸纳目标商务客户、依赖庞大的电话呼叫中心做预订服务等方式将包括机票预订、酒店预订、度假预订、商务管理、特约商户及旅游资讯在内的全方位旅行服务作为核心业务。

携程旅行网通过与全国各地众多酒店、各大航空公司合作,以规模采购大量降低成本,同时通过消费者在网上订客房、订机票积累客流。客流越多,携程旅行网的议价能力越强,其成本就越低,于是客流就会更多,最终形成良性增长的盈利模式。携程旅行网的商业模式创新性在于立足传统旅游服务公司的盈利模式,主要通过"互联网+呼叫中心"完成一个中介任务,用IT和互联网技术将盈利水平无限放大,成为"鼠标+水泥"模式的典范。

8. 成本结构

成本结构指运营一个商业模式所引发的所有成本,即企业需要支付哪些成本和费用。什么是商业模式中最重要的固定成本? 哪些核心资源花费最多? 哪些关键业务花费最多? 在哪里可以削减成本? 企业需要有自己的成本结构模型,因为每一个(类)企业的成本结构模式都是有区别的。常见的固定成本包括场地成本、人力成本、营销成本、仓储成本、物流成本、进货成本等。

9.收入来源

收入来源指企业从每个客户群体中获取的现金收入。所有的企业（项目）必须清晰：客户愿意为哪些价值服务付费？他们付费买什么？他们是如何支付费用的？他们最喜欢的付钱方式是什么？每个收入来源占总收入的比例是多少？如各类支付平台就是在"互联网+"背景下产生的，收入来源常见的方式包括一次性收费和持续性收费两种，具体包括一次性售出、租赁费、服务或使用费、订购费、注册费、中介费等。

【案例3-33】

茗香阁的盈利新模式

茗香阁是苏州一家面积500多平方米的茶馆，位于一个僻静的小巷内。茗香阁从多边客户——白领的需求出发，认真研究白领的切身需要，把茶馆从单一经营打造成一个具有多种盈利模式的"多媒体"平台。

1.建立商务交流平台。茗香阁成立了一个服务主流消费群体的商务俱乐部，推出了以下两项服务内容：开展商务交流。组织商务培训。在会员内部开展交流活动，为有不同需求的人牵线搭桥，可以创造出更多的商业机会。

2.提供婚介交友服务。大多数婚介机构表示愿意和茶馆合作。茗香阁特意在二楼开辟了一块专区，营造出一种幽雅、温馨的气氛。

3.开辟茶叶销售终端。茶馆特意联合有条件的茶厂推出了无公害茶叶，由茶场直接供货，很好地迎合了消费者的需求。

4.文化营销改善消费体验。在茶馆的一角开辟了一个书吧，根据目标消费群体的喜好，购置了一批热门畅销图书。同时，茗香阁还推出了一项书籍代售和代租业务，消费者可以把自己不需要的书带到茶馆，由茶馆负责寄卖或出租，并且不收取任何费用，这项业务吸引了许多喜欢看书、学习的消费者。

茗香阁通过四种新的盈利模式，改变了传统意义上茶馆只卖茶的观念，开拓了茶馆业务，为消费者创造新的价值服务，受到消费者的欢迎。

（资料来源：互联网，有修改）

(三)商业模式画布设计的具体步骤

（1）将猜想和计划写在便签上，展开最基本的商业模式。

（2）仔细想想每一个方格背后的含义和假设，哪一个是促成全局的最重要因素，哪一个能带来盈利。

（3）规划未来的路线，从而确保重要方格里的内容能不断推进，并且方向正确。

（4）设计实验，验证猜想。为每一个方格设置参数，比如目标客户数目，他们能承受的价格等。

商业模式画布法不仅适用于小公司，大公司也同样可以借鉴。虽然他们的商业模式已经成型，但商业模式画布法却能为其锦上添花，不断形成新的模式。在商业模式画布里为每一项加权，可以在真正执行前，率先测试出模式的可行性。

【案例 3-34】

唯品会的运营模式

一、正品

与一、二线品牌形成合作，保证品质。唯品会相当聪明地舍弃了一线品牌中的奢侈品，选取了大众熟知的一、二线品牌作为合作伙伴。在唯品会成立初期，即使消费者记不清唯品会的名字，但总能记住耐克、阿迪的名字，消费者挑选产品十分方便，还能保证质量。

二、省钱

以限时抢购作为特点，吸引用户注册也为厂家减轻压力。作为尾货清仓的电商，唯品会的价格要低于市场价格。每天上午10点限时抢购，限时抢购不同于秒杀之处是供货量的差异，限时抢购的量要大很多，女装品牌Lily就曾创下24小时内超过4万件的销售纪录，足见限时抢购对消费者的吸引力之大。

除了给消费者带来新鲜刺激的抢购乐趣，限时抢购模式还为供货商和唯品会的存货管理带来了便利。限时抢购模式具有大量进货、大量出货、大量退货的特点，可以帮助供应商较快地处理库存商品，有助于加快唯品会的周转，避免了货源不足带来的困境。另外，限时限量抢购模式为供货商提供了一个专门消化存货的平台，由于特卖时间有限，且并非当季新品，不但可以有效避免与实体店发生冲突，还可以有效地提升销售业绩。过了限时抢购时间，特定品牌一周内就会从仓库中撤出，帮助厂家快速回笼资金，减轻厂家的资金压力。

三、快速反应

自建仓储保证发货和退换货速度。低价格和高质量吸引了不少消费者注册唯品会，想做回头客的生意就要更全面满足需求，物流环节是后续服务的保障，唯品会不采取厂家发货方式，自建仓储，方便把握发货、退换货的物流环节，完全做到第一时间给消费者反馈，提高了唯品会高效率、高保障的形象。唯品会为消费者提供了整体的配套服务，创造了一个没有顾虑的网络购物环境，使消费者有过一次购物经历后仍愿意在唯品会再次消费，使回头客的生意越做越大。

（资料来源：互联网，有删改）

图3-4所示为唯品会的商业模式画布。

重要合作 ·强大的供应商网络 ·联合太平洋保险，推出了正品担保服务	关键业务 ·奢侈品电子交易 ·自建仓库 ·售后服务	价值主张 "消费者满意"是唯品会最大的追求目标。因此，唯品会坚持以安全诚信的交易环境和服务平台，为会员提供优质、高效，愉悦的售卖服务，以提升消费者满意度为己任，为消费者提供畅快、安全、放心、便捷的消费流程体验和服务	客户关系 ·购物体验 ·无条件退货 ·CSC呼叫系统	客户细分 ·奢侈品消费者 ·高档消费者 ·二、三线品牌偏好者
	核心资源 ·折扣商品 ·服务规划 ·仓库网络		渠道通道 ·电子交易平台 ·仓储物流	
成本结构 ·进货费用 ·物流费用 ·库存管理费用			收入来源 ·通过线上电子交易，直接获取销售与进货之间的毛利润	

图3-4　唯品会的商业模式画布

四、商业模式创新训练

商业模式创新是企业在以客户为中心的前提下，为应对内外部环境的变化，对目标客户、业务范围、经营方式等进行重新定位，对价值网络中的要素、自身发展潜力进一步发掘，对产业链进行重新整合，从而建立起新的价值网络、盈利模式等的创造性过程。

企业之间的竞争已经转化为商业模式之争，商业模式创新在某种程度上决定了企业的命运。不存在一成不变的商业模式，现有的商业模式会随着市场的变化（新技术、新的竞争者、新的竞争规则等）而变得过时，企业盈利能力也随之下降，坚持商业模式持续不断地创新是企业追求长期成功的必由之路。

（一）商业模式创新的逻辑

彼得·德鲁克在《管理实践》一书中指出，企业的目的在于创造客户价值，为客户提供产品或者服务，而不是利润的最大化。企业生存的唯一理由就是实现和创造客户价值，在这个过程中，利润是其必然的副产品。

可见，企业获得持续盈利的能力来自对客户价值的不懈追求，客户价值创造就是商业模式创新应遵循的逻辑。

【案例 3-35】

管理学大师彼得·德鲁克的现场咨询

彼得·德鲁克先生某一天接到一个电话，是一个卖窗帘的企业家邀请他去为自己的企业做一次"体检"，咨询一些未来企业发展的策略问题。德鲁克一听情况，就说："我的咨询费用是很贵的，一小时6万美元，所以您的这个问题我们通过邮件就可以解决。"但企业家还是很执着，他说："您的费用我们承担得起，还是请您来一趟当面提供咨询吧。"德鲁克没有办法，只好应约前往。

企业家也很诚恳，领着公司的全体人员列队欢迎德鲁克，然后陪着德鲁克参观他的企业，一边参观一边介绍。参观的时候，德鲁克打断了这个企业家，问了一句："请问您的企业是做什么的？"这个企业家一听，心里有些不快，心想：我之前在电话里已经告诉你了，我的企业是做窗帘的，现在陪着你参观窗帘的生产线，你还问我的企业是做什么的。但是出于对德鲁克的尊敬，他还是很温和地说："德鲁克先生，我的企业是做窗帘的。"德鲁克说了一句："哦。"然后继续参观。待参观结束了，企业家带着他的管理团队把德鲁克先生请进了会议室，将最近两年的公司财务报表拿给德鲁克先生，就开始做汇报了。德鲁克先生听到一半，打断了汇报，又问企业家："请问您的企业是做什么的？"企业家一听就生气了，心想：这位德鲁克先生也太不尊重人了，该介绍的也介绍了，该参观的也参观了，该汇报的也汇报了，而且刚刚都问过一次了，现在怎么还问啊？但企业家还是压着心中怒火，很客气地说："德鲁克先生，我的企业是做窗帘的！"德鲁克先生说了一句："哦。"然后继续汇报。等汇报结束了，大家都等着德鲁克先生做建设性发言了。德鲁克不紧不慢地站起来，问了一句："请问您的企业是做什么的？"企业家当时就火了，直接冲着德鲁克吼了起来："德鲁克先生，我都说了几遍了，您还问我的企业是做什么的。您是不是压根儿就没听啊？"等企业家的火发完了，德鲁克先生没有生气，还是不紧不慢地说了句："不，您的企业是做光线调节的。现在请您把我的咨询费付给我吧！"企业家愣了一下，随即就明白德鲁克先生说的话了，连忙向德鲁克先生又是道歉又是感谢，并立即支付了咨询费用。后来这家卖窗帘的企业市值翻了几番，从一家地域性小企业做成了全国性的明星企业。

企业家一直在做窗帘，窗帘是遮挡视线、调节光线的吧？那是不是只有窗帘这一种产品可以调节光线？肯定不止吧！还有窗户、涂料、壁纸等之类，这一句话点出了什么问题？是不是经营范围的问题？企业要经常做体检，要不断进行市场定位，才能因势而变。市场瞬息万变，顾客群体也是会发生变化的，而企业的目的只有一个——就是创造顾客！

（资料来源：互联网，有删改）

（二）商业模式的创新方法

商业模式所涉及的所有活动均包含在产业价值链中，为此，企业可以通过内外部价值要素和价值链条的"点""线""面"的突破与创新，或者综合型方式创新商业模式。

1. "点"的突破与创新

"点"的突破与创新指价值链条上一个或几个价值要素的创新，增加新要素或要素间实现新的组合。

商业模式的基本构成要素有价值发现、价值匹配、价值维护和价值获取等，任何一个或多个价值要素的增加或创新突破，都可能带来整个商业模式的创新，这些要素通常包含了价值链上的产品或服务、目标客户、渠道、收入模式等。

【案例 3-36】

海底捞：花很少的钱买到星级服务

海底捞是从街边麻辣烫创业起步的，经多年发展，截至2020年6月30日，海底捞在全球开设935家直营餐厅，其中868家位于中国大陆的164个城市，67家位于中国香港、中国澳门、中国台湾及海外，包括新加坡、韩国、日本、美国、加拿大、英国、越南、马来西亚、印度尼西亚及澳大利亚等地。

海底捞多年来历经市场和顾客的检验，成功地打造出信誉度高，集各地火锅特色于一体的优质火锅品牌。

海底捞产品并无高科技含量，也极易被模仿。深层次、全方位满足顾客潜在的需求是其快速发展的根本原因。海底捞通过细致贴心的服务把令人难耐的排队等餐变成了一种愉悦体验，消费者"花很少的钱能买到星级服务"。

增加新要素或要素间新的组合结构关系，改善内部基础价值链或外部合作网络，也可以设计出很多新的商业模式。

知识经济时代，以合作网络为主要特征的系统价值链创新已成为越来越重要的一种形态，又往往构成了企业核心竞争力的基础。比如，腾讯通过与运营商"二八分账"的协议，变革了价值获取的方式，更催生了移动QQ，实现了业务的高速增长。

2."线"的拆分重构

"线"的拆分重构指对自身基础价值链延长或缩短，或者通过拆分重构创新商业模式。

①价值链的延展：诸如前向、后向一体化，上下游伙伴战略合作等。

②价值链的缩短：通过剥离、分拆、外包等，对企业基础价值活动进行缩减，只保留难以被模仿又具有核心竞争力的业务，缩短企业价值链，并在此基础上对包含伙伴关系在内的企业资源进行重新整合。

③价值链延展与缩短相结合的拆分重构方式。

3."面"上交叉、融合与创新

"面"上交叉、融合与创新指不同产业价值链间的交叉、融合与整合重构引发的商业模式创新。

商业模式创新往往需要打破传统的企业、行业边界，引入外部资源参与创新活动，以合作共赢的理念重新构建各种价值网络。

近年来，制造业和服务业突破各自行业边界对价值链的重新整合，实现价值链整体效益的倍增；传统商业模式与新型商业模式融合等，跨行业价值链条分解与重构，打破了行业界限，将其他行业的商业模式引入本行业价值链中，有利于整合外部资源，掌握关键资源与关键能力。

【案例 3-37 】

用创新思维打造茶行业的"苹果"

中国目前大大小小的茶企有7万余家,但年销售额超过10亿元的仅有几家。缺乏准确的市场定位、没有公认的好茶标准、无视消费者需求的产品设计、有品类无品牌的发展模式以及各据一方的区域经营等成为阻碍中国茶产业升级,甚至迈向国际绊脚石。面对这样的市场现状,"改变"刻不容缓。以做中国茶现代派为定位的"小罐茶",让整个行业眼前一亮。这家励志创新中国茶体验的中国茶品牌,正在用创新思维与中国茶文化的碰撞为整个茶行业带来一场产业革命。

打破传统,做一款时尚、有品位的现代茶

咖啡文化得益于速溶咖啡的开发和普及,为小罐茶的定位和产品设计带来了灵感:做一款时尚而具有现代感的茶,成为小罐茶的一大目标。小罐茶以用户体验为核心,彻底颠覆了传统的茶叶包装设计理念。定位为"现代茶"的小罐茶从都市人群,特别是追求品位的高端人群的需求出发,设计极致的产品和体验,带给人们时尚、尊贵的感觉。为此,小罐茶请到了日本工业设计大师神原秀夫耗时近两年修改数十次,设计出了小罐茶独特的"一罐一泡"铝制小罐——外形更时尚,携带更方便,茶叶更易保鲜,冲泡方式更简易。

联手苹果体验店御用设计师,重新定义现代中国茶体验

不仅如此,小罐茶更将时下流行的体验经济发挥得淋漓尽致。"我们要将小罐茶打造成茶行业的'苹果'。"小罐茶副总裁对此直言不讳。2016年10月,小罐茶在济南恒隆广场3层的全球首家Tea Store正式开业。这家体验店的设计师就是苹果Apple Store的御用设计师——Tim Kobe。当年,他和乔布斯一起设计了苹果第一代体验店,重新定义了IT产品的体验。对于小罐茶来说,则要消除茶叶和广大消费者的这一隔阂,让Tea Store不仅是一家卖茶叶的商店,更是一家产品展示中心,而是一个人们喜欢待的地方。这一品牌理念与"苹果"品牌有着无限相似:以消费者为中心,用空间带给人们自由、时尚及尊贵的体验。Tim Kobe将国际化的视野和用户体验首次融入传统中国茶的设计中,实现了人与茶、人与空间的个性化互动。在这个空间,所有关于茶的眼、耳、鼻、舌、身、意的体验都能自主完成。

除了店面装潢风格和空间陈列上的巨大创新,小罐茶还引入了Apple Store的服务设计概念,并由国内领先的用户体验咨询公司唐硕主导设计。店里没有收银的地方,没有催单的压力,快捷的电子支付还能省去排队的苦恼。此外,一些人性化、科技化的细节更让进店的消费者处处有惊喜,比如轻推茶柜隔板即可欣赏到相应茶叶大师手工制作视频等。

八位制茶泰斗坐镇,为中国好茶立标准

小罐茶特别邀请到了中国八大名茶中最具代表性的8位泰斗级制茶大师,包括西湖龙井制茶大师戚国伟、黄山毛峰传统制作技艺第49代传承人谢四十、中国普洱茶终身成就大师邹炳良等。由每位大师负责为小罐茶打造出一款能代表个人技艺巅峰水准的产品,并采用统一的品质标准:限定原料产地、限制采摘时间、规定采摘方式,确保每一片茶叶的新鲜醇正、珍贵稀缺。

精准的定位、标准化的产品、极致的用户体验以及现代茶的创新思维，令小罐茶的影响已经渐渐走出国门，开始在国际市场崭露头角。《芝加哥商业杂志》《美国亚利桑那共和报》《波士顿商业杂志》《澳大利亚商业杂志》《洛杉矶商业杂志》《YAHOO》等数百家外媒不约而同地大篇幅报道了这匹中国茶领域的"黑马"，并给予了很高的评价——小罐茶正代表中国高端茶品牌走向世界。

（资料来源：互联网，有删改）

4. 综合型商业模式创新

综合型商业模式创新指通过对企业内外部价值链的点、线、面的综合性整合创新，或系统动力机制创新等方式创新商业模式。

【案例 3-38 】

新零售代表之一：盒马鲜生的商业模式

创始人侯毅说：盒马还真的像河马——体型庞大，但温和亲民——庞大体系加互联网式亲民。但就是这只看上去笨拙的河马，成长速度飞快。在一片唱衰的生鲜业里，逆势增长。

盒马模式的灵魂——精准定位

第一，目标消费群的定位越是精准，越能吸引目标顾客，增强与目标顾客的黏性。对盒马鲜生来讲，80%的消费者是"80后""90后"。他们是互联网的原住民，他们是在改革开放以后富裕起来的中国成长的一代消费者，他们更关注品质，更关心对品质的追求，对价格的敏感度不高。

第二，盒马鲜生是基于场景定位的，围绕"吃"这个场景构建商品品类。而且盒马鲜生"吃"的商品品类的构成远远超越其他超市卖场，所以在"吃"这个环节上，盒马鲜生一定能够给消费者满意的服务。盒马鲜生做了大量的半成品和成品以及大量加热就可以吃的商品，希望让"吃"这个品类的结构更加完善、丰富。

盒马模式的核心——重新设计了一套消费价值观

第一，"新鲜每一刻"。新的生活方式就是买到的商品都是新鲜的，每天吃的商品都是新鲜的。消费者追求的是新鲜的生活方式，盒马鲜生里买的所有商品仅供你吃一顿饭。所以将来冰箱就已经不需要了，你需要什么就买什么，盒马鲜生会快速地送到你的家。盒马鲜生把所有的商品都做成小包装，今天买今天吃，不追求原来的大批量、大包装，所有的商品只用一次就够了。

第二，"所想即所得"。当顾客在上班，没有时间去买菜时，可以在盒马鲜生下单。在下班途中可以下单，商品会和你同步到家。线上线下的高度融合为消费者提供了随时随地的便利购买，全天候的便利消费，比如说下雨天盒马鲜生的线上销售非常火爆。盒马鲜生提供的线上商品和线下商品是完全同一商品、同一品质、同一价格的。新零售是满足消费者随时随地、在不同场景下的需求，

"所想即所得",让消费者的生活更加方便。

第三,一站式购物模式。利用互联网技术B2C扩大盒马鲜生的品类,盒马鲜生有门店,但面积、SKU(库存量单位)有限。同时扩建了绿色频道,满足稀有商品的消费需求,顾客可以在盒马鲜生买到5 000块一条的野生黄鱼,这些高档食材原来在超市根本就买不到;还会推出各种各样的预售商品,满足消费者的各种需求。盒马鲜生是围绕"吃"来定位的,会解决顾客所有吃的问题,所以一站式服务使盒马鲜生具备巨大的商品竞争能力。

第四,让吃变得快乐,让做饭变成一种娱乐。盒马鲜生不断推出了各种各样的活动让消费者参与,让"80后""90后"消费者在家里做每一顿饭时都能够体现他的价值。所以盒马鲜生在整个店里面设置了大量的分享、DIY、交流等,让"吃"这件事变成娱乐,变成快乐,消费者就会产生强烈的黏性。新零售说得直白一点就是要满足消费者对更高品质、更深层次、更广范围、更加个性的消费追求,让大家的生活更加美好,更加开心。

盒马模式的关键——新零售模式改变了传统零售模式

第一,门店的定位。传统精品超市、社区超市、便利店,以店的规模、人群的划分来定位。而盒马鲜生是基于场景定位的,围绕"吃"这个场景构建商品品类。而且"吃"的商品品类的构成远远超越超市、卖场,所以在"吃"这个环节上,盒马鲜生能够给消费者更满意的服务。

第二,在商品结构方面。盒马模式改变了传统超市、卖场的品类组合原则,使整体的品类组合更浅,更加扁平化。盒马鲜生的追求不是为顾客提供简单商品,而是提供一种生活方式,期望以往家庭完成的事情放到店里完成,为顾客提供的可以直接食用的成品、半成品。因此,改变了传统超市的商品结构,这些品类也带来了巨大的毛利空间。

第三,餐饮与超市的融合。盒马鲜生要颠覆传统餐饮业、零售业,餐饮不只是它的体验中心,更是流量中心,带来了消费者的黏性。餐饮就是盒马鲜生里的加工中心,它可以提供更多的半成品、成品在网上销售。接下来,盒马鲜生会跟越来越多的餐饮企业合作,帮盒马鲜生做半成品和成品在网上销售。

第四,超市功能+餐饮功能+物流功能+企业与粉丝互动的运营功能。纵观盒马模式已不是一个简单的超市模式,已形成一个强大的复合功能体,特别是它基于经营顾客、粉丝互动建立的运营功能、物流功能、餐饮功能,已经颠覆传统的零售模式。

第五,新的门店组织架构,奠定线上线下的高度融合。盒马鲜生有餐饮副店长、物流副店长和线上运营副店长。从门店组织架构来讲,盒马鲜生绝不是一个O2O的企业,因为大部分销售来自线上而不是线下。

第六,强大的物流功能。盒马鲜生最大的特点是快速配送,门店附近3 000~5 000米,一般30分钟送达,最长时间一般不会超过1小时。在盒马鲜生App购物,不能预约隔天送达、只能当天送达,快速送达,即时消费,生鲜第二天才送到不符合消费者需求场景。

从盒马的定位、商品结构来看,主要是改变传统零售以商品为中心的经营模式,走向以场景为中心的商品组织模式；加上强大的复合生态，大大丰富了消费，通过互联网，大大提高了效率；新零售不是颠覆传统零售，本质依然是顺应消费升级的需求，提升消费者的生活品质，这才是新零售变革的核心内容。

（资料来源：互联网，有删改）

【拓展训练 3-9】

快餐厅的商业模式画布设计

闫柏林从上大学起一直有创业的想法。通过学习创业课程，他知道了创业一定要找到与自己的资源相匹配的项目，并设计好商业模式。他发现很多同学在中午不愿意花10~15分钟走路去食堂就餐，喜欢就近买盒饭或直接请小饭店送餐。于是，他就跟家里人商量，共同投资在校外开了家学友快餐厅，力求做到卫生、便利、快捷、物美价廉。学生在课间点餐，中午下课在第一时间就吃到可口的饭菜。餐厅很受学生的欢迎，也取得了可观的利润。学生分小组设计学友快餐厅的商业模式画布。

学友快餐厅的商业模式画布

KP重要伙伴：	KA关键业务：	VP价值主张：	CR客户关系：	CS客户细分：
KR关键资源：			CH渠道通路：	
CS 成本结构：		RS收入来源：		

复习思考题

1.商业模式的定义是什么?

2.商业模式设计应考虑哪些因素?遵循哪些原则?

3.商业模式创新的方法有哪些?

学习任务4　商业计划书与项目路演

【任务目标】

1.知识目标:了解商业计划书的内涵、作用及其分类;理解商业计划书的逻辑构架和注意事项。

2.技能目标:能够掌握商业计划书的撰写方法和技巧;掌握路演PPT的设计要点。

3.思政目标:让学生了解国家发展战略规划,引导学生将专业与创新创业结合,创新创业与国家发展紧密结合。

【任务导入】

小周毕业于某本科院校生物工程专业,就职于一家小型制药企业。在业余时间,她不断地努力钻研,发现了一项栽培蘑菇的新技术。如果这项突破能投入市场,将非常有应用前景。于是她决定辞去工作,注册一家属于自己的生物科技公司。创业伊始,她前期的积蓄还勉强能支撑公司运营;但由于市场没打开,各项开支远远超过预算,公司慢慢地入不敷出,连购买原材料的钱都没了。无奈之下,小周想到风险投资,希望能通过资金注入摆脱困境。

经过多方联系,小周与一家风险投资机构和一位天使投资人进行会谈。在交谈中,小周反复强调她的技术多么先进、多么有市场前景……可当投资人问到一些具体数据,如目标顾客具体多少、一年的销售量能达到多少、年回投率有多高、多久能收回投资额时,她只是胸有成竹地回答:"这个现在不清楚,但我保证项目的投资回投率肯定低不了。"另外,小周的公司招聘技术骨干时,也面临着类似的问题。因为无法提供详细的公司运作信息和商业计划,应聘者对公司的未来发展同样感觉迷茫,缺乏信心。

思考:为何小周的项目不被青睐?如果你是小周,你将如何应对?

凡事预则立,不预则废。我们需要为各种大大小小的事情做计划,以保证事情有序、有效、顺利地开展。学习是如此,生活是如此,创业更是如此。很多时候我们不乏创业热情和对美好未来的憧憬，却缺乏冷静的头脑和对创业整个过程的理智的可行性分析。这个创业的可行性分析就是商业计划。

一、商业计划书的内涵与作用

（一）商业计划书的内涵

商业计划书，是创业者根据对创业项目的理解而形成的整体性思路，是对新创项目有关的内部、外部环境条件和要素全方位描述的书面文件。这里强调"项目"而非"企业"，是因为创业计划是因新项目而生，不仅初创企业需要计划，成熟企业的二次创业也同样需要计划。

没有计划的创业是不足以令人信服的，正如上述案例中的小周，即使有再好的创意和技术，也难以让投资者垂青，甚至不能给自己和团队以底气。"机会通常给有准备的人"，没有创业计划的创业者显然让人感觉准备不足。然则，天马行空，夸大其词，为"计划"而"计划"的创业计划也是不可取的。关键要明白创业计划是对新创项目的详细描述和未来预期，应说明"为什么""能不能"以及"怎么样"将个人或团队的创业思路变成现实，它是创业之旅的路线导航，是创业梦想的现实写照，也是创业团队的个性展示。

正如美国CEO俱乐部创始人约瑟夫·曼库索所说："一份创业计划就是一项艺术性的工作。它是表达企业和赋予企业人性化的证明。每个计划如同一片雪花，个个不同，而每个都是一件独立的艺术品，每个都是企业家个性的反映。就像不能复制别人浪漫的方式，你也需要寻求你的计划的与众不同之处。"

（二）商业计划书的作用

商业计划书不仅是创业者成功创建新企业的运营路线图，还是管理初创企业的"第一号"纲领性文件和执行方案，其对创业成功的重要作用（图3-5）主要体现在以下三个方面。

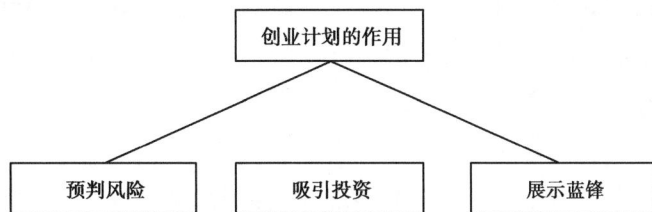

图3-5 商业计划书的作用

1. 预判风险，缓解焦虑情绪

风险，是指某种特定的危险事件（事故或意外事件）发生的可能性与其产生的后果的组合。创业风险包括团队管理不善、资金资源不足、产品开发失败、市场占有萎缩等一系列创业者不希望的后果的可能性及后果的组合。企业面临人才流失、法规解禁、产品创新、市场开放等不确定性的创业环境是创业风险的根本来源。创业风险会让创业者及其团队没有安全感，甚至高度紧张和心理焦虑，尤其是草根创业者，其压力和焦虑则更为凸显。焦虑的心态会严重影响创业者的身心健康和创业的成效。

准确的风险预判有助于降低决策错误的概率、避免损失的可能、缓解焦虑的情绪。创业计划中关于风险分析的内容，是创业风险预判的重要手段。创业计划通过对企业风险识别、估测和评价预判风险，并预备处理风险的手段和费用，以减少损失并提高应对能力。并且，通过风险的有效认知和防范措施的准备，让创业者感觉有备而来，可以缓解焦虑，促进其建立更为理性、积极、自信和乐观的创业心态。

2. 吸引投资，获取创业资源

商业计划书的主要目的之一就是筹集资金，并获取相关资源。若要贷款，银行要看商业计划书。若要吸引投资，风险投资家者也要看商业计划书；创业法律顾问或会计师也要求有商业计划书。商业计划书能够向潜在投资者和其他风险投资者介绍企业正在追寻的创业机会以及追求创业机会的方式。一份高质量的商业计划，是创业者与外部投资者沟通的桥梁和媒介，可让投资人感受到创业家的强烈企图心与新事业成功的可能。

另外，创业中的"人"也是重要的创业资源。有吸引力的商业计划书不但可以帮助创业者获取银行或风险投资商的投资，还可以帮助创业者找到适合的合作伙伴和网罗到高素质的人才，以此构建自己的核心创业团队。

【案例 3-39】

考研复习发现商机　大学生开发 App 获 300 万元投资

2014年，两名在校大学生在考研复习过程中发现商机，开发出"边学边问"App，掘金"大学学霸圈"。

昨天，在中国创业服务峰会暨中国创业咖啡联盟年会上，"边学边问"App项目在"挑战120秒"环节亮相，吸引了众多投资人的目光。而就在不到两个月前，他们通过5分钟的项目路演，获得了来自武汉博奥投资有限公司的300万元投资。

一、考研复习中发现创业商机

李凯是武汉纺织大学大四学生，与他同龄的古望军就读于湖北工业大学。两人是高中同学，双双从外地考到武汉读书。去年，两个好兄弟又决定一起考研。

在考研复习数学时，古望军每当遇到难题不会解答，就会上网搜索，但常常找不到答案。各大考研资料社区大多是文本材料下载，没有题库搜索能力；论坛发问，得到的答案却并不权威……

古望军和李凯碰面交流时"吐槽"：为什么中小学都有这样的问答类App，唯独在大学这一块是空白？两人灵光一闪：能不能做一个大学生的学习问答社区，方便大家在考研、英语四六级考试乃至各种考证的过程中实现互助学习?

"边学边问"应运而生。他们开发的这款App,是针对大学生群体打造的问答平台,使用者可以将问题发到App,由系统、网上高手或老师给出解答过程和思路。同时,还可以为用户提供高质量的考试考证经验、课程视频、学习笔记等干货内容,以及周边院校的讲座、选课指南、老师在线课程等。同时,App附加社交功能,设有"学霸圈""留学圈""四六级圈"等多个圈子,供大学生扎"堆"儿。

二、5分钟路演吸引投资人

2015年1月考研结束后,李凯、古望军正式开始创业。

李凯回忆,创业初期,他们没有贸然开始App开发,而是进行充分的市场调研。他们将市面上可以找到所有问答类App都下载在手机上试用,最后选择了5个进行详细解剖,逐一分析各自的优劣。一个月后,他们决定在采用文字录入模式的同时,加入一键拍照的方法,采取图像识别技术,从图片中提取文字,再匹配题库。

2015年1月中旬,项目团队正式入驻光谷创业咖啡,准备参加今年首场青桐汇路演,路演时间为5分钟。

为了准备路演,他们特地撰写了商业计划书并制作了PPT,在光谷创业咖啡工作人员的指点下,对PPT进行了三次大改。

2015年1月24日,古望军穿着租来的西装登上路演舞台,由于创业"角度刁",项目特点突出,当场就有投资人表达了投资意向。

(资料来源,互联网,有删改)

思考:

1.作为创业人,怎样打动投资人?以上案例给大家什么启发呢?

2.在产品还未正式上线的情况下就获得了投资,有何秘诀?

3.300万元投资在路演就当场敲定,讨论商业计划书从中起到的重要作用。

3. 展示蓝图,提高经营效率

弗朗西斯·培根先生说过"写作使人精确"。将商业计划书完整地写出来更能有效地检验创业者思想的逻辑性和一致性。商业计划书为企业执行战略提供了见得到的"蓝图"。商业计划书不仅可以给投资人看,还可以帮助创业者明确自己的创业理想,规划自己的创业蓝图,使创业者对自己的创业目标更加明晰。进一步说,创业者将自己的创意以商业计划书的形式表现出来,有助于其冷静地分析和识别创业机会,跳出自己的小圈子,客观分析整个商业环境,拓展思路,目光更长远、更有预见性。硅谷著名的创业家和风险投资者盖基·卡维萨基曾这样说:"一旦他们将商业计划写在纸上,那些希望改变世界的天真想法就会变得实实在在且冲突不断。因此,文件本身的重要性远不如形成这个文件的过程。即使你并不试图去集资,你也应当准备一份商业计划书。"

此外，对于创业团队成员而言，商业计划书也是有必要的。它能够在成员经历种种创业磨难后，帮助其唤起"初心"，回顾创业动机和理想，审视新创项目的预期目标和商业模式。并且以此为依据，成员们可以不断地讨论、修订和完善意见，推进创业想法的成熟并增强创业团队的凝聚力。

总之，商业计划书是创建新企业的重要工具。制订商业计划是缓解焦虑、争取资源、明确初创企业的发展蓝图并凝聚创业团队的最好方式之一，可以有效地节约创业者的时间和金钱，降低创业失败的风险。

二、商业计划书的分类

商业计划书的分类方式有多种，常见分类有：按使用目的划分，可分为争取风险资金投入的商业计划书、争取他人合伙的商业计划书、争取政府支持的商业计划书和争取银行贷款的商业计划书；按详细程度划分，可分为详细的商业计划书和简单的商业计划书。本章根据编写商业计划书的篇幅以及适用情况的不同，将商业计划书分为两种类型，如表3-8所示。

表3-8　商业计划书的类型及特点

类型	篇幅	内容	适用情况
完整型商业计划书	20~35页	覆盖全面的完整信息	·初创企业 ·希望探讨关键问题 ·详细地描述和解释项目 ·争取大额的风险投资
简略型商业计划书	10~15页	短小精悍的关键信息	·享有盛名的企业 ·申请银行贷款 ·试探投资商的兴趣 ·竞争激烈、时间紧迫

（一）完整型商业计划书

完整型商业计划书也就是一般意义上的商业计划书。此类商业计划书内容最全面，涵盖了创业的方方面面，完整型商业计划书通常用于吸引潜在的投资者和合作伙伴。其篇幅一般有20~35页，这其中包括5~10页的辅助文件。通过完整型商业计划书，创业者能对整个创业项目有一个比较全面的描述，尤其能够较详细地论述计划中的关键部分。

完整型商业计划书要适用于以下情况：①初创企业；②希望就关键问题与投资者探讨；③详细描述和解释项目；④争取大额的风险投资。

（二）简略型商业计划书

这是一种短小精悍的商业计划书，包括企业的关键信息、市场预测、盈利模式等重要信息，以及少量必要的辅助性材料。简略型商业计划书的篇幅通常为10~15页。

简略型商业计划书主要适用于以下情况：①享有盛名的企业；②申请银行贷款；③试探投资商的兴趣；④竞争激烈、时间紧迫。

三、商业计划书的基本逻辑与构架

（一）商业计划书的基本逻辑

对于成熟的创业者来说，即使没有书面的商业计划书，心里也已经有了一个完整的逻辑，这时，商业计划书的作用无非就是把这个内心的逻辑完整地表达出来。如果创业者在商业计划书中并没有把握住本质，对创业项目本身的发展逻辑没有想通透，则无法清晰地通过简洁的书面材料有效地传达，总有"只可意会，不可言传"之感。因此，厘清商业计划书的逻辑是非常重要的。

什么是商业计划书的逻辑？逻辑就是思路，商业计划书的逻辑是由其本质目标的思考过程决定的，是基本构架的形成依据。尽管不同企业的商业计划书形式和内容不尽相同，不同的商业计划书有不同的写作结构，而且一些富有创造力的创业者也并不想看到千篇一律的商业计划书，但偏离传统的商业计划书的基本逻辑往往是不明智的。商业计划书作为与利益相关者沟通的桥梁和媒介，需要逐步地向投资人证明其项目的可行性和营利性。因此，商业计划书必须在结构上层次分明、环环相扣、逻辑清楚。

（二）商业计划书的基本构架

基本构架体现了商业计划书的一般逻辑。通常，一份完整型商业计划书的基本结构主要包括封面、摘要、公司介绍、产品服务、创业团队、市场分析、风险分析与控制等。

1. 封面

封面是读者对商业计划书的第一印象，因此，封面设计要符合审美观，简明大方有艺术感，并且与商业计划书的内容相呼应。

2. 摘要

商业计划书的摘要是整个商业计划书的概括与精华提炼，一般字数不能太多，篇幅控制在一定范围内。摘要的重点是围绕创业项目的社会环境背景、市场需求大小、产品或服务、市场空间容量、创业团队、创业项目的优势与特色、创业项目的商业盈利模式、创业项目的投资回报，以及创业项目的风险与控制等简要描述。要让商业计划书的读者从摘要中清楚地了解创业项目的全貌。

3. 公司介绍

公司介绍是要让外人了解创业公司的基本情况，包括创业公司的成立时间、注册资金规模、公司人员数量及学历情况，公司的定位、公司宗旨、公司理念、公司的主营业务、公司组织架构、公司目标等。

4. 产品或服务

产品或服务是商业计划书描述的重要内容。创业者在描述产品或服务时，除了要将创业公司所提供的产品功能、产品质量、产品外形、产品尺寸、产品包装、产品服务等方面的情况描述清楚，还要重点描述以下与产品或服务有关的内容。

（1）技术水平

创业项目如果技术含量高，属于高科技项目，技术水平的描述就十分重要。技术水平的介绍应围绕项目产品的技术水平处于国际领先、国际先进、国内领先、国内先进等不同的阶段去陈述，如果该技术填补了国际空白或国内空白，应该尽可能地描述清楚。

（2）自主知识产权

创业项目中如果有大学生自主发明的专利或著作权都会提升创业项目的技术含量。因此，如果创业项目拥有自主知识产权，就应该在商业计划书中加以详细介绍和描述。

（3）产品销售服务

产品销售在项目经营中是重要的环节，直接影响创业公司的运营，包括产品的销售对象是谁、产品能否销售出去、产品销售的大客户有多少和年销售量的大小。所以，产品销售服务要在商业计划书中全面描述。当然，项目产品的宣传，销售渠道的建设，产品的市场定价与定位，产品的售前、售中、售后及目标客户与潜在客户的培育也包括在产品销售服务的内容中。

（4）产品或服务特性

商业计划书在描述产品时，应该从产品的便利性、低价性、环保性、安全性、舒适性、美观性、功能性等方面进行描述；在描述服务时，服务模式是关键内容，是衡量创业项目质量好坏的一个重要评价指标。

（5）产品设计和生产

对于生产制造类的创业项目，要详细描述原材料的采购、产品设计、生产制造、检测检验，包装运输、产品销售、售后服务等不同环节。产品设计围绕产品图纸设计、制造工艺设计、加工模具设计、概念设计和工业设计等方面描述。产品生产制造可以重点围绕生产流程、生产工艺、产品检测检验、产品打标、产品包装与交付发货等方面描述。

5. 创业团队

创业团队也就是人员及组织结构，是创业项目的核心力量，对创业项目的有效运营至关重要。所以，创业团队的描述在创业计划书中是重要一环。

（1）团队的学历、专业和技能情况

在介绍创业团队时，要描述清楚每个团队成员的姓名、性别、年龄、专业、学历和技能，更能明确谁是项目负责人、每个成员各自负责哪些工作，让组织协调能力、项目策划能力、工业设计能力、软件编程能力、信息查询能力、市场营销能力强的成员各尽其才。

（2）创业梦想和创业激情

创业梦想和创业激情是创业必不可少的。每个创业成员的激情集中在一起就会成为一簇火焰，共同燃烧大家的青春激情岁月，为生命诗篇书写下最绚烂的篇章。

（3）参加社会实践与社团活动情况

相对而言，参加过社会实践和社团活动的大学生，组织能力和活动能力更强，这对风险投资更合适。因此，每个成员是否参加过重大社会实践活动及社团活动情况，在介绍创业团队时，应该详细描述。

（4）团队合作与组织协调情况

创业团队成员之间的理念认同、性格磨合、工作协同都会影响创业团队的战斗力。在商业计划书中详细描述成员的合作精神和善于配合的工作态度，才能更加全面地反映创业团队的整体实力。

（5）抗挫折能力情况

拥有强烈的创业激情，不畏创业失败，拥有坚强毅力的大学生是最适合风险投资的。因为创业绝非易事，创业过程中不仅会遇到风险，也会遇到阻力和障碍。如果在商业计划书中描述团队中成员的抗挫折能力，就能看出这个创业团队是否能经受住创业失败的打击。

（6）创业团队股权结构

创业者在组建创业团队时，应该考虑股东人数和股权比例。在股权方面，要避免股东一支独大，这样会影响决策的合理性。另一方面，股东人数不宜太多，否则会导致重大决策很难确定下来。

6. 市场分析

当企业要开发一种新产品或向新的市场扩展时，首先要进行市场分析。商业计划书中市场分析应包括以下几个方面的内容。

（1）市场服务预测

创业项目要实现与市场结合，围绕市场服务需求去设计，这就需要分析创业项目的市场空间有多大，会有哪些人群购买，服务或产品是否具有市场需求，会给购买对象带来哪些好处。

（2）公司选址

商业计划书中要对办公地点进行充分的调研和分析。如果项目属于科技类的公司，地段应该选择科技氛围比较浓的、能享受科技扶持政策的地段，如大学生科技园或科技孵化园；如果属于文化和设计类的公司，选择产业集聚的地段或商业写字楼，如文化产业基地。

（3）分销渠道

公司要经营下去，不仅要生产出产品，更要把产品卖出去，形成销售收入。因此，要设计利用好哪些人脉关系，建立分销渠道，并创新销售模式。

（4）产品价格定位

项目产品的市场价格的确定也很重要。价格过高，产品不好卖；价格过低，公司的利润会受影响。这就要求创业者提前对市场上类似产品的价格做横向比较，制订相对应的价格策略。

（5）目标客户定位

产品销售一定要确定目标客户。要清楚哪些人会购买公司的产品与服务，主要可以围绕以下几个方面进行分析：从收入差异上可以划分为蓝领、白领、金领；从消费差异上可以划分为奢侈消费、高端消费、中端消费和低端消费；从受教育程度上可以划分为初等教育、中等教育和高等教育；从性别上可以划分为男人和女人；从年龄上可以划分为新生儿、学龄前儿童、小学生、中学生、大学生或老年人、"60后""70后""80后""90后"等。

（6）市场覆盖率与占有率

创业公司要规划好产品销售到哪些地区和领域，销售的规模有多大，每年产品的地域覆盖率、市场占有率，需要多少人去拓展市场，需要投入多少资金都要提前规划好。

【案例 3-40】

重庆大学生卖手抓饼，年收入 250 万元！

"90后"大学生禹化普大三时就当上手抓饼小老板，两年来连锁加盟店已开遍大学城。

你曾经在北城天街小吃街吃过台湾手抓饼吗？在北城天街小吃街这家不到10平方米的手抓饼小店老板竟是一位刚毕业的"90后"大学生。禹化普大三时就当上手抓饼小老板，在两年时间里发展了4家直营店、1个加工厂和8家加盟店，年收入达250万元。

每天下午4点，在北城天街小吃街店门口，已经有五六个白领在排队。放面团、煎鸡蛋、配作料……3分钟后，两个手抓饼新鲜出炉，递给了前面的顾客。和传统烙饼不太一样，这个饼千层百叠，面丝千连，外层是淡淡的金黄色，内层柔软白嫩。

每天能卖400个饼

这么多人包围着店，为什么还有顾客加入呢？"这五六个客人是活招牌。顾客也许不知道我们，但看这人气，就会吸引他们来尝鲜。"禹化普说，小吃店的秘籍就是要保持人气旺，排队人越多生意越好。

"以前我们追求速度，人多了就一次出6个饼。"禹化普说，在2011年做第一家店时这个快捷的方式并没有赢来顾客青睐。他特意跑到成都小吃街去考察，发现类似的小吃店老板总是保持慢工出细活的状态，即便店外已经排起长龙也不慌，而前来的顾客络绎不绝，等待着他们的美食。

禹化普回到重庆，开始要求师傅一次只做两个饼，甚至有时候做一个饼。这个营销方式反响很好，饼保持很好的口感，排队的客人反而更多了，每天平均能卖400个饼。

禹化普的北城店是两个月前开的，虽然租金掏了1.3万元，但是却成了店里的活招牌。北城店现在每月能卖1.5万个饼，凭着这样的人气，禹化普在月初迎来了三位新的加盟商。

禹化普说，从去年的5个加盟商情况来看，基本4个月就能盈利。加盟费1万元，门店3~10平方米即可，租金价格通常在3 000元左右，扣除原料、房租、水电煤及人工费用，按每家店最差卖300个饼算，一个月的纯利润平均为8 000元。

一开始，禹化普想做连锁直营模式，但当他们拥有第三家直营店时，开始打磨品牌。要想与大品牌竞争，打开这个细分市场领域，必须吸引加盟商。

"每卖一个面团给加盟商，他们赚8毛，我们只赚5毛，薄利多销。"禹化普说，按10个月算，5家加盟店每天至少购买2 500个面团，一年仅靠卖面团营业额就能达到100万元。

（资料来源：新浪财经，有删改）

7. 风险分析与控制

创业计划书中对风险分析和风险控制的介绍可以帮创业者清楚地看到创业项目的风险在哪里，风险有多大，如何规避风险和控制风险，并制订风险应对的预案。风险主要有以下几个方面。

（1）资金风险

创业者要认真思考资金的问题。如有的创业项目可能需要经过很长时间才会盈利，但是自有资金又不足，会导致企业经营维持不下去；有的企业项目启动资金很大，但是能够募集到的资金又不多，很难保证项目的顺利开展；有的企业不注意开源节流控制成本，各方面支出很大，造成很大的财务亏空，导致创业失败。针对以上可能出现的资金风险，创业者要全面分析，并想好如何应对的措施。

（2）团队风险

创业公司有时也会遇到团队风险。企业开办前，合伙人之间的关系都不错，不一定在一起共过事，不存在经济利益关系，企业开办后，彼此都是企业的股东，会存在利益和权力的直接冲突。同时，每个人的思想观念、价值观念也不尽相同，团队合作中的矛盾也会随岁月的变迁而产生。为了防止合伙人离开企业单干，创业者也要提前思考如何与合伙人之间加强交流沟通，统一思想，最终达成共识，化解利益冲突。

（3）管理风险

新成立的企业，由于员工少，可能会出现一人多职、一人多岗的情况，随之而来的有可能产生工作上跨岗越位引起的冲突与矛盾，这就需要大家相互配合并在一段时间里去磨合。要使创业公司向着规范化、程序化、标准化的方向发展，创业者必须让企业员工做事情有章可循、有法可依，特别要提前制定好企业的人事制度、考勤制度、财务制度、销售制度、薪酬绩效考核制度等。

（4）市场风险

创业者最应该重视市场风险，导致市场风险增大的有可能是国际和国内的一些突发事件。如沿海数省受到台风的侵袭，香蕉的产量就大幅度下降；酒鬼酒陷塑化剂风波，导致国内白酒行业销售量大幅下滑；奶粉中添加三聚氰胺，使国内奶业受到影响。当然，市场上竞争对手太多、产品价格混乱、假冒伪劣商品增多、市场需求不足也是市场风险的重大隐患，所以，要认真分析市场风险并做好预案应对。

（5）政策风险

政策风险就是创业项目是否与国家产业发展政策相违背，是否属于国家限制性发展的行业或国家不支持发展的产业。创业项目如果与国家产业和环境发展精神相抵触，就要认真研究项目实施的可行性了。如我们国家一直在提倡节能减排和绿色生产，尤其是最近两年雾霾污染比较严重，如果所选的创业项目是属于对大气污染很严重的，那么这个创业项目就有很大的政策风险。因此，一定要尽可能规避这样的政策风险。

【案例 3-41】

李正森的创业历程

1986年出生的李正森从小在农村长大，心地善良，乐于助人。村里老人担水烧柴困难，他总是主动跑去帮忙；每当听到大人们谈论哪个村民无钱看病可怜时，他就幻想着自己将来当了大老板，让乡邻都能在自己的公司上班挣钱。

2009年，李正森从安徽建筑学院毕业，在县城找到了一份建筑工作。由于所学专业对口，加之吃苦耐劳，工作有魄力，很受公司经理喜欢。一天，李正森回老家瓦房口镇看望父母，和同村一个15岁的少年同坐一车，这孩子的学习成绩非常优秀，可由于父亲残疾、家里贫困，考上重点高中就没有上学。这再次刺激了李正森的那个童年梦想：创业办厂，带领乡亲们一起走上致富路！

2009年秋，当地政府鼓励大学生回乡创业，村里引进了肉鸡养殖企业。在建筑公司上班仅两个月的李正森辞去工作，信心百倍地搞起了肉鸡养殖，租地、贷款、建棚，他把周边一些留守老人和残疾朋友请来打工，连自己的父母也被拉进来帮助管理。令他没有想到的是，第一次购买的4 000只鸡苗在路上就热死了一半，等到卖成品鸡时，收购经理说2 000只的养殖规模太小，相应的人工成本就会过高，赚不了钱肯定还要亏本。第二次购回的6 000只鸡苗总算养大，可市场肉鸡价格大跌，当他拿到卖鸡款看着空荡荡的鸡棚时，眼泪唰唰直流。赔了20多万元，他三天三夜没睡着觉，第四天强撑着给村民付工资时，乡亲们都知道他赔了，让他先还银行贷款再说，但他执意先给村民付了工资。李正森回乡首次创业的一腔热情就这样被浇灭了。

李正森引种香菇纯属偶然。2010年夏季，李正森为了弥补养鸡的亏损，就跟着一个朋友搞起了猪苓购销。有一次，他到安康宁陕县收购猪苓，看到当地的食用菌产业很红火，就动了栽培食用菌的心思。他发现柞水以前都是用椴木栽培香菇和木耳，随着人们对生态环保的重视，当地椴木食用菌产量必然会越来越少，而袋料生产香菇在柞水还很有限，这应该是一个致富商机，李正森瞅准了这一项目。宁陕的一位经理了解到他的创业经历后，被李正森憨厚耿直、富有同情心的品格所打动，同意和李正森合作。

2010年年底,在小岭镇政府的扶持下,李正森在金米村租地40多亩,注册资金300万元,成立了陕西正森农业生态有限责任公司,他还注册了"正森"绿色食品商标。2012年,李正森投资建设玻璃丝骨架大棚150个,购买高效灭菌炉、自动装袋机、电动翻料机等食用菌生产配套设备50余台,同时配套建设了装袋车间、菌种室、接种室、锅炉房、仓库、冷库和加工包装车间。

金米村既是板栗大村,又是核桃改良大村,每年林木科管会产生大量的树木枝条,还有大量的植物秸秆。自从在金米村建起食用菌公司后,他就从村民手中收购这些树木枝条、废弃植物秸秆和玉米芯、麸皮、玉米糠等,让这些往日的废弃物变成了钱串串。李正森还在生态循环经营上多动心思,对食用菌进行专业化生产、加工、销售,将食用菌培养基地使用后又作为有机肥料还田,整个产业流程确保不给环境造成损害。公司采取"公司+协会+农户"模式,充分发挥龙头企业的示范带头作用,统一培训、统一管理、统一回收、统一正森品牌销售,提高了菇农抗御市场风险的能力,带动周边农民发展优质、高效、生态、安全农业。2012年3月,在陕西正森农业生态有限责任公司的带动下,金米村组建了金米食用菌产业协会,村上33户农民加入协会,依托正森农业生态有限责任公司发展食用菌。仅去年全村就生产食用菌150万袋,产鲜菇1 750吨,年产值达1 000万元。

(资料来源:互联网,有删改)

8. 市场营销策略

创业公司成立后就会面对为客户提供产品或服务的问题,这就涉及产品或服务的市场营销策略。营销过程是一个循环过程,要使各部分都达到内部连贯且互为补充的目的,营销策略就要不断地修正,使计划在其各个部分相互衔接时都有意义。营销策略包括如下内容:市场机构和营销渠道的选择、促销计划和广告策略、营销队伍管理和价格决策。营销是企业经营中有挑战性的环节,影响营销策略的主要因素有消费者的特点、产品的特性、企业自身的状况、市场的环境。最终影响营销策略的则是营销成本和营销效益。

在市场营销中,有传统的策略,如上门推销、大打商品广告、向批发商和零售商让利,也有4P、4S等现代营销理论为创业者提供借鉴和使用。

4P 营销理论

4P营销理论产生于20世纪60年代的美国,随着营销组合理论的提出而出现。1953年,尼尔·博登在美国市场营销学会的就职演说中创造了"市场营销组合"这一术语,其意指市场需求或多或少地在某种程度上受到所谓"营销变量"或"营销要素"的影响,为了寻求一定的市场反应,企业要对这些要素进行有效的组合,从而满足市场需求,获得最大的利润。4P分别指产品(product)、价格(price)、地点(place)和促销(promotion)。

4S 营销理论

4S营销理论强调从消费者需求出发,打破企业传统的市场占有率推销模式,建立起"消费者占有"的行销导向。企业对产品、服务、品牌不断进行定期定量以及综合性消费者指数和消费者满意度的测评与改进。4S营销理论分别是满意（satisfaction）、服务（service）、速度（speed）和诚意（sincerity）。

【案例 3-42】

女大学生开婚庆公司年赔 8 万

2006年两女大学生从沈阳某高校信息管理专业毕业后，分别在化妆品公司和化工企业工作。2007年10月，两人感觉婚庆是个朝阳行业，于是不顾家人的反对，毅然辞职，向家人借款12万元，联手开了一家婚庆公司。然而她们的事业却一直步履维艰，一年下来赔了8万元。

一、收回成本遥遥无期

她们都是外地人，在沈阳举目无亲。为了方便事业起步，她们选择以加盟的方式开店，只加盟费就花了4万元左右。2007年12月，她们做成第一笔婚礼庆典，虽然收了3 000多元，但扣除各种费用，最后还赔钱。

她们没有放弃，一直在努力用创意和服务赢得客户。沈阳有两位新人的恋爱经历特别巧，他们在幼儿园时是同学，高中时又在同一所学校，高考前凑巧坐前后桌，这样的缘分使两位新人走到了一起。她们借用《向左走，向右走》电影主题为新人设计了一场舞台剧，婚礼的策划和布置令新人和亲朋好友特别满意。

以后，她们又陆续为20多对新人操办了婚礼庆典，每场价格在5 000元至2万元不等，但利润极低。

二、再不成功就会放弃

现在，扣除各种费用，两人每月能剩三四千元，但是相对当初投资的高额成本来说，无异于杯水车薪。婚庆生意为什么不好做呢？面对记者的提问，她们说，最主要的是店铺选址太偏僻，"蜗居"在公寓里，市场宣传又没有做好，现在知名度不够。其次，店铺规模档次"高不成、低不就"，而且目前沈阳市的婚庆公司大大小小有2 000多家，大打价格战，她们没有价格优势。另外请司仪和摄像师、租花车等，每次要支付一定的费用，再扣除场地费，盈利已经很少了。再加上公司营销宣传缺乏策略，推广力度不够，使得婚庆公司生意淡薄。

"反正感觉创业挺难的，有些累了，还不如给人打工挣死工资舒服。再坚持一年，如果还没有起色，我们会选择放弃。"她们最后向记者说。

（资料来源：互联网，有删改）

9. 三年发展规划

制订公司的中长期计划，明确公司的功能定位，规划公司发展前景，对公司的发展非常重要。因为，据统计资料分析，三年是考察新企业成败的关键节点。因此，创业公司就要建立和完善公司规章制度，做好公司发展的整体规划。创业者可以根据不同的科目内容，按照年度时间进度，设定预期完成目标。公司三年发展规划可参照表3-9制订和设计。

表3-9 公司三年发展规划参考数据

序号	科目名称	第一年	第二年	第三年
1	产品研发品种			
2	申请专利数量			
3	产品生产数量			
4	产品销售额			
5	产品销售数量			
6	产品利税			
7	产品货款回款额			
8	库存率			
9	废品率			
10	市场覆盖率			
11	市场占有率			
12	质量管理体系建设			

10. 项目融资与筹划

创业者在创业前，要仔细核算到底需要多少创业资金，最后要想清楚有哪些途径和渠道能筹措到多少资金，因为要实现创业梦想，就必须有足够的资金。

（1）创业资金的估算

对于大学生来说，创业项目所需的资金在几万元到几百万元不等，创业资金需要多少主要取决于创业项目在运营过程中可能会发生的资金支出，主要包括房租水电、财税费用、办公用品、办公设备、宣传印刷、人员薪酬、网络通信、生产设备、检测仪器、原辅材料、销售费用、交通差旅和公益费用，以及不可预见的支出。

（2）资金的筹措

创业者可以从以下途径尝试筹措创业资金。

①创业团队自筹。这是创业资金筹措最容易、最常用的方法，项目合伙人根据自身能力和创业启动资金总额认购项目股份。

②信用贷款。大学生要充分利用国家颁布的大学生创业信用贷款政策，向银行提交相关创业资料，申请创业贷款。

③创业计划大赛奖金。大学生要积极参加各类大学生创业计划大赛，力争在比赛中取得好名次，获得大赛对大学生创业项目的支持奖金。此类支持奖金一般在5 000元到30万元不等。

④天使投资。天使投资是大学生筹措创业资金的好途径。大学生可以将自己创业计划

书准备好,广泛地寻找成功的企业家、自然投资人以及机构等天使投资,争取获得创业资金支持。

⑤风险投资。大学生要想获得风险投资并不容易,因为这要求创业项目不仅有很完善的创业计划和梦幻组合的创业团队,还要有很好的商业模式。

【案例3-43】

小女孩发明磁性剪纸,一年掘金30万元

2008年9月,王同学到校报到,成了杭州师范大学医药卫生管理学院医药营销专业的一名新生。之所以选择这所大学,是因为她听说这是一个提倡和支持大学生自主创业的学校。另外一个原因是,杭州离义乌很近,能更方便地实现她的创业梦想。

在学校里,依托磁性剪纸等几项专利,王同学组建起了自己的"飞点儿"磁性剪纸创业团队,尽情地展现着自己的才华。2009年6月,她在义乌注册了自己的公司——义乌市廿分红磁性剪纸有限公司。随后,又与同样抱有创业梦想的同学创立了磁性剪纸创意文化公司。2009年11月1日,王同学带领她的磁性剪纸团队参加了以"励志、成才、就业、创业"为主题的浙江省大学生职业生涯规划大赛,与全省85所高校推选出的300余件作品同台竞技,激烈角逐,并最终荣获此次大赛的最高奖——"双十佳职业规划之星"。

2009年12月24日,王同学的磁性文化创意公司摘得杭州经济技术开发区"大学生创业训练营暨创业大赛"头魁,领取了1万元创业资金援助。主办方还在杭州滨江区为王同学提供了免两年租金的写字间。

2010年1月20日,在杭州日报大学生创业就业俱乐部、高新区(滨江)大学生创业园主办的"相约在高新 创业在年少"杭州市大学生创业创意选拔大赛上,"磁性剪纸文化创意"团队再次荣获金奖,并从主办方手中接过了一份贺岁大礼——5 000元奖金和一份价值1万元的创业资助协议书。

(资料来源:互联网,有修改)

11. 项目财务分析

财务分析能通过财务数据帮助完善生产管理,控制成本支出,规避财务风险,也能帮助创业者通过梳理财务指标审视创业项目的投入与产出,而且财务分析能让投资人清晰地看到创业项目的关键财务指标情况,以此判断是否值得投资此项目。因此,创业项目的财务分析在创业计划书中特别重要,创业者要尽可能地填好资产负债表、现金流量表和利润表这三张最重要的财务报表。在进行创业项目的财务分析时,应该将项目的投资总额、产品的年销售额、产品销售的毛利率、年净利润、投资回收率、内部收益率等财务指标描述清楚。

12. 附录

这部分要思考：阅读者还想了解哪些细节？进一步推送哪些细节以提高阅读者的认可度。其内容包括：附表附件（相关支撑文献、附图、附表、调查问卷等书面资料）以及其他说明（一系列更加详细的财务预测和设想分析等）。

四、创业计划的路演技巧

（一）什么是路演

路演，来自英文roadshow，最开始的含义通常是指，公司在挂牌上市前，持续地在多个关键的城市（一般而言是金融中心）进行公开化的交流会，向投资者详细介绍公司/产品/项目等，以取得投资者的信任和支持，进而在接下来的挂牌上市中取得更好的发行和更高的估价。

现在路演的范畴更宽泛，不光指提前准备挂牌上市的公司，某一项目也能够是路演；对象也不只是投资人，也可能是合作方。创业项目路演就是企业或项目代表人在台上向台下诸多的天使投资人或风险投资机构代表介绍自己的企业产品、未来规划、融资方案。投资家每日看到的商业计划书和接触的项目众多，眼花缭乱的情况下很难真正地了解项目，路演能够让投资者在安静的环境里、在企业家声情并茂地展示下，真正了解企业的项目，进而作出更准确的判断。

（二）明确创业计划的路演对象

1. 企业内部（员工或股东）

把书面商业计划陈述清晰，有助于澄清创业目标，协调团队的各项工作，增强团队凝聚力和行动力，激发团队一致行动向目标前进。

对于企业职能部门经理而言，通过分析各环节和未来战略目标的商业计划，能确保自己所做的工作与企业整体计划方向一致。

2. 投资者和其他外部利益相关者

投资者、潜在商业伙伴、潜在客户、前来应聘的关键员工等外部利益相关者是路演的第二类听者。要吸引这些人，创业计划不要过分乐观，过分乐观会破坏创业计划的信度。

路演必须明确陈述商业创意可行，并与那些风险更小的投资选择相比，商业创意能给潜在投资者带来更高的资金回报，对手商业伙伴、客户和前来应聘的关键员工而言，仍须如此。

路演必须论证其商业创意的可行性，开发出一个行之有效的商业模式，深入认识所处的竞争环境，并注意要展现的事实，即用事实说话。

（三）创业计划的路演技巧

1. 路演准备

路演之前，创业者一定要准备好幻灯片，而且内容要以预定的陈述时间为限。路演的首要原则是严格遵守时间地点的安排，做好充分准备，如果需要视听设备，应事先准备好。

注意事项：

①确保陈述流畅，逻辑清晰。

②幻灯片要简洁扼要。

③内容应通俗易懂（忌过多使用专业术语）。

④陈述企业或项目自身状况而非技术或产品细节。

⑤避免遗忘一些重要的资料。

2. 路演的关键点以及陈述技巧

路演根据实际实践要求，仅需要使用10~15张幻灯片，不追求全面，要抓重点，尤其是投资者可能感兴趣的部分。

（1）封面

用1张幻灯片直观地描述你的公司或项目做的是什么，可包括以下信息：公司名称、公司Logo、网址、地址、你的名字、职务、联系电话、联系邮箱等。项目名称可以用一句话描述，例如，小米电视——打造年轻人的第一台电视。

（2）第一部分：Why？Why Now？分析市场现状和行业背景

这是路演的核心内容，最好占1~2张幻灯片。

主要内容：

讲清楚项目相关的行业背景、市场发展趋势、市场空间（注意行业市场分析要具体且有针对性，与所要做的事要紧密相关，避免空泛论述）；

要描述在目前的市场背景下，你发现了一个痛点，或需求点/机会点（在分析这个痛点时，如已有解决相关痛点的产品或服务，可能需要简要分析已有的产品或服务存在的不足，表明当前的商业机会）；

说明目前正是做这件事情的最正确的时间。

（3）第二部分：What？讲清楚你要做什么

使用1张幻灯片。

主要内容：

讲清楚你准备干一件什么事。不要整页PPT都是大段文字，你要做的事应该是一两句话就能说清楚，最好能配上简单的上下游图或功能示意图或简要流程框图，让人对项目一目了然。

关于第二部分内容,有两点需要注意:不要追求大而全,要专注聚焦,表明你就想做一件事,而且就想解决这件事中的某一个关键问题;不建议盲目跟风,追随投资热点。

(4)第三部分: How? 如何做以及现状

使用6张左右幻灯片。

主要内容:

讲清楚你的解决方案,或者产品,能够解决第一部分发现的痛点(你的方案或产品是什么,提供了怎样的功能?);

你的产品将面对的用户群是谁(一定要有清晰的目标用户群定位);

说明你的产品或解决方案的竞争力(为什么这件事情你能做,而别人不能做? 或者为什么你能比别人干得好? 你的特别核心竞争力是什么,你与众不同的地方是什么? 比如是否具备科研成果转化背景或拥有有价值的知识产权等);

说明你未来将如何挣钱,即你的商业模式(如果真的不知道怎么挣钱,或者是太早期的2C项目,你可以不说,但关键得让听众觉得你的产品真的对用户有价值,有可能能做大);

横向竞品对比分析(做关键维度对比分析,一定要客观、真实,优劣势可能都有);

产品的研发、生产、市场、销售等相关策略(如果项目处于太早期(如产品还在概念、想法或设计阶段),该部分的市场、销售等不是重点,简要说明即可);

目前已经达成的里程碑(产品、研发、销售等关键环节的进展,尽量用数据)。

(5)第四部分: Who? 项目团队,也就是谁来做

使用1张幻灯片。

主要内容:

讲清楚团队的人员组成、分工和股份比例;

团队要有合理分工,需要介绍团队主要成员的背景和特长(强调个人的能力适合该岗位,团队的组合适合创业项目);

说清楚团队优势(要让听众相信为什么这件事情你们这个团队来做会更靠谱,会更容易成功。如果是科技成果转化项目,有必要说明老师在团队中的角色)。

(6)第五部分: How much? 财务预测与融资计划

使用1~2张幻灯片。

主要内容:

说说需要多少钱,释放多少股份,用这些钱干什么,达成什么目标;

财务的预测(针对较为成熟的项目可进行3~5年的财务预测);

之前的融资情况(如果有的话)。

(7)结束语

3. 路演现场答辩

路演者要敏锐预见投资者可能会提出什么问题，为此做好准备。投资者可能会用很挑剔的眼光看创业计划，这时，路演者可能会很泄气。其实，或者仅是在做分内的事情，提出的问题可能会有很大帮助，会给创业者很多启发。回答问题阶段是非常重要的，此时投资者往往考察创业者是否挖掘到问题的本质对初创企业了解多少。

现场回答问题要注意：

对投资者问题的要点有准确的理解，回答要有针对性而不是泛泛而谈；

能在投资者提问结束后迅速作出回答，回答内容连贯、条理清楚；

回答问题准确可信，回答问题建立在准确的事实和可信的逻辑推理上；

特定方面的充分阐述，对投资者特别指出的方面能做出充分的说明和解释；

整体答辩的逻辑性要求内容有整体一致性；

团队成员在回答时有较好的配合，能协调合作，彼此互补，对相关领域的问题表述清楚。

【阅读材料 3-5】

60 秒征服你的投资人

谁都不希望话说一半投资人就打瞌睡。

投资者见过的自荐人数不胜数。他们在几分钟内就可以决定你是否值得他们花时间，花心思，花钱。以下是沟通挂巧，供融资者参考。

①以三个"你知道吗？"问句开头，紧扣主题介绍惊人的研究数据，让听众瞠目结舌，"真的吗？！"

无论你准备解决什么问题，应对什么议题、满足什么需求，援引最新数据，为这个难题提供全新见解。

引用德高望重的名人名言，证明某个突如其来的转变趋势、目标人群的骤增或法律法规的相关变化。

②用三个形容词修饰你所"想象"的答案。"想象"这个词能够抓住听众的注意力，他们放下手头的事情，设想你所说的事物，全神贯注。

把你所提出的承诺浓缩为一句简洁的话，带动决策者的想法，"谁会不想要呢？！"

③黄金过渡句，"不劳您想象，我们已经发明出来……

接着，介绍先例、给出证据，证明这不是天马行空，也不是胡乱猜想。一切木已成舟，你就是负责传递信息。

或者提供案例研究，证明你所做工作的可信度。

再或者引用某位行业权威的推荐，为你的自荐增加真实性。

为什么"你知道吗"问句屡试不爽？

因为吸引老练决策者的最快方法是介绍他们未知，但渴望了解的东西。几十问，他们就长知识了。你证明了你是值得他们花时间的，于是他们充满动力，专心听讲。短短一分钟，你就会成功把自己"卖"出去了。

【阅读材料3-6】

大学生路演常见问题

下面是大学生路演时容易出现的七个问题：

问题一：不知所云

这是最常见问题，也是最严重的问题，具体表现是在路演过程中以自我为中心，演讲完后，评委还不知道你要干什么事。

手费对策：尽量用3句话表达清楚，让普通人能听懂要干的是什么。

问题二：技术展示

有时大学生创业者讲起技术滔滔不绝，很少涉及实际运作情况、商业模式和财务数据，导致投资人无法做出判断。

对策：在1分钟之内，论述技术实验的基本原理、研究成果和应用即可。

问题三：盲目乐观

表现为企业负责人对未来市场盲目乐观，自身预期远大于实际情况，导致评委及投资人没有沟通的欲望。

对策：客观冷静地评判项目，建议参赛之前和三位以上的负责人进行相关情况的沟通。

问题四：超出时间

路演的时间是严格控制的，务必在规定的时间内完成路演。通常，评委也认为不能严格把握时间的创业者准备不足，打分上一般会有所考量。

对策：多次练习，严格控制时间。

问题五：弄虚作假

部分大学生为了吸引投资者的注意力，会编造数据或者提供假证据，这是绝不允许的。其实，造假行为很容易被发现，一经发现，就严重影响信誉，所以，这一点一定要注意。

对策：实事求是，坦诚面对。

问题六：答非所问

提问环节，需要准确作答。一部分创业者会出现答非所问、有意拖延的情况。这样的回答往往没有太大作用。

创新创业大赛项目路演 PPT 模板（仅供参考）
封面

项目名称：一句话描述

（例如，小米电视：打造年轻人的第一台电视）

参赛组别

参赛省份

所属高校

联系信息（姓名/联系方式）

第一部分（1~2 页）
Why？ Why now？ 分析市场现状和行业背景

主要内容：

①讲清楚项目相关的行业背景、市场发展趋势、市场空间（注意行业市场分析要具体且有针对性，与所做的事要紧密相关，避免空泛论述）。

②要描述在目前的市场背景下，你发现了一个什么样的痛点或需求点/机会点（在分析这个痛点时，如已有解决相关痛点的产品或服务，可能需要简要分析已有的产品或服务存在的不足，表明当前的商业机会）。

③说明目前正是做这件事情的最正确的时间。

第二部分（1 页）
What？ 讲清楚你要做什么

主要内容：

讲清楚你准备干一件什么事，不要整页PPT都是大段文字，你要做的事应该是一两句话就能说清楚。最好能配上简单的上下游图或功能示意图或简要流程框图，让人对项目一目了然。

关于内容，有两点需要注意：

①不要追求大而全，要专注聚焦，表明你就想做一件事，而且就想解决这件事中的某一个关键问题。

②不建议盲目跟风，追随投资热点。

第三部分（6 页左右）
How？ 如何做以及现状

主要内容：

①讲清楚你有什么样的解决方案，或者什么样的产品，能够解决第一部分发现的痛点（你的方案或者产品是什么，提供了什么样的功能？）。

②你的产品将面对的用户群是谁(一定要有清晰的目标用户群定位)。

③说明你的产品或解决方案的竞争力(为什么这件事情你能做,而别人不能做?或者为什么你能比别人干得好?你特别的核心竞争力是什么,你与众不同的地方是什么?比如是否具备科研成果转化背景或拥有有价值的知识产权等)。

④说明你未来将如何挣钱,即你的商业模式(如果真的不知道怎么挣钱,或者是太早期的2C项目,你可以不说,但关键得让听众觉得你的产品真的对用户有价值,有可能能做大)。

⑤横向竞品对比分析(做关键维度对比分析,一定要客观、真实,优劣势可能都有)。

⑥产品的研发、生产、市场、销售等相关策略,如果项目处于太早期(如产品还在概念、想法或设计阶段),该部分的市场、销售等不是重点,简要说明即可。

⑦目前已经达成的里程碑(产品、研发、销售等关键环节的进展,尽量用数据)。

第四部分(1页)
Who？项目团队

主要内容:

①讲清楚团队的人员组成、分工和股份比例。

②团队要有合理分工,需要介绍团队主要成员的背景和特长(强调个人的能力适合该岗位,团队的组合适合创业项目)。

③说清楚你们团队的优势(要让听众相信为什么这件事情由你们这个团队来做会更靠谱、会更容易成功。如果是科技成果转化项目,有必要说明老师在团队中的角色)。

第五部分(1页)
How much？财务预测与融资计划

主要内容:

①说说需要多少钱,释放多少股份,用这些钱干什么?达成什么目标?

②财务的预测(针对较为成熟的项目可进行3~5年的财务预测)。

③之前的融资情况(如果有的话)。

封底
结束语

说明:

①该模板中的主要内容是项目的内容要素,建议务必在各自项目材料中进行体现。至于每部分(每页)的现有标题,仅供参考和说明使用,各项目可自行发挥。

②投资人很看重商业计划书的PPT,以此判断创业团队的综合素质。因此,见商业计划书如见团队,第一印象非常重要。一份逻辑清晰、文字精练、观点鲜明、视觉美观的PPT非常重要,创业团队必须会写和会讲PPT。

③如果想提升PPT水平,建议多学习苹果、小米、华为、乐视、逻辑思维等产品发布或对外演讲的PPT,包括他们的文字和视觉。

④强烈不建议封面标题直接用公司名字(尤其是对于尚未成立公司的项目),因为看公司名并不知道你公司是做什么的,不利于建立评委对项目的第一印象。

【拓展训练 3-10】

1.按团队撰写一份商业计划书

根据第七届中国国际互联网+大学生创新创业大赛方案和评审规则制订一份商业计划书。

2.根据商业计划书制作路演PPT并进行项目路演

第七届中国国际"互联网+"大学生创新创业大赛职教赛道方案。

第七届中国国际"互联网+"大学生创新创业大赛设立职教赛道,推进职业教育领域创新创业教育改革,组织学生开展就业型创业实践。具体工作方案如下。

一、参赛项目类型

①创新类:以技术、工艺或商业模式创新为核心优势;

②商业类:以商业运营潜力或实效为核心优势;

③工匠类:以体现敬业、精益、专注、创新为内涵的工匠精神为核心优势。

二、参赛方式和要求

①职业院校(包括职业教育各层次学历教育,不含在职教育)、国家开放大学学生(仅限学历教育)可以报名参赛。

②大赛以团队为单位报名参赛。允许跨校组建团队,每个团队的参赛成员不少于3人,原则上不多于15人(含团队负责人),须为项目的实际核心成员。参赛团队所报参赛创业项目,须为本团队策划或经营的项目,不得借用他人项目参赛。

三、参赛组别和对象

本赛道分为创意组与创业组。

1.创意组

参赛项目具有较好的创意和较为成型的产品原型、服务模式或针对生产加工工艺进行创新的改良技术,在大赛通知下发之日前尚未完成工商等各类登记注册。参赛申报人须为团队负责人,须为职业院校的全日制在校学生或国家开放大学学历教育在读学生。

2.创业组

参赛项目在大赛通知下发之日前已完成工商等各类登记注册,且公司注册年限不超过5年(2016年3月1日后注册)。参赛申报人须为企业法定代表人,须为职业院校全日制在校学生或毕业5年内的学生(即2016年之后的毕业生)、国家开放大学学历教育在读学生或毕业5年内的学生(即2016年6月之后的毕业生)。企业法人在大赛通知发布之日后进行变更的不予认可。已完成工商等各类登记注册的参赛项目的股权结构中,企业法定代表人的股权不得少于10%,参赛成员合计不得少于1/3。

学校科技成果转化的项目只能参加创业组（科技成果的完成人、所有人中参赛申报人排名第一的除外），允许将拥有科技成果的教师的股权与学生所持股权合并计算，且股权不得少于51%（学生团队所持股权比例不得低于26%）。教师持股比例大于学生团队持股比例的项目，不能报名参加职教赛道，可参加高教主赛道师生共创组（详见附件1）。

四、奖项设置

（略）

五、其他

各地要成立有职业教育部门参与的职教赛道工作小组，推进各阶段的赛事组织工作。

本附件所涉及条款的最终解释权，归第七届中国国际"互联网+"大学生创新创业大赛组委会所有。

职教赛道项目评审要点：创意组

评审要点	评审内容	分值
创新维度	1.具有原始创意、创造； 2.具有面向培养"大国工匠"与能工巧匠的创意与创新； 3.项目体现产教融合模式创新、校企合作模式创新、工学一体模式创新； 4.鼓励面向职业和岗位的创意及创新，侧重于加工工艺创新、实用技术创新、产品（技术）改良、应用性优化、民生类创意等	30
团队维度	1.团队成员的教育、实践、工作背景、创新能力、价值观念等情况； 2.团队的组织构架、分工协作、能力互补、人员配置、股权结构以及激励制度合理性情况； 3.团队与项目关系的真实性、紧密性，团队对项目的各类投入情况，团队未来投身创新创业的可能性情况； 4.支撑项目发展的合作伙伴等外部资源的使用以及与项目关系的情况	25
商业维度	1.商业模式设计完整、可行，项目已具备盈利能力或具有较好的盈利潜力； 2.项目目标市场容量及市场前景，项目与市场需求匹配情况、项目的市场、资本、社会价值情况，项目落地执行情况； 3.对行业、市场、技术等方面有翔实调研，并形成可靠的一手材料，强调实地调查和实践检验； 4.项目对相关产业升级或颠覆的情况；项目与区域经济发展、产业转型升级相结合情况	20
就业维度	1.项目直接提供就业岗位的数量和质量； 2.项目间接带动就业的能力和规模	10
引领教育	1.项目的产生与执行充分展现团队的创新意识、思维和能力，体现团队成员解决复杂问题的综合能力和高级思维； 2.突出大赛的育人本质，充分体现项目成长对团队成员创新创业精神、意识、能力的锻炼和提升作用； 3.项目充分体现多学科交叉、专创融合、产学研协同创新等发展模式； 4.项目所在院校在项目的培育、孵化等方面的支持情况； 5.团队创新创业精神与实践的正向带动和示范作用	15

职教赛道项目评审要点：创业组

评审要点	评审内容	分值
商业维度	1.商业模式设计完整、可行,产品或服务成熟度及市场认可度; 2.经营绩效方面,重点考察项目存续时间、营业收入(合同订单)现状、企业利润、持续盈利能力、市场份额、客户(用户)情况、税收上缴、投入与产出比等情况; 3.成长性方面,重点考察项目目标市场容量大小及可扩展性,是否有合适的计划和可靠资源(人力资源、资金、技术等方面)支持其未来持续快速成长; 4.经营管理方面,是否有合理、完备的研发、销售、运营、管理、人力等制度和体系支撑项目发展; 5.现金流及融资方面,关注项目已获外部投资情况、维持企业正常经营的现金流情况、企业融资需求及资金使用规划是否合理; 6.项目对相关产业升级或颠覆的情况;项目与区域经济发展、产业转型升级相结合情况	30
团队维度	1.团队成员的教育和工作背景、创新能力、价值观念、分工协作和能力互补情况,重点考察成员的投入程度及团队成员的稳定性; 2.团队的组织构架、股权结构、人员配置以及激励制度合理性情况; 3.支撑项目发展的合作伙伴等外部资源的使用以及与项目关系的情况	25
创新维度	1.具有原始创意、创造; 2.具有面向培养"大国工匠"与能工巧匠的创意与创新; 3.项目体现产教融合模式创新、校企合作模式创新、工学一体模式创新; 4.鼓励面向职业与岗位的创意及创新,侧重于加工工艺创新、实用技术创新、产品(技术)改良、应用性优化、民生类创意等	20
就业维度	1.项目直接提供就业岗位的数量和质量; 2.项目间接带动就业的能力和规模; 3.项目创造新就业形态的现实性与可能性情况	10
引领教育	1.项目充分体现多学科交叉、专创融合、产学研协同创新等发展模式; 2.突出大赛的育人本质,充分体现项目成长对团队成员创新创业精神、意识、能力的锻炼和提升作用; 3.项目所在院校对项目发展的支持情况或项目与所在院校的互动、合作情况; 4.团队创新创业精神与实践的正向带动和示范作用	15

商业计划书模板（仅供参考）

一、项目概述（800字以内）

从对接县乡村农户情况、帮扶工作开展情况、推动当地经济发展情况、市场分析及定位、产品介绍、商业模式、营销策略、财务分析、团队介绍、其他说明等方面阐述。

二、公司简介

2.1 公司概述（包括公司Logo的介绍以及公司的经营理念等）

2.2 公司现状

2.3 发展规划

三、产品与研发

3.1 产品/服务介绍

3.1.1 产品的用途、功能

3.1.2 行业领域

3.1.3 市场定位

3.1.4 客户价值

3.2 产品/服务特色优势（新颖性、先进性和独特性，竞争优势）

3.2.1 新颖性（先进性、独特性）

3.2.2 竞争优势

3.3 技术研发水平

3.3.1 项目研究内容，已有技术成果（或实施背景、基础）及指标

3.3.2 项目实施的技术方案（包括技术路线、工艺的合理性及成熟性）

3.3.3 项目的关键技术、创新点

3.4 知识产权情况

四、产业化程度（已注册企业填写）

4.1 目前产业化进展（阶段性成果描述）

4.2 已具备的产业化条件（设备、技术、场地、人才、合作等）

4.3 未来产业化进程（分年度目标及前景分析）

五、市场营销

5.1 市场分析（行业背景、现有市场规模及增长趋势等）

5.2 市场定位（地域、产业链、市场占有率等分析）

5.3 SWOT分析

5.3.1 优势（Strength）

5.3.2 劣势（Weakness）

5.3.3 机会（Opportunity）

5.3.4 威胁（Threats）

5.4 风险分析（分析资金、技术、市场、环境、管理等存在的风险和规避方案）

5.4.1 资金风险及规避方案

5.4.2 技术风险及规避方案

5.4.3 市场风险及规避方案

5.4.4 环境风险及规避方案

5.4.5 管理风险及规避方案

5.5 营销策略

5.6 盈利方式

5.7 市场预测

六、发展战略

企业愿景及三年规划目标（产品开发、技术提升、市场开拓、技术人才引进、平台建设、跨地

域分布、产业链组建、研发/产业化项目里程碑等)

七、商业模式

八、财务分析

8.1 未来三年营收预测表(单位:万元人民币)

项目	2018年	2019年	2020年
一、主营业务收入(不含税)			
减:主营业务成本			
主营业务税金及附加			
二、主营业务利润(亏损以"-"号)			
加:其他业务利润(亏损以"-"号)			
减:营业费用			
管理费用			
财务费用			
三、营业利润(亏损以"-"填列)			
四、利润总额(亏损以"-"填列)			
减:所得税			
五、净利润(亏损以"-"号填列)			

说明:

8.2 三年费用预测表(单位:万元人民币)

年份	研发	市场	生产	行政	设备	其他	合计支出

九、融资说明

9.1 项目总投入(目前项目已有的总投资,项目未来一年的融资计划及进展预测)

9.2 资金用途(资金分阶段使用计划及用途)

9.3 资产估值(有形资产估值、无形资产估值及估值计算方法)

十、团队介绍

10.1 团队核心成员介绍

10.2 公司组织结构及人力资源配置

10.2.1 公司组织结构及职责

10.2.2 人力资源配置

十一、项目其他附件材料

复习思考题

1.什么是商业计划?

2.商业计划书包括哪些要点?

3.请你说一说项目路演的技巧。

学习任务 5   新企业的创建

【任务目标】

1.知识目标:了解企业的概念;认识新企业组织形式的选择;了解新企业的名称设计和地址选择;了解新企业创建相关法律和伦理问题。

2.技能目标:学会为团队的创业项目进行企业注册;会判断各种企业形式的优缺点并结合自己的实际情况选择合适的企业形式;学会初创企业相关文件的编写。

3.思政目标:体会企业的社会责任,启发大学生增加服务社会、贡献社会的主人翁意识;强化大学生作为社会主义现代化事业建设者和接班人的时代使命感。

【任务导入】

创建新企业需要什么条件,以及什么时间成立比较适宜,都是创业者普遍关心的问题,但是,关于这些问题并没有统一的定论。根据蒂蒙斯的创业要素模型,提炼出了创业团队、创业机会和创业资源三大要素。只要创业者识别到具有高市场潜力的创业机会,组建好创业团队,并且整合好创业所需的物质资源,便是创建新企业的最佳时机。但是,这种情况未免太过理想化了。如果等这些条件都具备了,所谓的创业机会或许已经不再是机会了。然而现实情况是,部分创业者刚发现一个自认为是好的创业机会就去注册一家新企业,甚至连最基本的创业机会的识别和评估都没有。这样又过于草率,创建的新企业很容易在早期就夭折。

那么,创业者在创业过程中什么时候、具备什么样的条件再创建企业比较适宜呢?张玉利教授认为,要综合考虑外部和内部条件。外部条件包括创业机会经过了有效的识别和评估,具备企业初期运营的基本条件,对企业的商业模式有一个相对清晰的计划,新企业的成立可以形成特有的竞争优势等;内部条件包括创业者具有一定的创业能力和素质,具有创业精神和成为创业者的强烈动机等。具备了这些条件,就可以开始创建一家新企业了。本任务将带领大家认知企业并对创建新企业的一般过程和注意问题进行详细介绍。

一、企业认知

（一）企业的含义

现代汉语中"企业"一词源自日语，与其他一些社会科学领域常用的基本词汇一样，它是在日本明治维新后，大规模引进西方文化与制度的过程中翻译而来的汉字词汇，而戊戌变法之后，这些汉字词汇由日语被大量引进现代汉语。

在《现代汉语词典》中的企业，解释为：从事生产、运输、贸易等经济活动的部门，如工厂、矿山、铁路、公司等。在2007年3月17日通过的《中华人民共和国企业所得税法》中第一条则有这样的描述："在中华人民共和国境内，企业和其他取得收入的组织（以下统称企业）为企业所得税的纳税人，依照本法的规定缴纳企业所得税。"从上面的解释和法条可以看出：首先，企业是一种社会组织（也即部门，但是"部门"这个单词有着浓重的计划经济色彩，显得有些过时）；其次，企业从事经济活动，也就是能够给社会提供服务或产品；最后，企业是以取得收入为目的，即以营利为目的。

20世纪后期，在中国改革开放与现代化建设，以及信息技术领域新概念大量涌入的背景下，"企业"一词的含义有所变化。一方面，大量非计划经济体制下的"企业"大量涌现；另一方面，在一些新概念中，其含义不限于商业或营利性组织，这种用法主要来自对英文"enterprise"一词的翻译。因此，在公共媒体中出现的"企业"一词有两种用法。

"企业"较常见的用法指各种独立的、营利性的组织（可以是法人，也可以不是），并可进一步分为公司和非公司企业，后者如合伙企业、个人独资企业等。另一种用法与组织接近，可以用来泛指公司、学校、社会团体乃至政府机构等。后一种用法主要出现在信息技术应用领域的一些专有名词中，例如企业应用（enterprise application）、企业计算（enterprise computing）、企业集成（enterprise integration）、企业工程（enterprise engineering）、企业架构（enterprise architecture）、企业建模（enterprise modeling）等。

【阅读材料 3-7】

企业与事业的区别

在我国，企业单位一般是自负盈亏的生产性单位。所谓"自负盈亏"，即自己承担亏损与盈利的后果，有一定的自主权。企业单位分为国企和私企，国企就是属国家所有的企业单位，私企就是属个人所有的企业单位。

事业单位一般是国家设置的带有一定公益性质的机构，但不属于政府机构，与公务员是不同的。一般情况下，国家会对这些事业单位予以财政补助，分为全额拨款事业单位，如学校等，差额拨款事业单位，如医院等，还有一种是自主事业单位，是国家不拨款的事业单位。

综上所述，本书所述企业是经济学名词，是指依法成立并具备一定组织形式，以营利为目的，独立从事商品生产经营活动和商业服务的经济组织。

（二）企业分类

①按我国传统的产业划分（产业性质）分类。第一产业：农、林、牧、渔；第二产业：工业、建筑业、批发业、零售业、交通运输业、仓储业、住宿业、餐饮业、信息传输业和信息技术服务业、房地产开发经营、物业管理、租赁和商务服务业；第三产业：科学研究和技术服务业、水利、环境和公共设施管理业、居民服务、修理和其他服务业、社会工作、文化、体育和娱乐业等。

②按规模分，企业可分为大型企业、中型企业、小型企业、微型企业；

③按社会分工分，企业可分为制造类，服务类；

④按提供的产品分，企业可分为消费品，生产资料；

⑤以投资人的出资方式和责任形式分为，企业可分为个人独资企业、合伙企业、公司制企业。公司制企业又分为有限责任公司和股份有限公司。

⑥以投资者的地区不同分，企业可分为内资企业、外资企业和港、澳、台商投资企业。

⑦按所有制结构分，企业可分为全民所有制企业、集体所有制和私营企业和外资企业。

⑧按股东对公司所负责任不同分，企业可分为无限责任公司、有限责任公司、股份有限公司。

⑨按信用等级分，企业可分为人合公司、资合公司、人合兼资合公司。

⑩按公司地位类型分，企业可分为母公司、子公司。

（三）企业经营

1. 企业经营的定义

企业经营是指企业以市场为对象，以商品生产和商品交换为手段，为了实现企业的目标，使企业的投资、生产、销售等经济活动与企业的外部环境保持动态均衡的一系列有组织的活动。

企业经营是商品经济的产物，是随着商品经济的发展、市场作用的增强和市场竞争的加剧而不断地发展起来的。企业生产商品并非最终目的，其最终目的是获取更多的利润，满足社会的需要。在市场经济条件下，企业为满足消费者的需求，购买原材料投入生产，而后将满足消费者需要的各类产品通过市场销售出去，实现产品的价值和使用价值，减少生产耗费，也从中获得一定利润，进而得以扩大再生产。在此循环往复的过程中，企业需要了解市场供求、价格水平、行业竞争等发展状况，以此选择生产方向、产品（服务）种类、销售方式、售后服务等，这些发生在生产领域、流通领域、消费领域的活动，都属于经营活动。

2. 企业经营的要素

企业经营的要素是指构成企业经营有机整体的各个组成部分，它是开展经营活动的基本条件和手段。

企业经营的要素主要有以下几方面。

（1）人力资源

这是企业经营的人力要素。影响企业经营效益最关键的因素就是人的素质，经营过程中的市场调查预测、经营决策、资金运用、技术设备使用和商品买卖等活动，都要依靠劳动者来完成。因此，企业要使其经营活动正常有序地开展，一方面要保证有一支数量相当的员工队伍；另一方面要采取有效措施，加强智力投资，不断提高员工的素质，充分调动全体员工的经营积极性。

（2）生产资料

生产资料是企业经营的物力要素，企业在经营活动中所需的建筑物、机械、工具和原材料等均属于生产资料。生产资料作为生产经营的物质手段和条件，是企业经营不可缺少的物力要素。企业不仅要拥有与经营规模相适应的一定数量的生产资料，而且要不断改善建筑物、机械等技术设备的现状，逐步实现现代化，使之发挥更大的作用。

（3）资金

资金是企业经营的财力要素。在商品经济时代，资金是企业经营不可缺少的要素。企业购买生产资料需要资金，支付员工薪金需要资金，进行商品买卖需要资金，没有必要的资金，企业的经营活动就无法开展。因此，资金数量的多少决定了企业经营的规模，企业必须拥有足够的资金，才能保证经营顺利进行。

（4）经营组织与管理

经营组织与管理是企业经营的组织要素。企业是由若干劳动者集合而成的组织体，经营组织与管理就是通过有组织的团体活动，对企业的人、财、物等要素进行优化组合或配合，以便达到有效经营的目的。当今企业的特征是以组织体的活动或以有组织的活动为基础的。只有通过严密的组织和有效管理，企业的经营活动才能正常开展和顺利进行，所以，经营组织与管理也是企业经营的基本要素之一。

（5）环境要素

环境要素是企业经营的外部要素，主要包括国民经济发展状况、党和国家的方针政策及法规、企业的地理位置和市场等。其中，最重要的是市场，这是因为在市场经济时代，企业是商品生产经营者，市场是商品生产和经营者的生存空间和活动场所，是企业经营的最基本要素，若没有市场，企业生产就毫无意义，更谈不上创造价值。

二、新建企业组织形式的选择

【案例 3-44】

大学生合伙创办公司

张强、李海波、孙涛3人均为某名牌大学计算机专业的学生，经过业余时间的学习研究，他们在开发安防系统方面取得了一项技术性突破，而这项技术如果能够在实际中应用前景非常广阔，于是3人准备合伙创办一家以开发安防系统为主的公司。

创办企业，首先要有资金，3人通过向亲戚朋友借款，共筹集了30万元作为启动资金，然后便开始张罗着给公司命名、选址和注册。在创办企业上，虽然3人在产品的设计开发中都是高手，但是3人都没有创办企业的经历，导致从第一步"公司注册"就遇到了问题，他们甚至连公司注册登记的程序都不清楚，这让他们心里没了底。为了了解注册程序，他们决定到工商管理部门拿一套注册公司的程序介绍书，深入研究了一番，可是烦琐的注册程序和注册问题，使3个人同时犯了难。经过仔细研究，他们发现，要想完成公司注册，必须先弄清楚以下几个问题。

Q1：像他们这样开发安防系统的公司究竟应该注册成什么类型的公司？

Q2：选择什么样的组织形式比较合适？

Q3：注册公司需要提供哪些资料？

Q4：进行公司注册具体的费用是多少？

……

从上面的案例来看，任何一个人或团队在创办企业前，都必须先了解所创办企业的类型、组织形式，组织形式应当根据自身实际情况选择，然后熟悉设立企业的各项业务流程，以及所选择的企业组织形式在办理工商登记注册时需要具备的条件、提交的材料及具体办理流程。对于新创立的企业，由于制度与管理都尚未成熟，因此，需制订一套切实可行的管理方法和盈利模式，使企业管理趋于正规化。

在创建新企业前，创业者应该事先确定企业的法律形式。目前，我国企业主要有三种基本的组织形式：个人独资企业、合伙企业和公司制企业（主要包括有限责任公司和股份有限公司）。创业者在创建企业时，可以依据不同组织形式的要求建立不同组织形式的企业（图3-6）。创业者可以个人独立创办个人独资企业，也可以由创业团队一起创办合伙制企业，或者成立有限责任公司或股份有限公司。企业的各种法律组织形式没有绝对的优劣之分，对创业者来说各有利弊，但无论选择哪种组织形式，都必须根据国家法律法规要求和初创企业的实际情况，科学衡量各种组织形式的利弊。

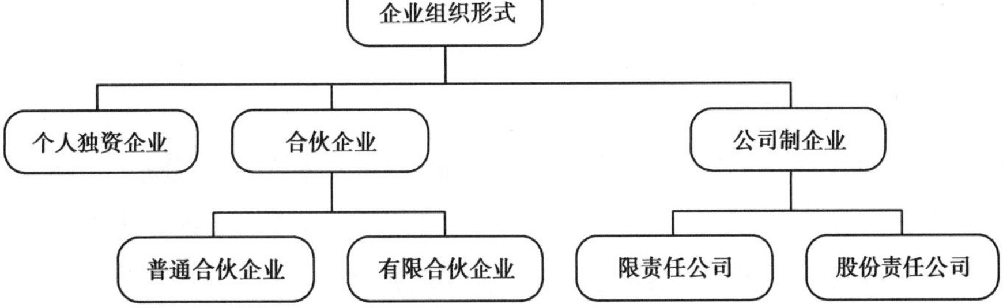

图3-6　企业组织形式图

（一）个人独资企业

个人独资企业是最古老也是最常见的一种企业法律组织形式。个人独资企业又称个人业主制企业，是指依法设立，由一个自然人投资并承担无限连带责任，财产为投资者个人所有的经营实体。创业者选择这种企业组织形式，当个人独资企业的财产不足以清偿债务时，创业者必须依法以其个人的其他财产予以清偿。在各类企业组织形式当中，个人独资企业的创立条件最为简单。

1. 设立条件

①投资者为一个自然人。

②有合法的企业名称。

③有投资者申报的出资。

④有固定的生产经营场所和必要的生产经营条件。

⑤有必要的从业人员。

2. 设立应提交的文件

个人独资企业的设立、变更、注销，应当依照《个人独资企业登记管理办法》的规定，在所在地的工商行政管理部门办理企业登记。个人独资企业经登记机关核准登记，领取营业执照后，方可从事经营活动。大学生创业登记应提交的材料有以下方面：

①大学生本人签署的个人独资企业或个体工商户设立申请书。

②大学生身份证明，即大学生本人的身份证和学生证。

③企业住所证明。大学生创业多以租房为主，如果租房，注册登记时需向工商部门出示租房合同、房主身份证、房主房产证。

④国家市场监督管理总局规定提交的其他文件。

如果初创企业从事法律、行政法规规定须报经有关部门审批的业务的，应当提交有关部门的批准文件。例如，烟酒经营、书报刊经营等业务是我国法律、行政法规规定须报经有关部门审批的，应提交有关部门的批准文件，即"前置审批"。

如果委托代理人申请设立登记，应提交大学生投资者的委托书和代理人的身份证明或者资格证明。

3. 个人独资企业的优点

个人独资企业是企业制度序列中最初始和最古典的形态，也是民营企业的主要企业组织形式。其主要优点为：

①企业设立、转让和解散等行为手续非常简便，仅需向有关机关登记即可。

②企业主独资经营，制约因素较少，经营方式灵活，能迅速对市场变化做出反应。

③企业资产所有权、控制权、经营权、收益权高度统一。这有利于保守与企业经营和发展有关的秘密，有利于企业主个人创业精神的发扬。

④企业主自负盈亏和对企业的债务负无限责任成为强硬的预算约束。企业经营的好坏同企业主个人的经济利益紧密相连,因而企业主会尽心竭力地将企业经营好。

⑤在纳税上具有较大的优势。创业者开办个人独资企业,不需按公司形势纳税,只需缴纳个人所得税,避免了双重纳税。

4.个人独资企业的缺点

虽然个人独资企业具有上述优点,但它也有比较明显的缺点。

①难以筹集大量资金。企业主以个人名义贷款,难度较大,贷款金额有限,限制了企业扩张和大规模经营。

②企业主风险巨大。企业主对企业负无限责任,在硬化了企业预算约束的同时,也带来了企业主承担风险过大的问题。

③企业创新性和开拓性差。企业主承担无限责任限制了企业向风险较大的部门或领域投资的活动,这对新兴产业的形成和发展产生了不利因素。

④企业连续性差。企业所有权和经营权高度统一的产权结构,虽然使企业拥有充分的自主权,但也意味着企业是自然人的企业,企业主的生病或死亡,或他个人及家属知识和能力的缺乏等因素都可能导致企业破产。

⑤企业内部的基本关系是雇用关系,劳资双方利益目标的差异带来企业内部组织效率的潜在危险。

就高职学生创业而言,如果是服务业或零售业,可以选择个人独资企业作为创业企业类型。因为相对而言,服务业或零售业的风险较小,一旦企业经营失败,创业者承担的债务不会太高。

（二）合伙企业

合伙企业是指依法设立的,由两个或两个以上合伙人订立合伙协议,共同出资、合伙经营、共享收益、共担风险,并且对合伙企业债务承担无限连带责任的营利性组织。合伙企业必须有两个以上具有完全民事行为能力的合伙人,并且都是依法承担无限责任者。我国法律、行政法规禁止从事营利性活动的人(如国家公务员等),不能作为合伙企业的合伙人。

合伙企业包括普通合伙企业和有限合伙企业两种形式。两者最大的区别在于,有限合伙企业有两种不同的所有者:普通合伙人和有限合伙人。其中,普通合伙人对合伙企业的债务和义务负无限责任;而有限合伙人可以用货币、实物、知识产权、土地使用权或其他财产权利出资,也可以用劳务出资。但是,有限合伙企业的有限合伙人不得以劳务出资。有限合伙企业实现了企业管理权和出资权的分离,可以结合企业管理方和资金方的优势,因而是国外私募基金的主要组织形式。

1.普通合伙企业的设立条件

①有两个以上合伙人,并且都是依法承担无限责任者。

②有书面合伙协议。

③有合伙人实际缴付的出资。

④有合伙企业的名称。

⑤有经营场所和从事合伙经营的必要条件。

2. 有限合伙企业的设立条件

①有限合伙企业由2个以上50个以下合伙人设立，但是，法律另有规定的除外。

②有限合伙企业至少应当有一个普通合伙人。

③有限合伙企业名称中应当标明"有限合伙"字样。

④有限合伙人可以用货币、实物、知识产权、土地使用权或者其他财产权利作价出资。

⑤有限合伙人不得以劳务出资。

⑥有限合伙人应当按照合伙协议的约定，按期足额缴纳出资；未按期足额缴纳的，应当承担补缴义务，并对其他合伙人承担违约责任。

⑦有限合伙企业登记事项中，应当载明有限合伙人的姓名或者名称及认缴的出资数额。

⑧有限合伙企业由普通合伙人执行合伙事务。执行事务合伙人可以要求在合伙协议中确定执行事务的报酬及报酬提取方式。

⑨有限合伙人不执行合伙事务，不得对外代表有限合伙企业。

3. 合伙企业设立应提交的文件

①全体合伙人签署的设立登记申请书。

②全体合伙人的身份证明。

③全体合伙人指定的代表或者共同委托的代理人的委托书。

④合伙协议（普通合伙企业和有限合伙企业的协议内容有所不同，具体内容请咨询相关部门）。

⑤出资权属证明。

⑥经营场所证明。

⑦国务院工商行政管理部门规定提交的其他文件。

⑧法律、行政法规定设立合伙企业须报经审批的，还应当提交有关批准文件。

4. 合伙企业的优点

①可以从众多的合伙人处筹集资本，在一定程度上突破企业资金受单个人所拥有的量的限制，并使企业从外部获得贷款的信用增强，扩大了资金来源。

②风险分散在众多所有者身上，合伙人承担共同偿还责任，使合伙企业的抗风险能力较之个人独资企业有很大提高。企业可以向风险较大的行业领域拓展，扩大企业发展空间。

③合伙人对企业盈亏负有完全责任，这意味着所有合伙人都以自己的全部家当为企业

担保,因而有助于提高企业信誉。

④经营者即出资者人数的增加,突破了单个人在知识、阅历、能力、经验等方面的限制。众多经营者在共同利益驱动下,集思广益、各显所长,从不同方面进行企业的经营管理,必然有助于企业经营管理水平的提高。

5. 合伙企业的缺点

①法律形式的复杂性。合伙企业是根据合伙人之间的契约建立的,每当一位原合伙人离开或者接纳一位新合伙人,都必须重新确立一种新的合伙关系,从而造成法律上的复杂性,而通过接纳新的合伙人,提高资金的能力也受到了限制。

②决策时滞性。由于所有合伙人都有权代表企业从事经营活动,重大决策都需得到所有合伙人的同意,因此,很容易造成决策上的延误与差错。

③非经营合伙人承担风险较大。所有合伙人对企业债务都负有连带无限清偿责任,这就使那些并不能控制企业的合伙人面临很大风险。

就高职学生创业而言,普通合伙企业对创业者各方来说相对公平,也更具有可行性。合伙企业适合广告服务、咨询服务、设计工作室、会计师事务所、律师事务所、零售商业等领域的创业者。

(三)公司制企业

公司是现代社会中最主要的企业形式。它是以营利为目的,由股东出资形成,拥有独立的财产,享有法人财产权,独立从事生产经营活动,依法享有民事权利,承担民事责任,并以其全部财产对公司的债务承担责任的企业法人。公司是人们为从事商业经营活动而采取的主要企业组织形式。根据我国现行《中华人民共和国公司法》,公司的两种主要形式为有限责任公司和股份有限公司。

1. 有限责任公司设立条件

有限责任公司的股东以其认缴的出资额为限对公司承担责任,公司以其全部资产对公司的债务承担责任。创业者设立有限责任公司,除了要有固定的生产经营场所和必要的生产经营条件,还应具备下列条件:

①股东符合法定人数;
②有符合公司章程规定的全体股东认缴的出资额;
③股东共同制订公司章程;
④有公司名称,建立符合有限责任公司要求的组织机构;
⑤有公司住所。

2. 股份有限公司设立条件

股份有限公司的全部资本分为等额股份,股东以其认购的股份为限对公司承担责任,公司以其全部资产对公司的债务承担责任。设立股份有限公司,应当有2人以上200人以下的发起人。其中,半数以上的发起人需在中国境内有住所。股份有限公司的设立可以采取发起设立或者募集设立的方式。发起设立,是指由发起人认购公司应发行的全部股份而设立公司;募集设立,是指由发起人认购公司应发行股份的一部分,其余股份向社会公开募集或者向特定对象募集而设立公司。根据我国公司法的规定,设立股份有限公司,还应当具备以下条件:

①发起人符合法定人数;

②发起人认购和募集的股本达到法定资本最低限额;

③股份发行、筹办事项符合法律规定;

④发起人制订公司章程,采用募集方式设立的经创立大会通过;

⑤有公司名称,建立符合股份有限公司要求的组织机构;

⑥有公司住所;

⑦股东大会会议认为需要规定的其他事项。

3. 公司制企业的优点

市场经济要求平等的市场主体按照等价交换的原则,通过公平竞争,从市场取得和向市场提供商品,促进整个市场合理流动,实现结构架置优化、资源合理配置。市场经济的要求决定了市场主体必须拥有明晰界定的财产权,而且必须是独立的、平等的。法人制度以其独特的性质使法人在市场经济活动中充当了主要角色。公司作为法人的一种形态,其特质完全符合市场经济的要求,这必然使公司成为市场经济的主体。与其他市场主体相比,公司的优点主要表现在:

①公司股东的有限责任决定了对公司投资的股东既可满足投资者谋求利益的需求,又可使其承担的风险限定在一个合理的范围内,增加其投资的积极性。

②公司特别是股份有限公司可以公开发行股票、债券,在社会上广泛集资,便于兴办大型企业。

③公司实行彻底的所有权与经营权分离的原则,有利于推行现代企业管理制度,极大地提高了公司的经营管理水平。

④公司特有的组织结构形式使公司的资本、经营运作趋于利益最大化,从而更好地实现投资者的目的。

⑤公司形态完全脱离个人色彩,是资本的永久性联合,股东的个人生存安危不影响公司的正常运营。因此,公司存续时间长、稳定性高。

4. 公司制企业的缺点

①创建的程序比较复杂,创建费用较高。

②存在双重纳税问题,税收负担较重。

③股份有限公司要定期报告公司的财务状况、公开自己的财务数据,不便于企业信息的

保密。

④政府对公司制企业的限制较多，法规要求比较严格。

股份有限公司注册资本的最低限额为人民币500万元，对于高职学生而言，受最低注册资本500万元的限制，在创业初期选择股份有限公司作为创业公司的组织类型不是较好的选择。如果创业进行到一定阶段，经营比较成功，确实需要向社会募集资金，则可以向工商行政部门申请变更为股份有限公司。

【案例 3-45】

选择适合的企业组织形式

学过平面设计的李琴想开一个设计工作室，但由于一时凑不出创业所需资金，便暂时放下了创业的想法，到本地最大的一家平面设计机构——鹏飞公司参加应聘。鹏飞公司的领导看到李琴出色的设计作品时，便立即决定聘用她为公司的平面设计师。李琴也非常珍惜这个机会，她刻苦认真、谦虚好学，不断从公司的资深设计师身上学习新的设计技术和理念。由于李琴的工作成绩非常优秀，公司开始把重要客户的设计工作交给李琴负责。李琴在认真工作和学习过程中，也始终在为自己的创业做准备。

在鹏飞公司工作一年多以后，李琴正式辞职，决心用自己的积蓄开始创业。为了节约成本，李琴租了一栋旧写字楼里的一间仅十几平方米的小办公室。有了办公室之后，李琴又到旧货市场买了办公桌椅、文件柜等办公家具，并把自己家里的电脑搬到办公室用于办公，还从电脑市场买了一台彩色打印机，所有成本总共不到1万元。

当一切准备工作就绪后李琴就到工商局进行注册咨询，咨询后得知，如果注册有限责任公司，各种手续办下来要花2 000多元，而注册个体工商户的花费要少得多，于是她就用"李琴计工作室"的名字办理了个体工商户的注册手续。当领到营业执照时，李琴无比自豪，她的创业梦想终于走出了第一步，接下来就可以开展业务了。

企业组织形式各有利弊，不能简单地说某种形式最好或最差，但从总体而言，选择企业组织形式应当考虑以下因素：

①资本和信用的需求程度；

②投资者的责任；

③开办程序的繁简与费用；

④拟创办企业的规模；

⑤企业的控制和管理方式；

⑥组织正式化程度与运营成本；

⑦利润和亏损的承担方式；

⑧税负；

⑨企业经营期间的情况；

⑩权益转移的自由度；

⑪企业的行业性质；

⑫法律的限制。

大学生创业者在选择企业组织形式时，要多咨询、多比较、多考虑，根据自己的实际情况选择一个最合适的组织形式。组织形式多种多样，有的组织形式对别人来说是一种优势，但对自己来说就是劣势。创业者要从自身的实际情况出发，选择适合自己的组织形式，争取以最小的投资获取最大的收益。

三、初创企业的设立、选址

企业选址是一个关系到企业成败的至关重要的因素，也是创业初期涉及的几个问题之一。好的地理位置可以使一个普通的企业生存下去，糟糕的地理位置则可以使一个优秀企业失败。企业位置决定消费者是否易于接触企业。企业选址不同，给消费者的印象也会不同。虽然随着经济和技术的发展，空间上的差异对企业经营的影响逐渐减小，但是其依旧是影响企业发展的一个重要因素。因此，创业者有必要了解正确选址决策所需的信息和技能。

1. 影响企业选址的因素

（1）经济因素

在决定把一个企业设立在哪个区域时，主要考虑该区域经济发展的情况。人们收入的多少取决于其对商品（或服务）的需求。创业者要收集有关所选区域人们收入的信息，包括这个区域居住的人们经济状况如何？他们的生活水平怎样？就业情况如何？另外，交通是否便利也是重要的经济因素。

（2）政治因素

政府对市场的规制也是值得创业者重视的一个方面。创业者应对现在已经存在的以及将来有可能出现的影响本企业产品或服务、分销渠道、价格及促销策略等的法律和法规问题进行充分的判断和评估。比如：将企业建在政府支持该产业的地区，无疑将会为企业今后的发展提供诸多便利。当投资者到国外设厂时，更应该考虑不同国家的政治环境，如国家政策是否稳定、有无歧视政策等。

（3）技术因素

新技术助力高科技初创企业成功的作用是显而易见的，但技术本身的进步却更难以预测。从某种意义上说，技术市场的变化是最为剧烈和最具不确定性的因素。因此，为了加快了解和把握新技术变化的趋势，许多初创企业在选址时，常常考虑将企业建在技术研发中心、科技孵化器附近，或建在新技术信息传递比较迅速、频繁的地区。例如，美国加利福尼亚州的硅谷在20世纪50年代以后逐渐成为美国电子工业的基地，不仅是高科技初创企业的

"摇篮"，而且以电子工业为基础所形成的"高科技风险企业团簇"被认为是20世纪产业集群的典范。

（4）人口因素

创业者应该对可能成为其消费者的人群进行了解。例如，如果要开一家文具店，就要了解哪里学生最多，因为这个群体购买文具最多。其他人口问题还包括：人口稳定性怎么样？人口数量是上升还是下降？比如：如果某地区人口增长迅速，很可能有较多的年轻家庭聚集于此。那么是否可以考虑在此开办与孕育服务、婴童早教等相关的服务产业呢？

（5）竞争因素

收集竞争者的相关信息，对竞争者进行研究。要知道你有多少竞争者，他们都在哪里；还要知道过去两年内有多少跟你业务相似的企业开张和关闭了；对间接竞争者（产品或服务与你近似的企业）的情况也要做些研究。有三种情况有利于开一家新企业：该区域内没有竞争者、区域内虽有竞争者但企业的经营管理水平低下、消费者对该产品的需求正在增加。

（6）发展规划

企业选址要搞清楚城市建设的规划，既包括短期规划，又包括长期规划。有的地点从当前分析是最佳位置，但随着市场的改造和发展将会出现新的变化而不适合开店；反之，有些地点当前看来不太理想，但从规划前景看，有可能将来会发展成新的商业中心区。因此，创业者必须从长考虑，在了解地区内的交通、街道、市政、绿化、公共设施、住宅及其他建设或改造项目规划的前提下，做出最佳地点的选择。

2. 不同类型企业的选址

（1）生产型企业选址

生产型企业选址交通要方便，以便产品对外运出，生产用电要能满足，生产用水要有保证。一方面，生产型企业选址应尽量靠近原料基地和劳动力资源。另一方面，生产型企业选址还应考虑当地税收优惠政策等因素。

（2）商业型企业选址

商业型企业经营地点的选择与商业圈有密切的关系。商圈是指零售店以其所在地点为中心，沿着一定的方向和距离扩展，吸引顾客的辐射范围。简单地说，也就是来店顾客所居住的地理范围。

一般一个城市内有若干商业圈，每个商业圈有一定的辐射范围。处于商业圈内的企业相对经营情况良好，而处于商业圈之外的则经营情况一般。因此，商业型企业选址建议最好选择商圈核心地带，便于企业的宣传和与客户的接触。新店选址时，为了估算市场容量，需要通过商圈分析确定商圈范围，进行市场细分与定位，明确商圈规模、形态，进行经营效益评估，衡量店址的使用价值。但是，商圈内店铺的房价或租金相对较贵，会对初创企业的经营支出构成压力。所以,在初创企业资金有限的情况下,可以选择租柜台、联合经营、委托代销等方式开展业务;也可以在商圈边缘客流量较大的地方进行选址,但是要在商圈内部进行广泛宣传,以吸引客户。

（3）服务型企业选址

服务型企业包括的门类很多,每种类型的企业经营特点不一样,所以选址方式也不一样。但有一点是相同的,即必须有客流量。如果服务对象是针对居民的,则要在居民区附近选址;服务对象是针对学生的,则要在学校附近选址;服务对象是针对社团机关的,则要在机关附近选址。

另外,全国大部分城市都建有各类型的企业孵化器,为不同类型的中小企业和初创企业提供减免租金的办公空间,同时为其发展提供支持性服务（如财务方面和管理方面、技术方面和经营方面等）。公众、传媒和金融界也会为企业孵化器中的企业提供很多支持,还可以享有税收优惠政策。在这里,企业的集聚效应营造出了良好的创业氛围,使多个初创企业在同一屋檐下共同奋斗,较低的租金和共享现场服务增加了创业成功的机会。因此,企业孵化器也是初创企业选址的一个很好的选择。

四、初创企业注册的一般流程

按照现行法律法规,创业者注册新企业需要遵循一定的流程,并需要到相应的政府部门登记审批。相关审批登记项目包括公司核名、经营项目审批、公司章备案、验资、申领营业执照（组织机构代码证）、办理税务登记证、银行开立账户等。

（一）企业核名

企业注册第一步就是企业名称审核,即核名。创业者需要到当地的工商行政管理部门进行企业名称注册申请,由工商行政管理部门进行综合审定,给予注册核准,并发放盖有工商行政管理局名称登记专用章的《企业名称预先核准通知书》。此过程中,申办人需提供法人和股东的身份证复印件,并提供2~10个企业名称作为备用,因为各大行业的中小企业数量很多,只要有重复就无法通过。企业名称要符合规范,例如,北京（地区名）+某某（企业名）+信息咨询（行业名）+有限公司（类型）。

1. 企业命名的原则

企业名称是企业形象的首要要素,是企业文化的识别系统,也是一个企业区别于其他企业或组织的特定标志。所以,从总体上来说,新企业的名称要有高度的概括力和强烈的吸引力,做到"名正言顺"。"名正"是指企业名称首先要合法,需要遵循《企业名称登记管理规定》和《企业名称登记管理实施办法》,到工商行政管理部门申请注册。"言顺"则是指企业名称要顺口、响亮,从传播的角度来看要尽可能朗朗上口,便于人们记住。具体来说,企业命名可依照以下原则：

①应符合企业理念、服务宗旨，这样有助于塑造企业良好的社会形象；

②应简短明快，名称字数少、笔画少，易于和消费者进行信息交流，便于消费者记忆，同时还能引起大众的联想，寓意更加丰富；

③应具备自己的独特性，具有个性的企业名称可避免与其他企业雷同，以防大众记忆混淆，并可加深大众对企业的印象；

④应具有冲击力和气魄，给人以震撼；

⑤企业名称要响亮，易于上口、记忆和传播；

⑥企业名称要符合区域文化，富有吉祥色彩；

⑦企业名称要富有时代感，具有鲜明性，符合时代潮流，并能迅速被大众接受；

⑧企业名称要考虑世界各地的通用性。

2. 企业命名的方法

①人名地名命名法，例如："青岛啤酒""珠江钢琴"等，朴素简洁、响亮大方。

②寓意起名法，运用寓意美好的字词承载企业发展的美好理想。

③别名俗语命名法，很多企业在长期的经营过程中，虽然没有正式明确的商标和品牌的标识，但是拥有较强的市场知名度和影响力，逐渐在自己的经营中形成企业名称。例如"老孙家"羊肉泡馍、"老干妈"辣椒酱等，贴近生活，亲切自然，传播速度快，生命力强，具有很多优点。

④功能特点命名法。这是根据产品的特点对企业进行命名的方法，这种命名方法直接明了，让一看就能获知企业生产的产品功能和特点。例如："感冒通""肠炎宁"，"立白"等。这些名字简单明确、易读易记，容易打造优秀品牌。

⑤原料命名法。这是一种特殊的命名方法，特点是个性独特、引人注目。这样命名的企业和产品也不在少数，其中最具有代表性的就是"五粮液"了。"五粮液"是我国著名白酒品牌，是由高粱、玉米、小麦、大米、糯米五种粗粮酿制而成的，故而名为"五粮液"。

⑥商标命名法。这是根据商标命名原来的企业的方法。这类命名是由于商标的品牌知名度和社会影响力大大超越企业本身。为了企业有更好的发展，用商标名称逐步取代原来的公司名称，如"乐百氏"。

⑦音韵命名法。这种方法结合英文释意，一般根据英语发音选择寓意美好的中文字来为企业命名。比如："纳爱斯"，源自英语"NICE"，也是愉快、美好的意思；还有"CocaCola"（可口可乐）。它的字母结构很有意思，不仅好拼好念，而且容易记忆，令人立即就能记住这个名称。

3. 企业命名的禁忌

①忌用不吉字。不吉字容易让人产生不好的联想。

②忌用雷同近似字。现在不仅有山寨产品,还有山寨企业和商标。一些企业为了借用成功企业的品牌效应,注册字形或是发音类似的企业名称或商标。这样的名称不仅不能带来效益,其效果大都适得其反,反而引起消费者的厌恶。

③忌用多音字。企业名称使用多音字,就像使用生僻字一样,会使人们在称呼时造成很多不便,寓意本身就不够明朗。

④忌用生僻字。好的名字正像好的文章一样,能在平淡中见神奇。例如:"四通""方正""好利来""康师傅"这些名称,都是常用字。

⑤忌语意隐晦。语意隐晦了容易让人看不懂,就像选用冷僻字一样,寓意虽好但无人懂,也就没有意义。

(二)经营项目审批

如果初创企业的经营范围中涉及特种许可项目,由需报送相关部门核准。特种许可项目涉及旅馆、印铸刻字、旧货、典当、拍卖等行业,需要消防、治安、环保、科技文化等部门审批。特种行业许可证办理,根据行业情况及相应部门规定不同,分为前置审批和后置审批。

(三)公司公章备案

企业办理工商注册登记过程中需要使用图章,由公安部门刻出。公司用章包括公章、财务章、法人章等。

(四)验资

按照《中华人民共和国公司法》的规定,投资者需要按照各自的出资比例,提供相关注册资金的证明,审计部门进行审计,通过后出具"验资报告"。

(五)申领营业执照

工商行政管理部门对企业提交的材料进行审查,确定符合企业登记申请,经工商行政管理部门核定,即发放"工商企业营业执照",并公告企业成立。相关材料包括公司章程、名称预先审核通知书、法人和全体股东的身份证、公司住所证明复印件(房产证及租赁合同)、前置审批文件或证件、生产型企业的环境评估报告等。

(六)申请组织机构代码证

企业必须申请组织机构代码证,具体过程是由企业提出申请,通过审定后,到当地质量监督检验检疫局审批签章。

(七)办理税务登记证

税务登记证应到当地税务局办理。企业办理税务登记证应该提供的材料包括企业营业执照副本、组织机构代码证副本、经营场所产权证及租赁合同复印件、法人身份证、公司章程、验资报告及公章。

（八）银行开户

初创企业需设立基本账户，可根据企业的具体情况选择开户银行。银行开户应提供的材料包括企业营业执照正本、组织机构代码证正本、公司公章、法人章、财务专用章、法人身份证、税务登记证正本等。

五、企业注册流程新政

为进一步深化行政审批制度改革，提高市场准入便利化程度，我国自2013年起陆续推出企业注册登记制度改革新政。

（一）将注册资本实缴登记制改为认缴登记制

除法律、行政法规以及国务院决定对公司注册资本实缴另有规定的外，取消了关于公司股东（发起人）应当自公司成立之日起两年内缴足出资，投资公司可以在五年内缴足出资的规定；取消了一人有限责任公司股东应当一次足额缴纳出资的规定。公司股东（发起人）自主约定认缴出资额、出资方式、出资期限等，并记载于公司章程。

（二）放宽注册资本登记条件

除法律、行政法规以及国务院决定对公司注册资本最低限额另有规定的外，取消了有限责任公司最低注册资本3万元（人民币，下同）、一人有限责任公司最低注册资本10万元、股份有限公司最低注册资本500万元的限制，也就是说理论上可以"一元钱办公司"；不再限制公司设立时股东（发起人）的首次出资比例，也就是说理论上可以"零首付"；不再限制股东（发起人）的货币出资比例。

（三）简化登记事项和登记文件

有限责任公司股东认缴出资额、公司实收资本不再作为公司登记事项。公司登记时，不需要提交验资报告。这次公司法的修改进一步降低了公司设立门槛和减轻了投资者负担，便于公司准入，为推进公司注册资本登记制度改革提供了法制保障。

（四）将企业年检制度改为年度报告制度

任何单位和个人均可查询，使企业相关信息透明化。建立公平规范的抽查制度，杜绝检查的随意性，提高政府管理的公平性和效能。

（五）大力推进企业诚信制度建设

注重运用信息公示和共享等手段，将企业登记备案、年度报告、资质资格等通过市场主体信用信息系统予以公示。

【拓展训练 3-11】

走访调研你身边的一家企业，根据你观察或了解到的情况，将相关内容分析与整理后填写到下表中。

任务内容	1.该企业主要经营什么业务？
店址： 企业名称： 产品（服务）内容： 消费对象：	
任务内容	2.该企业选择了哪种组织形式？
个体工商户：　　　　特点： 个人独资企业优势、劣势： 合伙企业优势、劣势： 有限责任公司优势、劣势： 其注册资本： 股份有限公司优势、劣势：	
任务内容	3.如果你要创业，会选择哪个业务领域和选择哪种企业组织形式？
列出你的理由： 业务领域： 企业组织形式：	

复习思考题

1.企业的含义是什么？

2.初创企业选择的组织形式有哪些？

3.初创企业如何设计名称？

4.初创企业如何选址？

5.初创企业注册的一般流程有哪些？

项目四　初创企业的管理

企业创办之后，往往会有一段没有盈利的时间，这段时间一般被称为初创企业的营运前期，即实现盈亏平衡之前的时期。此时企业的不确定性较大、风险较高，创业者的基本管理和科学的财务管理更加重要，此时的管理重点和管理方法等经常和企业高速发展时期不同，需要创业者特别注意。本项目单元分为四个学习任务，其中学习任务一为初创企业的基本管理，包括初创企业的管理原理和方法、基础管理、人力资源管理、营销管理；学习任务二、三、四则主要从资金筹措、资金运用及财务核算的角度来帮助创业者规避财务风险，提高经营管理水平。

学习任务 1　初创企业的基本管理

【任务目标】

1.知识目标：了解初创企业管理原理和方法；熟悉初创企业基础管理、人力资源管理、营销管理知识。

2.技能目标：学会运用基本原理和方法解决企业管理中的实际问题；能有效开展初创企业人力资源管理、营销管理。

3.思政目标：培养学生的个人职业道德和社会责任感；传递社会主义核心价值观，提升职业素养。

【任务导入】

创业的过程就是寻求自己生存条件的过程，初创企业面对的环境与资源更具有不确定性，同时承受战略失败的风险能力也更为薄弱，为了促进企业管理水平的提高，增强企业的竞争能力和发展能力，创业者应掌握企业管理的基本原理、方法，以及相应的管理知识，并能够运用这些管理知识和方法来解决企业管理中的实际问题。

一、初创企业的管理原理与方法

对于初创企业,创业者应该运用合理的、科学的管理原理和方法结合实际情况进行管理。

【案例4-1】

阿旺斯水坝的工程警示

世界上首屈一指的高坝——埃及阿旺斯水坝,建于20世纪70年代初。虽然这座水坝为埃及的防洪、灌溉和发电等带来了巨大的好处,但是该水坝也破坏了尼罗河流域的生态平衡,造成了一系列灾难:①水坝的建立导致尼罗河的泥沙和有机质都沉积到水库底部,使尼罗河两岸的绿洲失去了泥沙沃土,土地开始盐碱化,肥力也丧失殆尽;②由于尼罗河河口供沙不足,导致河口三角洲平原向内陆收缩,使工厂、港口、国防工事有跌入地中海的危险;③由于缺乏来自陆地的盐分和有机物,河内沙丁鱼几乎绝迹;④由于大坝阻隔,尼罗河下游的活水变成相对静止的"湖泊",为血吸虫和疟蚊的繁殖提供了条件,致使水库区一带血吸虫病流行。

埃及在建造此大坝时,由于对环境保护的认识不足所带来的灾难,不仅对此后大型水坝的建设工作起到了警示作用,也说明造成这些灾难的原因是管理者在计划与决策上的失误。

(一)企业管理的基本职能

管理是创业者通过计划、组织、领导、控制等职能有效协调人力、物力和财力等资源,以便更好地完成组织目标的过程。下面具体介绍企业管理的基本职能。

计划:管理者根据生产经营的需要,为企业的各个部门、环节和人员在时间和空间上规定其具体任务。计划先于其他管理工作,是决定生产经营系统能否有秩序、有效率地进行活动的首要环节,包括确定或指定目标、措施、工作程序和各种标准等工作。企业的计划管理,除须保证按期、按量、按质地生产商品之外,还应突出经济效益和社会需要。因此,管理者要重视对市场的调查和预测,使计划建立在可靠的基础上。

组织:管理者根据企业的总目标和管理要求,把生产经营的各个要素,在劳动分工、协作和人员配备等方面,用各种结构形式,合理、紧密、高效地加以组合与协调,以形成一个有机整体。有效的管理组织系统,应该明确各级管理机构和人员的职责范围,迅速准确地传递各种信息。组织是达到目标、完成计划的保证。

领导:管理者利用职权和威信施展影响,指导和激励各类人员努力实现目标的过程。领导工作包括激励下属、指导下属行动、选择最有效的沟通途径或解决组织成员间的纷争等。领导工作的核心和难点是调动组织成员的积极性,需要领导者运用科学的激励理论和合适的领导方式。

控制:管理者对一切工作加以分析和检查,判断其是否背离原订的计划和目标,找出弱点和错误,及时分析原因,并予以纠正,使企业的资源有效运用于企业的各方面。企业应尽可能做到预先控制，并建立标准，加强信息反馈。

（二）企业管理的基本原理

企业管理的基本原理是管理理论的核心，是经营和管理企业必须遵循的一系列最基本的管理理念和规则，也是实现企业有效管理的基础。企业管理的基本原理主要有以下几点。

人本原理：一切管理活动应以调动人的积极性、挖掘人的潜能为根本。人是管理活动中最活跃的因素，既是管理的主体，又是管理的客体。因此，现代企业管理强调以人为中心，要求对组织活动的管理既是"依靠人的管理"，也是"为了人的管理"。

系统原理：在管理活动中必须运用系统理论、系统思路、系统工程、系统方法进行系统管理。企业是一个系统，由各子系统及要素构成，外部环境是一个大系统。管理者要正确掌握整体、局部及内外彼此之间的关系和相互作用，使企业整体效益最优。

整分合原理：整分合原理是指现代管理的高效率和高效益，必须在整体的规划下进行明确的分工，并在分工基础上进行有效的综合。"整"是集权、统一，"分"是分权、分工，二者要妥善结合、互相协同。

反馈原理：管理者为了确保及时、准确、高效地完成既定计划，达成组织目标，必须快速准确掌握组织内部和环境的变化，及时将系统的运行状态和输出结果与原计划和目标进行比较，以便出现偏差时立即采取行动加以纠正或修改计划、调整目标，保证组织目标的实现。

能级原理：管理者应建立一个合理的能级结构，并按一定的规范和标准，将管理内容置于相应的能级中，以实现管理的高效能。不同的能级随组织机构的层次而不同，要各尽所能。

弹性原理：管理必须保持充分的弹性，并留有余地，以适应客观事件可能发生的变化，有效地实行动态管理。

【案例 4-2】

小阿与小布的差别

小阿和小布是两个同龄的年轻人，同时在一家店铺工作，领着相同的薪水。一段时间后，小阿的薪资不断提升，而小布的薪资却还停留在原水平，小布很不满意老板的不公正待遇。有一天他跑到老板那儿发牢骚，老板一边耐心地听着他的抱怨，一边在心里盘算着怎么向他解释，等到小布说完后，老板开口说："小布，你现在去集市上看看，今天早上有什么卖的？"听到老板的话，小布跑去了集市。

小布从集市上回来向老板汇报："今天早上集市上只有一个农民拉了一车土豆。"老板又问："有多少？"小布赶紧戴上帽子又跑到集市，回来告诉老板："一共有40袋土豆。"老板继续问："价格是多少？"小布第三次跑到集市上问了价格。听完小布的汇报，老板不慌不忙地对他说："好吧，现在请你坐在这把椅子上一句话也不要说,看小阿是怎么做的。"

于是老板叫来了小阿,让他也去集市上看看有什么卖的。小阿很快从集市上回来并向老板汇报:"集市上只有一个农民在卖土豆,共有40袋。"接着,他介绍了土豆的价格和质量。由于昨天他们铺子的西红柿卖得很快,库存不多,而这个农民一个小时后卖西红柿,据他了解价格非常公道,他想这么便宜的西红柿老板肯定会买一些,所以他带回了一个西红柿做样品,还把那个农民带了回来,现在那个农民正在外面等回话。

此时,老板转向小布,说:"现在你肯定知道为什么小阿的薪水比你高了吧?"

管理的基本原理并不是孤立的,而是相互包容、相互联系、相互依赖、相互作用在管理实践中的,综合掌握并运用这些原理,可使管理系统成为一个生机勃勃的有机综合体。

(三)企业管理的基本方法

企业的管理方法是管理者在管理活动中为实现管理目标、保证管理活动顺利进行所采取的工作方法,而基本方法是从各种具体方法中概括出来的方法,主要有以下4种。

1.PDCA 循环

各种管理方法都有其独特的个性,但深入探究各种方法实施的全过程时,会发现它们有相似的规律——按照计划、执行、检查、处理(即PDCA)的循环不断地重复进行。美国统计学家戴明提出的PDCA循环也叫戴明循环,在质量管理工作中得到推广。其实,它的应用大大超出了质量管理的范围,不但反映计划、组织、控制3项管理功能的有机结合,也反映出了企业经营管理工作的一般规律。PDCA循环是企业经营管理中最基本的方法。

PDCA循环的含义:P(计划),根据企业目标,制订计划;D(执行),按照计划,制订措施,组织执行;C(检查),对照目标,检查效果,发现问题;A(处理),总结经验,把成功的经验予以肯定并纳入标准,把遗留的和新产生的问题转入下一循环,然后制订新的目标,继续循环解决。

PDCA循环的运行状态:PDCA循环犹如车轮一般,按P、D、C、A这4个阶段不停转动;整个企业的管理系统构成一个大的PDCA循环,而各个部门、各个环节的管理又都是各自的小的PDCA循环,大环套小环、小环保大环、一环扣一环;PDCA循环每转动一圈,就提高一步,不停地转动,问题随之不断地得到解决,经营管理水平也不断提高。

2. 目标管理

目标管理是指管理者以企业总目标为依据,从最高领导开始,各级主管与下属协同制订本部门和每个人的目标,以及达到目标的计划和实施进度。然后据此填写目标卡,并将全过程记录下来,到期做出评定,给予奖惩,而后重新制订目标,再开始新的循环的方法。显然,这种方法是PDCA循环在计划管理方面的应用。

实行目标管理,可以在指定时期内取得明显的效果。其优点是由于上下协调,层层落实,检查、控制、奖惩都比较易于执行;缺点是容易忽视非定量的目标、例外事件或新的机会,外部环境多变时,容易打乱原定部署。

3. 满负荷工作法

满负荷工作法是产生于石家庄第一塑料厂的一套工作法,是指管理者先对企业的各项工作提出较为先进的目标,然后把目标分成几个阶段逐步实现,最后层层落实,形成保证体系,并与个人报酬挂钩。其主要内容有9项,即质量指标、经营指标、设备运转、物资使用、资金周转、能源利用、费用降低、人员工作量、八小时利用率。此法适用于管理基础较差的企业,结合具体情况推行。

4. 例外管理

例外管理是指企业内部各级主管把自己部门中的工作分为两类:一类是常规工作,可以授权下级去做;一类是必须自己亲自过问的例外工作。各级主管在进行工作分类时,先制订一些必要的标准和规章,把第一类工作交给经过训练或有经验的下属,使其完成在规定范围内的事情,按章执行,定期汇报。而如果遇到例外的事情,必须立刻报告主管,由主管亲自处理。例外管理的优点是主管可以集中精力处理重要事务,能充分发挥下属的能力;缺点制订标准和规章需要技巧和经验,下属有时未能及时汇报例外情况,容易导致失误。

二、初创企业基础管理

企业开展专业管理和综合管理则是运用基础管理作用于各项经济活动资源要素,以实现企业目标及价值并尽可能追求投入产出效率最大化的过程。

企业要搞好经营管理,必须先做好基础管理工作,一般包括以下几个方面。

(一)规章制度

企业必须贯彻执行国家的法令、条例和政策,根据实际需要制订必要的企业规章、守则,还要建立严格的制度,使考勤、交接班、工艺操作、质量检验、财务出纳等环节都有章可循。在建立规章制度的过程中,要贯彻民生集中的原则,并且在执行时要严格,尤其是领导和管理人员要身体力行,不能例外,这样才能凝聚人心,促进企业长足发展。

(二)原始记录

企业原始记录非常重要。企业一切活动的结果必须以一定的表格形式,用数字或文字加以记录。管理者要随时更新企业内部的各项原始记录和技术、管理、经营资料,使其形成统一协调的企业信息系统,以适应现代企业经营管理的需要。原始记录是健全企业经营管理工作的重要内容,其信息务求准确,绝对不能主观估计,更不能凭空捏造。

企业原始记录的内容包括生产、销售、劳动、原材料（燃料、工具）、设备动力、财务成本、技术各方面。各种技术文件与管理文件，如产品设计任务书、设计图纸、各类工艺卡片、工艺操作规程、图纸及工艺更改通知单、产品品质鉴定报告、各种计划大纲及定额资料，都是企业生产活动必不可少的原始材料。

（三）计量监测工作

企业应根据生产规模和实际工作的需要，设置专门的计量监测机构，配备必要的人员，购置必要的计量监测器具，建立标准，加强对器具的检验和维修，以保证其准确性。另外，还应健全工作责任制，制订工作规程，并严格执行，提高工作质量。这对保证产品质量、提高劳动效率、加强经济核算，以及材料、物资的收发和消耗，都有极大关系。小型企业可能会因为财力不足，无法置备昂贵的计量监测设备。针对这种情况，小型企业除购置必需的器具外，还可以与大型企业合办测试中心，或者利用科研机构的设备开展这类工作。

（四）统计工作

企业有了比较完整的原始记录之后，就要进一步根据有关规定和企业需要，应用统计方法及时加以统计分析，而后才能开展决策、计划和定额等工作，并以其作为检查考核的依据。统计工作以原始记录为基础，涉及整个企业。统计工作必须及时、全面、准确。做好统计工作有利于各级管理人员处理问题，做出决策，进行检查、控制和指挥。

（五）定额工作

在一定的生产技术和生产组织条件下，企业要规定人、财、物消耗应当达到的定额标准。企业经常采用的定额标准有以下几种。

生产：生产周期、生产批量、在产品定额等。

劳动：单位产品（或零件）的工时定额、工序工时定额、设备看管定额、工时利用率等。

物资消耗：单位产品（或零件）和原材料（燃料、动力、工具）消耗定额、材料利用率、物资储备定额、采购周期等。

设备：单位产品（或零件）台时定额、设备生产能力（容量）定额等。

成本费用：单位产品（或零件）成本定额、企业管理费定额、车间经费定额等。

财务资金：储备资金定额、生产资金定额、成品资金定额、资金利用率、百元产值占用流动资金、流动资金周转天数等。

其他：工具消耗定额、单位产品面积产量定额、单位产量耗电定额等。

有了科学的定额体系，还要有科学的定额管理制度。良好的定额管理对企业组织劳动、推动经济责任制度、贯彻按劳分配、提高劳动生产率、加强经济核算、降低产品成本都有重大作用。

（六）员工培训

企业应将员工培训作为一项基本建设来进行，而进行员工培训的第一步就是确定培训目标，确定培训目标必须结合企业的实际条件和决策目标。初创企业根据一定标准招收员工后，员工要有一个熟悉业务、认同企业形象的过程。有些国外的大型企业采取有计划地组织员工参加培训，为员工讲授企业文化、企业历史、经营思想、管理技巧、行为科学、公共关系等课程，并以其作为提升干部、补充中高级管理人员的手段。进行员工培训是有进取精神的大型企业的自我发展之路。

三、初创企业的人力资源管理

初创企业的特点是小巧、灵活，因而在人力资源管理上不必像大企业那样面面俱到，只需要根据自身特点，充分发挥自身的优势即可。

初创企业人力资源管理工作包括以下几个方面。

（一）突破血缘、亲缘关系，走出家族制的藩篱

初创企业多半是靠创业者白手起家，一点一滴做起来的。企业在原始积累的过程中经历过千辛万苦甚至是生与死的较量，早期建立的创业企业尤其如此。所以，许多企业领导人把企业财产视同私有财产，在企业中担任要职的往往是家族成员，而对企业中非血缘关系的员工信任度非常低，外来员工很难享受股权，永远被视为打工者。这种家族式管理存在天然缺陷，会对外来员工起到一种排斥作用。因此，创建现代企业制度不仅是国有企业的事，初创企业更需要加快制度变革的步伐，早日走出家族制的藩篱。

（二）制订科学的管理标准

管理标准是履行管理职能时必须遵循的权责标准、程序标准、法律标准、制度标准以及实施标准（能干什么、谁去干、怎么干以及不能干什么），这些具有明确的规定性和较强的约束力。建立并贯彻执行管理标准是现代管理区别于传统管理的一个鲜明特征，初创企业必须站在管理法制化、科学化的高度认识管理标准的重要性。

（三）制订严密的管理制度

企业的管理制度一经制订，就是企业至高无上的"法"，每个人必须"依法"办事，任何人不得凌驾其上。管理制度在执行时必须具有时效性、可操作性、明晰性，让企业和员工一起成长。

（四）管理方法、手段的多样性与综合性

管理方法与手段是随着社会和科技发展而不断丰富和发展的，管理方法与手段的应用直接影响管理效果。它有两点值得注意：第一，不能忽略思想、文化的管理方法，它对人的世

界观、价值观的形成，对行为的导向及组织的凝聚力有着重要的影响，是管理的重心，也可以称为管理的基础。第二，不能只强调或侧重哪一种或哪几种手段的应用。企业的管理者应当善于管理，而善于管理就是要善于综合运用各种管理方法和手段。

（五）提升企业文化

企业初创时期，对员工的吸引主要是靠人性化的管理和机会牵引。应当承认，创业企业家族式管理的凝聚力和战斗力有着天然的合理性。然而，随着企业的发展，业务和人员的稳定以及制度的规范，家族式企业的优势会渐渐减少，维系员工的除了合理的薪酬激励和公平分配，更主要的是企业文化的牵引，即企业必须提供共同奋斗的愿望、价值观念和文化氛围，激发员工目标与企业目标的趋同。

四、初创企业营销管理

（一）根据产品生命周期阶段特征采取相应的营销策略

1. 产品生命周期理论及产品导入阶段特征

对初创企业本身来讲，所推出的产品或服务处于产品生命周期的导入阶段。产品生命周期是指产品从进入市场到退出市场所经历的市场生命循环过程，它的阶段划分包括产品的导入期、成长期、成熟期和衰退期。当初创企业的新产品推出时，导入阶段就开始了。导入阶段的总体特征是产品成本高、销量少、费用高、价格高、竞争者少等，主要有以下具体表现：

①产量少导致成本高，产品处于不稳定和试销阶段，一般来说，此时的企业一般都不会大批量生产。因产量低，所以企业的制造成本较高。

②销售额增长缓慢。这是因为在此阶段，沟通经销商渠道和在市场中推广是要花费时间的，所以销售成长趋于缓慢发展。很多产品在它们进入迅速成长期以前徘徊了许多年。营销专家巴泽尔认为，许多产品缓慢成长的四个原因是：生产能力扩展迟缓；有待解决的技术问题；把产品提供给顾客，特别是获得足够的分销零售网点上的延误；顾客不愿意改变既定的行为模式。对于昂贵的新产品，妨碍销售成长的原因还要增加其他因素，例如，只有少数购买者有能力购买该新产品。在这一阶段，由于销售量少和促销费用高，公司要亏本或利润很低。它们需要大量经费以吸引分销商和"填满销货渠道"。

③促销支出占销售额的比率最高，产品投入市场所支付的巨额费用，致使利润几乎不存在。它需要高水平的促销努力，向不熟悉和不知道企业所推出产品特性、功能和信息的目标顾客和潜在的消费者进行宣传需要大量的促销费用；同时，企业引导这些消费者试用该产品、为新产品建立零售网点和其他分销渠道也需要有大量的投入，因而在此阶段几乎很少有产品可以获利。

④在导入阶段产品的价格偏高。主要是产量比较低，导致成本提高；生产上的技术问题

可能还未全部解决；需要高的毛利以支持销售成长所必需的巨额促销费用；也有企业主动将价格提高的原因，一是为尽快收回投入，二是为竞争对手设置进入门槛。

⑤缺乏市场竞争者或竞争者较少。因为此时产品营销的前景还不明确，模仿者较少，在市场上只有少数几个竞争者在生产该产品，公司销售的目标是那些最迫切的购买者，通常为高收入阶层。

2. 初创企业在产品导入阶段营销的重点

由于产品导入阶段带有的上述特征，因而初创企业在营销时考虑有别于其他阶段的营销侧重点，可以从以下方面着手。

①加大宣传力度，提高产品知晓度，贴近消费者，缩短导入期。在广告宣传方面，应以产品的性能和特点介绍为主，以激发消费者的购买欲望；在产品销售方面，可采用有较高信誉的中间商代销或采用试用、上门推销、节日推销等方式，以提高品牌知名度；在产品定价方面，可采取高价策略先声夺人，或采取低价渗透策略，以提高市场占有率；在产品生产方面，应进一步优化设计，以提高产品质量，改善产品性能和降低生产成本；在目标市场的选择上，可采取无差异性的市场策略，以降低营销成本和吸引潜在消费者。

②要尽快打开和占领市场。当产品的未来命运如果尚未确定时，企业必须尽快取得一定的市场占有率。要想使产品迅速打开销路，站稳市场，一定要抓好产品质量，取得消费者的信任，可以用优惠、免费等方式吸引顾客试用，使产品尽快为消费者所接受，争取中间商的支持，给其优惠或资助。这一阶段的策略重点要突出一个"快"字。

③要恰当地处理好价格与促销的关系。在导入期，消费者对产品不了解，有必要进行促销宣传，提高产品的知名度，但宣传费用增加，又会使产品的价格提高。因此，要求企业综合分析成本、效益、营销目标等因素。产品刚开始投入市场进行试销的这一阶段，产品的设计尚未定型，质量不稳定，工人熟练度差，大批量生产能力还未形成，因此生产成本高，产量相对来说也很少。由于产品刚进入市场，消费者对产品不了解，只有少数试新者购买，销售量较小，销售额上升缓慢。另外，使消费者了解并接受该产品所花的广告和其他促销费用很高。因此，这一时期企业获利极少，甚至可能出现亏损。

④这一时期的营销策略应是使产品尽快进入下一时期，即成长期，获取较大的市场占有率。一方面，企业要根据产品整体概念，提高和稳定产品质量，完善工艺，逐步形成批量生产，以适应市场需求和降低产品成本。另一方面，企业要大力加强促销活动，包括在昂贵的黄金时间以及影响大、销量好的报刊上做广告，促使广大消费者了解产品的性能，并由此对该产品产生兴趣，同时合理定价，避免价格过高拒顾客于门外，或价格过低难以回收成本，影响产品形象。

3. 初创企业要把握新产品进入市场的时机

一家企业,特别对市场开拓者而言,必须根据自己规划的产品定位选择一项推出战略。推出战略应作为产品生命周期总体营销计划中审慎选择的第一步。如果市场开拓者选择的推出战略是"狠赚一笔",那么它将为了短期利润而牺牲长远收益。如果市场开拓者办事非常高明,则他定会抓住保持市场领先地位的最好时机。市场开拓者可以设想他一开始可进入各种各样的市场,但是立即全部进入是不可能的。市场开拓者应该分析每一市场各自的和组合的利润潜量,并做出一个市场拓展战略决策。市场开拓者向前看,就会知道竞争者早晚要加入,并会引起价格和市场份额的下降。问题在于这种情况何时发生?市场开拓者在各个阶段应做什么?

例如,福瑞公司描述了市场开拓者必须向前看的竞争周期的各个阶段。

第一阶段,市场开拓者是唯一的供应商,拥有100%的生产能力。当然,该产品的全部销售都为他所有。

第二阶段,竞争渗透。开始于一个新的竞争者已经具备了生产能力并上市销售。其他的竞争者也陆续登场,市场开拓者的生产份额和销售份额逐渐下降。后来的竞争者因为可见的风险和质量上的不稳定性,常常采用低于市场开拓者价格的方式进入市场,随着时间的推移,与市场开拓者有关的可见的相对价值下降了,并引起市场开拓者的溢价下降。在快速成长阶段,生产能力发展得过快,因此,当所引起的周期性降价发生时,该行业的过剩能力就会驱使毛利下降,趋向"正常"的水平。这时,新的竞争者不愿意加入竞争,而已经参加竞争的公司要努力巩固自己的地位。

第三阶段,份额稳定。在这一阶段,能力份额和市场份额都趋向于稳定。在份额稳定期以后,就进入商品竞争阶段。这时,产品被看成商品,购买者不再支付商业溢价,供应商只能赚到一个平均的投资收益率。此时,一个或几个公司可能退出竞争。因此,对于可能仍在市场份额上处于支配地位的市场开拓者来说,他可以决定在别人离开后去进一步扩大市场份额,或者也可以放弃市场和逐步退出。在市场开拓者经历这个竞争周期的各个不同阶段时,如果想成功,那么在各种新挑战面前,他必须制订新的定价和营销策略。

4. 初创企业要设计好产品导入期的营销策略

在推出一种新产品时,营销管理者能为各个营销变量,诸如价格、促销、分销和产品质量分别设立高或低两种水平。如果只考虑价格和促销两个主要因素时,管理者可以在下面的四个策略中择一而行。

①快速撇脂策略。即以高价格和高促销水平的方式推出新产品。公司采用高价格是为在每单位销售中尽可能获取更多的毛利。同时,公司花费巨额促销费用向市场说明虽然该产品定价水平高,但是物有所值。高水平的促销活动加快了市场渗透率。采用这一策略的假设条件是:潜在市场在大部分人还没有意识到该产品、知道它的人渴望得到该产品并有能力照价付款;公司面临着潜在的竞争和想建立品牌偏好。

②缓慢撇脂策略。即以高价格和低促销水平方式推出新产品。推行高价格是为了从平位销售中获得尽可能多的毛利,而推行低水平促销是为了获取大量利润。采用这一策略的假设条件是:市场的规模营销费用,大多数的市场已知晓这种产品;购买者愿出高价;潜在对手的竞争并不迫在眼前。

③快速渗透策略。即以低价格和高促销水平的方式推出新产品。这一策略期望能给公司带来最快速的市场渗透和最高的市场份额。采用这一策略的假设条件是:市场规模很大;市场对该产品不知晓;大多数购买者对价格敏感;潜在竞争很强烈;随着生产规模的扩大和制造经验的积累,公司的单位制造成本会下降。

④缓慢渗透战略。公司可降低其促销成本以实现较多的净利润。公司确信市场需求对价格弹性很高,而对促销弹性很小。采用此策略的假设条件是:市场规模大;市场上该产品的知名度较高,市场对价格相当敏感,有一些潜在的竞争。

(二)初创企业的常见营销方式

营销就是有利益地满足需求。不同行业、不同规模的企业,所采取的营销方法是不一样的,但是不论运用何种营销手段,最终目的都是把企业的产品卖出去,为企业换取利润,以维持企业的正常运转。

1. 企业家营销

每个企业在创建之初,都会经历一个艰苦奋斗的过程。尤其是最初的营销过程,是对创业者心理素质的极大挑战,对于很多现在非常成功的企业,最初的营销都是创业者自己去推销自己的产品。通过推销自己的产品,创业者不仅可以更详细地了解自己的产品,还可以在谈判中独立决策,并且掌握客户的第一手资料。

【案例 4-3】

波士顿啤酒公司的成长

波士顿啤酒公司的创始人 Jim Koch ,他在1984年公司刚创立时,营销啤酒的方式就是直接销售和人际关系。他带着啤酒到酒吧劝说酒吧老板试饮他的啤酒,极力恳求酒吧老板把他的啤酒加入酒吧的菜单中。

经过多年的奋斗,波士顿啤酒公司在2014年销售收入已经达到9.03亿美元,卖出410万桶啤酒和苹果酒,遍及全美50个州及全球约30个国家,占据全美啤酒市场1%的份额。最后凭借旗下的爆款产品 Samuel Adams Boston Lager , Jim Koch 成为业内的亿万富豪。

Jim Koch告诉我们,企业在创立初期在营销过程中,要注意易犯的7个致命错误:

①不够理解客户;
②产品卖点不能满足目标客户的需求;
③创始人没有和顾客"亲密接触";

④初创公司没有保持后续跟进；

⑤只对 UI / UE 进行优化，忽视了销售漏斗；

⑥价格定位不合理；

⑦创始人并不过问产品营销业务。

在企业营销活动中，有一部分企业由于只重视吸引新客户，忽视了维持现有客户，企业将管理重心置于售前和售中，造成售后服务中存在的诸多问题得不到及时有效的解决，从而流失了大量现有客户。而企业为保持销售额，必须不断补充新客户，如此反复循环这就是销售漏斗原理。

根据漏斗原理，企业虽然销售业绩没有受到任何影响，但是为争取新客户所花费的宣传、促销等成本却比维持老客户所花费的成本高得多。因此，以漏斗原理作为制订企业营销策略的指导思想，只适用于以传统的生产观念、产品观念和推销观念为主导的时代。

2. 惯例式营销

初创业企业随着自身的发展和客户群体的壮大，会逐渐采用惯例式营销。惯例式营销，即细分市场，建立营销队伍，构建营销网络。

3. 协调式营销

协调式营销是指企业家营销与惯例式营销两种营销方式兼顾的模式。许多大公司采用惯例式营销之后，会花费大量精力阅读最新的市场数据，浏览市场调研报告，力求最好地协调与经销商的关系和利用广告进行推销。但是，经过比较发现，惯例式营销模式缺乏企业家营销模式的灵活性、创造力和热情。于是，更多的企业会在惯例式营销的基础上，采用企业家营销模式，即企业的品牌经理和生产经理走出办公室参与营销，面对面地倾听顾客的反馈，以保证企业的产品更好地满足客户的需求。

4. 做大企业的小伙伴

初创企业的力量不够强大，如果仅靠自己孤身奋战，不仅会因为与其他企业相互竞争而灭亡，还会由于总是生活在大企业的阴影下，难以取得长足进步。在企业建立初期，创业者应当凭借自身的优势，取长补短，依附大企业成长，找到与大企业共同的利益，主动与它们结盟，将竞争对手转化为依存伙伴，用他们的优势和资源发展自己。做大企业的小伙伴，这种营销模式实质上是依附成长模式。

【案例 4-4】

从追随者起步的华为

华为是一家知名的大公司，华为的产品主要涉及通信网络中的交换网络、传输网络、无线和有线固定接入网络和数据通信网络及无线终端产品，它为世界各地通信运营商及专业网络拥有者提供硬件设备、软件、服务及解决方案。它不仅是中国电信市场的主要供应商之一，还依靠中国电信的市场优势，成为大腕中的大腕。

随着电信事业的发展壮大，华为的产品和解决方案已经应用于全球170多个国家和地区，服务全球运营商50强中的45家及全球1/3的人口。华为2014年上半年度经营数据显示，上半年实现销售收入1 358亿元人民币，同比增长19%，营业利润率增加了18.3%。

华为为什么会取得突飞猛进的成功？就像牛顿说的："我是站在巨人的肩膀上，所以站得更高。"华为正是依靠"做大企业的小伙伴"而取得成功的。

创业的路上充满荆棘和曲折，往往领先的最累，而跟随其后的相对较轻松。通过给大品牌做代理销售或做大企业的配套零件创业的数不胜数，例如，有一家波兰的企业只是生产红酒瓶的软木塞，也取得了骄人的业绩。因此，对有些初创企业来说，做一个市场的追随者和补缺者会方便许多。

另外，加盟特许经营企业比初创立企业更容易，那些成熟的特许加盟企业，往往有更强的抗风险能力，而新企业的抗风险能力则相对较弱。但在选择加盟企业时，最好选择已经有3年以上特许经营历史的成熟企业，因为他们的商品质量和客户服务系统往往比较完善。

以上是几种常见的初创企业营销模式，实际运用中应当针对现实情况选择，或者综合利用。当然，随着经济发展变化，营销模式也会不断创新，总之只有选择适合自己企业的营销模式，初创企业才能有好的发展。

【阅读材料 4-1】

新媒体营销和传统营销有什么区别呢？

第一，销售渠道不同。新媒体营销是以短时间内传向更多的民众的营销手法，更加直接精准且快速地把客户锁定，例如新冠疫情期间，很多人都在抖音带货，从而使商品销得更快、更远。而传统营销是通过报纸、广告、电视、收音机等传统媒体工具推广销售，从而实现销售目的，这个传统营销时间比较长，沉淀够多的才会得到客户的认可。

第二，销售方式不同。新媒体营销是以消费者短时间认同一个品牌，从而得到大量消费者认同这个品牌，以产品销售为手法，这样就具备产品快速走量的优势，使企业快速回笼资金、快速减轻库存压力，企业也得以快速的发展。而传统营销是单向输出，以洗脑的方式达到完成销售目标，一般是以口碑传递达到宣传为目的。

第三，消费者群体不同。新媒体营销的消费群体一般以年轻人为主，年轻人能快速接受新生事物，接受新媒体的平台推广，从而使产品得到市场的认可与销售。而传统营销一般以年纪大一点的消费者为服务对象，这群人一般都不易接受新生事物，都是以听广告或看电视为主要参考指标来达到消费目的。

无论是新媒体营销还是传统营销,都有一定的优缺点,我们要充分利用优点来弥补缺点,这样才能使营销更加有力。

【拓展训练 4-1】

模拟销售

模拟情境描述:

现在,大学科技园某文创工作室生产了一批签字笔样品,给你10分钟时间,先来进行产品设计、制订营销策略和销售策略、意向客户筛选,以及制订销售流程与计划等准备工作,然后面向其他班级成员,开展你的销售工作。比一比,看谁的销售业绩最棒!

形式:以小组形式,团队分工协作完成。

问题:在此项活动中,你有哪些心得感悟,获得了那些销售经验和技能?

复习思考题

1.企业管理的原理有哪些?

2.企业管理的方法有哪几种?

3.如何做好初创企业人力资源管理?

4.初创企业的营销模式有哪几种?

学习任务 2　初创企业如何筹措资金

【任务目标】

1.知识目标:了解常见融资渠道及其优缺点;熟悉大学生创业融资渠道及其优缺点。

2.技能目标:掌握资金需求预算方法;学会合理选择融资渠道。

3.思政目标:熟知相关法律法规政策,选择合理合法的融资渠道;树立大学生融资贷款的风险防范意识。

【任务导入】

也许你有一项高科技的成果,正想创办企业,将成果转化为经济效益;也许你有一个高利润的项目,打算兴办工厂,借机开创自己的事业;也许你正看好某一行业,而你又有丰富的从业经验,很想自己单干;也许你是什么优势也不具备的应届大学毕业生,只是想开家小店自己养活自己……

但是，你们都面临着同样的问题，那就是创业资金从哪里来？资金越多越好吗？创业初期需要筹集多少资金比较合理？

【阅读材料4-2】

初创企业融资背后的那些事儿

对刚刚起步的创业者来说，既拿不了银行贷款，又引不来风险投资，能否快速、高效地筹集资金，是初创企业站稳脚跟的关键，更是实现二次创业的动力。在这种情况下，创业者最想知道的是如何在获得融资时抓住机会，当融资屡战屡败后创业者该怎么办？下面的两个实例解析，希望能帮助创业者顺利进入下一轮融资。

哈米：陌生社交产品的融资秘诀

和众多创业者一样，陌生社交应用哈米的创始人李飞也是从打工无趣转向自主创业的。

2004年毕业的李飞，在大大小小的公司混迹了10年后，决定从朝九晚五的体制中跳出来。2014年，一次偶然的机会，李飞在某次分享会上听一个做网络软件的励志故事很受触动。于是毅然递上辞职信，利用打工的积蓄，创办了自己的工作室，主要开发陌生社交软件。

"国内有些陌生社交软件产品根据用户的好奇心不断改动，最后导致产品四不像、进展慢，但根本原因在于自身团队的浮躁跟风心理，弄丢了产品方向或压根就还没摸清，甚至是远离了自己的初衷，产品越做越差，哪怕有用户量的高速增长，却也后劲不足，逐渐消亡。"李飞利用闲暇时间做过市场调查。企业做任何产品都不能一味地迎合用户一时的喜好，而应该围绕用户内在的需求去做，了解用户最根本的动机。

在如今竞争激烈的社交领域，如何才能使自己的产品得到长足发展，同时获得资本的青睐？李飞认为，市场机会更多在于细分领域，只要有一个好的切入点，把握住某细分领域的用户需求，市场前景就会很广阔，"任何社交产品解决的无非是沟通、分享的问题，只有有价值的沟通和分享对用户来说才是有意义的，也只有这样才能形成社区的特定氛围和气质，才会有更长远的发展"。

在开发软件的过程中，李飞发现用户最开始使用一款新的社交产品不是因为他觉得这款产品解决了他的根本需求，更多是因为无聊和好奇才下载的。"但好奇心是会逐渐泯灭的，当用户的好奇心泯灭时也是用户离开你的时候，自然会导致你产品的留存、活跃量的逐渐降低。如果此时没有大的资金背景，就很难继续维持高用户量增长，再加上流失的严重性，产品最后的出路就关闭了。"李飞正是因为意识到了这一点，所以才对自己产品的要求更苛刻；也正是因为如此，2014年底，哈米获得了资本抛来的橄榄枝。

李飞表示，曾有一段时间用户量增长很快，但发现流失率也很大，留存和活跃量的提升完全靠每天大批量的新用户进来才得以保持，最后团队一起摸索，才明白在产品形态设计上和宣传核心功能点上出了问题。"随后我们则进行了产品整个形态的调整，目前，哪怕每天保持同样数量的用户进来，但留存以及活跃量也在不断增长。"在意识到问题之后，李飞和团队及时调整了方向，也使产品不断地良性发展。"无论目的是什么,用户开展陌生社交的目的是由于熟人社交或现实关系已无法满足自身的日常需求,找到这个日常需求就知道用户打开陌生社交应用要做什么了,这也是你留住用户的根本原因。"

目前,李飞正在准备下一轮融资,他坚信,在"互联网+"的大背景下,哈米的未来会更好。

点评:对初次创业的人而言,创业者应该先靠家人、好友支持,自己做出一定成绩再融资会更好,因为对大多数创业项目来说,融资碰壁会很多,创业者要对自己做的项目有清醒的认识。盲目夸大自己的估值又得不到市场认可,会严重挫伤团队的士气,让公司活下去,越做越大才是最重要的。

业内人士表示,在争取风险投资的过程中,创业者一定要做好充分的心理准备。风险投资在决策过程中,投资人可能会担忧、会质疑、会否定你的项目。如果投资人的担忧都是短期的,创业者就不要担心,更不能放弃,只要一个公司长期的方向是正确的,公司的CEO、团队、商业模式都是值得称道的。长期导向的投资人会看得更远,那么他会把钱投给创业者。对任何创业公司而言,好的长期导向的投资人是公司成功的重要因素之一。在对待风险投资或天使投资时不要太挑剔,不要过分计较个人的持股比例,如果有投资者能够帮助创业者的公司取得成功,那就应该接受他的投资。最关键的是要关注"成功"本身而不是金钱,因为当创业者成功时,资金自然就来了。

此外,所做的项目要解决具体的痛点,不能盲目跟风,要做自己擅长的事情。创业者要对自己做的事情有深刻的理解,这样面对投资人时才更有机会能顺利完成。在节奏方面,拿到资金后,项目推进要迅速,快速试错,及时调整方向,不要等到缺乏资金才开始找融资,至少要准备6个月充裕资金,提前3个月就要开始找下一轮。如果项目能够实现自身造血,还要尽快实现收入和盈利。

快美购:无缘资本,倒在成功的边缘

有人说,创业是一种投资行为,成功了,不但能收回成本,还能获得很好的利润;而失败了,或勉强回本、惨淡收场,或负债累累、一蹶不振。资本对创业者来说会关系到以后的发展,快美购3D平台创始人刘淇对资本的渴望更为热切。尽管其运作的项目取得一定的业绩,但最终因为缺乏资本的支撑不得不放弃自己的创业梦。

2014年底,刘淇手握着刚刚卖掉一个连锁项目所获的3 000万元现金,正踌躇满志欲开展一段新的事业旅程。通过经营连锁项目时对互联网的接触,以及通过互联网招商所带来的极大增长动力,并由此赋予了项目极高的溢价,刘淇坚信,互联网绝对是未来的投资方向。他决定创造自己的蓝海。

刘淇领衔策划团队历时3个月的调查、走访与数据分析后,《快美购3D平台——您的美丽生活顾问》策划案出炉。根据规划,快美购3D平台将分三步:第一步,打造差异化的定位,建平台,筑巢引凤,构建快美购3D平台。第二步,加大招商与推广力度,制造影响,跑马圈地。与一些招商网站合作,许诺合作的零售终端,可根据签约时间与任务,获得1万元至10万元不等的进货授信额度,以及年度3万元至30万元不等的网络推广支持。第三步,寻求资本合作,抓速度,一跃成龙。刘淇知道,单靠自己的3 000万元现金,很难支撑起快美购3D平台的长期投入与快速增长,只能支付启动期的花销；而接下来的快速发展，则需要更巨大的资金投入。平台搭建、O2O渠道合作与消费者推广，已逐步按照自己的思路在实现。刘淇聘请了职业经理人团队负责平台的运营，而自己将主要精力放在项目的推广与资本运作上，他期待着VC们的关注与投入。

短短6个月时间，快美购3D平台日均独立IP访问量从0迅速增长到5万，注册会员达到50万人。可以说，快美购3D平台取得了不错的成绩，也吸引了不少投资者的目光，本以为凭借还算不错的业绩可以顺利获得融资，然而出于种种原因始终没能洽谈成功。刘淇介绍："在最初的几次接触中，谈判还算顺利，但是在涉及具体细节时出现了很多分歧，所以最终都没有谈拢。我想最重要的原因是双方对估值存在一定的分歧，很难达成一致，所以后来也就不了了之。"

然而，当3 000万元的创始资金所剩无几时，VC的投资仍虚无缥缈，快美购的O2O美梦并未能成真，刘淇最终决定放弃快美购3D平台的梦想。

点评：融资失败的原因很多，更多的是一个公司有没有在一个时间范围内取得比这个时间范围内更好更优秀的业绩，出资成长速率很重要。

业内人士分析，融资成败的因素有以下几点：一是大环境，如资本环境、企业环境及政治经济环境等，这是影响投资的核心因素；二是投资方基金的生命周期；三是创业者所处的行业，相比传统行业，较前沿的行业更容易融到资金；四是创业项目和投资方匹配度。此外，创始人的背景与团队的完整性和匹配度也很重要。

对于估值的分歧可能是融资谈不拢的一个重要原因。一个合理的估值预期是融资过程中双方良性沟通的基础，一级市场上的估值信息应该是透明的，对行业有研究的投资人对细分领域的估值是有概念和预期的。一个不太符合公司发展阶段或是明显偏离行业平均水平的估值会影响融资进程。

作为创业者，对创业的宏观条件和经济环境应该有一定的认识与理解。创业者在做类似的判断时，需要从两方面考虑：第一，市场上的资金是否充裕。2014年，TMT的概念在资本市场很火，多家互联网公司赴美上市成功，给投资人带来大量的投资回报。然而从2015年初至今，真正实现上市的公司凤毛麟角，从侧面也预示着市场上资金的供给将趋于紧张。第二，赛道是否拥挤。如果创业者处于拥挤的赛道，而且还不是领先的选手，那就需要格外警惕。纵观2014年至2015年陆续兴起的几个风口，初期都是红海竞争，最终仅有极少数公司成长为行业巨头，给投资人和初创团队带来丰厚回报。而其他竞争对手，大部分在这个过程中消亡或者是被吞并了。经过缜密的判断，如果时机尚未成熟，不妨继续积累，等待机会；如果大势已过，就需要迅速转型；如果大环境没什么问题，就要更多地从自身角度去找原因，迅速纠错，再接再厉。

（资料来源：中国文化报）

一、企业常用融资渠道

融资渠道，是指企业的资金来源，主要包括内源融资和外源融资两个渠道。其中，内源融资主要是指企业的自有资金和在生产经营过程中的资金积累部分；外源融资，即企业的外部资金来源,主要包括间接融资和直接融资两种方式。间接融资是指企业的融资通过银行或非银金融机构渠道实现,直接融资是企业直接从市场或投资方获取资金。随着技术的进步和企业生产规模的扩大,单纯依靠企业内部资金已经很难满足企业的资本需求。因此,外源融资成为企业获取资金的重要方式。

初创企业的融资渠道,大体有三个方向:第一,靠创业者自身解决融资问题,如自己与合伙人出钱,或者向亲朋好友借款等。第二,靠外部债权人,如企业间的借贷、向金融机构举债、接受风险投资等。第三,靠业务合作方,如向供应商赊账、向客户收取预付款或保证金等。能否从上述渠道中的任何一个渠道融资,要看企业是否符合这些渠道和类型的风险判断标准。如银行贷款,银行资金雄厚。但是初创企业从银行贷款很难,且银行贷款周期长、成本高。因为银行的风险控制标准很高,一般来说初创企业很难符合这个标准。

企业常用的融资渠道有以下几种。

1. 银行贷款

银行是企业最主要的融资渠道。按资金性质,银行贷款可分为流动资金贷款、固定资产贷款和专项贷款三类。对于经营状况好、信用可靠的企业,银行会授予一定时期内一定金额的信贷额度,企业在有效期内与额度范围内可以循环使用。具体来说,现在银行提供的与企业融资相关的贷款包括如下五种。

（1）资产抵押贷款

中小企业将资产抵押给证券公司或商业银行,由相应机构发行等价的资产证券化品种,发券募集的资金由中小企业使用,资产证券化品种可通过专门的市场进行交易。担保基金来源于当地政府的财政拨款、会员自愿缴纳的会员基金、社会募集的资金、商业银行的资金等。信用担保机构大多实行会员制管理的形式,属于公共服务性、行业自律性、自身非营利性组织。会员企业向银行借款时,可以由中小企业担保机构予以担保。中小企业还可以向专门开展中介服务的担保公司寻求担保服务。当企业提供不了银行所要求的担保措施(如抵押、质押或第三方信用担保人等)时,担保公司可以解决这些难题。因为与银行相比,担保公司对抵押品的要求更灵活。

（2）项目开发贷款

一些高科技中小企业如果拥有具有重大价值的科技成果转化项目,初始投入资金数额比较大,企业自有资本难以承受,则可以向银行申请项目开发贷款。对于拥有成熟技术及良好市场前景的高新技术产品或专利项目的中小企业,以及利用高新技术成果进行技术改造的中小企业,商业银行会给予积极的信贷支持,以促进企业加快科技成果转化。对于与高等院校、科研机构建立了稳定项目开发关系或拥有自己的研发部门的高科技中小企业,银行除了提供流动资金贷款,还可办理项目开发贷款。

（3）出口创汇贷款

对于生产出口产品的企业,银行可根据出口合同或进口方提供的信用证,提供打包贷款。对于有现汇账户的企业,银行可提供外汇抵押贷款。对于有外汇收入来源的企业,可凭结汇凭证取得人民币贷款。对于出口前景看好的企业,银行还可以提供一定数额的技术改造贷款。

（4）无形资产质押贷款

依据《中华人民共和国民法典》的有关规定,依法可以转让的商标专用权、专利权、著作权中的财产权等无形资产都可以作为贷款质押物。

（5）票据贴现融资

它是指票据持有人将商业票据转让给银行,取得扣除贴现利息后的资金。在我国,商业票据主要是指银行承兑汇票和商业承兑汇票。这种融资方式的好处之一是银行不按照企业的资产规模而是依据市场情况（销售合同）放款。企业自收到票据至票据到期兑现之日,往往少则几十天,多则三百天,资金在这段时间处于闲置状态。企业如果能充分利用票据贴现融资,远比申请贷款手续简便,而且融资成本很低。票据贴现只需带上相应的票据到银行办理有关手续即可,一般在几个营业日内就能办妥。

2. 民间借款

民间借贷是指公民之间、公民与法人之间、公民与其他组织之间的借贷。只要双方当事人意思表示真实,即可认定有效,因借贷产生的抵押相应有效,但利率不得超过人民银行规定的相关利率水平。民间借贷是一种直接融资渠道,银行借贷则是一种间接融资渠道。民间借贷也是民间资本的一种投资渠道,是民间金融的一种形式。同时,根据《最高人民法院关于人民法院审理借贷案件的若干意见》的有关规定,"民间借贷的利率可以适当高于银行的利率,但最高不得超过银行同类贷款利率的4倍"。

3. 融资租赁

融资租赁,是融资与融物的结合,兼具金融与贸易的双重职能,对提高企业的筹融资效益、推动与促进企业的技术进步有着十分明显的作用。融资租赁包括直接购买租赁、售出后回租和杠杆租赁。此外,还有租赁与补偿贸易相结合、租赁与加工装配相结合、租赁与包销相结合等多种形式。融资租赁为企业技术改造开辟了一条新的融资渠道,采取融资、融物相结合的新形式,加快了生产设备和技术的引进速度,还可以节约资金,提高资金利用率。

4. 典当融资

典当是以实物为抵押,以实物所有权转移的形式取得临时性贷款的一种融资方式。与银行贷款相比,典当融资贷款成本高、规模小,但灵活便捷。典当行对客户没有信用要求,只注重典当物品是否货真价实,动产与不动产均可作为质押物。典当物品起点低,千元、百元的物品都可抵押。典当行更注重为个人客户和中小企业服务。典当贷款的手续十分简便,大多立等可取,即使是不动产抵押,也比银行要便捷得多。典当行对客户贷款的用途没有要求,客户资金使用自由。其周而复始,大大提高了资金使用率。

5. 商业信用融资

商业信用融资是企业之间在买卖商品时,以商品形式提供的借贷活动,是经济活动中一种最普遍的债权债务关系。商业信用的存在对扩大生产和促进流通起到了十分积极的作用,但不可避免地也存在一些消极的影响。商业信用融资方式包括应付账款融资、商业票据融资及预收货款融资。对融资企业而言,应付账款意味着放弃了现金交易的折扣,同时还需负担一定的成本,因为往往付款越早,折扣越多。商业票据融资,就是企业在延期付款交易时开具债权债务票据。对于财力雄厚和声誉良好的企业,其发行的商业票据可以直接从货币市场上筹集到短期货币资金。预收货款融资,是买方向卖方提供的商业信用,是卖方的一种短期资金来源,信用形式应用非常有限,仅限于市场紧俏商品、买方急需或必需商品、生产周期较长且投入较大的建筑业、重型制造等。使用商业信用融资,首先要有一定的商业信用基础;其次,必须让合作方也能受益;最后,务必谨慎地使用商业信用。商业信用融资的优点是筹资便利、筹资成本低、限制条件少。但商业信用融资的缺点也不能小视,如期限较短、筹资数额较小、有时成本较高。

6. 风险投资

风险投资也称创业投资,根据全美风险投资协会的定义,风险投资是由职业金融家投入到新兴的、迅速发展的、有巨大竞争潜力的企业(特别是中小型企业)中的一种股权资本。经济合作与发展组织(OECD)对风险投资的定义更为宽泛,即凡是对以高科技与知识为基础,生产与经营技术密集的创新产品或服务的投资,都可视为风险投资。我们认为,风险投资是由专业投资机构在自担风险的前提下,通过科学评估和严格筛选,向有潜在发展前景的新创或市值被低估的公司、项目、产品注入资本,并运用科学管理方式增加风险资本的附加值。风险投资家以获得红利或出售股权获取利益为目的,其特色在于甘冒风险追求较大的投资报酬,并将回收资金循环投入类似高风险事业,投资家以筹组风险投资公司、招募专业经理人,从事投资机会评估并协助被投资事业的经营与管理,促使投资收益早早实现,降低整体投资风险。风险投资家不仅投入资金,还用他们长期积累的经验、知识和信息网络帮助企业管理人员更好地经营企业。因为这是一种主动的投资方式,所以由风险资本支持而发展起来的公司成长速度远快于普通同类公司。通过将增值后的企业以上市、并购等形式出售,风险投资家得到高额的投资回报。它是一种高风险与高收益机会并存的投资。风险投资的对象主要是那些力图开辟新的技术领域以获取超高额利润但又缺乏大量资金的企业。

7. 互联网融资

对许多创业者来说,项目起步阶段如果找寻风险投资或者民间资本失败,互联网就会成为他们融资的最终选择。P2P、投融资信息服务、众筹等一系列互联网融资渠道给草根创业者带来了实实在在的好处。作为创新事物,互联网融资无疑给现行法律带来了一定的挑战,实际操作时如何做到透明、诚信、公平，还有许多待解的难题。融资者应选择信誉较好、行业排行靠前的知名平台。

8. 吸收投资

吸收投资是非股份制企业以协议等形式吸收国家、企业、个人和外商等直接投入的资本，形成企业投入资本的一种筹资方式。投入资本不以股票为媒介，适用于非股份制企业，是非股份制企业筹集股权资本的一种基本方式。在合伙企业中，两个及两个以上的人员共同出资可以看作为吸收投资而成立。对于有限责任公司，吸收投资便成为吸收股东，但局限于50人以下。对于股份公司发起设立人只能作为共同的投资方，一旦吸收投资，则吸收的投资性质将改变，直接成为发起人；对于募集设立，发起人只认购发行股份的一部分，其余部分向社会公开募集或者向特定对象募集，从而成立股份公司。当然，以上的合伙企业、有限责任公司、股份公司吸收的直接投资也可以是非股权参与的，具体由协议来确定。

9. 发行股票

股票具有永久性、无到期日、不须归还、没有还本付息的压力等特点，因而筹资风险较小。股票市场可促进企业转换经营机制，真正成为自主经营、自负盈亏、自我发展的法人实体和市场竞争主体。同时，股票市场为资产重组提供了广阔的舞台，能优化企业组织结构，提高企业的整合能力。

二、大学生创业的主要融资方式

融资渠道单一是创业中的第一风险，如果没有广阔的融资渠道，创业计划只能是一纸空谈。大学生应合理选择融资方式，除了银行贷款、自筹资金等传统融资方式，还可以充分利用风险投资、创业基金等多种融资渠道。

(一)政策基金

政府提供的创业基金通常被称为创业者的"免费皇粮"。政府的投资一般都是免费的，降低或者免除了融资成本，但政策基金的创业基金申请有严格的程序要求，政府每年的投入有限，融资者需面对其他融资者的竞争。

(二)高校创业基金

目前，大多数高校都设立了相关的创业基金，以鼓励本校学生进行创业尝试。对大学生而言，通过此途径融资比较有利，但劣势是资金规模不大、支撑力度有限、面向的对象不广。

(三)亲情融资

亲情融资，即向家庭成员或亲朋好友筹款。其优点是筹借资金速度快、风险低、成本低；但会给家庭成员或亲朋好友带来资金风险甚至是资金损失，如果创业成功，那就是一种双赢。但是，如果创业失败而致长久未归还借款，创业者可能会产生深深的负罪感，也可能会影响亲友间的感情。

（四）银行贷款

银行贷款被誉为创业融资的"蓄水池"。由于银行财力雄厚，而且大多具有政府背景，因此在创业者中很有"群众基础"。但从银行借钱并不容易，银行只会在确信风险非常低的情况下才会同意贷款，并且对中小企业来说，获取贷款的金额非常有限。

（五）合伙入股

合伙入股是按照共同投资、共同经营、共担风险、共享利润的原则，直接吸收单位或个人的投资，是选择以合伙企业形式成立创业企业的融资途径和方法。其优势是有利于对各种资源的利用和整合，短时间内即可筹集到大笔启动资金，能尽快形成生产能力，有利于降低创业风险；劣势是很容易产生意见分歧，降低办事效率，合伙人选择不当也有可能因为权利与义务的不对等而使合伙人之间产生矛盾，容易产生经济纠纷。

（六）风险投资

风险投资是一种融资和投资相结合的全新投资方式，是指创业者通过出售自己的一部分股权给风险投资者，从而获得一笔资金，用于发展企业、开拓市场；当企业发展到一定规模时，风险投资者卖出自己拥有的企业股权获取收益，再进行下一轮投资。许多创业者就是利用风险投资使企业度过初期阶段的。其优势是有利于技术含量高、创新商业模式运营、有豪华团队背景、发展迅猛的有关项目融资；劣势是融资项目有局限性。

（七）天使投资

天使投资是指自由投资者或非正式风险投资机构对处于构思状态的原创项目或小型初创项目进行的一次性前期投资。其优势是民间资本的投资操作程序较为简单、融资速度快、门槛也较低；劣势是很多天使投资者在投资时总想控股，致使创业者面临分散一部分所有权与控制权的风险。

那些给处于困难中的创业者带来投资和帮助的投资人又被称为"天使投资人"。他们往往独具慧眼、思维前瞻，能够发现一些有发展前景的企业，并作为投资人为企业注入资金。公司创业之初的天使投资人，一般都是熟悉的亲人、朋友。他们基于对创业者的熟悉和信任，虽然没有成熟的商业计划、团队和经营模式，但仍会帮助创业者进行创业。

天使投资的特点：

通常只提供"第一轮"融资：天使投资只是利用了自己的积蓄，显然不足以支持较大规模的资金需要，只有那些处于最初发展阶段的创业能够得到他们的青睐。

天使融资方式带有强烈的感情色彩：创业者说服天使投资人投资的过程常常需要一定的感情基础，或者是志同道合的朋友，或者是家人、亲戚关系，或者是得到了熟悉人士的介绍等。天使投资人往往自己曾经是创业者，且常常是某一行业的专家，可以为创业企业提供极为宝贵的咨询顾问意见。

【案例4-5】

融资就像第101次求婚

创业一年中，李南有大半年时间在和各种投资人接触，现在，他决定放弃。投资人觉得公司还是种子期，不成熟，这让他感觉有些悲凉。不过，他也更加清楚地认识了自己在别人眼中的价值和项目存在的瑕疵。融资就像第101次求婚一样，可能要身经百战、反复磨砺才能促成。融资是创业者的必修课，李南从名牌大学毕业后就开始了打工兼创业之旅，原本他从不屑于"忽悠投资人的钱"。但是，慢慢地他发现，单打独斗的确不是一件容易的事情，而且能够得到融资也不再是他所认为的"忽悠"，而是一种生存技能。

毕竟是初出茅庐，李南的融资经验不足。第一次谈判，他就因被投资人批驳而彻底丧失信心：商业模式并非别具一格，目前运作的项目不稳定，未来计划不太现实……如果再加上一般电商的运作模式，投资人就直接给判了死刑，完全不容他再赘述发展目标。一直自信满满的李南，头一次觉得自己的项目竟然有这么多瑕疵，自己竟然这么多缺点，这让他一度迷失了方向。

以前，李南总爱说自己做项目不是纯粹为赚钱，而盈利是投资人最关心的问题，李南的回答彻底触动了投资人的底线，有了这样的失败经历后，他开始改变自己的说法，并把自己的宏伟蓝图描述得非常动人。但这种缺乏数据支撑的虚化说辞似乎也不受欢迎，尤其面对资深金融背景及有丰富经验的投资人。

李南发现，投资人对创业者的信任超过一切，如创业者的学历、自身修养、谈吐和社交能力。有的投资人比较感性，见过创业者后，就能迅速判断"此人是不是做这件事的料子"，至于团队能力如何，很多投资人对此并不是太关注，甚至有的投资人都不会问团队的具体情况，这让李南很诧异。

最让李南无语的是，有的投资人告诉他，"你现在的模式国外刚兴起，而且已经开始有成功融资案例了"。当他在心里窃喜不已时，投资人却说，"不过，我们暂时还不打算投资这样的项目，因为国内环境与国外很不一样"。

有时，李南跟投资人相谈甚欢，对方非常认真地倾听、做笔记，时不时向他提出细节问题，可是到最后他才发现，其实对方认真倾听主要是因为从没有接触过这个投资领域，不了解才做笔记。至于能否投资一个完全陌生的领域，那就更没谱了。

还有的投资人给李南的项目每一项都打了满分，投资人最后让李南等决策，并承诺很快会有结果，但是，哪怕几十万元人民币的投资，从口头承诺到现金到账，要耗费6个月至9个月的时间，可李南的项目马上就要上线，根本没有时间等待，在他催促下，对方答应提前，但是投资额度会压缩得很有限，跟李南想象中的相去甚远。最后，李南没有办法，只好暂时放弃融资。

李南总结，一个好的项目必须确实能解决一个关键问题。而且这个关键问题能够迅速积累用户或者挣到钱；同时要让投资人相信自己能做好，并且比别人做得更好。至于壁垒、商业模式都是后话。

三、创业资金需求预算

从办理营业执照开始，各种花费支出纷沓至来，你的企业到底需要多少资金才能启动？这件事一定要提前筹划好，否则在创办企业中途很容易发生资金链断裂事故。经营性质不同的企业，对资金的需求存在很大的差异。创业者在开始融资前，必须合理评估企业项目所需投入的各类资金，最后预估不稳定因素可能对项目造成的影响，再增加一些风险储备资金，由此汇总资金需求，开启创业项目的融资活动。

（一）创业资金的分类

创业初期所需的资金也称为启动资金，一般分为两大类：长期投资资金与短期流动资金。

长期投资资金是企业的办公场所租用或建设、购置生产专用设备、开办等事项需投入的资金。这类资金投入大、占用时间长、回收期长，在财务会计核算上叫作资本性支出。

短期流动资金是指企业维持日常运营所需的资金，这类资金占用时间相对较短，但需求频繁，种类烦琐，主要包括原材料购买支出或商品购置费用、员工工资、办公费、水电费、交通费、赊销的货款等。后期一般能从当期的营业收入中收回。

（二）资金需求预算

1. 长期投资资金的预算

企业创业初期长期投资资金主要用于场地建设、设备购置等固定资产投资和开办费三个项目。开办费主要是创业初期金额较大的培训费、加盟费、技术转让费、装潢装修费。

2. 短期流动资金的预算

在创业初期，企业的一切经营活动业刚刚开展，或许很长一段时间内都没有营业收入，因此，企业必须在启动资金的预算中全面考虑流动资金的需求量。企业流动资金的预算主要包括三大类：原材料采购费用或商品购置费用、人员工资、日常运营费用。

预估流动资金需求的时间周期，可能是三个月，也可能是半年甚至更长的时间，企业应根据经营周期（即产品投放市场后可回收货款的周期）酌情考虑。

3. 编制创业资金需求预算表

长期投资资金和短期流动资金预算做好后，再根据二者之和，预估一笔风险资金，以应对诸如原材料价格上涨、人员工资上涨、业务扩展等不时之需。下面以开办一家西饼屋为例（表4-1），来说明编制企业初创资金预算表的方法。

表4-1 小型西饼屋初创资金预算表

长期投资资金	办公设备	桌椅	500 元
		空调	3 000 元
		房屋租金	5 000 元
		店面装修	8 000 元
		电脑收银机	2 000 元
		展示柜货架	1 000 元
	生产设备	操作台	600 元
		烘焙烤箱	14 500 元
		电冰箱	5 000 元
		冷藏柜	1 000 元
		和面机	3 000 元
		碎冰机	300 元
		蛋糕模具、刀具等器具	1 000 元
		面包醒发箱	1 000 元
		压片机	800 元
	开办费	技术转让费	5 000 元
		培训费	3 000 元
短期流动资金		原材料	5 000 元
		人员工资	6 000 元
		水电费	600 元
		广告费	1 000 元
		交通费	1 000 元
		办公费	500 元
		预备周转资金	2 000 元
风险储备金		不可预测项目	10 000 元
合　计			80 800 元

【拓展训练 4-2】

假如你准备创办一家_____，你打算采用哪种方式来获取创业资金，将其填写在表格中，并说明其原因。

选择的融资渠道	具体原因	可行性分析
1.		
2.		
3.		
4.		
5.		

复习思考题

1.企业传统融资渠道有哪些?

2.大学生创业常见融资渠道及其优缺点?

学习任务3 初创企业如何进行财务核算

【任务目标】

1.知识目标:初创企业资金管理;财务记账与编制报表。

2.技能目标:学会编制现金预算表及财务报表的方法;掌握基础账目的登记技巧。

3.思政目标:培养工匠精神,树立量入为出、精打细算的理财意识;熟悉国家税收政策,树立诚信经营的法治观念。

【任务导入】

在大众创业、全民创新的新时代,中国经济迎来了创业者拼搏的新时代,大学生参与创业的比例呈逐年增长的趋势。可是,中国创业企业的失败率高达86.7%,企业平均寿命不足1.6年,而大学生创业的失败率更高达95%以上。失败的原因多与企业对创业投资的获利能力估计不准确、不知道如何进行财务管理和经营分析有关。因此,无论创业者的专业背景如何,创办和经营企业都必须了解和初创企业有关的财务核算知识,以便在遵循法律法规、熟悉经营管理和企业自身财务活动的情况下做出科学的经营决策。

【阅读材料4-3】

2014年前,中国第二大民营高科技企业是巨人集团公司……

2013年前,在中国第一个大胆实施全国百货企业连锁经营的是亚希亚集团股份有限公司……

2012年前,连续获得中央电视台黄金广告时段标王的企业是秦池酒厂……

这些曾经闻名退迩的企业,现在都已经不复存在,像这种曾经创造了世人瞩目的辉煌成就,然后销声匿迹的企业还有很多。为什么这些企业曾经是行业中的领头羊、本应在命运的罗盘中指向成功的企业,最后却走向了失败呢?在考察这些企业的发展轨迹以后,我们会发现导致它们失败的根本原因:既不是竞争对手太厉害,也不是研究开发技不如人,而是资金链的断裂。对企业来讲,管理、营销、策划等领域属于企业上层建筑的范畴,而财务体系则是企业的经济基础,财务这个经济基础决定了上层建筑的发展情况。如果一个公司的财务出现了问题,资金运转不流畅,那么在管理市场等方面出现的一些小问题都会被迅速扩大，演变成无法解决的难题。因此，一个企业要想维持长远的发展，就必须做好自身的财务管理工作。

一、初创企业的资金管理重点

（一）分阶段运作资金

资金是企业的血液，分布在企业的经营、投资、筹资等各个环节。资金运作贯穿企业生产经营的全过程，初创企业资金使用和管理方式与成熟企业不同，必须分阶段了解其资金运作特点，从而有针对性地采取措施，加强资金管理活动。下面从起步阶段和成长阶段进行介绍。

1. 起步阶段

在这个阶段，初创企业经营的关键点就是打开市场，找到客户，寻找生存空间。根据每个公司的发展特点，该期间可能持续半年到3年左右。这时的企业没有现金净流入，资金的进出完全由自己控制；由于业务还处于探索阶段，企业无法把预计经营业务迅速变成销售额和利润。当下企业面对的巨大挑战就是有没有足够的资金支撑下去。这个阶段资金管理的特点是不能通过销售收入给企业注入现金流，企业纯粹是花钱。这个阶段的资金管理可分为两个方面：第一是继续做好融资工作。初创企业如发现资金使用不足，应立即启动融资工作。众多创业者的经验是企业第一批启动资金花完一半时就要开始新一轮的融资工作，不可以等到没钱了再去想融资，因为融资周期一般要半年左右，企业必须有足够的现金储备度过新一轮融资周期。企业融资充满了不可预测性，无法保证6个月后资金一定能到位，所以越早启动越好。

第二是最大限度地节约现有资金。初创企业起步阶段务必勤俭节约，因为没有正常现金流入账，花一元就少一元。那么如何做到真正意义上的节约使用呢？创业者应该把企业的各项开支分成两大类，一类叫固定成本，另一类叫变动成本。固定成本是指成本总额在一定时期和一定业务量范围内，不受业务量增减变动影响而保持不变的成本，如厂房和机器设备的折旧、房屋租金、管理人员的工资等。简单地说，固定成本就是即使每天不生产也会产生消耗的资金量，企业应尽可能地减少这笔资金。有些初创企业第一笔融资到手后，就租高档办公室，给员工发高工资，不计成本地装修。一旦后续资金跟不上，沉重的房租根本付不起。所以初期固定成本的使用要越紧越好，创业者对自己每月支付的固定成本一定要心中有数，审慎支付任何一笔固定成本。变动成本是指其成本随着业务量的增减变动而发生变动的成本，如原材料成本、制造费用、销售成本等内容。

这个阶段的资金管理重点是抓好企业的固定成本支付，保证企业有足够的储备资金进入下一个阶段。创业者的经验是这个储备资金最好能用一年以上，储备资金使用到一半时就要开始着手下一轮的融资。

2. 成长阶段

在这个阶段，企业的产品已经适应市场的需求，被消费者所接受和认同，企业的知名度大大提高，产品的销售规模扩大，生产成本逐渐降低。此时，企业不再靠储备资金经营，企业的经营活动已经能为自身注入现金流，并逐步增多，企业甚至有了利润。

由于现代销售都以赊销为主，货物的销售与现金的流入不同步。应收账款的存在使销售收入不能立即变现，从而加剧了企业对资金的需求，此时企业若没有足够的资金，会立刻陷入经营周转困难的窘境。太多创业者对这类问题缺乏足够的认识，单纯地认为只要产品销路好，企业经营必然好。实质上，企业经营的关键是现金问题。即使亏损，只要它的现金流足以弥补付现成本，企业仍可运营下去等待复苏时机；而有的企业虽然会计账本上有利润但缺乏现金周转，又得不到及时的现金援助，企业将等不到会计利润变现就会因资金链断裂而倒闭。为此，本阶段企业资金管理工作主抓两件事：一件事是做好应收账款的管理，另一件事是做好现金预算。

（二）加强应收账款管理

1. 制定规范的企业信用管理制度及审批流程

公司销售人员负责进行客户信用调查，并随时"侦察"客户信用的变化，建立和维护公司的市场信息库；根据调查结果，组织客户信用等级和信用额度的制定和评审工作，拟定公司的信用政策。

信用限额是指公司可赊销给某客户的最高限额，即客户的未到期商业承总票据、应收账款和按合同要求应回款未回款的金额总和的最高极限。任何客户的未到期票款都不得超过信用限额，否则坏账损失应由相关责任人负责。一定时期内可视客户的临时变化，在授权范围内调整对各客户的信用限额。

2. 加强应收账款的管理和催收工作

企业应及时、认真地登记客户往来账，按照应收单位、部门或个人及负责的业务员分别进行明细项目核算，及时核对、协助催收应收款项，每月向相关部门通报"应收账款统计月报"，并且向领导报送。企业应每月进行账龄账目分析，定期向客户发送、回收"往来账款确认单"，并通报回收情况。企业对应收款项的管理应遵循"谁经办、谁负责，及时清理"的原则，定期提供应收账款回款情况指标，用于对业务部门的绩效考核。业务员负责对所负责款项的及时催收，保证合同款项按时到账。业务员对所负责的客户提前进行付款书面提示，即提示其制订付款计划并按时付款。到付款日，业务员要确认客户是否已按时付款，如客户不能按时付款，要督促客户在限期内给出付款计划。根据客户付款逾期的不同情况，分别由公司不同级别人员负责催收，必要时提起诉讼或进行报案。

3.发生坏账风险后的应收账款管理

发生坏账风险后的应收账款可以称为"问题账款",是指企业在销售产品（业务运作）的过程中被骗、收回的票据无法如期兑现或部分货款未能如期收回等情况。出现"问题账款"时，应收账款回收部门应承担相应的赔偿责任：可以对营销中心和业务员进行相应的考核，考核结果将直接影响业务员的绩效工资和销售提成。

企业需建立良好的收款制度，定期制作应收款项余额报告，如果能稳定收付款节奏，企业会进入一个良好的经营循环，渐渐会有更多的现金节余。

（三）编制现金预算

加强资金管理的另一个重要手段是做好现金预算。

现金预算一般以月为周期，企业必须列举出预测期内企业所有的现金收入项和现金支出项，通过计算二者之间的差额确定预测期内企业的净现金流量（现金收入与现金支出之差），然后加上"期初现金"（上一会计期末的现金余额），通过计算"期初现金"与本期"净现金流量"之和，即可确定本期"期末现金"余额。现金预算最好应涵盖销售预算、生产预算、产品成本预算（由直接材料预算、直接人工预算、制造费用预算汇总）、销售及管理费用预算等，合理规划资金使用（表4-2）。

表4-2 ×××公司现金预算　　　　单位：万元

季度	一	二	三	四	全年
期初现金余额	6 000	7 200	6 860	2 200	6 000
加：销货现金收入	19 200	24 000	40 200	68 200	151 600
可供使用的现金	25 200	31 200	47 060	70 400	157 600
减各项支出					
直接材料	5 000	6 740	8 900	10 400	31 040
直接人工	2 100	3 100	3 960	4 020	13 180
制造费用	1 900	2 500	2 500	2 500	9 400
销售及管理费用	5 000	5 000	5 000	5 000	20 000
所得税费用	4 000	4 000	4 000	4 000	16 000
购买设备		15 000			15 000
股利		8 000		8 000	16 000
支出合计	18 000	44 340	24 360	33 920	120 620
现金多余或不足	7 200	–13 140	22 700	36 480	36 980
向银行借款		20 000			20 000
还银行借款			20 000		20 000
借款利息（年利10%）			500		500
合计			20 500		20 500
期末现金余额	7 200	6 860	2 200	36 480	36 480

二、初创企业的财务记账

初创企业业务量少，大多采取外聘专业会计记账和自己记账的方法，有时为了财税方面的考虑，会计账目并不是完全与现实统一。一些个人组建的创业公司，公司创始人并不具备财务记账意识，他们的想法是自己的公司自己的钱，多或少、赚或赔都是自己的，实际上这是一种错误的观念。没有记账，公司领导人就无法了解自己公司的经营状况，不了解自己的资金支付能力，一旦出现失误，会给企业带来致命的打击。对初创企业来说，虽然各方面都需要完善，但是财务方面的"人财物，进销存"是最重要也是最根本的基础。

（一）初创企业应当记好的四个基础账目

1. 现金账

①以月度为周期，目的是防止现金流断裂。详细记录每月几个重要的现金结算日期，如何时发工资、何时交房租、何时交水电费、上网费等。

②记住重要的回款账期，即每月几日某项工程（或某长期客户）结账，重要的缴费和结算节点必须心中有数，并予以记录。目的是有效避免出现赤字或支付能力不足。

③月末、月初何时资金最紧张？何时资金最富裕？资金紧张前期，要提前准备好相应的现金预备支付；资金宽裕的前期，要计划好如何支配这笔钱？何时进货？何时预付？对于这些问题创业者都要理清楚。

2. 销售账

①以单日为周期记录，最好日清月结。

②用流水账方式记录，即每天卖掉多少（销售额）、每天进货多少（进货成本）、毛利是多少、发生在这笔销售的人工费是多少、交通费运输费是多少、每笔业务都要按时间顺序详细记录。

3. 费用账

①以表格形式把所有已发生的费用进行记录，每月记录一次即可。

②企业经营期间发生的费用都要记录在费用账目内，包括人员工资、房租、水电费、上网费、交通费、通信费、办公室耗材等，因为这些费用都会从毛利中支出。如果创业者对必然要发生的要用不清楚，就会造成"表面上赚钱，实际上赔钱"的结果。

③详细记录费用账可以为计算保本销量提供依据，因为利润=销售额-总成本，总成本=进货成本+经营成本。

4. 库存账

①企业经营初期，业务量小，库房管理制度需要在经营中逐渐建立和完善，如果有时理货或盘库不及时，就会出现库存与账目不符。

②要建立定期盘库和专人理货的制度。每次盘库和理货都需要两人以上进行，并及时记录和整理。尤其是超市类企业，如果理货不及时，就容易造成提货时将新货物卖出去，而旧的货物反而留在库存的情况。如果是食品类有保质期的货物，就会因为盘库和理货不及时造成不必要的损失。

③要注意记录进货日期、出货日期、进货批次、批量、存放货架等信息，以便创业者及时掌握库存周转周期，有利于资金的分配使用。

（二）个体经营、微小型企业应记好日记账和进销存台账

不论企业在开创之初人数多少、资金多少、规模多大、创业者要做好往来账目，记好企业的日记账和进销存台账，并且要日清月结，这样便于创业者及时发现企业现金流的情况，为下一步经营活动提供决策依据。

1. 日记账

方便、简单的日记账并不是规范的财务记账方法，只是创业者在企业开办初期常用的方法。在规范的财务记账方法下，创业者可以根据企业的实际情况分设几本日记账。如现金日记账用于记录企业每天的每一笔现金收支明细；银行存款日记账主要用于记录每天银行账户的收付情况；销售日记账用来记录每天的销售收入；采购日记账用来记录每天采购的物品和支出情况。日记账的登记采用借贷记账法，以月为单位进行核算。

2. 进销存台账

进销存台账就是创业者按照企业每天发生的商品进货和销售出货的时间顺序，把购进商品和销售商品的数量、单价和金额按品种建立台账分别记录下来，这是企业和个人理财最基本也是最有效的方法。要注意：

①及时收集日常发票、单据、并注意发票上要注明时间、品名、数量、单价、金额等，保存好凭证备查。

②按时间顺序对入库和出库货物进行台账登记。

③每天及时记录，做到日清月结，每周、每月都要把余额统计出来。

④要做好存货的入库、保管、出库等环节的记录，并要定期或不定期地盘存，做到账货相符。

三、初创企业应编制的财务报表

初创企业在其发展的各个阶段，对财务管理的要求不尽相同。随着业务活动的不断拓展，企业经营日渐成熟，不断步入正规化，此时按照财务核算要求，不但要有正规的账目，还需要定期编制财务报表。

企业一般要编制三种基本的财务报表：资产负债表、损益表和现金流量表。现代的商业

经营是一个数字化经营的年代。因此,作为一个创业者必须具备识别财务报表的能力。因为企业各种会计报表包含着无穷的经营信息。一套完备、详尽的报表资料就是一个企业的画像和解剖图,它们能够反映出企业过去或当前的经营状况,也能够预测未来的经营前景。可以说,这三种基本财务报表是评价创业企业经营业绩的尺子,创业者经常进行财务报表分析,可以较为准确地把握一定时期企业的偿债能力、营运能力及获利能力。

（一）资产负债表

资产负债表是总括反映某一会计主体在特定日期(如年末、季末、月末)财务状况的会计报表。它可以让所有阅读者在最短的时间内了解企业的经营状况。

资产负债表的基本结构是以"资产=负债+所有者权益"这一会计平衡公式为理论基础的。等式的左方是企业的资产,即企业在某一特定日期所拥有或控制的各项经济资源。等式的右方是企业不同投资者(债务人、所有者)投入企业的资金及其留利部分。整张报表反映的是企业持有的经济资源及其产权归属的对照关系,不论企业资金运动处于何种状态,这种平衡的对照关系始终存在。

资产负债表对不同的报表使用者有着不同的作用。具体来说,企业的经营者、管理者通过资产负债表可以了解企业在生产经营过程中所拥有或控制的经济资源及其分布情况和应承担的责任、义务,可以了解资产、负债各项目的构成比例是否合理、通过前后期资产负债表的对比分析,还可以从资产、负债的结构变化中了解企业财务状况的变动趋势。企业的投资者通过资产负债表可以考核企业的经营者、管理者是否有效地利用了现有的经济资源,是否使企业的资本得到了保值、增值,从而对企业的经营者、管理者的工作业绩进行考核与评价,并以此作为是否继续对企业进行投资的依据。企业的债权人通过资产负债表可以了解企业现在的财务状况,从而分析企业的长期、短期偿债能力、企业的财务风险,并预测企业的发展前景,为以后的决策提供必要的信息。而国家政府管理部门,如财政、银行、税务等部门通过资产负债表可以了解企业贯彻执行国家财经法规、方针、政策的情况和按期足额缴纳税款的情况,以便进行宏观调控等。通过对资产负债表(表4-3)的数据进行分析,可以起到如下作用:

①可以提供企业在某一特定日期的资产的总额及其分布与结构,表明企业拥有或控制的经济资源及其分布情况,有助于分析企业的生产经营能力。

②可以提供企业在某一特定日期的负债总额及其结构,表明企业未来需要用多少资产或劳务清偿债务以及清偿时间,有助于分析企业的短期偿债能力和现金支付能力。

③可以反映企业所有者在某一特定日期所拥有的权益,有助于判断资本保值、增值的情况以及对负债的保障程度。

④通过前后两期或更多期资产负债表资料的比较,可以预测和推断企业财务状况发展的趋势。

表4-3 资产负债表

会企 01表
单位: 元

编制单位: 　　　　　　　　　　年月日

资产	行次	期末数	年初数	负债和所有者权益	行次	期末数	年初数
流动资产:				流动负债:			
货币资金				短期借款			
交易性金融资产				交易性金融负债			
应收票据				应付票据			
应收账款				应付账款			
预付账款				预收账款			
应收股利				应付职工薪酬			
应收利息				应交税费			
其他应收款				应付利息			
存货				应付股利			
其中: 消耗性生物资产				其他应付款			
待摊费用				预提费用			
一年内到期的非流动资产				预计负债			
其他流动资产				一年内到期的非流动负债			
流动资产合计				其他流动负债			
				流动负债小计			
非流动资产:				非流动负债:			
可供出售金融资产				长期借款			
持有至到期投资				应付债券			
长期应收款				长期应付款			
长期股权投资				专项应付款			
投资性房地产				递延所得税负债			
固定资产				其他非流动负债			
在建工程				非流动负债小计			
工程物资				负债合计			
固定资产清理							
生产性生物资产				所有者权益(或股东权益):			
油气资产				实收资本(或股本)			
无形资产				资本公积			
开发支出				减: 库存股			
商誉				盈余公积			
长摊待摊费用				未分配利润			
递延所得税资产				所有者权益合计			
其他非流动资产							
非流动资产合计							
资产总计				负债和所有者权益总计			

（二）损益表

损益表又称为利润表，是总括反映创业企业在一定期间内经营收支和经营成果的财务报表，它是一张动态报表，反映创业企业一定时期内（月份、年度）利润或亏损的情况。它是企业必须按月编报的报表之一。利润表主要包括以下四个方面的内容。

①构成主营业务利润的各项要素。它主要包括企业日常主要经营活动产生的收入、成本、税金和利润。主营业务利润是企业利润构成的主要部分，它产生于企业日常经营，具有长久性和重复性。

②构成营业利润的各项要素。它主要包括主营业务利润，除日常主营业务活动以外的其他经营活动所获得的利润、未取得经营利润而发生的销售费用、管理费用和财务费用。

③构成利润总额的各项要素。它主要包括营业利润、投资损益、营业外收支。

④构成净利润的各项要素。它主要包括利润总额和本期计入损益的所得税费用。

我国企业的利润表采用多步式格式。多步式利润表将企业利润的构成内容分层列示，反映出了企业利润的形成过程。多步式利润表一般按以下几步计算利润。

第一步，以营业收入为基础，减去营业成本、税金及附加、销售费用、财务费用、管理费用、资产减值损失，加上公允价值变动损益（或减公允价值变动损失）、投资收益（或减去投资损失）和其他收益，计算出营业利润。

第二步，以营业利润为基础，加上营业外收入，减去营业外支出，计算出利润总额。

第三步，以利润总额为基础，减去所得税费用，即计算出净利润（或净亏损）。

第四步，以净利润（或净亏损）为基础上，计算出每股收益。

第五步，以净利润（或净亏损）和其他综合收益为基础，计算出综合收益总额。多步式利润表的优点是按利润的性质分步计算利润，利润表中的收入和费用合理配比，反映了净利润各要素之间的内在联系，便于报表使用者进行盈利分析和预测企业的盈利能力，不足之处是报表编制方法比较复杂。多步式利润表格式如表4-4所示。

表4-4 利润表

编制单位：　　　　　　　　　　　年　　月　　　　　　　　　　　单位：元

项目	行次	本期金额	上期金额
一、营业收入			
减：营业成本			
税金及附加			
减：销售费用			
管理费用			
财务费用			
资产减值损失			
加：公允价值变动损益（损失以"–"填列）			

项目	行次	本期金额	上期金额
投资收益（损失以"–"号填列）			
其中：对联营企业和合营企业的投资收益			
其他收益			
二、营业利润（亏损以"–"填列）			
加：营业外收入			
其中：非流动资产处置利得			
减：营业外支出			
其中：非流动资产处置损失			
三、利润总额（亏损总额以"–"号填列）			
减：所得税费用			
四、净利润（净亏损以"–"号填列）			
五、其他综合收益的税后净额			
（一）以后不能重分类进损益的其他综合收益			
1.重新计量设定受益计划净负债或净资产的变动			
2.权益法下在被投资单位不能重分类进损益的其他综合收益中享有的份额			
……			
（二）以后将重分类进损益的其他综合收益			
1.权益法下在被投资单位以后将重分类进损益的其他综合收益中享有的份额			
2.以公允价值计量且其变动计入其他综合收益的金融资产公允价值变动			
3.以摊余成本计量的金融资产重分类为以公允价值计量且其变动计入其他综合收益的金融资产形成的利得			
4.现金流量套期工具产生的利得或损失中属于有效套期的部分			
5.外币财务报表折算差额			
6.将作为存货的房地产转换为投资性房地产产生的公允价值大于账面价值的部分			
……			
六、综合收益总额			
七、每股收益：			
（一）基本每股收益			
（二）稀释每股收益			

　　利润表中的收入、费用等情况反映了企业生产经营的收益和成本耗费情况，表明企业生产经营成果，利润表提供的不同时期的比较数字（本月数、本年累计数、上年数），可用于

分析企业今后利润的发展趋势及获利能力，了解投资者投入资本的完整性。由于利润是企业经营业绩的综合体现，又是企业进行利润分配的主要依据。因此，利润表是会计报表中的主要报表。

利润表的附表主要包括利润分配表和主管业务收支明细表。另外，产品生产成本表、主要产品单位成本表、产品生产销售成本表、制造费用明细表、销售费用表、管理费用明细表、营业外收支明细表等报表反映了创业企业的产品成本构成及在某一种业务方面具体的支出明细情况，它们也是损益表的组成部分。

（三）现金流量表

现金流量表是以现金为基础编制的，是反映创业企业在一定会计期间现金和现金等价物流入和流出的财务报表。企业的现金流量有两种形式，即现金流入量与现金流出量。现金流入量与现金流出量的差额为现金净流量。现金流量表主要由三部分组成，分别反映企业在经营活动、投资活动和筹资活动中产生的现金流量。每一种活动产生的现金流量又分别揭示流入、流出总额，使会计信息更具明晰性和有用性。具体为：

①经营活动产生的现金流量，包括购销商品、提供和接受劳务、经营性租赁、交纳税款、支付劳动报酬、支付经营费用等活动形成的现金流入和流出。

②筹资活动产生的现金流量，包括吸收投资、发行股票、分配利润、发行债券、向银行贷款、偿还债务等收到和付出的现金。

③投资活动产生的现金流量，主要包括购建和处置固定资产、无形资产等长期资产，以及取得和收回不包括在现金等价物范围内的各种股权与债权投资等收到和付出的现金。现金流量表可以为报表使用者提供企业一定会计期间内现金和现金等价物的流入和流出的信息，便于使用者了解和评价企业获取现金和现金等价物的能力，据以预测企业未来现金流量。使用者通过现金流量表可以了解创业企业当期及以前各期现金使用的主要方向，现金的主要来源渠道以及结余情况，正确评价创业企业当前及未来的偿债能力和支付能力，发现创业企业在业务方面存在的问题，正确评价创业企业当期以及以前各期取得利润的质量，科学预测创业企业未来的财务状况。

四、初创企业的纳税管理

（一）我国现行税收制度

我国现行税制体系下共设有19种税，按其性质和作用大致可以分为以下5类：

①流转税类：包括增值税、消费税和关税。这些税种是在生产、流通或服务业中，按纳税人取得的销售收入或营业收入征收的。

②所得税类：包括企业所得税（适用于国有企业、集体企业、私营企业、联营企业、股份

制企业、外商投资企业和外国企业）和个人所得税。这些税种是按照生产经营者取得的利润或个人取得的收入征收的。

③资源税类：包括资源税、城镇土地使用税、土地增值税和耕地占用税。其中，资源税是对从事资源开发者征收的，可以体现国有资源的有偿使用，并对纳税人取得的资源级差收入进行调节。

④财产税类：包括土地使用税、房产税、车船税和契税等。

⑤行为税类：包括印花税和耕地占用税。这些税种是为了达到特定目的，从而对特定对象和特定行为征收的。

（二）税务筹划

税务筹划是指纳税人在纳税行为发生之前，在不违反法律、法规（税法及其他相关法律法规）的前提下，通过对纳税主体（法人或自然人）的经营活动或投资行为等涉税事项做出事先安排，以达到少缴税或递延纳税目标的一系列谋划活动。税务筹划在西方国家的研究与实践起步较早，并且赢得了法律界的认同。近30年来，税务筹划在许多国家都得以迅速发展，逐渐成为纳税人理财或经营管理决策中一个必不可少的重要部分。近年来，我国宏观经济政策实行稳增长、保就业、调结构的重大抉择，国家不断深化税收体制改革，税收制度趋于更加合理，税收结构更加优化。更为重要的是，为支持和促进我国经济不断转型、升级和发展，深入实施创新驱动发展战略，国家对创新科技企业也出台了一系列税收优惠政策，大学生创业一定要积极学习税收相关法律，充分利用国家的税收优惠政策，降低创业企业的成本，增强企业的盈利能力。

从税收筹划的起源和定义可以看出，税收筹划不仅是企业利润最大化的重要途径，也是促进企业经营管理水平的一种方式，更是企业领导决策的重要内容。税收筹划是在经营中寻求企业行为与政府政策意图的最佳结合点，成功的税收筹划往往既能使经营者承担最轻的税收负担，还可以使政府赋予税收法规中的政策意图得以实现。

在市场经济体制下，依法纳税是每个企业应尽的义务，但是较重的税收负担，有时又成为制约企业向更大规模发展的桎梏，于是，合理避税成为企业必须考虑的重要问题之一。合理避税是企业在遵守税法、依法纳税的前提下，以对法律和税收政策的详尽研究为基础，对现有税法规定的不同税率、不同纳税方式的灵活利用，使企业创造的利润有更多的部分合法留归企业的活动。合理避税是指纳税人在遵守税法、依法纳税的前提下，采取适当的手段对纳税义务的规避，减少纳税主体税务上的支出。合理避税并不是逃税漏税，是一种正常合法的活动。合理避税不仅是企业财务部门的事，还需要市场、商务等各个部门的合作，从合同签订、款项收付等各个方面入手。

初创企业的税务筹划主要是充分利用国家的税收优惠政策，减少税费支出，增加创业企业的现金流量。

1. 对科技创新企业的税收优惠政策

2018年9月20日，财政部、国家税务总局、科学技术部联合对外发布通知，我国将提高企业研发费用税前加计扣除比例，这一税收激励政策旨在进一步激励企业加大研发投入，支持科技创新。

按照税法规定：在开发新技术、新产品、新工艺发生的研究开发费用的实际发生额基础上，再加成一定比例，作为计算应纳税所得额时的扣除数额的一种税收优惠政策。例如，税法规定研发费用可实行175%加计扣除政策，如果企业当年开发新产品研发费用实际支出为100元，就可按175元（100×175%）在税前进行扣除，以鼓励企业加大研发投入力度。研发费用税前扣除适用于财务核算健全并能准确归集研发费用的居民企业。

2. 对小微企业的增值税优惠政策

初创企业多为小微企业，国家对小微企业有许多税收优惠。

根据财税〔2019〕13号财政部、国家税务总局《关于实施小微企业普惠性税收减免政策的通知》和国家税务总局公告2019年第4号《关于小规模纳税人免征增值税政策有关征管问题的公告》，小微企业是指从事国家非限制和禁止行业，且同时符合年度应纳税所得额不超过300万元、从业人数不超过300人、资产总额不超过5 000万元三个条件的企业。对月销售额10万元以下的增值税小规模纳税人（按季纳税，季度销售额未超过30万元），免征增值税。

这里的重点是按季度申报、小规模纳税人和普通发票。目前，大部分小规模纳税人都是季度申报，那就可以享受季度30万元增值税免征，假如A公司是季度申报的小规模纳税人，2020年一季度，1月和2月没有收入，3月收入25万元，虽然单月收入超过10万元，但是季度没超30万元（前提是季报）就可以享受免征增值税的优惠政策。假如A公司虽然是属于季度申报的小规模纳税人，但是开具了增值税专用发票，却是不免征的，初创企业的财务人员一定要注意这些细节。

3. 对小微企业的所得税优惠政策

对小微企业年应纳税所得额不超过100万元的部分，企业所得税的征收率是5%；对年应纳税所得额超过100万元但不超过300万元的部分，企业所得税的征收率是10%。这里是分段核算，假如A公司应纳税所得额是200万元，那么A公司应缴纳的企业所得税税额计算方法是：

$$100万元×5\% + (200-100)万元×10\% = 15万元$$

对高校毕业生创办的小微企业，减少征收企业所得税。

4. 对个人独资企业的所得税政策

初创企业选择个人独资企业或有限合伙企业这两种企业形式来进行节税是一个很不错的办法，注册个人独资企业（包括有限合伙企业）不需要缴纳企业所得税，而是缴纳个人经营所得税（生产经营所得）。

税务机关对个人独资企业个人所得税的征收方法有两种。一种是查账征收，适用于会计核算比较齐全的，以每一纳税年度的收入总额，减除成本、费用以及损失后的余额，为应纳税所得额，然后根据个人所得税确定的税率表中对应的税率计算应纳税款；另一种是核定征收，依据国家税务总局关于印发《企业所得税核定征收办法》的规定，采用按企业销售收入乘上应税所得率来计算应纳税所得额，具体采用哪种征收方法由主管税务机关确定。只要企业有利润，不论采用哪种征收方法，也不论企业利润是否分配，都需要缴纳个人所得税。比照个人所得税法的"个体工商户的生产经营所得"应税项目，适用5%~35%的五级超额累进税率，核算征收个人所得税。

5.其他税费优惠

属于国家重点扶持行业的高新技术企业可以享受企业所得税15%的优惠税率。企业发生的职工教育经费支出，不超过工资总额8%的部分，准予在计算企业所得税应纳税所得额时扣除；超过部分准予在以后纳税年度结转扣除。

自工商登记注册之日起三年内，企业安排残疾人就业未达到规定比例，在职工总人数小于等于20人的，免缴残疾人就业保障金。

财务风险是导致初创企业失败的第一风险，创业者必须重视，并且要在企业经营中注意防范，才能使企业生存下去。

五、初创企业常见的财务风险及应对措施

（一）初创企业常见的财务风险

创业者拿到创业资金后，便开始经营活动，而创办企业到处都需要花钱，很少有进钱机会。例如，注册公司需要开办费，招聘的员工需要工资，新产品开发需要设计费，市场开拓需要营销费用、房租、水电费、上网费等，每一种都需要在创业资金中支出。因此，创业者在创业初期应注意以下几点常见的财务风险。

①赊销和账期造成回款困难，甚至产生坏账。由于新产品尚未被市场和客户接受，赊销和账期是难免的，不得不让客户先拿货后付款，但是产品的原料费、包装费、运输费等都是不能拖欠的。对于服务类公司，新产品的调研费、设计费、开发费用也是必不可少的支出。风险在于除销出去的货物不能及时回收货款，给客户的账期过长，导致货款被拖延支付，甚至成为坏账收不回来。

②货物积压或销售不畅。由于企业刚开始经营，市场尚未打开，客户少，销售额少，致使货物销售缓慢，资金被货物占用，导致资金周转不灵。

③房租等固定支出在经营利润中所占比例太大。由于最初选址考虑地段、市场等因素，

忽略了房租等费用在营业利润中的比例，结果生意虽好，却是给房东打工。

④创业之初考虑公司形象问题，租用面积太大。由于创业初期并没有很多业务，再加上错误地高估了产品的受欢迎程度，造成租金压力过大的局面。

⑤在公司门面和装修上花费资金过多。有些创业者以为把公司装修得金碧辉煌，就可以吸引更多的客户，可是装修费用花费过多，最终会导致业务很难开展。

⑥创业启动资金被固定资产占用太多。有些创业者拿到启动资金或投资后，第一件事就是买车或请客吃饭，缺少风险意识，导致资金流断裂。

（二）应对财务风险的常用措施

企业在经营过程中将面临各种各样的财务风险，一旦处理不当将直接影响企业的财务状况甚至导致财务危机的发生，从而影响企业的可持续发展。因此，创业者应积极采取相应的措施防范财务风险。常用的应对措施主要有以下几点。

①当出现现金流断裂时，首先应该去寻找帮扶资金，想办法解决资金问题。目前，我国各级政府和社会上各种创业扶持基金很多，创业者应多留意这些政策和组织的帮扶要求，在遇到资金困难时，可以申请政府资金扶持，以渡过难关。

②必要时，出让部分股份以换取周转资金；创业者最初占有自己企业的股权比例多数是100%，在资金遇到困境时，可以采取出让部分股份给企业、机构、个人的方法，吸纳新股东或者合资经营，以维持企业生存。

③如果是因货物销售不畅而导致的资金占用，可采取优惠、促销、打折等营销活动，提高企业的知名度与美誉度，增加销售额，回笼资金。

④如果是因为场地过大造成的房租压力，可采取部分分租的形式，出让一部分场地给予自己经营产品和服务不冲突但是相关的企业，一起来分担房租。如卖地板的与卖灯具的合租，做设计的把一部分楼层分租给广告公司等，这样的战略合作模式随处可见。

⑤创业初期，企业不宜添置太多的固定资产，有些设备能租就租、能借就借，避免被固定资产占用大量启动资金。

⑥如果公司形象与业务并无直接关系，在创业初期，不建议豪华装修，可以等公司业务、客户、盈利模式相对稳定之后，视企业发展需要再扩大面积和精装修。

⑦重视合同契约，切忌因为合作方是熟人或朋友就不签订合作协议。不论是赊销、铺货还是账期，都应该在买卖双方协商后，签订购销合同或合作协议，创业者要有自我保护意识，力求把各种风险降到最低。

⑧在业务结构上，先做挣钱的业务，再做理想的产品。创业者首先应保证企业可以生存下去，然后再去追逐心中理想的但眼前不盈利的项目或产品，因为如果企业不能生存，一切想法和计划都会落空。

【拓展训练 4-3】

调查身边的一家企业，获取相关信息，完成以下资料的填写。

1.被调查企业的主要收入来源

项目	被调查企业
收入来源1	
收入来源2	
收入来源3	
……	

2.被调查企业的主要成本构成

项目	被调查企业
成本项目1	
成本项目2	
……	
费用项目1	
费用项目2	
……	

3.被调查企业的纳税情况

被调查企业的应缴税种名称	被调查企业的纳税方法
例如：1.增值税	
2.所得税	
3.个人所得税	
……	

复习思考题

1.初创企业的资金管理重点有哪些？

2.初创企业应当如何记好基础账目？

3.什么是税务筹划？

4.初创企业常见的财务风险及应对措施有哪些？

学习任务4 企业经营业绩评价指标

【任务目标】

1.知识目标：了解经营业绩评价指标。

2.技能目标：运用业绩评价指标进行经营决策。

3.思政目标：培养大学生创业者的社会责任感。

【任务导入】

资金筹措到位，企业陆续投入经营一段时间以后，经营业绩如何？如何评价这些经营业绩？如何正确认识资金的使用效率？管理者应具备一定的评判知识。业绩评价是为企业的经营管理服务的，对企业的经营起着导向性作用，直接关系到企业核心竞争力的形成与保持，影响着企业的生存与发展。

【案例4-6】

小米财报现韧性：疫情下的力量与生机

5月20日，小米发布2020年一季度财报，其营收实现497亿元，同比增长13.6%。经调整净利润实现23亿元，同比增长10.6%。无论是营收还是净利润，小米都远超过市场预期。

要知道，2020年一季度疫情对经济产生了较大冲击，大部分上市公司的业绩并不理想，部分公司甚至出现了营收、利润腰斩的情况。那么，与其他上市公司动辄腰斩的业绩相比，小米的业绩为何不退反进呢？

从某种程度上说，此次业绩超预期背后，是小米商业模式的胜利。在本次疫情中，小米更高运营效率和更强业务弹性的优势体现得淋漓尽致。

以业务弹性为例，在本次疫情中，一方面，小米通过高性价比的产品，扩大自身硬件的市场份额；另一方面，其又能受益疫情下"宅经济"的爆发，通过互联网服务延伸，保证自己的盈利能力。

2020年一季度，小米的互联网收入占比由2019年一季度的9.7%大幅提至11.9%，毛利占比也达到了44%。

也正因为如此，疫情并未对小米的业绩造成显著影响。

不出意外，随着疫情过后，5G浪潮来临，小米基于商业模式的优势将得到进一步放大，小米也将迎来发展的"第二春"。

业务逆势增长，小米业绩实现平稳过渡

2020年一季度，疫情对经济产生了较大冲击，大多数上市公司的业绩并不理想，部分公司甚至出现了营收、利润腰斩的情况，但小米是个例外。

与大部分上市公司相比，小米的业绩表现堪称惊艳。其营收实现497亿元，同比增长13.6%。经调整净利润实现23亿元，同比增长10.6%。

业绩逆势增长的背后，小米各项业务在疫情期间也都呈现出较好的发展势头。

在手机业务上，小米实现营收303亿元，同比增长12.3%，能在疫情肆虐的一季度，取得这样的表现殊为不易。

要知道，根据Canalys数据，一季度全球智能手机出货量同比下降13%，而小米是全球销量前四的手机厂商中唯一取得出货量增长的公司，其出货量逆势增长9%，市场份额也较2019年同期的8.9%提高到11.1%。

这也验证了小米全球化和双品牌战略的正确性。在全球化的布局下，小米的海外收入占比已达50%，极大分散了业务的风险。双品牌战略又帮助小米涵盖了高、中、低端的各个用户群体。两者一同保证了小米手机业务在一季度的不俗表现。

另外，值得一提的是，小米在5G手机上也取得了不俗表现，根据Canalys数据，小米在中国市场实现了25.9%的5G市场渗透率，高于市场平均，在中国大陆5G市场处于领先地位。

在5G市场上的领先地位，将有助于小米提高ASP，进而提高手机毛利，这一点已经有所显现。2020年一季度，小米ASP同比提升7.2%，手机毛利率也从3.3%提升至8.1%。

在IoT业务上，小米实现营收130亿元，同比增长7.8%。从产品上看，由于疫情对IoT品类中大家电的运输和安装影响较大，因此小米IoT业务的整体增速不及手机业务。

但小米在一季度，持续丰富IoT的产品组合，加强AIoT的互联互通。而且除大家电外的多个品类也未受疫情影响，并迎来销量暴涨。比如，搭载WIFI 6技术的路由器收入同比提升124%，蓝牙耳机收入同比提升620%。

一方面，这归功于小米全渠道的销售优势，覆盖线上、线下全渠道的销售方式，极大减小了疫情对IoT产品销量的影响。另一方面，多样化的产品组合，也提高了单个用户在小米IoT业务上的复购率。

最后，在互联网业务上，小米的互联网业务实现营收59亿元，同比增长38.6%，是各项业务中增速最快的一块。

互联网收入增长不难理解。疫情打乱了用户的生活节奏，用户的在线上时长增加，也推动了小米游戏等互联网服务业务的发展。比如，一季度游戏收入同比增长80.5%。

同时，得益于算法能力的提升和广告变现途径的增加，在一季度广告主纷纷减少投放的情况下，小米通过算法优化，以及搜索、信息流等广告变现途径的增加，使广告收入逆势增长16.6%。

综合各项业务来说，疫情之下，小米出彩的财务数据表现出了极强的韧性。

（资料来源：搜狐网，有删改）

科学地评价企业业绩,可以为投资人行使经营者的选择权提供重要依据,可以有效地加强对企业经营者的监管和约束,可以为有效激励企业经营者提供可靠的依据,还可以为政府有关部门、债权人、企业员工等利益相关方提供有效的信息支持。经营业绩评价是创业者必须具备的一项素养。

创业企业与一般企业的最大区别就在于它犹如一个新生儿,前提是先存活下来,然后在成长过程中不断地应对激烈的竞争。其业绩评价的内容与一般企业存在着一定的差别。

创业初期企业由于处于产品研究开发阶段,注册资金较少,资产规模也很小,一般是顺应市场的需要而建立,对市场的适应能力较强,应变速度较快,但其产品的市场拓展和企业的经营效益具有较大的不确定性。上述特点决定了初创企业在进行业绩评价时必须关注经营状况,关注领导者的管理水平,关注企业的发展前景。评价方法应该是定性与定量相结合。在进行定量评价时,应选择专业的财务指标进行分析,重点考察运营能力、盈利能力、短期偿债能力和流动性。

一、企业经营业绩评价的盈利能力分析

评价企业盈利水平的指标一般根据资源投入及经营特点分为四大类:商品经营盈利能力分析、资产经营盈利能力分析、资本经营盈利能力分析和上市公司盈利能力分析。

(一)商品经营盈利能力分析

1. 营业收入利润率

营业收入利润率指标主要包括销售毛利率、销售净利率、营业利润率等。不同的收入利润率其内涵不同,揭示的收入与利润关系不同,分析评价中的作用也不同。

(1)销售毛利率

销售毛利率是销售毛利占主营业务收入的百分比。其计算公式为:

$$销售毛利率=销售毛利÷主营业务收入净额×100\%$$

公式中,销售毛利是指销售净额与主营业务成本之差,主营业务收入净额是指销售总额中扣除销售退回、销售折让及销售折扣后的净额。

销售毛利率表示每百元主营业务收入扣除主营业务成本后,有多少剩余可以用于各项期间费用并形成利润。它反映企业营业活动流转额的初始获利能力,单位收入的毛利越高,抵补各项期间费用的能力越强,企业的获利能力也就越高。

销售毛利率指标存在较明显的行业特点。一般来说,营业周期短、固定费用低的行业毛利率水平比较低,如商品零售行业;而营业周期长、固定费用高的行业则要求有较高的毛利率,以弥补其巨大的固定成本,如重工业企业。因此,分析时除与本企业的目标毛利率、历史同期毛利率指标相比较之外，还应与同行业平均或先进水平相比，才能做出较合理的评价。

（2）销售净利率

销售净利率是净利润占主营业务收入的百分比。其计算公式为：

$$销售净利率=净利润÷主营业务收入净额×100\%$$

该指标表示每百元主营业务收入带来的净利润的多少，用以衡量企业主营业务收入的收益水平。从公式可以看出，净利润与销售净利率成正比关系，而主营业务收入净额与销售净利率成反比关系，可见企业在增加收入额的同时，必须相应地获得更多的净利润，才能使销售净利率保持不变或有所提高。因此，通过对销售净利率的变动分析，可以促使企业在扩大销售的同时，注意改进经营管理，提高盈利水平。

（3）营业利润率

营业利润率是指企业的息税前营业利润与主营业务收入的百分比。其计算公式为：

$$营业利润率=息税前营业利润÷主营业务收入净额×100\%$$

$$=（营业利润+利息支出净额）÷主营业务收入净额×100\%$$

营业利润率表示每实现百元主营业务收入可带来多少营业利润。分子为息税前营业利润，因而反映出企业的融资结构对获利能力的影响，这样便于融资结构不同的企业之间单纯就组织开展营业活动形成的获利能力进行对比。

2. 成本费用利润率

成本费用利润率是指利润与各项成本费用的百分比，它反映每百元成本费用支出能获得的利润。其计算公式为：

$$成本费用利润率=利润÷成本费用合计×100\%$$

在评价成本费用开支效果时，必须注意成本费用与利润间的对应关系，即销售毛利与主营业务成本、营业利润与营业成本、利润总额与税前成本、净利润与税后成本彼此相对应。反映成本利润率的指标主要有主营业务成本利润率、营业成本费用利润率、全部成本费用利润率。

（1）主营业务成本利润率

主营业务成本利润率是净利润占主营业务成本的百分比。其计算公式为：

$$主营业务成本利润率=净利润÷主营业务成本×100\%$$

（2）营业成本费用利润率

$$营业成本费用利润率=营业利润÷（主营业务成本+期间费用）×100\%$$

$$全部成本费用利润率=利润总额÷全部费用成本×100\%$$

（二）资产经营盈利能力分析

资产经营盈利能力是指企业一定时期内投入资产所产生利润的能力。反映资产盈利能力的指标主要可分为两大类：总资产利润率和各种具体资产利润率。

1. 总资产利润率

在计算总资产利润率时，分子选用不同的利润计算，反映不同的经济含义，因而总资产利润率具体可分为资产净利率、资产息税前利润率。因此，我们看到各种各样的财务指标时，应注意考虑该指标的计算口径、计算方法等问题。

（1）资产净利率

资产净利率是企业净利润与平均资产总额的百分比。其计算公式为：

$$资产净利率=净利润÷平均总资产×100\%$$

$$平均总资产=（期初资产总额+期末资产总额）÷2$$

资产净利率指标反映投入全部资产后为投资者获取的最终利润情况，表明了企业资产利用的综合效果。该指标越高，表明资产的利用效率越高，利用资产创造的利润越多，说明企业在增加收入和节约资金使用等方面取得了良好的效果。反之，该指标越低，说明企业资产的利用效率不高，企业的盈利能力较差，财务管理水平较低。

（2）资产息税前利润率

资产息税前利润率是企业息税前利润与平均资产总额的百分比。其计算公式为：

$$资产息税前利润率=息税前利润÷平均总资产×100\%$$

资产息税前利润率指标反映投入全部资产后为投资人和债权人共同获取的利润情况。

2. 流动资产利润率

流动资产利润率反映企业一定时期的利润总额与流动资产平均余额之间的比率，它是反映流动资产利用效果的一个综合性指标。其计算公式如下：

$$流动资产利润率=利润总额÷流动资产平均额×100\%$$

一般来说，该指标越大，说明流动资产利用水平越高，流动资产周转越快。在分析指标时，不仅应与该企业的历史水平比较，还应与同行业的平均水平和先进水平比较，了解企业流动资产利用水平的高低。

3. 非流动资产利润率

非流动资产利润率反映企业一定时期的利润总额与非流动资产平均余额之间的比率，是反映非流动资产利用效果的一个综合性指标。其计算公式为：

$$非流动资产利润率=利润总额÷非流动资产平均额×100\%$$

一般来说，该指标越大，说明非流动资产利用水平越高，非流动资产周转越快。在分析指标时，同样既应与该企业的历史水平比较，还应与同行业的平均水平和先进水平比较，了解企业非流动资产利用水平的高低。

（三）资本经营盈利能力分析

资本经营盈利能力是指企业一定时期内投资者通过投入资本所取得利润的能力。反映资本盈利能力的指标主要是净资产收益率，即指企业本期利润与净资产的比率，也称权益净利率，是反映盈利能力的核心指标。

其计算公式为：

$$净资产收益率=净利润÷平均净资产×100\%$$

公式中，平均净资产一般取期初与期末的平均值，该指标越高，反映盈利能力越好。

（四）上市公司盈利能力分析

上市公司自身特点决定了其盈利能力除了可以通过一般企业盈利能力的指标分析，还应进行一些特殊指标的分析，特别是一些与公司股票价格或市场价值相关的指标分析，包括每股收益、市盈率、每股股利、股利支付率、每股净资产等指标。

1. 每股收益

每股收益是指净利润扣除优先股股息后的余额与发行在外的普通股股数之比，它是综合反映公司获利能力的重要指标。其计算公式如下：

$$基本收益=（净利润-优先股股息）÷发行在外的普通股股数$$

该比率反映了每股创造的税后利润，比率越高，表明所创造的利润越多。若公司只有普通股时，净收益是税后净利，股份数是指流通在外的普通股股数。如果公司还有优先股，应从税后净利中扣除分派给优先股东的利息。

该指标从普通股股东的角度反映企业的盈利能力，指标值越高，说明盈利能力越强，普通股股东可得收益也越多。它是测定股票投资价值的重要指标之一，也是分析每股价值的一个基础性指标。

每股收益是衡量上市公司盈利能力最重要的财务指标，它反映普通股的获利水平。在分析时，可以进行公司间的比较，以评价该公司相对的盈利能力；也可以进行不同时期的比较，了解该公司盈利能力的变化趋势；还可以进行经营实绩和盈利预测的比较，掌握该公司的管理能力。

2. 市盈率

市盈率是股市分析中常用的指标，它是指普通股每股市价为每股收益的倍数。其计算公式为：

$$市盈率=普通股每股市价÷普通股每股收益$$

市盈率越高,表示市场对公司的未来越看好。仅从市盈率高低的横向比较看,高市盈率说明公司能够获得社会信赖,具有良好的前景,反之亦然。

市盈率是投资者必须掌握的一个重要财务指标,也称本益比,是股票价格除以每股盈利的比率。市盈率反映了在每股盈利不变的情况下,当派息率为100%时及所得股息没有进行再投资的条件下,经过多少年我们的投资可以通过股息全部收回。一般情况下,一只股票市盈率越低,市价相对于股票的盈利能力越低,表明投资回收期越短,投资风险就越小,股票的投资价值就越大;反之,则结论相反。

3.每股股利

每股股利是指现金股利总额与年末普通股总数之比。其计算公式为:

$$每股股利=股利总额÷年末普通股总数$$

4.股利支付率

股利支付率是指普通股净收益中股利所占的比重,它反映公司的股利分配政策和支付股利的能力。其计算公式为:

$$股利支付率=普通股每股股利÷普通股每股收益×100\%$$

5.每股净资产

每股净资产是上市公司年末净资产(即股东权益)与年末普通股总数的比值。这一指标反映每股股票所拥有的资产现值。每股净资产越高,股东拥有的每股资产价值越多;每股净资产越低,股东拥有的每股资产价值越少。通常每股净资产越高越好。其计算公式为:

$$每股净资产=年末股东权益÷年末普通股总数$$

二、企业经营业绩评价的运营能力分析

企业的流动资产在生产经营过程中,从货币资金开始,然后经过存货、应收账款,又回到货币资金,周而复始地不断循环和周转。因此,对流动资产的构成和周转使用情况的分析在运营能力分析中具有重要的地位。在流动资产中,应收账款和存货周转速度的快慢对整个流动资产的周转及使用效果起重要作用。反映流动资产周转能力的指标主要有现金周转率、应收账款周转率、存货周转率等。

(一)现金周转率

现金周转率是指销售收入净额与平均现金余额之比,它表明企业拥有的现金,平均每元

提供多少销售收入净额。其计算公式为:

$$现金周转率=销售收入净额÷平均现金余额$$

公式中,销售收入净额一般指主营业务收入,平均现金余额一般为现金的年初余额与年末余额的平均。

一定时期内现金周转率越高,说明现金周转速度越快,企业现金闲置越少,收到的现金很快投入经营或被用来调整财务结构,但这是一个适当值比率,因为该比率值过大可能意味着公司对情况变化的应对能力差,容易陷入现金周转不灵的困境。

(二)应收账款周转率

应收账款周转率是反映企业赊销账款收现速度的指标,有应收账款周转次数和应收账款周转天数两种表示方法。

1. 应收账款周转次数

应收账款周转次数是指赊销收入净额与应收账款平均占用额进行对比所确定的一个指标。其计算公式为:

$$应收账款周转次数=赊销净额÷应收账款平均余额$$

公式中,赊销净额作为企业的商业机密,在实际处理中一般不对外公布,因此计算时可用销售收入净额来计算;应收账款平均余额一般采用减去坏账准备后的净额来计算。

在一定时期内应收账款周转次数越高,表明应收账款回收速度越快,企业管理工作的效率越高。这不仅有利于企业及时收回货款,减少和避免发生坏账损失的可能性,而且有利于提高企业资产的流动性,提高企业短期债务的偿还能力。

2. 应收账款周转天数

应收账款周转天数表示企业从取得应收账款的权利到收回款项所需要的时间。其计算公式为:

$$应收账款周转期(天数)=平均应收账款余额×360÷营业收入$$

或

$$应收账款周转期(天数)=360(天)÷应收账款周转次数$$

公式中,周转期天数一般为360天。应收账款周转天数越少,说明应收账款收回的速度越快,企业资金被外单位占用的时间越短,管理工作的效率越高。

(三)存货周转率

存货周转率是指企业销售成本与平均存货之比,用以衡量企业销货能力和企业存货管理效率的重要依据,有存货周转次数和存货周转天数两种表示方法。

1. 存货周转次数

存货周转次数是利用一定时期内企业销售成本与存货平均占用额进行对比所确定的一个指标。其计算公式为：

$$存货周转次数 = 销售成本 \div 存货平均占用额$$

公式中，销售成本一般指主营业务成本。而存货平均占用额的计算方法则有两种：如果企业销售比较平稳，则存货平均占用额=（期初存货+期末存货）÷2；如果企业销售受季节性影响或各月销售变化较大，则存货平均占用额=∑全年各期期末存货余额之和÷12。

2. 存货周转天数

存货周转天数表示企业从投料生产、产品完工到销售出去所需要的天数。其计算公式为：

$$存货周转天数 = 360（天）\div 存货周转次数$$

存货周转率是用来衡量企业销货能力大小和存货是否适量的指标。在通常情况下，存货周转速度越快，如果是盈利企业，则其利润就会越多；或者利润额不变，其存货资金占用量就越少。由此可见，存货周转率的分析不仅与运营能力有重要关系，也与企业的获利能力有直接的关系。通常情况下，存货周转的速度快，说明企业的销售效率高，库存积压少，营运资金中被存货占用的比重相对较小，这无疑会提高企业的经济效益；反之，存货周转速度慢则是企业管理不善、经营情况欠佳的一种迹象。存货周转速度减慢的原因，可能是存货积压，市场需求量减少，应收账款周转增加，可能是质量有问题，残次货品增多，可能是生产过程延长，成套性差，也可能是商品价格偏高等，要进一步分析其原因。

三、企业经营业绩评价的偿债能力分析

偿债能力的大小直接关系到企业持续经营能力的高低，是企业利益相关人员最关心的财务能力之一。简单地说，企业偿债能力的强弱是债权人最关心的，但出于对企业安全性的考虑，也受到管理者和股东的普通关注，通过分析企业偿债能力，债权人可以判断其债权收回的保证程度，所有者可以判断投入资本的保全程度，经营者借以优化融资结构和降低融资成本。因此，它是衡量企业财务管理的核心内容，也是经营业绩评价的一个重要方面。

短期偿债能力指企业用流动资产偿还流动负债的现金保障程度，企业的短期偿债能力受到三方面因素的影响：一是企业流动资产的数量和构成；二是企业流动负债的数量和构成；三是企业流动资产变现的速度。

流动资产变现的速度称为资产的流动性，反映了企业流动资产的质量。企业资产若能及

时地变为现金,则能够顺利偿还到期债务,否则将导致企业投资或资产的强行出售,甚至使企业清算破产。流动性比率的计算要用到资产负债表上的现金科目和非现金科目的存量数据以及现金流量表上的现金流量数据等。

1. 营运资本

营运资本又称营运资金。广义的营运资本的意义就是企业的流动资产总额,狭义的营运资本是指企业的流动资产总额减去各类流动负债后的余额,也称净营运资本,反映了一旦企业发生清算,哪些流动资产可以立刻变现和用于偿还债务,以保护债权人的利益不受损失。

$$营运资本=流动资产-流动负债$$

营运资本越多,说明不能偿还债务的风险越小,因此,一个企业的营运资本状况,不仅对企业的内部管理非常重要,更是反映企业财务风险的良好指示器。一般认为,企业的流动资产在减去流动负债后仍有一定的余额,则认为该企业具备了初步的短期偿债能力,但它是绝对数,当企业规模很大时会受限制。

2. 流动比率

流动比率是流动资产与流动负债的比率,用以衡量企业流动资产在短期债务到期前可以变为现金用于偿还流动负债的能力,表明企业每一元钱的流动负债有多少流动资产作为支付的保障。其计算公式为:

$$流动比率=流动资产\div流动负债$$

公式中,流动资产是指资产负债表中的流动资产项目,包括货币资金、交易性金融资产、应收票据、应收账款、待摊费用、存货等,其中应收账款要以扣除坏账准备后的净额计算。流动负债是指资产负债表中的流动负债项目,包括短期借款、应付票据、应付账款、应付职工薪酬、应交税费、应付利润、其他应付款及一年内到期的非流动负债等。

流动比率表明了公司每一元流动负债有多少流动资产作为偿付保证,通常认为,流动比率的下限为100%,而流动比率等于200%时较为恰当。

①流动比率反映了公司可以在短期内转变为现金的流动资产偿还到期流动负债的能力。

②流动比率越大,说明公司对短期债务的偿付能力越强。

③流动比率不可以过高,过高表明公司流动资产占用较多或公司闲置现金持有量过多,这样会影响资金的使用效率和公司的筹资成本,进而影响获利能力。

④进行财务分析时不能仅依赖该指标的计算结果。有时流动比率虽然较高,但并一定偿还短期债务的能力就强。如果流动资产中包含了大量的积压存货、应收账款,且收账期长,而可用来偿债的现金和存款却严重短缺,则公司的偿债能力仍然是很弱的。因此,公司在分析流动比率的基础上应进一步对现金流量加以考察。

作为核心指标的流动比率，不是衡量企业短期偿债能力的绝对标准。缺少货币资金的企业，可能通过举债来偿还债务，这时应该着重分析企业流动资产的未来变现能力。

3. 速动比率

速动比率是速动资产与流动负债的比率。其计算公式为：

$$速动比率 = 速动资产 \div 流动负债$$

$$速动资产 = 流动资产 - 存货$$

公式中，存货应按扣除"存货跌价准备"后的净值反映。

速动比率反映企业短期内可变现资产偿还短期内到期债务的能力。速动比率是对流动比率的补充，一般认为速动比率应维持在1∶1左右较为理想，它说明1元流动负债有1元的速动资产作保证。如果速动比率大于1，说明企业有足够的能力偿还短期债务，但也说明企业拥有过多的不能获利的现金和应收账款；反之速动比率小于1，说明企业将依赖出售存货或举新债偿还到期债务，这就可能造成急需售出存货带来的削价损失或举新债形成的利息负担。

在分析中将存货从流动资产中减去，可以更好地表示一个企业偿还短期债务的能力。因为在流动资产中存货的变现速度最慢，而且可能存在抵押、损失报废未做处理等情形，所以，在不希望企业用变卖存货的办法偿还债务的情况下，把存货从流动资产总额中减去而计算出的速动比率反映的短期偿债能力更加令人可信。但我们还应考虑速动资产中的应收账款，因为其周转性会影响速动资产的流动性，至于流动性较差的预付账款或待摊费用，由于所占比重小，可以忽略。

在对速动比率进行分析时，不能绝对按计算结果判断流动负债的安全性或企业不能及时偿债的风险结论。如果存货流转顺畅，变现能力强，那么即使速动比率较低，只要流动比率较高，企业仍能到期足额还本付息。速动比率相对流动比率更适合于以较高的标准衡量企业是否面临偿债风险。

四、企业的发展能力分析

企业发展能力通常是指企业未来生产经营活动的发展趋势和发展潜能，也可以称为增长能力。从形成看，企业的发展能力主要是通过自身的生产经营活动，不断扩大积累而形成的，主要依托于不断增长的销售收入、不断增加的资金投入和不断创造的利润等。从结果看，一个发展能力强的企业，应该是资产规模不断扩大，股东财富持续增长。

（一）企业发展能力分析的意义

①对股东而言，可以通过发展能力分析衡量企业创造股东价值的程度，从而为采取下一步战略行动提供依据。

②对潜在的投资者而言,可以通过发展能力分析评价企业的成长性,从而选择合适的目标企业做出正确的投资决策。

③对经营者而言,可以通过发展能力分析发现影响企业未来发展的关键因素,从而采取正确的经营策略和财务策略促进企业可持续增长。

④对债权人而言,可以通过发展能力分析判断企业未来盈利能力,从而做出正确的信贷决策。

(二)企业发展能力分析的指标

1. 股东权益增长率

股东权益增长率是本期股东权益增加额与股东权益期初余额之比,也叫作资本积累率。其计算公式为:

$$股东权益增长率=本期股东权益增加额÷股东权益期初余额×100\%$$

股东权益增长率越高,表明企业本期股东权益增加得越多;反之,股东权益增长率越低,表明企业本年度股东权益增加得越少。

2. 利润增长率

①净利润增长率是本期净利润增加额与上期净利润之比。其计算公式如下:

$$净利润增长率=本期净利润增加额÷上期净利润×100\%$$

需要说明的是,如果上期净利润为负值,则计算公式的分母应取其绝对值。该公式反映的是企业净利润增长情况。

②营业利润增长率是本期营业利润增加额与上期营业利润之比。其计算公式如下:

$$营业利润增长率=本期营业利润增加额÷上期营业利润×100\%$$

如果上期营业利润为负值,则计算公式的分母也应取其绝对值。该公式反映的是企业营业利润增长情况。

为了更正确地反映企业净利润和营业利润的成长趋势,应将企业连续多期的净利润增长率和营业利润增长率指标进行对比分析,这样可以排除个别时期偶然性或特殊性因素的影响,从而更加全面真实地揭示企业净利润和营业利润的增长情况。

3. 收入增长率

收入增长率就是本期营业收入增加额与上期营业收入之比。其计算公式如下:

$$收入增长率=本期营业收入增加额÷上期营业收入×100\%$$

需要说明的是,如果上期营业收入为负值,则计算公式的分母也应取其绝对值。该公式反映的是企业某期整体销售增长情况。

在利用收入增长率来分析企业在销售方面的发展能力时,应该注意以下几个方面:

①要判断企业在销售方面是否具有良好的成长性,必须分析收入增长是否具有效益性。

②要全面、正确地分析和判断一个企业营业收入的增长趋势和增长水平,必须将一个企业不同时期的收入增长率加以比较和分析。

③可以利用某种产品收入增长率指标,观察企业产品的结构情况,进而也可以分析企业的成长性。

五、企业经营业绩评价的非财务指标

初创企业的领导者一般由具有开拓、创业精神或自身具有某种技术专长的人才担当,领导者的战略眼光和管理能力在很大程度上决定着企业的未来。初创企业在进行业绩评价时必须关注经营状况,同时也应关注领导者的管理水平,关注企业的发展前景。为此需要在选择前述专业的财务指标进行定量评价时,也要进行定性评价,定性评价则多为一些非财务指标。

选择非财务指标评价,主要关注以下几个方面:首先是管理者的素养,如管理者在创造和谐的员工关系、良好的顾客关系,树立良好的企业形象,建立快速、高效的营销网络,这些对企业的长期健康发展有很大的帮助,通常这类因素只能通过一些非财务指标来加以衡量。

常见的非财务指标主要有:

①市场竞争力。其主要关注市场占有率、客户规模、产品替代性、行业壁垒、产品议价能力、融资能力。

②管理水平。如管理者素质、决策机制和人事管理。

③发展前景。如行业发展状况、产品生命周期、市场预测。

对于上述定性指标,可分别设置发展状态,拟订相应分数权重进行评价。首先根据表格要求,对财务指标与非财务指标分别计算,然后根据汇总和单项数据分析企业的优势和劣势,相应开展分析,并将企业所涉及的行业或产品的业绩水平与其主要竞争对手进行对比,从而使公司认清自己在哪些行业或自己的哪种产品具有竞争优势,在哪些行业或自己的哪种产品不具备竞争优势。根据这些信息,管理者可以重新对这些行业或产品从战略的高度进行分析并采取相应的措施。

【拓展训练 4-4】

在网上调查两家相同行业的国内上市企业,详细阅读它们的最新财务年报,根据所学的主要财务指标试对企业的经营业绩进行判断评价,并对两家公司作出比较分析。

主要财务指标	企业 1	企业 2
1.		
2.		
……		
分析结论与建议:		

复习思考题

1.评价企业盈利水平的指标有哪几类?

2.初创企业发展能力分析的意义和指标有哪些?

3.初创企业经营业绩评价的非财务指标有哪些?

项目五　青年红色筑梦之旅

【任务目标】

1.知识目标：熟知"青年红色筑梦之旅"活动内容与目的，以及相关红色文化知识。

2.技能目标：能够结合区域红色文化、经济发展，开展创新创业活动，助力乡村振兴。

3.思政目标：引导大学生传承红色基因，服务乡村振兴，将青春梦、创业梦与中国梦紧密结合。

【任务导入】

第八届中国国际"互联网+"大学生创新创业大赛继续在更大范围、更高层次、更有温度、更深程度上开展"青年红色筑梦之旅"活动。活动主题是"红色青春筑梦创业人生，绿色发展助力乡村振兴"。活动的主要目标是深入贯彻落实习近平总书记给"青年红色筑梦之旅"活动大学生重要回信精神，围绕迎接党的二十大胜利召开，将思政教育、专业教育与创新创业教育相结合，传承红色基因，坚定理想信念，全面推进课程思政，涵养青年学生家国情怀；以新工科、新医科、新农科、新文科助力"新农村、新农业、新农民、新生态"建设，引导师生扎根基层创新创业，推动乡村振兴取得新进展、农业农村现代化迈出新步伐。

【阅读材料 5-1】

2017年8月15日，中共中央总书记、国家主席、中央军委主席习近平给参加第三届中国"互联网+"大学生创新创业大赛"青年红色筑梦之旅"的大学生回信，回信全文如下：

第三届中国"互联网+"大学生创新创业大赛"青年红色筑梦之旅"的同学们：

来信收悉。得知全国150万大学生参加本届大赛，其中上百支大学生创新创业团队参加了走进延安、服务革命老区的"青年红色筑梦之旅"活动，帮助老区人民脱贫致富奔小康，既取得了积极成效，又受到了思想洗礼，我感到十分高兴。

延安是革命圣地，你们奔赴延安，追寻革命前辈伟大而艰辛的历史足迹，学习延安精神，坚定理想信念，锤炼意志品质，把激昂的青春梦融入伟大的中国梦，体现了当代中国青年奋发有为的精神风貌。

实现全面建成小康社会奋斗目标，实现社会主义现代化，实现中华民族伟大复兴，需要一批又一批德才兼备的有为人才为之奋斗。艰难困苦，玉汝于成。今天，我们比历史上任何时期都更接近实现中华民族伟大复兴的光辉目标。祖国的青年一代有理想、有追求、有担当，实现中华民族伟大复兴就有源源不断的青春力量。希望你们扎根中国大地了解国情民情，在创新创业中增长智慧才干，在艰苦奋斗中锤炼意志品质，在亿万人民为实现中国梦而进行的伟大奋斗中实现人生价值，用青春书写无愧于时代、无愧于历史的华彩篇章。

习近平

2017年8月15日

一、"青年红色筑梦之旅" 活动简述

"青年红色筑梦之旅"是自第三届中国"互联网+"大学生创新创业大赛开始，赛事期间举办的同期实践活动。首次活动由教育部组织，承办单位为西安电子科技大学，两批参赛团队分赴延安，通过大学生创新创业项目对接革命老区经济社会发展需求，助力精准扶贫脱贫。实践团围绕"青春之歌""红色记忆""筑梦踏实"三个主题，通过寻访梁家河、走访"八一"敬老院、参观革命旧址、聆听专题辅导、开展青年乡村创客沙龙、举办乡村创客高峰论坛，学习和感受当地的精神财富，实地了解老红军、下乡知青们伟大而艰辛的青春"创业"史，为创业青年提供了一次继承延安精神、涵养创业精神、坚定文化自信的精神缮宴。

（一）第三届中国"互联网+"大学生创新创业大赛"青年红色筑梦之旅"活动时间

2017年4月21日至24日。

第三届中国"互联网+"大学生创新创业大赛"青年红色筑梦之旅"首批实践团奔赴革命圣地延安，40余名来自西安电子科技大学、清华大学、北京科技大学、大连理工大学等高校的大赛获奖项目、四强项目团队成员和部分乡村创客代表参加了首批实践活动。

2017年7月14日至17日。

第三届中国"互联网+"大学生创新创业大赛同期实践活动——"青年红色筑梦之旅"成功举办，近100支来自全国各高校的参赛队伍及"互联网+"行业创新创业青年领军人物在革命圣地延安会师，参加本次实践活动。

（二）第三届中国"互联网+"大学生创新创业大赛"青年红色筑梦之旅"活动主要事件

给总书记写信汇报活动感受。

2017年7月活动期间，由西安电子科技大学创业团队"小满良仓"负责人张旺发起联合其他创业团队一起给习近平总书记汇报"青年红色筑梦之旅"实践活动感受，表示要像青年时代的习近平那样，立下为祖国、为人民奉献自己的信念和志向，把自己创新创业梦融入伟大中国梦，用青春和理想谱写信仰和奋斗之歌。

总书记回信勉励青年学子。

8月15日，中共中央总书记、国家主席、中央军委主席习近平给参加第三届中国"互联网+"大学生创新创业大赛"青年红色筑梦之旅"的大学生回信,信中写道:"得知全国150万大学生参加本届大赛,其中上百支大学生创新创业团队参加了走进延安、服务革命老区的'青年红色筑梦之旅'活动,帮助老区人民脱贫致富奔小康,既取得了积极成效,又受到了思想洗礼,我感到十分高兴。"

总书记回信在大学生中引热烈反响。

捧读习近平总书记的回信,大学生们激动不已。他们表示,一定要向老一辈革命家学习,扎根中国大地了解国情民情,脚踏实地,不忘初心,勇往直前。"总书记真的给我们回信了!"作为团队给习近平总书记写信的发起人之一,西安电子科技大学2010级校友、"小满良仓"项目团队负责人张旺难掩兴奋,"参观了梁家河,让我们深受教育、备受鼓舞,更坚定了我们青年'创客'创新创业的梦想!"张旺说,"我们要将延安精神融入自己的创业实践,用知识、技能服务老区人民,让互联网+电商助力老区发展,以实际行动和实际成果为实现中国梦作出自己的贡献!"同学们白天在梁家河参观,晚上就住在窑洞里,大家热烈讨论着,心中充满了震撼和感动,久久不能平静。收到习近平总书记的回信,同学们更加感受到肩上的担子。青年学子表示,要像习近平总书记青年时代那样,立下为祖国、为人民奉献自己的信念和志向,用知识和本领帮助老乡脱贫致富,用创业项目助推农村经济发展。

延安青年红色筑梦联盟成立。

2018年7月,由参加2017年"青年红色筑梦之旅"实践活动的创业团队"小满良仓"创始人张旺(活动中给总书记写信的发起与执笔者)发起,联合各团队所在高校共同成立的,由延安市民政部门批准,由中共延安市委宣传部主管的,以"互联网+"赛事成果转化、青年创新创业、红色文化传承、乡村振兴产业扶贫为主题的非营利性社会团体。

落地成果。

此次"青年红色筑梦之旅"实践活动,17个参赛项目与19个延安当地政府部门、学校、合作社、企业以及农户签订了43项落地合作协议,50余个项目达成落地意向。

二、"青年红色筑梦之旅" 实践活动的特点

"青年红色筑梦之旅"活动是中国"互联网+"大学生创新创业大赛的重要活动,旨在鼓励广大青年学生扎根中国大地了解国情民情,接受革命传统教育,用创新创业成果服务乡村振兴战略、助力精准扶贫脱贫,走好新时代青年的新长征路。2017年8月15日,习近平总书记给大赛"青年红色筑梦之旅"大学生回信,深切勉励青年学子把激昂的青春梦融入伟大的中国梦,扎根中国大地了解国情民情,在创新创业中增长智慧才干,在艰苦奋斗中锤炼意志品质,在亿万人民为实现中国梦而进行的伟大奋斗中实现人生价值,用青春书写无愧于时代、无愧于历史的华彩篇章。重要回信充分肯定了大学生服务革命老区、助力乡村脱贫致富奔小康和奋发有为的精神风貌,体现了以习近平同志为核心的党中央对青年一代的关心厚爱

和殷切期望。

（一）新突破，"青年红色筑梦之旅"星火燎原

为全面贯彻落实习近平总书记重要回信精神，教育部以"红色筑梦点亮人生 青春领航振兴中华"为主题，在更大范围、更高层次、更深程度实施"青年红色筑梦之旅"活动，一堂全国最大最有温度的国情思政课落地生根。从延安到古田、从井冈山到西柏坡、从小岗村到闽宁镇、从嘉兴南湖到大庆油田，春秋两载，"青年红色筑梦之旅"活动已成星火燎原之势。

2018年，累计有2 238所高校的70万名大学生、14万个团队参加"青年红色筑梦之旅"活动，对接农户24.9万户、企业6 109家，签订合作协议4 200余项，产生直接经济效益近40亿元。习近平总书记在得知全国有70万大学生参加活动之后，又专门委托教育部向同学们表达亲切问候。

2019年，"青年红色筑梦之旅"从嘉兴南湖正式启航，先后在江西上饶、安徽六安、黑龙江大庆、山东威海、云南临沧等地开展了全国对接活动，各地各高校广泛组织省级和校级对接活动，累计100万名大学生、22万名教师、23.8万个创新创业项目深入革命老区、贫困地区和城乡社区，对接农户74.8万户，企业24 204家，签订合作协议16 800余项，产生经济效益约64亿元；设立公益基金480余项，基金规模达3.6亿元。6月，在全国大众创业万众创新活动周期间，李克强总理重点观看了大赛成果展，听取了大赛情况汇报，并亲切慰问了来自全国各地参加第五届大赛"青年红色筑梦之旅"的大学生代表，勉励青年大学生以创新创业成果奋力推动国家发展，实现人民对美好生活的向往，对大学生代表提出的"我敢闯、我会创"表示肯定。

（二）新变革，创新创业教育改革创新发展

一是创新教育理念，促进目标融合。紧扣国家创新驱动发展、乡村振兴等战略，丰富"青年红色筑梦之旅"活动的内涵，深入推动创新创业教育与思想政治教育相融合，创新创业实践与乡村振兴战略、精准扶贫脱贫相融合。通过"两个融合"，引导青年大学生把个人理想与党和国家的前途命运紧密结合起来，让自己的成长发展与时代发展同频共振、与人民群众血脉相连，做创新创业、服务人民、建设美好富强国家的奋进者开拓者奉献者，以"青春梦""创新创业梦"托起伟大的"中国梦"。

二是创新组织方式，促进精准对接。建立国家—省—校三级活动机制，广泛动员全国大学生参与活动。促进各级教育、农业、扶贫等多部门联动，深入调研乡村振兴和精准扶贫脱贫需求，便于大学生创新创业团队根据需求，结合专业优势、项目特点实现精准对接和帮扶。来自理工、农林、医学、师范、法律、新闻等各专业的大学生以"科技中国小分队""健康中国小分队""幸福中国小分队""教育中国小分队""法治中国小分队""形象中国小分队""政策宣讲小分队"等形式，走进革命老区、贫困地区，到各自对接的县、乡、村和农户，

从质量兴农、绿色兴农、科技兴农、电商兴农、教育兴农等多个方面有针对性地开展帮扶工作，取得了积极成效。

三是创新工作模式，汇聚各方资源。鼓励企业、民营资本、公益组织与政府、高校合作，共同推进"青年红色筑梦之旅"活动，将更多的优质社会资源转化为育人资源，为大学生提供实践平台、指导服务和融资支持。政府、高校在和社会机构合作的过程中，不是被动等资源送上门，而是主动了解社会机构的"需求点""兴趣点"，分析明确高校的"短板""痛点"，找准政府、高校与社会机构协同合作的"结合点"，探索协同合作的最优路径，充分激发社会机构参与教育事业的动力，实现多方共赢。

（三）新成效，创新创业教育改革可喜成果

一是构建了高校育人的新模式。"青年红色筑梦之旅"不仅是一堂创新创业实践课，也是一堂生动的思政课。各地大学生创新创业团队走进延安、井冈山、西柏坡、古田等革命老区，追寻革命前辈伟大而艰辛的创业史；走进安徽小岗村、黑龙江大庆、宁夏闽宁等地，感受不畏艰辛、敢为人先的奋斗精神。学生既受到了思想洗礼、提升了社会责任感、创新精神和实践能力，同时也推动了当地社会经济发展。学生表示，当代青年不仅要有敢于冒险、矢志不移的魄力与坚持，更要有扎根中国、心怀天下的使命与担当。

二是为乡村振兴注入了新动能。习近平总书记给全国涉农高校的书记校长和专家代表的回信中指出"中国现代化离不开农业农村现代化，农业农村现代化关键在科技、在人才"。"青年红色筑梦之旅"将高校的智力资源以及社会优质资源辐射到广大乡村，改变了乡村"失学贫血"的状态，推动了当地经济社会的发展。例如，厦门大学"我知盘中餐"团队对接103个合作社，帮助农民215户，每户平均增收2 100元。今年新增帮扶合作社80余家，新增入驻农产品300多款，已销售扶贫产品50多万元。浙江大学"渔米香"项目奔赴江西、湖南、贵州、宁夏等地开展技术帮扶，累计脱贫8 350户，更是实现了多村的整村脱贫等。云南"彩云本草"团队针对乌蒙山区干旱缺水、土地贫瘠问题研究开发了绿色环保保水剂，带领乌蒙山区老百姓种植近千亩中药材，帮助农户由原来的年均收入3 000元提高到了1.2万元。陕西"小满良仓"团队用电商模式帮助贫困农户销售了5 000余万元农产品。江西"稻渔工程"项目在江西多地推广了"稻虾、稻蟹、稻鱼"等模式，服务面积10万余亩，实现"一水两用、一田双收"，帮助农户增产增收。

三是完善了产学研用结合的新机制。各地各高校以"青年红色筑梦之旅"活动为抓手，推动了科教结合、产教融合、校企合作，加强了教育界与科技界、产业界、投资界的合作，将高校的智力资源、技术资源、文化资源与企业和投资机构的金融资源、市场资源、社会资源等精准对接，促进产学研用紧密结合。通过师生共创，进一步激活了高校的专利资源，让"躺"在实验室的科研成果真正产生市场价值和社会价值，促进新理念、新技术、新产品、

新业态和新模式的蓬勃兴起。

习近平总书记指出：创新决胜未来，改革关乎国运。对高等教育发展来讲，改革是第一动力，创新是第一引擎，要成就伟大的教育，教育创新就不能停顿。当前，我国高等教育改革发展已经进入深水区，某些领域也开始进入无人区，没有现成的经验可以模仿复制，需要有旱路不通走水路、水路不通走山路、山路不通开新路的敢为天下先的勇气，不断推动思想创新、理念创新、方法技术创新和模式创新，以更大的勇气、更大的魄力、更大的智慧推动高等教育创新发展，培养造就有理想、有本领、有担当的青春力量，把我国建设成为世界主要高等教育中心和创新人才培养高地，为民族复兴做出更大的贡献。

【案例 5-1】

青年红色筑梦之旅　助力脱贫攻坚　传承红色基因
——厦门大学航空航天学院学子赴宁德古田社会实践

为全面落实习近平总书记给中国"互联网+"大学生创新创业大赛"青年红色筑梦之旅"大学生的重要回信精神，积极响应学院党委"攻坚领航"行动号召，打好农业农村水污染治理攻坚战，厦门大学航空航天学院"宁水厦韵"社会实践队一行11人于近日前往福建省宁德市古田县泮洋乡开展脱贫攻坚实地调研，并结合红色教育、劳动教育开展"青年红色筑梦之旅"活动。

宁德市渔业资源丰富，素有"海上浮城"的美称，立足于得天独厚的地理优势，水产养殖业逐渐成为全市的支柱产业。然而，繁荣的产业背后仍存在着一定隐患。当前农村水产养殖业大多采用传统生产方式，技术条件差，抗风险能力较弱，养殖水域周边的各种污染可能会严重破坏养殖水域生态环境，并在一定程度上限制农村地区水产养殖产业的发展。

本次实践活动以"走进乡村，振兴水产养殖"为主题，以期进一步加深对乡村地区水产养殖、水质环境整体情况的把握，因地制宜地为当地养殖户提出合理规划方案；同时，实践队通过重温红色之旅、实地开展劳动教育，共同回顾革命历史，接受红色传统教育，缅怀革命先烈，将理论与实践相结合，弘扬劳动精神。

助力脱贫攻坚　建设美丽乡村

实践队来到宁德市古田县泮洋乡，在乡人大主席叶绍豹的带领下走访了凤竹村。凤竹村是一个获得"中国美丽宜居示范村""中国传统古村落""中国地质文化村"三个国字号招牌的"美丽乡村"。叶绍豹一路详细地向实践队介绍当地的农业种植情况，还带着大家参观了当地民居和"五幢联"古建筑，实践队员对凤竹村的民俗文化和历史有了更加深刻的了解。

随后，实践队考察当地的中华鲟水产养殖基地，调研基地水质情况和中华鲟的养殖情况。实践队了解到当地水质存在一些地区性特定问题，因地制宜地提出了相应改进措施和建议，推广"水健康"实时监测管家项目，努力把科技带入农村经济建设。

实践队还来到翠屏湖调研鱼类养殖情况，当地品种因为非洲鲫鱼的到来生存受到了挑战；叶绍豹结合政策、生态红线、林地所有权介绍了湖周围的果树种植情况；同时在胡老憨生态农场老板的带领下，参观了鱼类观测点和鸡鸭观测点。面对外来生物入侵，还需要更多科学研究提供合理的解决方案。对湖泊、山林资源进行开发时，需要结合政策综合考虑生态效益和经济效益。

实践队前往"曲斗溪"，对其发展状况和前景进行考察调研。大家一致认为，该地还有很大的开发潜力，但要积极响应习近平总书记提出的"绿水青山就是金山银山"的号召，重点保护好环境，维护好水质。通过水质检测无人船实时监测水质状况，及时察觉水质异变区域并反馈，将污染负面效果降到最低，保证水质。水更"清"，山更"青"，人流量才能保持常"青"，这对于改善古田县生态旅游现状、提升旅游创收都是至关重要的。

回顾革命历程　弘扬红色精神

在古田县塔山烈士陵园的英雄纪念碑下，师生党员现场重温入党誓词，以表达入党的初心不忘以及对革命先烈英勇奉献和斗争精神的继承决心。高耸肃穆的烈士纪念碑令人肃然起敬，师生纷纷举起右手庄严宣誓，在誓词中回顾中国革命的光辉历程，传承红色革命精神。实践队绕纪念碑一周，看着纪念碑经过时代风雨的洗礼仍然挺立，纪念碑上的每一个名字、每一个历史事件背后都蕴藏着巨大的牺牲和信念的坚定。大家纷纷表示要在今后的学习工作中严于律己，传承共产党员优秀品质，积极弘扬和践行革命传统精神。

实践队还在泮洋乡胡老憨生态农场开展了"习近平对研究生教育工作作出重要指示"的学习研讨会，师生结合本次实践调研活动积极发表了自己的学习心得和感悟。大家表示今后能积极投身乡村基层建设，把自己的所学与国家需求和乡村建设有机融合在一起，振兴乡村，回馈社会。

深入劳动实践　争做时代先锋

为践行劳动精神，实践队全体成员还帮助农场果农包装当地特产水果田黄李。大家意识到如果大学生希望在毕业后为城市发展、乡村振兴做出贡献，则必然需要深入乡村基层，积极"上山下乡"，体验乡村生活，提高基层工作能力，成为接地气的、真正的社会主义接班人。

当抵达泮洋乡后路村，队员们发现荷塘中荷花朵朵，而塘边的垃圾则有些煞风景。队员们主动在荷塘周边开展了清理垃圾活动，体会环卫工人的辛苦，积极响应美丽乡村建设。

走进乡村，振兴水产养殖。实践队在古田县泮洋乡与部分农村水产养殖户进行了深入交流。下一阶段，实践队将积极响应国家2020决胜脱贫攻坚阻击战、全面建成小康社会的号召，不断增强与乡村之间的联系，参与乡村劳作，将科学文化知识转化为让乡村群众受益的技术产品，把激昂的青春梦融入伟大的中国梦，不忘初心、砥砺前行，助力完成脱贫攻坚的艰巨使命，为国家实现全面脱贫贡献力量。

（资料来源：厦门大学航空航天学院）

【案例 5-2】

南京工业职业技术大学师生开展"决战脱贫攻坚 青春奉献祖国"
电商扶贫助农青年红色筑梦之旅活动

2020年是我国脱贫攻坚的决胜之年,也是全面建成小康社会的收官之年。为全面落实习近平总书记给中国"互联网+"大学生创新创业大赛"青年红色筑梦之旅"大学生的重要回信精神,同时助力疫情防控和复工复产,投身打赢脱贫攻坚战,充分发挥电商在群众脱贫和乡村振兴上的作用,鼓励广大学生通过电商直播为52个未摘帽贫困县以及其他贫困地区带货等方式助力脱贫攻坚,实现线上创业就业,南京工业职业技术大学组织学生团队开展"决战脱贫攻坚 青春奉献祖国"电商扶贫助农青年红色筑梦之旅活动。

前期准备

为了确保直播活动顺利进行,自7月初启动仪式开始,学校多次开展了电商直播技能培训会。各学院成员分工明确,精准联系52个贫困县,对接当地农户并收集货源。此外,成员们亲自品尝所收到的农副产品,对所收集到的货源层层把关,并对其口感、功效等方面做了深入了解。通过反复的技能培训、小组讨论与求精,以及试播,最后初步掌握了直播带货技能与技巧。

直播实况

历时3周的"决战脱贫攻坚 青春奉献祖国"电商直播在"淘宝"和"哔哩哔哩"平台同时播出。精准对接云南双柏的蜂蜜,文山的辣椒、果藕粉、鲜花饼、古法红糖,四川、贵州地区的红油凉皮、羊肉粉、多种果干、蒲江红心猕猴桃,甘肃礼县地区的蜂蜜、麦芽核桃糖、苹果脆皮,新疆、广西地区的凯特大杧果、蟠桃,新疆英吉沙县的薄皮核桃、沙漠蜜瓜、巴旦木、葡萄干、黑加仑、馕饼、杏仁、红花茶等在内的共计百余种农副产品货源。小组成员们分批上场,手持农副产品,热情地向大家介绍商品,既专业又不失幽默。直播期间吸引了不少观众,大家纷纷在弹幕中讨论产品优质的特点、可观的价格以及电商扶贫的重要性。直播两周累计观看量高达40万+,交易金额达346 395元。

除此之外,在返家乡社会实践中,学校广大青年学子也积极投入到家乡社会实践中,如江西省"脱贫攻坚青年志愿者" 吁佳敏带领公益网红团队深入学习习近平总书记寄语精神,扎根基层农村、尽显青春担当,带动全国各地国贫县、省贫县的县领导、本土内容创作者,以推介当地"特色农业产品+线上直播背书+本土优质供应链发货"的方式,解决农产品市场需求信息滞后、提升县域形象、增加农民收入等问题,打造"互联网+农业基地+基地物流直发"的新运营模式。佳敏公益网红直播团队采取与工厂连线、前往厂家溯源直播等方式了解息县从田间到舌尖的绿色食品主导产业,把生态优势、资源优势转化为产业优势,让人买得放心,吃得安心。据统计,其团队创下了两小时直播累计观看人数总计63.7万人的营销记录,直播平台共销售息品味嫩脆玉米粒罐头、息县坡挂面、草木灰五香咸鸭蛋、嗨吃家酸辣粉、息县花菇、虾稻米、惠农大叔系列休闲零食等农产品4 673单,销售金额13.88万元。

青年红色筑梦之旅实践团队直播现场

在推动经济复苏的号召下，学校"电"亮家乡公益直播团队的志愿者们在全国15个省65个地区，为20个行业128种家乡产品拍摄短视频，进行推广销售，志愿者通过风景、美食、特产、特色文化等方面的拍摄，为65个地区的各行各业提供公益服务，在抖音、微信公众号、微博上进行发布，累计播放量达到990 214，评论与点赞数达到911 005，分享数达到611 088。通过线上宣传与线下合作，解决了近千人的就业问题。

在本次电商助农活动中，志愿者们不仅通过电商直播带货为贫困地区送去了爱心，更是为打赢脱贫攻坚战贡献一份自己的力量。这次团队合作提高了志愿者们的沟通协作能力，增强了团队意识，拓展了一项新技能。脱贫攻坚，我们仍在路上。身为青年学子的我们，更应响应时代号召，提高自身能力，运用专业知识，为打赢脱贫攻坚战、实现中华民族伟大复兴贡献青春！

（资料来源：南京工业职业技术大学）

【案例 5-3】

传承铁人精神，助力乡村振兴
——酒泉职业技术学院酒泉职业技术学院第八期创客特训营
暨青年红色筑梦之旅活动

2020年11月7日，酒泉职业技术学院第八期创客特训营暨青年红色筑梦之旅10支创业项目团队的50名学员赴玉门铁人纪念馆、清泉乡千亩人参果基地开展了青年红色筑梦之旅主题研学活动。

在铁人纪念馆，学员们重温学习了习近平总书记给第三届中国"互联网+"大学生创新创业大赛"青年红色筑梦之旅"大学生重要回信精神，向铁人雕像敬献了花篮，学习了铁人王进喜的生平事迹，深切感受"有条件要上，没有条件创造条件也要上"的"铁人精神"，上了一场生动的思想政治教育实践课。在清泉乡人参果基地，学员们实地查看农业生产和作物生长，和种植户深入交流，对接了温室智能卷帘系统、人参果直播带货项目，上了一堂"土气十足"的创新创业实践课。

本次实践活动旨在深入学习贯彻习近平总书记给第三届中国"互联网+"大学生创新创业大赛"青年红色筑梦之旅"大学生重要回信精神，在更大范围、更高层次、更深程度上开展"青年红色筑梦之旅"活动,促进创新创业教育和思想政治教育深度融合,加快培养创新创业生力军,鼓励广大青年学子扎根祖国大地、增长智慧才干、传承红色基因,用创新创业成果服务乡村振兴战略,为中华民族伟大复兴担负起责任!

（资料来源：酒泉职业技术学院）

【阅读材料 5-2】

第八届中国国际"互联网 +"大学生创新创业大赛"青年红色筑梦之旅"活动方案

第八届中国国际"互联网+"大学生创新创业大赛继续在更大范围、更高层次、更有温度、更深程度上开展"青年红色筑梦之旅"活动。具体方案如下。

一、活动主题

红色青春筑梦创业人生　绿色发展助力乡村振兴

二、主要目标

深入贯彻落实习近平总书记给"青年红色筑梦之旅"活动大学生重要回信精神,围绕迎接党的二十大胜利召开,将思政教育、专业教育与创新创业教育相结合,传承红色基因,坚定理想信念,全面推进课程思政,涵养青年学生家国情怀;以新工科、新医科、新农科、新文科助力"新农村、新农业、新农民、新生态"建设,引导师生扎根基层创新创业,推动乡村振兴取得新进展、农业农村现代化迈出新步伐。

三、主要活动与时间安排

（一）制订方案（2022年4月）

各省级教育行政部门要聚焦"新农村、新农业、新农民、新生态"建设,围绕乡村"产业振兴、人才振兴、文化振兴、生态振兴、组织振兴"要求,结合地方实际需求,制定本地2022年"青年红色筑梦之旅"活动方案,要明确活动时间、地点、规模、形式、支持条件等内容,并于2022年4月30日前报送至大赛组委会。

（二）活动报名（2022年4—7月）

各省级教育行政部门要积极挖掘本地优质创新创业项目参与活动,组织团队登录全国大学生创业服务网或微信公众号（名称为"全国大学生创业服务网"或"中国'互联网+'大学生创新创业大赛"）进行报名,报名系统开放时间为4月15日至7月31日。

（三）启动仪式（2022年4月）

大赛组委会将于4月下旬在重庆市举行2022年"青年红色筑梦之旅"活动全国启动仪式,举办多项同期活动,具体安排另行通知。

（四）组织实施（2022年4—9月）

各省级教育行政部门在全面总结历届"青年红色筑梦之旅"活动的基础上,负责组织本地

"青年红色筑梦之旅"活动,关注农业农村绿色发展,挖掘乡村多元价值,认真做好需求对接、培训宣传及创造项目落地环境等工作。大学生项目团队要积极深入基层,积极利用专业知识开展创新创业,助力乡村振兴。高校要通过大学生创新创业训练计划项目、创新创业专项经费、校地协同等多种形式,努力实现项目长期对接,助力农业农村现代化建设。

(五)总结表彰(2022年9—10月)

各地各高校要及时做好本次活动的经验总结和成果宣传。大赛组委会将遴选优秀案例,在总决赛期间的国际大学生创新创业成果展中展出。

四、"青年红色筑梦之旅"赛道安排

参加"青年红色筑梦之旅"活动的项目,符合大赛参赛要求的,可自主选择参加"青年红色筑梦之旅"赛道。

(一)参赛项目要求

(1)参加"青年红色筑梦之旅"赛道的项目应符合大赛参赛项目要求,同时在推进农业农村、城乡社区经济社会发展等方面有创新性、实效性和可持续性。

(2)以团队为单位报名参赛。允许跨校组建团队,每个团队的参赛成员不少于3人,不多于15人(含团队负责人),须为项目的实际核心成员。参赛团队所报参赛创业项目,须为本团队策划或经营的项目,不得借用他人项目参赛。

(3)参赛申报人须为项目负责人,须为普通高等学校全日制在校生(包括本专科生、研究生,不含在职教育),或毕业5年以内的全日制学生(即2017年之后的毕业生,不含在职教育);国家开放大学学生(仅限学历教育)。企业法定代表人在大赛通知发布之日后进行变更的不予认可。

(二)参赛组别和对象

参加"青年红色筑梦之旅"赛道的项目,须为参加"青年红色筑梦之旅"活动的项目。否则一经发现,取消参赛资格。根据项目性质和特点,分为公益组、创意组、创业组。

1.公益组

(1)参赛项目不以营利为目标,积极弘扬公益精神,在公益服务领域具有较好的创意、产品或服务模式的创业计划和实践。

(2)参赛申报主体为独立的公益项目或社会组织,注册或未注册成立公益机构(或社会组织)的项目均可参赛。

2.创意组

(1)参赛项目基于专业和学科背景或相关资源,解决农业农村和城乡社区发展面临的主要问题,助力乡村振兴和社区治理,推动经济价值和社会价值的共同发展。

(2)参赛项目在大赛通知下发之日前尚未完成工商等各类登记注册。

3.创业组

(1)参赛项目以商业手段解决农业农村和城乡社区发展面临的主要问题、助力乡村振兴和社区治理,实现经济价值和社会价值的共同发展,推动共同富裕。

（2）参赛项目在大赛通知下发之日前已完成工商等各类登记注册，学生须为法定代表人。项目的股权结构中，企业法定代表人的股权不得少于10%，参赛成员股权合计不得少于1/3。

（三）奖项设置

（1）本赛道设置金奖50个、银奖100个、铜奖350个。

（2）本赛道设置乡村振兴奖、最佳公益奖等单项奖。

（3）获得金奖项目的指导教师为"优秀创新创业导师"（限前五名）。

五、工作要求

（一）高度重视、精心组织。各地要成立专项工作组，推动形成政府、企业、社会联动共推的机制，确保各项工作落到实处。

（二）统筹资源、加强保障。各地要积极协调地方政府有关部门，以及行业企业、公益机构、投资机构等，通过政策倾斜、资金支持、设立公益基金等方式为活动提供保障。

（三）广泛宣传、营造氛围。各地应认真做好本次活动的宣传工作，通过提前谋划、集中启动、媒体传播，线上线下共同发力，全面展示各地各高校青年大学生参与活动的生动实践和良好精神风貌。

（四）敢于尝试、积极创新。利用网络直播、短视频等新型传播与销售途径，引导、助力红旅项目团队把握机会，积极创新创业。

【拓展训练 5-1】

1."青年红色筑梦之旅"实践

组建"青年红色筑梦之旅"团队，以"科技小分队""幸福小分队""健康小分队""教育小分队""法治小分队""二十大宣讲小分队"或创业项目团队等形式，走进革命老区、贫困地区，接受思想洗礼、学习革命精神、传承红色基因，对接县、乡、村和农户，将学校的智力、技术和项目资源辐射到农村地区，从质量兴农、绿色兴农、科技兴农、电商兴农、教育兴农等多个方面开展帮扶工作，推动当地社会经济建设，助力乡村振兴。

2."青年红色筑梦之旅"项目策划

根据"青年红色筑梦之旅"实践活动收获，分小组头脑风暴，结合学校当地、自己家乡等地区乡村发展实际情况，策划"青年红色筑梦之旅"创新创业项目，形成项目计划书。

复习思考题

谈一谈大学生应该如何把自己的青春梦、创业梦和中国梦结合起来。

参考答案

【拓展训练 1-1】

参考答案

九点连线（一）

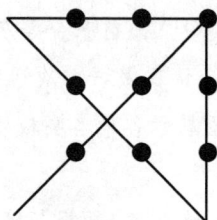

九点连线（二）

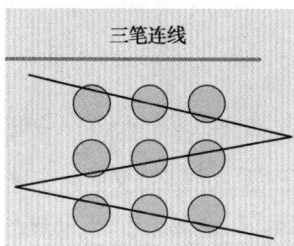

三笔连线

九点连线（三）

第一步：第一列、第二列、第三列3个点纵向对折成1列3个点；

第二步：第一步对折成1列3个点，再折叠成1个点；

288

第三步：用任何一种直线物体即可穿过第二步折叠成的点。

【拓展训练 1-2】

参考答案：30个

【拓展训练 1-3】

参考答案：

先将9块蛋糕分装在3个盒子里，每盒3块，然后再用一个大盒子把3个盒子一起装在里面。

【拓展训练 1-4】

分数统计：按以下选项的得分进行计分

第1题：A 2　B 3　C 1　D 0

第2题：A 0　B 1　C 2　D 3

第3题：A 0　B 1　C 3　D 2

第4题：A 0　B 2　C 1　D 3

结果说明：得分在6分以上，说明你具备基本的创业精神，如果低于6分，说明创业精神欠缺，但并不代表不能创业，可以通过学习和历练，再开启自己的创业之旅。

【拓展训练 2-1】

0~25分不具创业性

26~36分中立

37~47分具有一定创业性

48分以上非常具备创业性

【拓展训练2-3】

评估决策技能参考答案

（1）错误。人们能够通过学习和实践提高有效决策的能力。人们可以把决策技能比作肌肉，你用得越多，它就会变得越"强壮"。

（2）错误。有些问题会有很多好办法来解决，而有些问题则一个好办法都没有。遗憾的是，我们有时候却不得不在几个都"不怎么样"的备选办法中选择一个。

（3）错误。做决策时，最好的方法是在选定之前考虑尽可能多的解决方案。考虑的解决方案越多，就越可能找到好的方案。

（4）正确。把决策过程分解为若干个问题的方式，可以帮助你澄清要解决的问题，这些问题还是你找出最具可能的解决方案的出发点。

（5）正确。不理解真正的问题所在往往是决策的最大障碍。例如，假设你咳嗽得很厉害，真正的问题可能是你患有肺炎；而在工作上，假设你的老板总是批评你，真正的问题可能是你没有按照他的指示去做。你还可以找一些类似的例子，真正的问题可能是隐藏在一些表象之后的。

（6）错误。无论什么时候，都要花尽可能多的时间做决策。如果在周密思考之前就急于行动，那么你可能只会给自己带来更多的问题。

（7）错误。一步步制订决策的方法能够帮助你尽量避免发生错误。考虑多个可能的解决方案，并勾画出这些方案的可能结果，你就可能避免错误，并且不必对决策方案反复试验。

（8）正确。对多个备选方案进行斟酌，也许你还可以把不同方法加以整合或完善。这一方法能够帮助你找出最佳解决方案。

（9）错误。对解决方案深思熟虑后，你必须：①将它付诸行动；②评估方案结果。没有得到实施的方案是没有意义的，但实施也不是最后一步，还必须对方案结果进行评估确定你的决策是否正确。如果决策的结果是无效的，你就得找出原因，重新再来。

（10）正确。他人的经验可能有助于解决问题。当然，你必须做出自己的决定。通过向他人征询建议，你可以做出更明智的选择。

（11）正确。了解实际情况是制订决策的第一步。有时候，我们对问题的了解并不像我们自己以为的那么多，就是说，我们有时会想当然认定一些事情。如果这些"想当然"中有错误，一个糟糕的决策就诞生了。

（12）正确。你听过别人说"把问题留到梦里解决"吗？即便在你做其他事或睡觉的时候，困扰你的问题还会在你的脑海里萦绕。而暂停对某个问题的思考还会有助于你重新想到一些新主意。

（13）错误。制订决策的步骤之一是要尽量勾画出某个解决方案的可能结果。好的决策者能够预先判断出某个方案的所有可能结果。

（14）正确。避免错误的重要方法是要想到"如果我这样做，就会有……事情发生"。想想你在玩跳棋或国际象棋时，每一步棋都是问题解决的一部分。在决定每一步棋时，你必须考虑到对手会有什么反应。在做决策时，你也同样需要考虑你的行为可能会对员工、对公司营运产生的影响。

附　录

附录1

国务院办公厅关于进一步支持大学生创新创业的指导意见

国办发〔2021〕35号

各省、自治区、直辖市人民政府，国务院各部委、各直属机构：

纵深推进大众创业万众创新是深入实施创新驱动发展战略的重要支撑，大学生是大众创业万众创新的生力军，支持大学生创新创业具有重要意义。近年来，越来越多的大学生投身创新创业实践，但也面临融资难、经验少、服务不到位等问题。为提升大学生创新创业能力、增强创新活力，进一步支持大学生创新创业，经国务院同意，现提出以下意见。

一、总体要求

以习近平新时代中国特色社会主义思想为指导，深入贯彻落实党的十九大和十九届二中、三中、四中、五中全会精神，全面贯彻党的教育方针，落实立德树人根本任务，立足新发展阶段、贯彻新发展理念、构建新发展格局，坚持创新引领创业、创业带动就业，支持在校大学生提升创新创业能力，支持高校毕业生创业就业，提升人力资源素质，促进大学生全面发展，实现大学生更加充分更高质量就业。

二、提升大学生创新创业能力

（一）将创新创业教育贯穿人才培养全过程。深化高校创新创业教育改革，健全课堂教学、自主学习、结合实践、指导帮扶、文化引领融为一体的高校创新创业教育体系，增强大学生的创新精神、创业意识和创新创业能力。建立以创新创业为导向的新型人才培养模式，健全校校、校企、校地、校所协同的创新创业人才培养机制，打造一批创新创业教育特色示范课程。（教育部牵头，人力资源社会保障部等按职责分工负责）

（二）提升教师创新创业教育教学能力。强化高校教师创新创业教育教学能力和素养培训，改革教学方法和考核方式，推动教师把国际前沿学术发展、最新研究成果和实践经验融入课堂教学。完善高校双创指导教师到行业企业挂职锻炼的保障激励政策。实施高校双创校外导师专项人才计划，探索实施驻校企业家制度，吸引更多各行各业优秀人才担任双创导师。支持建设一批双创导师培训基地，定期开展培训。（教育部牵头，人力资源社会保障部等按职责分工负责）

（三）加强大学生创新创业培训。打造一批高校创新创业培训活动品牌，创新培训模式，面向大学生开展高质量、有针对性的创新创业培训，提升大学生创新创业能力。组织双创导师深入校园举办创业大讲堂，进行创业政策解读、经验分享、实践指导等。支持各类创新创业大赛对大学生创业者给予倾斜。（人力资源社会保障部、教育部等按职责分工负责）

三、优化大学生创新创业环境

（四）降低大学生创新创业门槛。持续提升企业开办服务能力，为大学生创业提供高效便捷的登记服务。推动众创空间、孵化器、加速器、产业园全链条发展，鼓励各类孵化器面向大学生创新创业团队开放一定比例的免费孵化空间，并将开放情况纳入国家级科技企业孵化器考核评价，降低大学生创新创业团队入驻条件。政府投资开发的孵化器等创业载体应安排30%左右的场地，免费提供给高校毕业生。有条件的地方可对高校毕业生到孵化器创业给予租金补贴。（科技部、教育部、市场监管总局等和地方各级人民政府按职责分工负责）

（五）便利化服务大学生创新创业。完善科技创新资源开放共享平台，强化对大学生的技术创新服务。各地区、各高校和科研院所的实验室以及科研仪器、设施等科技创新资源可以面向大学生开放共享，提供低价、优质的专业服务，支持大学生创新创业。支持行业企业面向大学生发布企业需求清单，引导大学生精准创新创业。鼓励国有大中型企业面向高校和大学生发布技术创新需求，开展"揭榜挂帅"。（科技部、发展改革委、教育部、国资委等按职责分工负责）

（六）落实大学生创新创业保障政策。落实大学生创业帮扶政策，加大对创业失败大学生的扶持力度，按规定提供就业服务、就业援助和社会救助。加强政府支持引导，发挥市场主渠道作用，鼓励有条件的地方探索建立大学生创业风险救助机制，可采取创业风险补贴、商业险保费补助等方式予以支持，积极研究更加精准、有效的帮扶措施，及时总结经验、适时推广。毕业后创业的大学生可按规定缴纳"五险一金"，减少大学生创业的后顾之忧。（人力资源社会保障部、教育部、财政部、民政部、医保局等和地方各级人民政府按职责分工负责）

四、加强大学生创新创业服务平台建设

（七）建强高校创新创业实践平台。充分发挥大学科技园、大学生创业园、大学生创客空间等校内创新创业实践平台作用，面向在校大学生免费开放，开展专业化孵化服务。结合学校学科专业特色优势，联合有关行业企业建设一批校外大学生双创实践教学基地，深入实施大学生创新创业训练计划。（教育部、科技部、人力资源社会保障部等按职责分工负责）

（八）提升大众创业万众创新示范基地带动作用。加强双创示范基地建设，深入实施创业就业"校企行"专项行动，推动企业示范基地和高校示范基地结对共建、建立稳定合作关系。指导高校示范基地所在城市主动规划和布局高校周边产业，积极承接大学生创新成果和人才等要素，打造"城校共生"的创新创业生态。推动中央企业、科研院所和相关公共服务机构利用自身技术、人才、场地、资本等优势，为大学生建设集研发、孵化、投资等于一体的创业创新培育中心、互联网双创平台、孵化器和科技产业园区。（发展改革委、教育部、科技部、国资委等按职责分工负责）

五、推动落实大学生创新创业财税扶持政策

（九）继续加大对高校创新创业教育的支持力度。在现有基础上，加大教育部中央彩票公益金大学生创新创业教育发展资金支持力度。加大中央高校教育教学改革专项资金支持力度，将创新创业教育和大学生创新创业情况作为资金分配重要因素。（财政部、教育部等按职责分工负责）

（十）落实落细减税降费政策。高校毕业生在毕业年度内从事个体经营，符合规定条件的，在3年内按一定限额依次扣减其当年实际应缴纳的增值税、城市维护建设税、教育费附加、地方教育附加和个人所得税；对月销售额15万元以下的小规模纳税人免征增值税，对小微企业和个体工商户按规定减免所得税。对创业投资企业、天使投资人投资于未上市的中小高新技术企业以及种子期、初创期科技型企业的投资额，按规定抵扣所得税应纳税所得额。对国家级、省级科技企业孵化器和大学科技园以及国家备案众创空间按规定免征增值税、房产税、城镇土地使用税。做好纳税服务，建立对接机制，强化精准支持。（财政部、税务总局等按职责分工负责）

六、加强对大学生创新创业的金融政策支持

（十一）落实普惠金融政策。鼓励金融机构按照市场化、商业可持续原则对大学生创业项目提供金融服务，解决大学生创业融资难题。落实创业担保贷款政策及贴息政策，将高校毕业生个人最高贷款额度提高至20万元，对10万元以下贷款、获得设区的市级以上荣誉的高校毕业生创业者免除反担保要求；对高校毕业生设立的符合条件的小微企业，最高贷款额度提高至300万元；降低贷款利率，简化贷款申报审核流程，提高贷款便利性，支持符合条件的高校毕业生创业就业。鼓励和引导金融机构加快产品和服务创新，为符合条件的大学生创业项目提供金融服务。（财政部、人力资源社会保障部、人民银行、银保监会等按职责分工负责）

（十二）引导社会资本支持大学生创新创业。充分发挥社会资本作用，以市场化机制促进社会资源与大学生创新创业需求更好对接，引导创新创业平台投资基金和社会资本参与大学生创业项目早期投资与投智，助力大学生创新创业项目健康成长。加快发展天使投资，培育一批天使投资人和创业投资机构。发挥财政政策作用，落实税收政策，支持天使投资、创业投资发展，推动大学生创新创业。（发展改革委、财政部、税务总局、证监会等按职责分工负责）

七、促进大学生创新创业成果转化

（十三）完善成果转化机制。研究设立大学生创新创业成果转化服务机构，建立相关成果与行业产业对接长效机制，促进大学生创新创业成果在有关行业企业推广应用。做好大学生创新项目的知识产权确权、保护等工作，强化激励导向，加快落实以增加知识价值为导向的分配政策，落实成果转化奖励和收益分配办法。加强面向大学生的科技成果转化培训课程建设。（科技部、教育部、知识产权局等按职责分工负责）

（十四）强化成果转化服务。推动地方、企业和大学生创新创业团队加强合作对接，拓宽成果转化渠道，为创新成果转化和创业项目落地提供帮助。鼓励国有大中型企业和产教融合型企业利用孵化器、产业园等平台，支持高校科技成果转化，促进高校科技成果和大学生创新创业项目落

地发展。汇集政府、企业、高校及社会资源，加强对中国国际"互联网+"大学生创新创业大赛中涌现的优秀创新创业项目的后续跟踪支持，落实科技成果转化相关税收优惠政策，推动一批大赛优秀项目落地，支持获奖项目成果转化，形成大学生创新创业示范效应。（教育部、科技部、发展改革委、财政部、国资委、税务总局等按职责分工负责）

八、办好中国国际"互联网+"大学生创新创业大赛

（十五）完善大赛可持续发展机制。鼓励省级人民政府积极承办大赛，压实主办职责，进一步加强组织领导和综合协调，落实配套支持政策和条件保障。坚持政府引导、公益支持，支持行业企业深化赛事合作，拓宽办赛资金筹措渠道，适当增加大赛冠名赞助经费额度。充分利用市场化方式，研究推动中央企业、社会资本发起成立中国国际"互联网+"大学生创新创业大赛项目专项发展基金。（教育部、国资委、证监会、建设银行等按职责分工负责）

（十六）打造创新创业大赛品牌。强化大赛创新创业教育实践平台作用，鼓励各学段学生积极参赛。坚持以赛促教、以赛促学、以赛促创，丰富竞赛形式和内容。建立健全中国国际"互联网+"大学生创新创业大赛与各级各类创新创业比赛联动机制，推进大赛国际化进程，搭建全球性创新创业竞赛平台，深化创新创业教育国际交流合作。（教育部等按职责分工负责）

九、加强大学生创新创业信息服务

（十七）建立大学生创新创业信息服务平台。汇集创新创业帮扶政策、产业激励政策和全国创新创业教育优质资源，加强信息资源整合，做好国家和地方的政策发布、解读等工作。及时收集国家、区域、行业需求，为大学生精准推送行业和市场动向等信息。加强对创新创业大学生和项目的跟踪、服务，畅通供需对接渠道，支持各地积极举办大学生创新创业项目需求与投融资对接会。（教育部、发展改革委、人力资源社会保障部等按职责分工负责）

（十八）加强宣传引导。大力宣传加强高校创新创业教育、促进大学生创新创业的必要性、重要性。及时总结推广各地区、各高校的好经验好做法，选树大学生创新创业成功典型，丰富宣传形式，培育创客文化，营造敢为人先、宽容失败的环境，形成支持大学生创新创业的社会氛围。做好政策宣传宣讲，推动大学生用足用好税费减免、企业登记等支持政策。（教育部、中央宣传部牵头，地方各级人民政府、各有关部门按职责分工负责）

各地区、各有关部门要认真贯彻落实党中央、国务院决策部署，抓好本意见的贯彻落实。教育部要会同有关部门加强协调指导，督促支持大学生创新创业各项政策的落实，加强经验交流和推广。地方各级人民政府要加强组织领导，深入了解情况，优化创新创业环境，积极研究制定和落实支持大学生创新创业的政策措施，及时帮助大学生解决实际问题。

附录 2

李克强对全国就业创业工作
暨普通高等学校毕业生就业创业工作电视电话会议作出重要批示

全国就业创业工作暨普通高等学校毕业生就业创业工作电视电话会议6月3日在京召开。中共中央政治局常委、国务院总理李克强作出重要批示。批示指出：就业是民生之本，是社会财富创造的来源和社会大局稳定的重要支撑。今年稳定和扩大就业的任务艰巨繁重。各地区、各部门要坚持以习近平新时代中国特色社会主义思想为指导，认真贯彻党中央、国务院决策部署，坚持经济发展就业导向，强化就业优先政策，突出抓好高校毕业生、退役军人、农民工等重点群体就业工作。要落实落细减税降费、普惠金融、稳岗扩岗等政策，支持中小微企业、个体工商户等市场主体进一步纾困和增强发展活力，提供更多市场化就业创业机会。深化"放管服"改革，持续推进大众创业万众创新，支持和规范发展新就业形态，以创业带动就业。着力提升职业技能培训质量和就业服务水平，支持劳动力、人才、零工市场更好发展，保障灵活就业人员基本权益，支持脱贫人口稳定就业，做好就业困难人员帮扶工作，保障失业人员基本生活，努力完成全年就业目标任务，为促进经济社会持续健康发展作出新贡献！中共中央政治局委员、国务院副总理孙春兰，中共中央政治局委员、国务院副总理胡春华出席会议并讲话。

会议强调，要坚持经济发展就业导向，支持市场主体稳定发展、稳住岗位，积极创造新的就业岗位，大力支持创业创新，稳定和扩大就业容量。要充分发挥各类就业服务机构和组织作用，进一步强化公共服务机构的基础和兜底功能，支持市场化机构发挥专业优势，鼓励引导社会组织广泛参与就业服务，健全人力资源市场体系。要加强职业技能培训，保质保量完成职业技能提升行动任务，有效调动各类培训单位的积极性，推动建立职业技能培训的长效机制，缓解结构性就业矛盾。要扎实做好高校毕业生就业工作，做好离校前后的服务衔接，促进供需双方的信息对接，多渠道增加毕业生就业岗位。

会议指出，要把高校毕业生就业创业工作摆在突出位置，提升就业指导服务针对性，引导毕业生树立正确的就业观，到基层一线就业创业，帮助他们解决求职中遇到的困难问题，确保离校前校园招聘热度不减、离校后就业服务衔接。要发挥政策性岗位吸纳作用，优化调整教师、医务人员等岗位招录时间，实施好"三支一扶"、"特岗教师"、"西部计划"等基层就业项目。要拓宽市场化就业渠道，用好国家减负稳岗扩就业政策，鼓励企业吸纳就业，通过税费减免、创业贷款等政策支持毕业生创业，促进毕业生更加充分更高质量就业，以优异成绩庆祝建党100周年。

（资料来源：中国政府网）

附录3

国务院办公厅关于深化高等学校　创新创业教育改革的实施意见

国办发〔2015〕36号

各省、自治区、直辖市人民政府，国务院各部委、各直属机构：

　　深化高等学校创新创业教育改革，是国家实施创新驱动发展战略、促进经济提质增效升级的迫切需要，是推进高等教育综合改革、促进高校毕业生更高质量创业就业的重要举措。党的十八大对创新创业人才培养作出重要部署，国务院对加强创新创业教育提出明确要求。近年来，高校创新创业教育不断加强，取得了积极进展，对提高高等教育质量、促进学生全面发展、推动毕业生创业就业、服务国家现代化建设发挥了重要作用。但也存在一些不容忽视的突出问题，主要是一些地方和高校重视不够，创新创业教育理念滞后，与专业教育结合不紧，与实践脱节；教师开展创新创业教育的意识和能力欠缺，教学方式方法单一，针对性实效性不强；实践平台短缺，指导帮扶不到位，创新创业教育体系亟待健全。为了进一步推动大众创业、万众创新，经国务院同意，现就深化高校创新创业教育改革提出如下实施意见。

一、总体要求

　　（一）指导思想。

　　全面贯彻党的教育方针，落实立德树人根本任务，坚持创新引领创业、创业带动就业，主动适应经济发展新常态，以推进素质教育为主题，以提高人才培养质量为核心，以创新人才培养机制为重点，以完善条件和政策保障为支撑，促进高等教育与科技、经济、社会紧密结合，加快培养规模宏大、富有创新精神、勇于投身实践的创新创业人才队伍，不断提高高等教育对稳增长促改革调结构惠民生的贡献度，为建设创新型国家、实现"两个一百年"奋斗目标和中华民族伟大复兴的中国梦提供强大的人才智力支撑。

　　（二）基本原则。

　　坚持育人为本，提高培养质量。把深化高校创新创业教育改革作为推进高等教育综合改革的突破口，树立先进的创新创业教育理念，面向全体、分类施教、结合专业、强化实践，促进学生全面发展，提升人力资本素质，努力造就大众创业、万众创新的生力军。

　　坚持问题导向，补齐培养短板。把解决高校创新创业教育存在的突出问题作为深化高校创新创业教育改革的着力点，融入人才培养体系，丰富课程、创新教法、强化师资、改进帮扶，推进教学、科研、实践紧密结合，突破人才培养薄弱环节，增强学生的创新精神、创业意识和创新创业能力。

　　坚持协同推进，汇聚培养合力。把完善高校创新创业教育体制机制作为深化高校创新创业教育改革的支撑点，集聚创新创业教育要素与资源，统一领导、齐抓共管、开放合作、全员参与，形成全社会关心支持创新创业教育和学生创新创业的良好生态环境。

（三）总体目标。

2015年起全面深化高校创新创业教育改革。2017年取得重要进展，形成科学先进、广泛认同、具有中国特色的创新创业教育理念，形成一批可复制可推广的制度成果，普及创新创业教育，实现新一轮大学生创业引领计划预期目标。到2020年建立健全课堂教学、自主学习、结合实践、指导帮扶、文化引领融为一体的高校创新创业教育体系，人才培养质量显著提升，学生的创新精神、创业意识和创新创业能力明显增强，投身创业实践的学生显著增加。

二、主要任务和措施

（一）完善人才培养质量标准。

制订实施本科专业类教学质量国家标准，修订实施高职高专专业教学标准和博士、硕士学位基本要求，明确本科、高职高专、研究生创新创业教育目标要求，使创新精神、创业意识和创新创业能力成为评价人才培养质量的重要指标。相关部门、科研院所、行业企业要制修订专业人才评价标准，细化创新创业素质能力要求。不同层次、类型、区域高校要结合办学定位、服务面向和创新创业教育目标要求，制订专业教学质量标准，修订人才培养方案。

（二）创新人才培养机制。

实施高校毕业生就业和重点产业人才供需年度报告制度，完善学科专业预警、退出管理办法，探索建立需求导向的学科专业结构和创业就业导向的人才培养类型结构调整新机制，促进人才培养与经济社会发展、创业就业需求紧密对接。深入实施系列"卓越计划"、科教结合协同育人行动计划等，多形式举办创新创业教育实验班，探索建立校校、校企、校地、校所以及国际合作的协同育人新机制，积极吸引社会资源和国外优质教育资源投入创新创业人才培养。高校要打通一级学科或专业类下相近学科专业的基础课程，开设跨学科专业的交叉课程，探索建立跨院系、跨学科、跨专业交叉培养创新创业人才的新机制，促进人才培养由学科专业单一型向多学科融合型转变。

（三）健全创新创业教育课程体系。

各高校要根据人才培养定位和创新创业教育目标要求，促进专业教育与创新创业教育有机融合，调整专业课程设置，挖掘和充实各类专业课程的创新创业教育资源，在传授专业知识过程中加强创新创业教育。面向全体学生开发开设研究方法、学科前沿、创业基础、就业创业指导等方面的必修课和选修课，纳入学分管理，建设依次递进、有机衔接、科学合理的创新创业教育专门课程群。各地区、各高校要加快创新创业教育优质课程信息化建设，推出一批资源共享的慕课、视频公开课等在线开放课程。建立在线开放课程学习认证和学分认定制度。组织学科带头人、行业企业优秀人才，联合编写具有科学性、先进性、适用性的创新创业教育重点教材。

（四）改革教学方法和考核方式。

各高校要广泛开展启发式、讨论式、参与式教学，扩大小班化教学覆盖面，推动教师把国际前沿学术发展、最新研究成果和实践经验融入课堂教学，注重培养学生的批判性和创造性思维，激发创新创业灵感。运用大数据技术，掌握不同学生学习需求和规律，为学生自主学习提供更加丰富多样的教育资源。改革考试考核内容和方式，注重考查学生运用知识分析、解决问题的能力，探索非标准答案考试，破除"高分低能"积弊。

（五）强化创新创业实践。

各高校要加强专业实验室、虚拟仿真实验室、创业实验室和训练中心建设，促进实验教学平台共享。各地区、各高校科技创新资源原则上向全体在校学生开放，开放情况纳入各类研究基地、重点实验室、科技园评估标准。鼓励各地区、各高校充分利用各种资源建设大学科技园、大学生创业园、创业孵化基地和小微企业创业基地，作为创业教育实践平台，建好一批大学生校外实践教育基地、创业示范基地、科技创业实习基地和职业院校实训基地。完善国家、地方、高校三级创新创业实训教学体系，深入实施大学生创新创业训练计划，扩大覆盖面，促进项目落地转化。举办全国大学生创新创业大赛，办好全国职业院校技能大赛，支持举办各类科技创新、创意设计、创业计划等专题竞赛。支持高校学生成立创新创业协会、创业俱乐部等社团，举办创新创业讲座论坛，开展创新创业实践。

（六）改革教学和学籍管理制度。

各高校要设置合理的创新创业学分，建立创新创业学分积累与转换制度，探索将学生开展创新实验、发表论文、获得专利和自主创业等情况折算为学分，将学生参与课题研究、项目实验等活动认定为课堂学习。为有意愿有潜质的学生制定创新创业能力培养计划，建立创新创业档案和成绩单，客观记录并量化评价学生开展创新创业活动情况。优先支持参与创新创业的学生转入相关专业学习。实施弹性学制，放宽学生修业年限，允许调整学业进程、保留学籍休学创新创业。设立创新创业奖学金，并在现有相关评优评先项目中拿出一定比例用于表彰优秀创新创业的学生。

（七）加强教师创新创业教育教学能力建设。

各地区、各高校要明确全体教师创新创业教育责任，完善专业技术职务评聘和绩效考核标准，加强创新创业教育的考核评价。配齐配强创新创业教育与创业就业指导专职教师队伍，并建立定期考核、淘汰制度。聘请知名科学家、创业成功者、企业家、风险投资人等各行各业优秀人才，担任专业课、创新创业课授课或指导教师，并制定兼职教师管理规范，形成全国万名优秀创新创业导师人才库。将提高高校教师创新创业教育的意识和能力作为岗前培训、课程轮训、骨干研修的重要内容，建立相关专业教师、创新创业教育专职教师到行业企业挂职锻炼制度。加快完善高校科技成果处置和收益分配机制，支持教师以对外转让、合作转化、作价入股、自主创业等形式将科技成果产业化，并鼓励带领学生创新创业。

（八）改进学生创业指导服务。

各地区、各高校要建立健全学生创业指导服务专门机构，做到"机构、人员、场地、经费"四到位，对自主创业学生实行持续帮扶、全程指导、一站式服务。健全持续化信息服务制度，完善全国大学生创业服务网功能，建立地方、高校两级信息服务平台，为学生实时提供国家政策、市场动向等信息，并做好创业项目对接、知识产权交易等服务。各地区、各有关部门要积极落实高校学生创业培训政策，研发适合学生特点的创业培训课程，建设网络培训平台。鼓励高校自主编制专项培训计划，或与有条件的教育培训机构、行业协会、群团组织、企业联合开发创业培训项目。各地区和具备条件的行业协会要针对区域需求、行业发展，发布创业项目指南，引导高校学生识别创业机会、捕捉创业商机。

（九）完善创新创业资金支持和政策保障体系。

各地区、各有关部门要整合发展财政和社会资金，支持高校学生创新创业活动。各高校要优化经费支出结构，多渠道统筹安排资金，支持创新创业教育教学，资助学生创新创业项目。部委属高校应按规定使用中央高校基本科研业务费，积极支持品学兼优且具有较强科研潜质的在校学生开展创新科研工作。中国教育发展基金会设立大学生创新创业教育奖励基金，用于奖励对创新创业教育作出贡献的单位。鼓励社会组织、公益团体、企事业单位和个人设立大学生创业风险基金，以多种形式向自主创业大学生提供资金支持，提高扶持资金使用效益。深入实施新一轮大学生创业引领计划，落实各项扶持政策和服务措施，重点支持大学生到新兴产业创业。有关部门要加快制定有利于互联网创业的扶持政策。

三、加强组织领导

（一）健全体制机制。

各地区、各高校要把深化高校创新创业教育改革作为"培养什么人，怎样培养人"的重要任务摆在突出位置，加强指导管理与监督评价，统筹推进本地本校创新创业教育工作。各地区要成立创新创业教育专家指导委员会，开展高校创新创业教育的研究、咨询、指导和服务。各高校要落实创新创业教育主体责任，把创新创业教育纳入改革发展重要议事日程，成立由校长任组长、分管校领导任副组长、有关部门负责人参加的创新创业教育工作领导小组，建立教务部门牵头，学生工作、团委等部门齐抓共管的创新创业教育工作机制。

（二）细化实施方案。

各地区、各高校要结合实际制定深化本地本校创新创业教育改革的实施方案，明确责任分工。教育部属高校需将实施方案报教育部备案，其他高校需报学校所在地省级教育部门和主管部门备案，备案后向社会公布。

（三）强化督导落实。

教育部门要把创新创业教育质量作为衡量办学水平、考核领导班子的重要指标，纳入高校教育教学评估指标体系和学科评估指标体系，引入第三方评估。把创新创业教育相关情况列入本科、高职高专、研究生教学质量年度报告和毕业生就业质量年度报告重点内容，接受社会监督。

（四）加强宣传引导。

各地区、各有关部门以及各高校要大力宣传加强高校创新创业教育的必要性、紧迫性、重要性，使创新创业成为管理者办学、教师教学、学生求学的理性认知与行动自觉。及时总结推广各地各高校的好经验好做法，选树学生创新创业成功典型，丰富宣传形式，培育创客文化，努力营造敢为人先、敢冒风险、宽容失败的氛围环境。

国务院办公厅

2015年5月4日

附录4

关于印发甘肃省深化高等学校创新创业教育改革
实施方案（试行）的通知

甘政办发〔2015〕161号

各市、自治州人民政府，兰州新区管委会，省政府有关部门，省属各高校：

　　《甘肃省深化高等学校创新创业教育改革实施方案（试行）》已经省政府同意，现印发你们，请结合实际，认真贯彻执行。

甘肃省人民政府办公厅

2015年11月10日

（此件公开发布）

甘肃省深化高等学校创新创业教育改革实施方案（试行）

　　为认真贯彻落实《国务院办公厅关于深化高等学校创新创业教育改革的实施意见》（国办发〔2015〕36号）精神，进一步深化高校创新创业教育改革，结合我省实际，制定本实施方案。

一、总体要求

　　全面贯彻党的教育方针和党的十八大关于加强创新创业人才培养的战略部署，深刻认识和理解"创新创业是基于创新基础上的创业活动"的基本内涵，坚持创新引领创业、创业带动就业和稳定规模、调整结构、深化改革、提高质量的总体思路，落实立德树人根本任务，以服务甘肃发展为宗旨，以推进素质教育为主题，以提高人才培养质量为核心，进一步创新人才培养机制，完善支持政策和保障措施，加大创新创业人才培养力度，不断提高高等教育对稳增长、促改革、调结构、惠民生、防风险的贡献度，为深入实施西部大开发战略、创新驱动发展战略、"3341"项目建设工程和"1236"扶贫攻坚行动，推进精准扶贫精准脱贫，加快丝绸之路经济带甘肃段和兰白科技创新改革试验区建设，促进全省经济转型升级、提质增效提供有力的人才和智力支撑。

二、基本原则

　　坚持政府推动，加强市场引导。充分发挥政府在高校创新创业教育改革中的统筹作用，整合资源，加大投入，规范管理，切实加强对创新创业教育改革的服务指导。进一步调动行业、企业、学校和社会各方面的积极性，形成促进创新创业教育改革的强大合力。

　　坚持育人为本，提高培养质量。把深化高校创新创业教育改革作为推进高等教育综合改革的突破口，树立先进的创新创业教育理念，面向全体、分类施教、结合专业、强化实践，促进学生全面发展，提升人力资本素质，努力造就大众创业、万众创新和创新型甘肃建设的生力军。

坚持问题导向,补齐培养短板。把解决高校创新创业教育中存在的突出问题作为深化高校创新创业教育改革的着力点,融入人才培养体系,丰富课程、创新教法、强化师资、改进帮扶,推进教学、科研、实践紧密结合,补齐培养短板,加强人才培养,增强学生的创新精神、创业意识和创新创业能力。

坚持协同推进,汇聚培养合力。把完善高校创新创业教育体制机制作为深化高校创新创业教育改革的支撑点,集聚创新创业教育要素与资源,协同共享、齐抓共管、开放合作、全员参与,营造全社会关心支持创新创业教育和学生创新创业的良好生态环境。

三、总体目标

2015年起全面启动深化高校创新创业教育改革。到2017年基本普及创新创业教育,形成科学合理、广泛认同、切合甘肃实际和具有学校特色的创新创业教育理念,探索形成一批可交流可推广的制度成果,实现新一轮大学生创业引领计划预期目标。到2020年基本形成课堂教学、自主学习、结合实践、指导帮扶、文化引领融为一体的高校创新创业教育体系,人才培养质量显著提升,学生的创新精神、创业意识和创新创业能力明显增强,投身创业实践的学生显著增加。

四、任务措施

(一)培养创新创业紧缺人才。

按照新版本科专业类教学质量国家标准、高职高专专业教学标准和博士、硕士学位基本要求,结合相关部门、科研院所、行业企业制订的专业人才评价标准以及学校办学定位,进一步明确创新创业教育的目标要求,全面修订和完善各专业人才培养方案,制订专业教学质量标准,突出大学生创新精神、创业意识和创新创业能力培养,不断提升创新创业人才培养的针对性和实效性,努力为全省经济社会发展培养大批"下得去、留得住、干得好"的高素质应用型专门人才。围绕兰白科技创新改革试验区建设,积极与我省战略新兴产业相关骨干企业、科研院所建立研究生联合培养基地,紧贴试验区需求培养人才。围绕推进丝绸之路经济带甘肃段建设,通过"走出去"和"引进来"相结合的方式,大力培养熟练掌握丝绸之路沿线国家语言、熟悉风俗文化和相关专业知识的复合型人才,引导大学生到丝绸之路沿线国家就业创业。(责任单位:省教育厅及各高校)

(二)创新人才培养机制。

实施高校毕业生就业和重点产业人才供需年度报告制度,探索建立需求导向的学科专业结构和创业就业导向的人才培养类型结构调整新机制,完善学科专业预警、退出管理办法。深入实施科教结合协同育人行动计划,多形式举办创新创业教育实验班。支持建立校校、校企、校地、校所以及国际合作的协同育人机制,充分挖掘和利用各种社会资源,共同推动创新创业人才培养。深化中高职五年一贯制和"3+2"高职升本科人才培养一体化改革,打通中职到高职到应用型大学的人才培养通道,构建现代职业教育体系。深入实施新一轮大学生创业引领计划,制定有利于互联网创业的扶持政策和措施。加快完善高校科技成果处置和收益分配机制,支持教师科技成果转化、自主创业和带领学生创新创业。从2016年开始,每年设立省级创新创业教学改革项目50项,进一

步加强创新创业教育改革与研究。(责任单位:省教育厅、省人社厅、省科技厅、省工信委、省财政厅、省商务厅,各高校)

(三)健全创新创业教育课程体系。

注重促进专业教育与创新创业教育有机融合,合理调整专业课程设置,面向全体学生开发、开设创新创业课程,挖掘和充实各类专业课程的创新创业教育资源,建立健全创新创业教育课程体系,切实加强创新创业教育。加快创新创业教育优质课程信息化建设,推出一批资源共享的慕课、视频公开课等在线开放课程。积极组织学科带头人、行业企业优秀人才,联合编写具有科学性、先进性、适用性的创新创业教育重点教材。研究开设面向全体学生的通识性创新创业公共课程,着重培养学生的创新创业意识,激发学生的创新创业动力;开设具有行业特点、与创新创业和就业密切相关的专业课程,着重提升学生创业知识和专业技术技能;开设提升学生综合实践能力的各类创新课程和实践活动课程,着重培养学生创新创业实际运用能力。到2020年建成一批省级创新创业教育慕课、视频公开课等在线开放课程,在省内高校间实现资源共享。建立在线开放课程学习认证和学分认证制度。(责任单位:省教育厅、省财政厅,各高校)

(四)改革教学方法和评价方式。

以学生为主体,广泛开展启发式、讨论式、参与式教学,扩大小班额教学覆盖面,推动教师把前沿学术发展、最新研究成果和实践经验融入课堂教学,培养学生的批判性和创造性思维,激发创新创业灵感。积极运用大数据分析技术,掌握不同学生的学习需求和规律,为学生自主学习提供更加丰富多样的教育资源,支持学生根据自身特点和发展志趣,自主选择创新创业路径。改革考试考核内容和方法,注重考查学生运用知识分析、解决问题的能力,探索非标准答案考试,促进结果考核向过程考核、知识考核向能力考核、单一考核向多种考核的转变。(责任单位:省教育厅及各高校)

(五)改革教学和学籍管理制度。

建立健全创新创业学分管理和学分积累与转换制度,探索将学生开展创新实验、发表论文、获得专利和自主创业等情况折算为学分,将学生参与课题研究、项目实验等活动与课堂学习学分进行互换。为有意愿有潜质的学生制定创新创业能力培养计划,建立创新创业档案和成绩单,客观记录并量化评价学生开展创新创业活动情况。优先支持参与创新创业的学生转入相关专业学习。实施弹性学制,放宽学生修业年限,允许调整学业进程、保留学籍休学创新创业,在校生创业,经与学校协商,可在原有学制基础上延长2~5年。设立创新创业奖学金,并在现有相关评优评先项目中确定一定比例用于表彰创新创业方面的优秀学生。(责任单位:省教育厅、省财政厅,各高校)

(六)强化创新创业实践。

实施大学生创新创业示范基地建设计划,为大学生无偿提供创新创业场地、条件保障和服务指导。加强专业实验室、虚拟仿真实验室、创新创业实验室和训练中心建设,促进实验教学开放共享。科技创新资源原则上向全体在校学生开放,开放情况纳入各类研究基地、重点实验室、科技园评估标准。鼓励大中型企业和龙头企业牵头组建职教集团,支持院校、行业企业、科研机构、社会组织等多元主体开展多形式的集团化办学。集中力量分类分步建设一批与全省经济社会发展紧密联系的职业教育集团和一批大型开放共享型实训基地,建立职业教育合作平台和合作机制,为大学生提供广阔的创新创业舞台。从2016年开始,每年评选10个省级"大学生创新创业示范基地"。"十三五"期间,实施国家级、省级和校级三级大学生创新创业训练计划"521工程";到2020年,国家级、省级和校级三级大学生创新创业训练计划项目分别达到500项、2 000项和10 000项。支持高校大学生成立创新创业协会、创业俱乐部等社团,举办创新创业讲座论坛,开展创新创业实践,实现在校大学生创新创业实践全覆盖。鼓励大学生自立创新创业课题和项目,积极参与教师的课题研究和创新项目,并支持各种项目以对外转让、合作转化、作价入股、自主创业等形式将科技成果产业化。鼓励举办各类科技创新、创意设计、创业计划等专题竞赛。鼓励大学生在校期间参与多样性的勤工俭学和社会实践活动,支持在校大学生和毕业生到企业尤其是创业型企业见习实习。举办"互联网+"大学生创新创业大赛等大学生创新创业专题竞赛。(责任单位:省发展改革委、省财政厅、省教育厅、省科技厅、省人社厅、省工信委,各高校)

(七)加强教师创新创业教育教学能力建设。

鼓励高校加强创新创业教育与创新创业指导专职教师队伍建设,按合理比例配备优秀教师,聘请知名科学家、企业家、专家等优秀人才担任创新创业教育兼职教师。建立系统化、多层次的创新创业师资培训体系,尝试设立沙龙式、体验式和网络式创新创业教育师资培训平台。利用岗前培训、课程轮训、骨干研修等形式,大力培养"双师型"教师。建立创新创业教师到行业企业挂职锻炼的常态化机制,保证创新创业专职教师每2年到行业企业挂职锻炼时间不少于2个月。到2017年培训高校创新创业教师1 200名,引进企业兼职教师600名。允许高校教师在符合法律法规和政策规定的条件下,经所在单位批准从事创业或到企业开展研发、实现成果转化、取得合法收入,并鼓励带领学生创新创业。充分利用职教集团资源,鼓励学校与学校、地方、行业企业合作培养创新创业人才,合作培训创新创业指导教师,合作开发创新创业课程。到2020年评选出50名左右省级创新创业教育教学名师和20个左右省级创新创业教育教学团队。(责任单位:省教育厅、省科技厅、省人社厅、省财政厅,各高校)

(八)搭建创新创业平台。

实施高等学校创新能力提升计划,整合高校、科研院所、行业企业的创新资源,到2020年建设30个左右省级"2011协同创新中心",争取创建2~3个国家级协同创新中心,提升我省原始创新能力。不断加强科研平台建设,打造一批省级以上重点实验室、人文社科研究基地和工程研究中心。鼓励高校建立创业实践信息服务平台、资金筹集平台以及商业运作技术支持平台,加大学生创业项目的培育力度,努力实现成果转化;建设有一定面积、场所固定的创新创业基地。到2020年公办本科高校自主使用的创新创业基地面积不少于2 000平方米,民办本科高校、独立学院和国家级、省级示范性高职院校自主使用的创新创业基地面积不少于1 000平方米,其他高职院校要有自主使用的创新创业基地;建设网络化的"众创空间"等孵化平台,构建面向"互联网+"时代的各类创新创业平台。建设"甘肃省大学生创新创业教育网",搭建大学生创新创业教育信息平台。支持有基础和条件的高校成立创新创业教育学院。鼓励高校建立大学生创新创业成果孵化中心和"创客平台"，设立"大学生创业特区"。结合国家级、省级示范性高职院校和应用型大学建设，采取试点推动、示范引领等方式，加快推进我省创新创业教育示范学校建设，到2020年建成10个左右省级创新创业教育示范学校。（责任单位：省发展改革委、省财政厅、省教育厅、省科技厅，各高校）

（九）围绕精准扶贫深化创新创业教育改革。

加大创新创业基金、专项资金对贫困地区大学生的支持力度。围绕精准扶贫精准脱贫加强专门人才培养和培训，对贫困地区大学生创新创业进行强化辅导，培育创新创业理念。鼓励和支持贫困地区大学生毕业后积极响应地方政府号召，回当地创新创业。支持高校根据贫困地区实际设立创新创业课题和项目，统一纳入科技创新体系和扶贫开发项目进行管理，并给予经费保障。建立省级大学生创新创业心理素质培训基地，指导高校完善相应心理咨询室或工作站，加强贫困地区创业大学生心理素质教育和培训。利用专门智库，对贫困地区实施智力支援和创新创业服务帮助。鼓励和支持有条件的高校在贫困地区建立现代农业、畜牧业、电子商务等试验基地，带动当地大学生开展创新创业试验。鼓励高校在"联村联户、为民富民"行动和"1236"扶贫攻坚行动中，对联系点和扶贫点开展翔实的摸底调查，确定重点研究方向和目标，以实际研究成果帮助贫困地区群众创新创业，早日脱贫致富。（责任单位：省发展改革委、省教育厅、省财政厅、省人社厅、省农牧厅、省扶贫办，各高校）

（十）完善创新创业指导服务体系。

支持高校建立健全学生创新创业指导服务专门机构，做到"机构、人员、场地、经费"四到位，对自主创业学生实行持续帮扶、全程指导、一站式服务。对入驻创新创业基地的创业团队在租金、水电、物业等费用上给予减免。健全信息服务制度，为自主创业学生实时提供国家政策、市场动向等信息，并做好创业项目对接、知识产权交易等服务。鼓励高校自主编制专项培训计划，或与有条件的教育培训机构、行业协会、群团组织、企业联合开发创业培训项目。各地区和具备条件的行业协会要针对区域需求、行业发展实际，发布创业项目指南，引导高校学生识别和捕捉创业机会。（责任单位：省发展改革委、省科技厅、省教育厅、省人社厅、省地税局、省工商局，各高校，有关市州政府）

五、支持保障

（一）健全工作机制。

省政府成立由分管领导担任组长，发展改革、教育、科技、工信、财政、人社、农牧、扶贫、工商和税务等部门负责同志为成员的甘肃省创新创业教育工作领导小组，统筹负责全省创新创业教育工作。各高校要切实落实创新创业教育主体责任，严格实行创新创业教育校长负责制，成立由校长任组长、分管校领导任副组长、有关部门负责人参加的创新创业教育工作领导小组，建立教务部门牵头，就业指导、学生工作、团委等部门齐抓共管的创新创业教育工作协调机制，制定切实可行的管理办法和配套政策，将大学生创新创业日常管理工作纳入教学管理体系。

（二）细化实施方案。

2015年底前，各高校要依据本实施方案，制定完成本校深化创新创业教育改革的实施方案，明确创新创业教育目标任务、方法举措、责任分工和时限要求，报省教育厅备案后向社会公布。

（三）加大资金支持。

整合财政专项资金，进一步加大对创新创业教育改革工作的支持力度。重点支持省级创新创业教育示范校、省级创新创业教学团队、省级创新创业教学名师、省级创新创业教学改革项目、省级大学生创新创业训练计划项目、省级大学生创新创业示范基地、大学生创新创业服务平台等建设。鼓励社会组织、公益团体、企事业单位和个人设立大学生创业风险基金，探索创业融资担保模式，以多种形式向自主创业大学生提供资金支持。各高校要多渠道统筹安排资金，支持创新创业教育教学，资助学生开展创新创业。

（四）强化督导评价。

各地、各有关部门要把创新创业教育质量作为衡量办学水平、考核领导班子的重要指标，纳入高校教育教学评估体系和学科专业评估体系，并适时引入第三方评估。要督促各高校把创新创业教育相关情况列入研究生、本科、高职高专教学质量年度报告和毕业生就业质量年度报告，及时向社会公布，主动接受社会监督。各高校在专业技术职务评聘、绩效考核、年度考核和评优评先中，要向在创新创业教育方面有突出贡献的教师倾斜，把指导创新创业的工作量折算为教学工作量；创新创业教育工作中取得的成果、奖励等工作业绩在评聘职称时可与同级别的成果、奖励同等对待。

（五）加强宣传引导。

各地、各有关部门要加大宣传力度，充分利用报刊、广播、电视等传统媒体以及微博、微信、手机客户端等新媒体，大力宣传加强高校创新创业教育的必要性、紧迫性、重要性以及创新创业优惠扶持政策，使创新创业成为管理者办学、教师教学、学生求学的理性认知与行动自觉。选树学生创新创业成功典型，及时总结推广好经验、好做法，对优秀创新创业项目及时推广。积极培育创客文化，努力营造创业光荣、敢为人先、敢冒风险、宽容失败的良好社会氛围和学生创新创业的良好生态环境。

文件公开依据：《中华人民共和国政府信息公开条例》第九条、第十条。

附录5

关于印发《甘肃省创业担保贷款实施办法（试行）》的通知

兰银发〔2017〕126号

各市（州）、县（市、区）人民银行、财政局、人力资源和社会保障局，各政策性银行甘肃省分行，各国有商业银行甘肃省分行，交通银行甘肃省分行，各股份制商业银行兰州分行，中国邮政储蓄银行甘肃省分行，甘肃省农村信用社联合社，甘肃银行，兰州银行，兰州农商银行，兰州辖内各村镇银行：

为充分发挥金融在促进创业带动就业中的重要作用，助推大众创业、万众创新，支持甘肃经济平稳发展、创新发展，根据中国人民银行财政部人力资源和社会保障部《关于实施创业担保贷款支持创业就业工作的通知》（银发〔2016〕202号）、财政部《普惠金融发展专项资金管理办法》（财金〔2016〕85号）和甘肃省财政厅财政部驻甘肃省财政监察专员办事处《甘肃省普惠金融发展专项资金管理实施细则》（甘财金〔2017〕1号）等文件精神，结合甘肃实际，中国人民银行兰州中心支行、甘肃省财政厅、甘肃省人力资源和社会保障厅联合制定了《甘肃省创业担保贷款实施办法（试行）》，现予印发，请遵照执行。

甘肃省人力资源和社会保障厅
甘肃省财政厅
中国人民银行兰州中心支行
2017年6月30日

甘肃省创业担保贷款实施办法（试行）

第一章　总则

第一条　为进一步规范和促进全省创业担保贷款工作，充分发挥担保贷款扶持创业、带动就业和助力脱贫攻坚的作用，根据中国人民银行财政部人力资源和社会保障部《关于实施创业担保贷款支持创业就业工作的通知》（银发〔2016〕202号）、财政部《普惠金融发展专项资金管理办法》（财金〔2016〕85号）和甘肃省财政厅财政部驻甘肃省财政监察专员办事处《甘肃省普惠金融发展专项资金管理实施细则》（甘财金〔2017〕1号）等文件精神，以创业创新带动就业，助力大众创业、万众创新，结合甘肃省实际，制定本实施办法。

第二条　本办法所称创业担保贷款，是指以具备规定条件的创业者个人或小微企业为借款人，由创业担保贷款担保基金提供担保，由经办此项贷款的银行业金融机构发放，由财政部门给予贴息，用于支持个人创业或小微企业扩大就业的贷款业务。

第三条　创业担保贷款主办银行为邮储银行甘肃省分行、农行甘肃省分行、甘肃省农村合作金融机构（包括农村商业银行、农村合作银行、农村信用社）。已经承办创业担保贷款业务的其他经办银行可继续开展业务。

第四条　创业担保贷款贴息资金用于对符合政策规定条件的创业担保贷款给予一定贴息，减轻创业者和用人单位负担，支持劳动者自主创业、自谋职业，引导用人单位创造更多就业岗位，推动解决特殊困难群体的结构性就业矛盾。

第二章　贷款对象范围

第五条　个人创业担保贷款对象，指法定劳动年龄内、具有完全民事行为能力，在甘肃省境内从事个体经营、合伙创业或者组织起来创业的城乡劳动者，具体包括：城镇登记失业人员、就业困难人员（含残疾人）、复员转业退役军人、刑满释放人员、高校毕业生（含大学生村官和留学回国学生）、化解过剩产能企业职工和失业人员、返乡创业农民工、网络商户、建档立卡贫困人口。对上述群体中的妇女，应纳入重点对象范围。除助学贷款、扶贫贷款、首套住房贷款、购车贷款以外，个人创业担保贷款申请人及其家庭成员（以户口本为单位）自提交创业担保贷款申请之日起向前追溯5年内，应没有商业银行其他贷款记录，且没有不良信用记录。

第六条　小微企业创业担保贷款对象，指当年新招用符合创业担保贷款申请条件的人员（不包括大学生村官、留学回国学生、返乡创业农民工、网络商户）数量达到企业现有在职职工人数（含新招人数）30%（超过100人的企业达到15%）、并与其签订1年以上劳动合同的小微企业。小微企业创业担保贷款申请对象应无拖欠职工工资、欠缴社会保险费等严重违法违规行为和不良信用记录。小微企业认定标准按照《中小企业划型标准规定》（工信部联企业〔2011〕300号）执行。

第七条　个人及企业创业担保贷款扶持的行业是除广告业、桑拿、按摩、网吧、氧吧以及其他国家产业政策不予鼓励外的所有行业。

第三章　贷款额度、期限和利率

第八条　经办银行对符合条件的个人发放的创业担保贷款最高额度为10万元。对符合条件的借款人合伙创业或组织起来共同创业的，贷款额度可适当提高，最高不超过50万元。面向个人发放的创业担保贷款期限最长不超过3年；贷款经经办银行认可，可以给予最多1年展期。

第九条　享受财政贴息的个人创业担保贷款，贷款利率可在贷款合同签订日贷款同期基准利率的基础上上浮一定幅度，具体标准为58个片区贫困县上浮不超过2个百分点，其他县（市、区）上浮不超过1个百分点。实际贷款利率由经办银行在上述利率上限内与创业担保贷款担保基金运营管理机构协商确定。各经办银行不得以任何形式变相提高个人创业担保贷款实际利率或额外增加贷款不合理收费。

第十条　经办银行根据小微企业实际招用符合条件的人数合理确定创业担保贷款额度，最高不超过200万元。贷款期限最长不超过2年。贷款利率由经办银行根据借款人的经营状况、信用情况等与借款人协商确定。

第四章　贷款申请、审核与办理

第十一条　创业担保贷款按照"借款人依规定申请、人力资源社会保障部门按规定审核借款人资格、担保基金运营管理机构按职责尽职调查、经办银行审核放贷、财政部门按规定贴息"的流程办理。担保基金运营管理机构要对借款人创业项目的可行性进行充分评估、对反担保人资格进行审查,经办银行要对借款人的资信情况、还款能力进行审查。

第十二条　个人借款人申请创业担保贷款,应当按照以下程序办理:

(一)借款人向创业项目所在地社区或乡镇承办单位(基层劳动保障事务所)提交《个人申请创业担保贷款审核表》(附件1)、身份证明、营业执照或相关部门颁发的经营许可证明等申请材料。具体申请材料由各市、州确定。申请材料应当反映借款人基本信息、经营状况、借款金额、期限、用途及还款方式等事项。有条件的地区可简化程序,由借款人直接向创业项目所在地的县(市、区)人社部门提交申请。

不同类别借款人需分别提供以下证明材料:

1.城镇登记失业人员和就业困难人员(含残疾人)须持有《就业创业证》或《就业失业登记证》;

2.复员转业退役军人须持有复员转业退役相关证明;

3.刑满释放人员须持有刑满释放相关证明;

4.高校毕业生(含大学生村官和留学回国学生),须持有《毕业证书》;

5.化解过剩产能企业职工和失业人员须持有企业出具的相关证明;

6.返乡创业农民工须持有县级及以上劳务部门出具的相关证明;

7.网络商户须办理工商注册登记且在第三方网络平台实名注册;

8.建档立卡贫困人口须持有户籍所在地乡(镇)人民政府出具的证明;

9.上述人员合伙创业还须持有《合伙企业营业执照》。

(二)人社部门按规定对借款人资格进行审核,对符合条件的向县(市、区)担保机构推荐。

(三)对符合条件的借款人,县(市、区)担保机构配合经办银行对借款人创业项目的有关情况、信用状况、生产经营情况、偿债能力等进行调查、审核。对符合担保、贷款条件的,经办银行分别与担保机构和借款人签订担保合同和贷款合同,并按合同约定向借款人发放贷款。对不符合担保、贷款条件的,及时通知借款人并说明原因。需要补充完善手续的应一次性告知借款人。

第十三条　企业借款人申请创业担保贷款,应当按照以下程序办理:

(一)借款人向企业注册地的县(市、区)人社部门提交申请,提交《企业申请创业担保贷款审核表》(附件2)、企业资质证明、职工花名册、吸纳符合条件人员劳动合同等申请材料。具体申请材料由各市、州确定。申请材料应当反映借款人基本信息、经营状况、借款金额、期限、用途及还款方式等事项。县(市、区)人社部门按规定对借款人资格进行审核,对符合条件的向县(市、区)担保机构推荐。

(二)对符合条件的借款人,县(市、区)担保机构配合经办金融机构对借款人创业项目的有关情况、信用状况、生产经营情况、偿债能力等进行调查、审核。对符合担保、贷款条件的,经办金融机构分别与担保机构和借款人签订担保合同和贷款合同,并按合同约定向借款人发放贷款。

对不符合担保、贷款条件的，及时通知借款人并说明原因，需要补充完善手续的应一次性告知贷款申请人。

第五章　贷款担保

第十四条　小额担保贷款担保基金名称相应调整为创业担保贷款担保基金（以下简称担保基金）。担保基金为符合规定条件的个人及合伙创业担保贷款提供担保，最高责任限额分别为10万元、50万元，最长责任期限为4年（含展期）。担保基金为符合规定条件的企业创业担保贷款提供担保，最高责任金额200万元，最长责任期限为3年（含展期）。担保基金不再对享受财政贴息支持的小微企业贷款提供担保支持（小微企业自行选择贴息或担保中的一项）。

第十五条　各级财政部门应当建立健全担保基金的持续补充机制，担保基金不足时要及时予以补充，所需资金从一般预算中安排，其他专项资金或者财政专户资金不得作为担保基金的资金来源。

第十六条　担保基金由政府指定的公共服务机构或其委托的融资型担保机构负责运营管理，专户储存于经办银行。担保基金的担保范围（担保本金和利息）、担保方式等由各县（市、区）人社部门会同财政部门、贷款银行协商确定。担保基金（包括基金产生的利息）实行单独列账、单独核算，保证专款专用和封闭运行。在确保担保基金保值前提下，担保基金的存储方式及利率由担保机构和经办银行协商确定。担保基金担保创业担保贷款责任余额原则上不得超过该担保基金在银行存款余额的5倍。

第十七条　为防范贷款风险，担保机构可要求借款人提供反担保。对资信良好的借款人可降低反担保条件。对获得县级以上人民政府颁发劳动模范、巾帼建功等荣誉称号的借款人原则上可免除反担保；对由人社部门认定的创业孵化示范基地统一提供反担保的个人借款人可免除反担保。鼓励担保机构充分利用个人和小微企业信用信息，降低反担保门槛或取消反担保。

第十八条　个人借款人可采取以下方式之一进行反担保：

担保件以保贷款业务所产生的其他微企业贷款提供担保支持。担保基金不（一）以第三责任人作为反担保人。反担保人一般应为全国范围内行政机关、事业单位工作人员、有稳定收入的企业员工或其他有担保能力的人员，具体范围和条件由市州确定。个人单笔创业担保贷款，原则上提供一名反担保人即可。

（二）以抵押品、质押品进行反担保。抵押品、质押品包括产权明晰的房屋、汽车、机械设备、大件耐用消费品、有价证券及知识产权、应收账款等。

（三）开展"两权"抵押贷款试点的县区，可以农村承包土地经营权、农民住房财产权进行反担保。

第六章　贷款贴息与奖补

第十九条　创业担保贷款财政贴息，在规定的贷款额度、利率和期限内，按照实际贷款金额、利率和计息期限计算。对展期、逾期的创业担保贷款，不予贴息。

（一）对个人借款人发放的贷款，58个片区贫困县的由财政部门全额贴息；其他县（市、区）的由财政部门第1年按贷款利息全额贴息,第2年按贷款利息的2/3贴息,第3年按贷款利息的1/3贴息。贷款利息与财政贴息的差额部分由借款人承担。

(二)由个人借款人承担的贷款利息,应当在经办银行与借款人签订贷款合同中载明付息方式、付息时间等,并按合同支付。由财政部门承担的贴息资金,中央财政承担70%,省财政承担21%,市县财政承担9%。市(州)、县(市、区)财政分担比例由市(州)财政部门统筹确定。

(三)对企业借款人发放的贷款,财政部门按照贷款合同签订日贷款基准利率的50%给予贴息。所需贴息资金中央财政承担70%,省财政承担21%,市县财政承担9%。市(州)、县(市、区)财政分担比例由市(州)财政部门统筹确定。企业借款人自行承担财政贴息之外的其余利息。

第二十条　创业担保贷款贴息资金申请、审核、拨付工作按以下程序办理:

(一)经办银行在季度结息日之后10个工作日内,将创业担保贷款贴息资金申请相关资料报送同级担保机构;对新发放的贷款在初次申报贴息时应当在资料中注明,并附利息清单、借款凭证、借款合同复印件、贷款发放凭单等相关资料。

(二)担保机构在10个工作日内对经办银行提交的资料出具审核意见,并报送同级财政部门。

(三)财政部门在10个工作日内对担保机构报送的资料进行复核,在1个月内向经办银行拨付贴息资金。

第二十一条　鼓励有条件的市(州)、县(市、区)建立贴息资金周转金制度,专项用于中央、省财政贴息资金拨付到位前垫付贴息资金,保证经办银行正常发放创业担保贷款。

第二十二条　经市(州)级人民政府同意,各市(州)可以适当放宽创业担保贷款借款人的范围和条件,提高贷款额度,延长贷款期限,加大扶持力度。由此产生的贴息资金支出实行单独核算、分账管理,由各市(州)全额承担。在完全满足贴息贷款发放的情况下,各地可实行只担保不贴息的贷款模式,多层次满足创业者的贷款需求,充分发挥担保基金扶持创业作用。

第七章　贷款回收与代偿

第二十三条　经办银行负责到期创业担保贷款回收工作。贷款到期前1个月,经办银行应当通知借款人按时履约还贷。担保机构积极配合经办银行做好相关回收工作。

第二十四条　创业担保贷款逾期未足额偿还的,经办银行应当向债务人依法追偿。对逾期90天经追偿仍不能回收的贷款,经办银行可向担保机构提出书面代偿申请,并出具《创业担保贷款代位清偿通知书》、追偿工作记录和证明资料。担保机构接到书面代偿申请后,核实借款人逾期情况,向同级人社部门提出代偿意见,人社部门审核、批复后,在30天内从担保基金账户中支付所欠的担保贷款本金及相应逾期利息。

单个经办银行(以县、区为单位)到期贷款回收率低于96%或代偿率达到10%时,暂停发放新的创业担保贷款,经采取整改措施并报当地人民银行、人社部门和财政部门同意后,方可恢复开展创业担保贷款业务。经办银行创业担保贷款代偿率达到20%时,取消该银行创业担保贷款业务资格。

选择贴息不担保的企业逾期贷款，由经办银行进行催收，并向担保机构报送情况。

第二十五条　担保基金代位清偿后产生的债权由担保机构负责依法追偿，相关经办银行应当积极配合。债务人不能清偿逾期债务的，由反担保人按合同约定履行清偿义务。对确实无法追偿的，可以按《金融企业呆账核销管理办法（财金〔2013〕146号）规定程序从担保基金中核销。

各县（市、区）财政部门要积极支持同级担保机构聘请法律顾问或专业诉讼律师依法做好贷款回收及清欠工作。

第二十六条　建立健全创业担保贷款激励机制。按各地当年贷款发放、回收、管理和工作质量、效率等因素给予一定奖励，由省级财政部门会同人社部门安排用于工作成效突出的经办银行、创业担保贷款担保基金运营管理机构等单位工作经费补助。

第八章　监督管理

第二十七条　人民银行分支机构要会同市（州）、县（市、区）财政部门、人力资源社会保障部门建立跨部门协调机制，健全完善创业担保贷款统计制度，加强监测分析和信息共享，及时协商解决政策落实中的问题，定期对经办机构政策执行情况进行监督检查。

第二十八条　省级财政部门负责做好财政贴息和奖补资金的管理工作，确保资金及时拨付到位。

第二十九条　省级人力资源社会保障部门负责做好担保基金管理工作，对基层人力资源社会保障部门和担保基金运营管理机构进行指导监督。市（州）、县（市、区）人力资源社会保障部门要负责对借款人资格、创业形态等情况进行核实，确保政策落实到位。

第三十条　各级担保基金运营管理机构和经办银行联合按季向同级人民银行分支机构、财政、人力资源社会保障部门报告担保基金运营管理情况和创业担保贷款发放使用情况。

第九章　附则

第三十一条　本办法由中国人民银行兰州中心支行、甘肃省财政厅、甘肃省人力资源和社会保障厅负责解释。

第三十二条　本实施办法自发布之日起执行。此前发布的相关政策规定与本办法不一致的，以本办法为准；本办法没有新的明确规定的，仍按照原有政策规定执行。本办法实施前已生效的担保贷款合同，仍按原合同约定执行。

参考文献

[1] 杰弗里·蒂蒙斯,小斯蒂芬·斯皮内利. 创业学[M]. 周伟民, 吕长春,译.6版. 北京: 人民邮电出版社, 2005.

[2] 李家华, 王艳茹. 创业基础[M]. 上海: 上海交通大学出版社, 2017.

[3] 张玉利. 创业管理[M]. 北京: 机械工业出版社, 2008.

[4] 葛海燕. 大学生创业教育与指导[M]. 北京: 清华大学出版社, 2013.

[5] 颜海. 创业全程攻略[M]. 武汉: 武汉大学出版社, 2013.

[6] 李时椿, 常建坤. 创业基础[M]. 北京: 清华大学出版社, 2013.

[7] 李家华, 郑旭红, 张志宏. 创业有道: 大学生创业指导[M]. 北京: 高等教育出版社, 2011.

[8] 张宗恩, 朱克勇. 大学生创业训练教程[M]. 北京: 现代教育出版社, 2010.

[9] 傅晓霞. 创业案例精编[M]. 上海: 上海财经大学出版社, 2008.

[10] 梅强. 创业管理[M]. 北京: 经济科学出版社, 2011.

[11] 石丹林,谌虹.大学生创业理论与实务[M].北京:清华大学出版社,2012.

[12] 刘宏达, 罗丽华, 李前程, 等. 大学生自主创业教育与实践导读[M]. 北京: 科学出版社, 2011.

[13] 赵伊川, 马鹤丹, 赵宇哲. 创业基础[M]. 大连: 东北财经大学出版社, 2013.

[14] 樊一阳, 徐玉良, 等. 创业学概论[M]. 北京: 清华大学出版社, 2010.

[15] 徐俊祥. 大学生创业基础知能训练教程[M]. 北京: 现代教育出版社, 2014.

[16] 蒋键. 创业管理与实务[M]. 上海: 上海交通大学出版社, 2016.

[17] 黄海燕, 刘玉. 大学生创新创业基础: 双色版[M]. 沈阳: 东北大学出版社, 2018.

[18] 陈志国. 创新创业与生涯发展实务指导: 双色版[M]. 上海: 上海交通大学出版社, 2016.

[19] 孙桂生, 秦立栓. 应用型大学生创新创业教程[M]. 北京: 现代教育出版社, 2017.

[20] 共青团中央, 中华全国青年联合会, 国际劳工组织组. 大学生KAB创业基础: 教师用书[M]. 2版(修订本). 北京: 高等教育出版社, 2015.

[21] 王巍. 大学生创业模式研究[D]. 长春: 吉林大学, 2004.

[22] 王玉帅. 创业动机及其影响因素分析: 以江西创业者为例[D]. 南昌: 南昌大学, 2008.

[23] 钟岳睿. 我国改革开放以来的五次创业潮评析[J]. 现代商贸工业, 2012, 24(2): 24-27.

[24] 陈高生. 创业核心要素理论模型评述[J]. 中国青年科技, 2007(12): 49-54.

[25] 王年军. 大学生创业团队的理论与实证研究[D]. 武汉: 武汉理工大学, 2012.

[26] 秦立柱, 秦兆行. 创业团队的组建与激励问题研究[J]. 中小企业科技, 2007(6): 21-23.

[27] 孙宝文. 高职院校学生创业应具备的创业要素[J]. 职业时空, 2013, 9(11): 120-121.

[28] 黄海燕.浅析创业团队的组建[J].商场现代化,2008(9): 65-66.

[29] 林嵩, 张帏, 姜彦福.创业机会的特征与新创企业的战略选择: 基于中国创业企业案例的探索性研究[J].科学研究,2006, 24(2): 268-272.

[30] 刘万利, 胡培,许昆鹏.创业机会识别研究评述[J].中国科技论坛,2010(9): 121-127.

[31] 王晓文,张玉利,李凯.创业资源整合的战略选择和实现手段: 基于租金创造机制视角[J].经济管理,2009, 31（1）: 61-66.